Schriftenreihe der Juristischen Fakultät
der Europa-Universität Viadrina Frankfurt (Oder)

Herausgegeben von
Professor Dr. iur. Dr. phil. Uwe Scheffler, Frankfurt (Oder)

Springer
Berlin
Heidelberg
New York
Hongkong
London
Mailand
Paris
Tokio

Michael Kaspar

Abschied vom Abstraktions- und Traditionsprinzip?

Gemeinsame Strukturen des rechtsgeschäftlichen Mobiliarerwerbs nach „Abstraktionsprinzip“ und dem so genannten „reinen Konsenzprinzip“ am Beispiel eines deutsch-rumänischen Rechtsvergleichs

Springer

RA Dr. Michael Kaspar
legal advice
Logenstraße 13 A
D-15230 Frankfurt (Oder)
knowledgetools@t-online.de

ISSN 1431-7923
ISBN 3-540-43732-0 Springer-Verlag Berlin Heidelberg New York

Die Deutsche Bibliothek – CIP-Einheitsaufnahme
Kaspar, Michael: Abschied vom Abstraktions- und Traditionsprinzip?: gemeinsame Strukturen des rechtsgeschäftlichen Mobiliarerwerbs nach „Abstraktionsprinzip“ und dem so genannten „reinen Konsenzprinzip“ am Beispiel eines deutsch-rumänischen Rechtsvergleichs / Michael Kaspar. – Berlin; Heidelberg; New York; Hongkong; London; Mailand; Paris; Tokio: Springer, 2003
(Schriftenreihe der Juristischen Fakultät der Europa-Universität Viadrina Frankfurt (Oder))
ISBN 3-540-43732-0

Springer-Verlag Berlin Heidelberg New York
ein Unternehmen der BertelsmannSpringer Science+Business Media GmbH

http://www.springer.de

Umschlaggestaltung: Erich Kirchner, Heidelberg

SPIN 10881717 64/2202-5 4 3 2 1 0 – Gedruckt auf säurefreiem Papier

Meiner Mutter und meinem Vater,
Sophie und Katrin
und Steffi,

die alle daran besonderen Anteil haben
in großer Dankbarkeit

Danksagung

Diese Arbeit wäre ohne die Mithilfe vieler in der vorliegenden Form nicht denkbar. Ihnen allen gebührt mein Dank.

Ausgangspunkt für die lange Reise, deren Ergebnis jetzt vorliegt, waren Frau Prof. Dr. Bea Verschraegen LL.M., die mir die Chance einer Mitarbeiter- und Assistententätigkeit an der Viadrina eröffnete, und mein Doktorvater Prof. Dr. Stephan Breidenbach. Von ihm erhielt ich nicht nur den entscheidenden Hinweis für die letztliche inhaltlich-thematische Ausrichtung meiner Arbeit. Auch in methodischer Hinsicht habe ich vielfach von der Zusammenarbeit mit ihm, der damit verbundenen Fortbildung und der Betreuung der Arbeit durch ihn profitiert. Die kritischen Anmerkungen und Hinweise des Zweitgutachters, Herrn Prof. Dr. Dieter Martiny, haben ebenfalls zur Qualität der Arbeit beigetragen. Frau Rechtsanwältin Dr. Anne Gross LL.M. und Herr Rechtsreferendar Daniel Gross, Maître en Droit, waren mir wertvolle Gesprächspartner für den rechtsvergleichenden Blick nach Frankreich.

Die erforderlichen sprachlichen Fertigkeiten konnte ich mir dank der Grundlagenarbeit meiner schulischen Latein- und Französischlehrer Frau Dr. Ida Hellerer †, Frau Helga Ciesinger, Herr Robert Deutelmoser sowie Herr Karl Hürter und Herr Hermann Schreiner erfreulich schnell und leicht aneignen. Angesichts der anfänglich bescheidenen Marktlage an rumänischen Wörterbüchern und Grammatiken bekommt ihr Anteil eine besondere Bedeutung.

Auf der Suche nach geeigneter Literatur waren mir insbesondere das Forschungsinstitut für Mittel- und Osteuropäisches Wirtschaftsrecht der Wirtschaftsuniversität Wien in der Person von Herrn Mario Thurner, Herr Dr. Peter Leonhardt vom Institut für Ostrecht in München, Herr Rechtsanwalt Volkher Schweitzer, mein Freund Tilo Wend und auch Herr Rechtsanwalt Dr. Gisbert Stalfort behilflich. Letzterer, der zugleich Vorsitzender der deutsch – rumänischen Juristenvereinigung ist, war mir bei meinen Aufenthalten in Bukarest in mancherlei Hinsicht eine wertvolle Unterstützung.

Frau stud. iur. Susanne Fischer hat sich durch die redaktionelle Betreuung dieser Arbeit große Verdienste um die Realisierung dieser Arbeit erworben. Ihr und Frau stud. iur. Ulrike Kreutzkam verdanke ich auch diverse kritische Hinweise. Das Literaturverzeichnis wurde von Frau Rechtsreferendarin Diana Schmiegelt und Frau stud. iur. Andrea Belitz gepflegt.

Nicht an letzter, vielmehr an hervorgehobener Stelle denke ich an die vielfältige Hilfe und Unterstützung, die ich durch Frau Rechtsreferendarin Stefanie Lamm und ihre Familie, durch die Sekretärin des Lehrstuhls, Frau Angelika Pintaske, durch meine zwei Kinder sowie durch meine Eltern zu jeder Zeit der Arbeit erfahren habe.

Allen, die zum Gelingen dieser Arbeit beigetragen haben, sage ich deshalb an dieser Stelle ein großes und herzliches Dankeschön.

Frankfurt (Oder), 28. September 2001 Michael Kaspar

Inhaltsverzeichnis

Abkürzungsverzeichnis

a. A.	anderer Ansicht
Abs.	Absatz
Abschn.	Abschnitt
Anm.	Anmerkung
Art.	Artikel
Aufl.	Auflage
BGB	Bürgerliches Gesetzbuch
B.Of.	Buletinul Oficial Al României [Gesetzblatt der Sozialistischen Republik Rumänien]
Cap.	Capitolul [Kapitel]
C. civ.	Code Civil, französisches Zivilgesetz
C . com.	Code de commerce, französisches Handelsgesetzbuch
C. pr. civ.	Codul de procedura civila, rumänische Zivilprozeßordnung
CD	Culegere de decizii ale Tribunalui Suprem [Amtl. Sammlung des Obersten Gerichtshofes]
d.	des
DB	Der Betrieb
dh.	das heißt
ders.	derselbe
dies.	dieselben
ect.	et cetera
f.	folgend, folgende
ff.	fortfolgende
ggfs.	gegebenenfalls
HandelsG	Codul comercial, rumänisches Handelsgesetzbuch

HBG	(deutsches) Handelsgesetzbuch von 1897
Hrsg.	Herausgeber
idR.	in der Regel
iRd.	im Rahmen des / der
insb.	insbesondere
InsO	Insolvenzordnung
iVm.	in Verbindung mit
JOR	Jahrbuch für Ostrecht
JuS	Juristische Schulung
KO	Konkursordnung
lit.	litera
maW.	mit anderen Worten
mglw.	möglicherweise
M.Of.	Monitorul Oficial Al României [Gesetzblatt der Republik Rumänien]
mwN.	mit weiteren Nachweisen
Nr.	Nummer
o.g.	oben genannt
PersDekr.	Dekret Nr. 31 vom 30.1.1954 über die natürlichen und juristischen Personen
Red.	Redakteur
R.D.C.	Revista de drept comercial - Serie Noua [Zeitschrift für Handelsrecht]
Rn.	Randnummer
S.	Seite
s.	siehe
sog.	sogenannte
Tz.	Textzeichen
u.	und
u. a.	unter anderem
u. U.	unter Umständen

Verf.	Verfasser
Vgl./vgl.	vergleiche
WiRO	Zeitschrift für Wirtschaft und Recht in Osteuropa
zB.	zum Beispiel
ZGB	Codul civil, (rumänisches) Zivilgesetzbuch
Zit , zit.	Zitiert

Einleitung

I.

Die Überlegungen zu einer Angleichung des europäischen Zivil- und sogar des Privatrechts und die zu diesem Zweck ergriffenen Maßnahmen sind zahlreich, befinden sich allerdings auf einem höchst unterschiedlichen Stand der Entwicklung. Während eine Vielzahl spezieller, klar abgegrenzter Materien insbesondere des Wirtschaftsrechts aufgrund von Verordnungen oder aufgrund von in nationales Recht umgesetzter Richtlinien der Europäischen Gemeinschaft[1] eine weitgehende Angleichung erfahren hat, kann dies für das allgemeine Zivil- und Handelsrecht nicht in gleichem Maße festgestellt werden. So gibt es vielzählige Vorarbeiten zu einer Angleichung[2] des Vertrags- und des Schuldrechts[3], denen eine große Zurückhaltung in Fragen des Familien- und Erbrechts[4] gegenübersteht.

---

[1] Einen Überblick über Richtlinien, die diese Entwicklung wesentlich beeinflussen, findet man etwa bei *Müller-Graff*, EC Directives as a Means of Private Law Unification, in: Hartkamp/Hesselink/Hondius/Joustra/du Perron (Hrsg.), Towards a European Civil Code, S. 71, 83 ff., Annex oder bei *Drobnig*, Europäisches Zivilgesetzbuch – Gründe und Grundgedanken, in: Martiny/ Witzleb (Hrsg.), Auf dem Wege zu einem Europäischen Zivilgesetzbuch, S. 109 ff.

[2] *Streinz*, Rn. 917, 918.

[3] Einen Überblick über den Stand der Entwicklung vermitteln *Hartkamp/ Hesselink/ Hondius/ Joustra/ du Perron* (Hrsg.), Towards a European Civil Code, *Martiny/ Witzleb* (Hrsg.), Auf dem Wege zu einem Europäischen Zivilgesetzbuch.

[4] Auf der Ebene der Europäischen Union erklärt sich dies bereits durch die kompetentielle Ausgangslage. Zudem weisen beide Materien nicht die gleichen von vorne herein grenzüberschreitenden Konstellationen auf, wie das Wirtschaftsrecht. Sie sind außerdem auch in einem besonderem Maße kulturell und religiös geprägt. Bereits aus diesen Aspekten werden die Schwierigkeiten erkenntlich, die dieses Arbeitsfeld prägen. Dennoch erscheint aufgrund der mit der Verwirklichung des Binnenmarktes verbundenen größeren Mobilität der Unionsbürger eine Angleichung dieser Regelungsgebiete über das bereits durch internationale Übereinkommen erreichte Maß hinaus als erforderlich. Ausführlich dazu *Martiny*, Is Unification of Family Law Feasible or Even Desirable?, in: Hartkamp/ Hesselink/ Hondius/ Joustra/ du Perron (Hrsg.), Towards a European Civil Code, S. 151 ff.; *ders.*, Vereinheitlichung des Familienrechts innerhalb der Europäischen Union, in: Martiny/ Witzleb (Hrsg.), Auf dem Wege zu einem Europäischen

Gewissermaßen zwischen diesen beiden Polen steht die Behandlung des europäischen „Sachen"-rechts[5]. So erscheint eine europaweite Angleichung des Immobiliarsachenrechts als vielleicht wünschenswert, aber nicht notwendig[6]. Andererseits gibt es insbesondere mit Blick auf die Transformationsstaaten Mittel- und Osteuropas zahlreiche Forschungsarbeiten und Vorschläge, die sich zwar nicht mit der Angleichung des Immobiliarsachenrechts als solchem, aber doch immerhin mit der Angleichung eines Teils davon, nämlich soweit es Gegenstand des Kreditsicherheitenrechts ist, befassen[7]. Im Mobiliarsachenrecht sind die Überlegungen zu einer Angleichung der Rechtsordnungen zumindest umfassender[8], was aufgrund des zunehmenden Warenverkehrs und insbesondere auch aufgrund der Warenverkehrsfreiheit innerhalb der Europäischen Gemeinschaft nicht verwunderlich ist. Eines der Haupthindernisse auf dem Weg der Angleichung in diesem Bereich scheint jedoch darin zu bestehen, dass die nationalen Regelungen des rechtsgeschäftlichen Eigentumserwerbs bereits in ihrer grundlegenden Systematik höchst gegensätzlich und - wenn überhaupt, so doch

Zivilgesetzbuch, S. 177 ff., jeweils mit weiterführenden Nachweisen sowohl hinsichtlich der internationalen Übereinkommen als auch hinsichtlich der einschlägigen Literatur.

[5] Zu den Schwierigkeiten, die sich auf internationaler Ebene" mit Blick auf die Frage der Einbeziehung von unkörperlichen Gütern in den Anwendungsbereich bereits bei der Definition des Begriffs „Sachenrecht" ergeben, weist *Drobnig* in seinem Beitrag: Vorüberlegungen zu einem europäischen „Sachenrecht", in: Martiny/ Witzleb (Hrsg.), Auf dem Wege zu einem Europäischen Zivilgesetzbuch, S. 169, 170 f. hin.

[6] In diesen Fällen können nur die Parteien des Rechtsgeschäfts, nie aber der Vertragsgegenstand eine Sachverhaltskonstellation mit grenzüberschreitenden Bezügen hervorrufen. *Drobnig* (Vorüberlegungen zu einem europäischen „Sachenrecht", in: Martiny/ Witzleb (Hrsg.), Auf dem Wege zu einem Europäischen Zivilgesetzbuch, S. 169, 172.) bezeichnet dies als „stationäre Lage". Grenzüberschreitende Konflikte, die durch die stationäre Lage des Vertragsgegenstandes geprägt sind, können über die Anwendung der *lex rei sitae* in zufriedenstellender Weise bewältigt werden. Insofern besteht kein vordringliches Bedürfnis für eine einheitliche Regelung. Dazu auch *Stadler*, S. 680 ff.

[7] *Wehrens*, Real Security Regarding Immovable Objects – Reflections on a Euro-Mortgage, in: Hartkamp/ Hesselink/ Hondius/ Joustra/ du Perron (Hrsg.), Towards a European Civil Code, S. 551 ff.; Horn / Pleyer, Handelsrecht und Recht der Kreditsicherheiten in Osteuropa, *Brockhuis*, Das polnische Kreditsicherungsrecht; *Drobnig/ Hopt/ Kötz/ Mestmäcker*, Systemtransformation in Osteuropa und ihre Folgen für Banken, Börsen und Kreditsicherheiten.

[8] Vgl. nur etwa *Drobnig*, Transfer of Property, in: Hartkamp/ Hesselink/ Hondius/ Joustra/ du Perron (Hrsg.), Towards a European Civil Code, S. 495 ff.; *ders.*, Security Rights in Movables, in: Hartkamp/ Hesselink/ Hondius/ Joustra/ du Perron (Hrsg.), Towards a European Civil Code, S.S. 511 ff.; *Dalhuisen*, Security in Movable and Intangible Property. Finance Sales, Future Interests and Trusts, in: Hartkamp/ Hesselink/ Hondius/ Joustra/ du Perron (Hrsg.), Towards a European Civil Code, S. 361 ff.; *Jeroscheg*, Eigentum an beweglichen Sachen, Französisches Recht und Rechtsvergleich; *Rott*, Vereinheitlichung des Rechts der Mobiliarsicherheiten.

nur - schwer vereinbar erscheinen[9]. Diese Vorstellung ergibt sich insbesondere aus der Gegensätzlichkeit des Einheits-, Kausalitäts-, und Konsensualprinzips, wie sie etwa im rumänischen und französischen Recht verankert sind, zum Trennungs-, Abstraktions- und Traditionsprinzip des deutschen Rechts.

II.

Es gibt wohl kaum einen Rechtsgrundsatz des deutschen Rechts, die in den letzten hundert Jahren so sehr im Kreuzfeuer der Kritik gestanden hat, wie das Abstraktionsprinzip[10]. Erst jüngst ist eine umfangreiche und verdienstvolle Streitschrift zu ihrer Verteidigung und ihrem Lob erschienen[11], deren Auffassung zum Abstraktionsprinzip der Verfasser dieser Zeilen weitgehend teilt. Und dennoch soll hier nun das Ende des Abstraktionsprinzips - zum wievielten Male? - angekündigt werden? Wer mit dieser Erwartung an die Lektüre der sich anschließenden Seiten ginge, wäre danach zumindest teilweise enttäuscht. Anders, als in vielen Streitschriften zuvor wird hier nicht Sinn und Vorteil des Abstraktionsprinzips in Frage gestellt. Im Gegenteil, insbesondere der erkenntnistheoretische Wert des Prinzips muss besonders betont werden. Jedoch führt die hier im ersten Teil der Arbeit angestellte Analyse des rumänischen Rechts und der Funktionsweise des ihm immanenten Einheitsprinzips zu einem völlig neuen Verständnis des Mobiliarerwerbs in Rechtsordnungen, die, wie die rumänische, den französischen *Code civil* zum Vorbild haben. Es wird gezeigt, dass die systemischen Wirkungszusammenhänge des Mobiliarerwerbs unter dem Einheitsprinzip in anderer Weise verlaufen, als sie bisher verstanden wurden. Es wird weiterhin gezeigt, dass Rechtsordnungen auch auf der Grundlage des Einheitsprinzips – anders als bisher angenommen – in der Lage sind, alle Gestaltungen des Mobiliarerwerbs systemisch widerspruchsfrei zu erfassen. Denn darin liegt ja der Hauptvorwurf. Dieses Ergebnis findet, soweit diese Betrachtung im Rahmen der Fragestellung möglich und nötig war, seine Bestätigung im vergleichenden Blick auf das französische Recht.

Der sich im zweiten Teil der Untersuchung anschließende Rechtsvergleich zeigt, dass die angeblichen Nachteile des – richtig systematisierten - Einheitsprinzips nur vermeintliche sind. Mehr noch, der Mobiliarerwerb unter dem Einheitsprinzip weist Vorteile auf, die über die des Abstraktionsprinzips hinausgehen. Darüber hinaus ermöglicht der hier angestellte Rechtsvergleich einen Beitrag zu Sinn und Unsinn des Traditionsprinzips im deutschen Recht.

Mit dieser Abhandlung soll also nicht die Abschaffung insbesondere des Abstraktionsprinzips ein weiteres Mal zur Forderung erhoben werden. Es geht hier auch nicht um die Fortführung einer lediglich theoretischen Diskussion auf dem

---

[9] *Drobnig*, Transfer of Property, in: Hartkamp/ Hesselink/ Hondius/ Joustra/ du Perron (Hrsg.), Towards a European Civil Code, S. 495, 496.

[10] Eine umfangreiche Zusammenstellung der Kritik findet sich etwa bei *Stadler*, S. 76, Fn. 2.

[11] *Stadler*, Gestaltungsfreiheit und Verkehrsschutz durch Abstraktion.

dogmatischen Abstellgleis. Ziel dieser Abhandlung ist es, einen Beitrag zur Vereinheitlichung des europäischen Mobiliarsachenrechts zu leisten, indem die *Möglichkeit dazu*[12] auf der Grundlage eines Vergleichs der einschlägigen Regelungen des rumänischen und deutschen Rechts aufgezeigt und zur Diskussion gestellt wird. Es wird sich zeigen, ob die Notwendigkeit einer Vereinheitlichung so groß ist, dass die Möglichkeit dazu genutzt wird.

Wichtiger erscheint es, das Verständnis für die Gemeinsamkeiten in beiden Rechtsordnungen zu schärfen und die Systematik ihrer unterschiedlichen Ausprägung exakter zu erfassen. Damit will die vorliegende Arbeit einer Forderung von *Hein Kötz*[13] nachkommen. Danach soll das Ziel der Rechtsvergleichung weniger das Streben nach einem einheitlichen Europäischen Zivilgesetzbuch sein, als vielmehr der Aufweis eines gemeinsamen europäischen Systems für bestimmte Rechtsgebiete. Mit der bewusst systemorientiert angelegten, strukturellen Betrachtung des rechtsgeschäftlichen Eigentumserwerbs wird nicht nur ein Thema angesprochen, das die europäische Rechtsvergleichung mit besonderer Vorsicht und Zurückhaltung behandelt[14]. Es wird zudem in einer Weise behandelt, die sowohl die gemeinsamen Linien als auch die Unterschiede beider Rechtsordnungen deutlich zu Tage treten lässt.

Zu diesem Vergleich eignen sich die hier ausgewählten Rechtsordnungen in besonderem Maße. Dies ergibt sich zum einen daraus, dass beide Rechtsordnungen den rechtsgeschäftlichen Mobiliarerwerb in systemisch diametral entgegengesetzter Weise geregelt haben[15]. Sie stehen somit beispielhaft für die Rechtsordnungen, die nach verbreiteter Ansicht bestenfalls mit großer Mühe in

---

[12] Damit ist noch keine Aussage über die Art und Weise getroffen, in der diese Vereinheitlichung stattfinden könnte. An dieser Stelle soll der Hinweis genügen, dass dem EG-Rechts bereits die kompetentielle Grundlage für eine Rechtsvereinheitlichung durch Verordnung oder aber eine Rechtsangleichung durch Richtlinie fehlt. Auch auf der Basis der Vertragsergänzungsklausel in Art. 308 EG (ex-Art. 235 EGV) oder der Auftragsnorm für eine Angleichung durch völkerrechtlichen Vertrag, Art. 293 EG (ex-Art. 220 EGV), ist das Ziel der Vereinheitlichung des Mobiliarsachenrechts nicht erreichbar. Darüber hinaus erscheinen die Rechtssetzungsinstrumente der EG als denkbar ungeeignet, die mit der Vereinheitlichung des Mobiliarsachenrechts aufkommenden Probleme zu bewältigen, so *Pechstein*, Europäisches Zivilgesetzbuch und Rechtssetzungsbefugnisse der EG, in: Martiny/ Witzleb (Hrsg.), Auf dem Wege zu einem Europäischen Zivilgesetzbuch, S. 18, 25 ff., 30 f. Einen Lösungsvorschlag macht *Remien*, Europäisches Einheitsrecht mit nationaler Abänderungsbefugnis? , in: Martiny/ Witzleb (Hrsg.), Auf dem Wege zu einem Europäischen Zivilgesetzbuch, S. 125 ff.

[13] *Zweigert/Kötz*, S. 29.

[14] Vgl. nur *Storme*,The Binding Character of contracts- Causa and Consideration, in: Hartkamp/ Hesselink/ Hondius/ Joustra/ du Perron (Hrsg.), Towards a European Civil Code, S. 239, 239 f.; *Drobnig*, Transfer of Property, in: Hartkamp/ Hesselink/ Hondius/ Joustra/ du Perron (Hrsg.), Towards a European Civil Code, S. 495, 496.

[15] Näher dazu: Teil 1, 2. Kapitel, 1. Abschnitt, 2.; Teil 2, 4. Kapitel, 2. Abschnitt.

Einklang zu bringen sind, weil sie für jede der drei im Mobiliarerwerb vom Gesetzgeber zwingend zu treffenden Entscheidungen[16], für sich die jeweils genau entgegengesetzte getroffen haben. Während sich das deutsche Recht für das Trennungs- und Abstraktionsprinzip als systemische Grundlage des rechtsgeschäftlichen Eigentumserwerbs entschieden hat und dies mit dem Traditionsprinzip verbindet, folgt das rumänische Recht - gleich seinem französischen Vorbild - dem Einheits- und Kausalitätsprinzip und lässt darüber hinaus aufgrund des geltenden Konsensualprinzips den Eigentumsübergang auch ohne Übergabe der (Kauf-) Sache, also bereits in der Folge eines Vertragsschlusses zu. Sollte es also möglich sein, zwei in dieser Frage genau entgegengesetzt aufgebaute Rechtssysteme 'auf einen Nenner zu bringen', so steht zu vermuten, dass auch Rechtsordnungen, die sich im Sinne dieser systemischen Betrachtung gewissermaßen als Mischformen[17] beider hier zur Untersuchung gestellten Rechtssysteme auffassen lassen, einer Vereinheitlichung nicht entgegen stehen.

Nun mag man an dieser Stelle die Frage aufwerfen, warum für diesen Vergleich auf das rumänische Zivilrecht zurückgegriffen wird, ist doch das französische hinsichtlich der Systemanordnungen gewissermaßen das 'Original'[18] und auch inhaltlich weitgehend deckungsgleich mit dem rumänischen. Während jedoch zahlreiche Veröffentlichungen zum französischen Recht auch und gerade zu den hier interessierenden Fragen vorliegen, kann dies vom rumänischen Recht nicht behauptet werden. Insbesondere sind deutschsprachige Veröffentlichungen aus

---

[16] Der Gesetzgeber muss sich entscheiden, ob er den Mobiliarerwerb auf der Grundlage (1.) des Einheits- oder des Trennungsprinzips, (2.) des Kausalitäts- oder des Abstraktionsprinzips sowie (3.) des Konsensual- oder des Traditionsprinzips regelt (vgl. *v. Caemmerer*, S. 675, 676.); eingehend dazu: Teil 1, 2. Kapitel, 1. Abschnitt, 2. (bezüglich des rumänischen Rechts); Teil 2, 4. Kapitel, 2. Abschnitt (mit rechts- und systemvergleichender Perspektive). Stellt man diese drei systemischen Gegensatzpaare graphisch mithilfe eines kartesischen Koordinatensystems dar, so ergibt sich, dass der Mobiliarerwerb nach rumänischem und französischem Recht seiner Regelung im deutschen Recht sytemisch genau entgegengesetzt geregelt ist und aus dieser Betrachtungsweise nur einen Punkt mit diesem gemeinsam hat, den Eigentumserwerb.

[17] Auch *Wacke*, S. 254, 255 sieht in der Entscheidung anderer Rechtsordnungen, wie etwa der österreichischen, schweizerischen, spanischen oder niederländischen, einen „Mittelweg" zwischen den in Deutschland und Rumänien bzw. Frankreich für den rechtsgeschäftlichen Mobiliarerwerb geltenden Systemprinzipien.

[18] Das rumänische Zivilgesetzbuch ist eine weitgehende Rezeption des französischen Code civil von 1804 (siehe dazu *Şaramet-Comşa*, S. 6; *Zweigert/Kötz*, S. 154; *v. Caemmerer*, S. 675, 679; *Ferid/ Sonnenberger* 1 A 340; ein Hinweis auf die Rezeption findet sich auch bei *Poenaru* Cap. V.10.1, S. 288.). An seinem - hier maßgeblichen - Corpus hat es auch in der sozialistischen Ära kaum Änderungen erfahren. Änderungen in der sozialistischen Zeit wurden in der Regel durch "ausgelagerte" Gesetze bzw. Dekrete oder aber im Wege der Auslegung vorgenommen. Auf diese Weise ist die Vergleichbarkeit beider Kodifikationen geblieben.

Zeiten nach der rumänischen Revolution von 1989 zur hier in den Mittelpunkt der Betrachtung gestellten Frage des rechtsgeschäftlichen Mobiliarerwerbs nicht ersichtlich. Es bietet sich also an, die Rechtsordnung eines für die Bundesrepublik Deutschland nach und nach wichtiger werdenden Wirtschaftspartners[19], für den es immerhin eine mittel- bis langfristige Beitrittsperspektive zur Europäischen Union gibt, quasi vorzustellen. Dies gilt um so mehr, als es sich bei dem hier bearbeiteten Themenkreis um ein Rechtsgebiet handelt, das für den Warenverkehr und für das Kreditsicherheitenrecht von grundlegender Bedeutung ist. Dies bedeutet jedoch nicht, dass auf diese Weise einer Auseinandersetzung mit dem französischen Recht und der dazu vorhandenen Literatur aus dem Weg gegangen werden soll. Die Einbeziehung des 'Mutterrechts' in die hier angestellten Überlegungen erweist sich schon allein aufgrund der vielfachen Bezugnahmen rumänischer Autoren darauf als notwendig.

Ein anderer Umstand erscheint aber von noch größerer Bedeutung: Rumänien ist als eines der Transformationsländer Mittel- und Osteuropas gezwungen, seine Rechtsordnung und mithin insbesondere auch das Zivilrecht in einem möglichst kurzen Zeitraum an die geänderten wirtschaftlichen Rahmenbedingungen anzupassen. Manche, dem 'westlichen' Betrachter naheliegende Fragen haben sich seit dem Ende des zweiten Weltkriegs im rumänischen Recht so nicht gestellt. Vor diesem Hintergrund drängt sich ein Vergleich mit den im französischen Recht geführten Diskussionen und den dort entwickelten Lösungskonzepten geradezu auf. Nun geht es zwar vorliegend - anders als etwa bei den Fragen, die sich im Kreditsicherheitenrecht stellen - nur in geringem Maße um die Beantwortung neu sich stellender Probleme. Aber auch dort, wo die Auslegung unbestimmter Rechtsbegriffe und die Handhabung von Generalklauseln im Zentrum der Aufmerksamkeit steht, empfiehlt sich der Blick auf das französische Recht. So wurde im Laufe der Untersuchung immer auch ein vergleichender Blick auf die Regelungen des französischen *Code civile* geworfen. Um die Darstellung dennoch straff und übersichtlich zu erhalten, beschränken sich die Anmerkungen dazu in vielen Fällen auf weiterführende Literaturhinweise in den Fußnoten. Dort jedoch, wo das französische Recht für den Fortgang der Untersuchung von besonderer Bedeutung ist, findet eine deutlich über diesen Rahmen hinausgehende, intensive Auseinandersetzung damit statt.

Es versteht sich von selbst, dass die Ergebnisse dieser Untersuchung nicht unmittelbar auf das französische Recht übertragen werden können. Die Übertragung der hier gefundenen Ergebnisse ist allein für die systemischen Fragen zulässig, weil insofern keinerlei Unterschied zwischen der rumänischen und der französischen Rechtsordnung besteht.[20] Dies findet seine Bestätigung darin, dass auch in der rumänischen Literatur (nicht nur) für derartige Fragen auf die Diskussion innerhalb der französischen Literatur zurückgegriffen wird. Über die

[19] Ein kurzer Überblick zur rechtlichen und wirtschaftlichen Entwicklung des Landes findet sich etwa bei *Şaramet-Comşa*, S. 1, 5, 6 ff.

[20] So auch *v. Caemmerer*, S. 675, 679.

systemischen Fragen hinaus, besteht bestenfalls eine Vermutung dafür, dass die Ergebnisse dieser Untersuchung auf das französische Recht übertragbar sind. Dies bedürfte jedoch einer eingehenden Untersuchung, die im vorliegenden Rahmen nicht geleistet werden kann.

III.

Die hier vorgelegte Arbeit gliedert sich im Wesentlichen in zwei Teile. Der erste untersucht das rumänische Recht, soweit es für den rechtsgeschäftlichen Eigentumsübergang von Bedeutung ist. Dazu wird vor dem gedanklichen Hintergrund des Kaufvertrags zunächst auf die Regelung des Vertragsrechts (1. Kapitel) und die eigentumsverschaffende Wirkung des Kaufvertrags (2. Kapitel) eingegangen. Zum Abschluss des 2. Kapitels des ersten Teils wird das gefundene Ergebnis außerdem daraufhin untersucht, ob es einer kritischen Auseinandersetzung insbesondere mit der Literatur zum französischen Recht standhält.

Besonderes Augenmerk wurde bei der Darstellung des rumänischen Rechts und insbesondere innerhalb des ersten und zweiten Kapitels darauf gelegt, die dogmatischen Strukturen der rumänischen Zivilrechtsordnung offenzulegen und die rumänischen Regelungen streng rechtsfolgeorientiert auszurichten. Zwar entspricht diese Vorgehensweise nur begrenzt der rumänischen und auch der französischen 'Rechtskultur' bzw. dem jeweiligen 'Rechtsstil'[21]. Aber sie erlaubt einen klaren Blick auf das zugrunde liegende Regelwerk und ermöglicht erst einen tiefergehenden, zunächst funktional, sodann am gesetzlichen Interessensschutz und zuletzt am Regelungssystem ausgerichteten, strukturellen Rechtsvergleich (Teil 2). Und gerade die strukturelle Verschiedenheit beider Rechtsordnungen soll ja die Vereinheitlichungsproblematik maßgeblich begründen[22].

---

[21] MaW., Stil, Verfahren und Technik der Vorgehensweise entsprechen nicht den vorwiegend themen- und weniger gesetzes- und systemorientierten Darstellungsweisen, die in der rumänischen wie in der französischen Literatur zu finden sind. Diese Unterschiede in der Vorgehensweise und Methode werden, wo erforderlich durch die Frage nach deren Zulässigkeit abgesichert. Zu Definition und Inhalt von 'Rechtsstilen' vgl. *Kötz*, Rechtskreislehre, S. 493, (493 ff., 505); *Zweigert/ Kötz*, S. 62 f., 71 ff.

[22] *Drobnig*, Transfer of Property, in: Hartkamp/ Hesselink/ Hondius/ Joustra/ du Perron (Hrsg.), Towards a European Civil Code, S. 495, 507.

Teil 1
Untersuchung des rumänischen Rechts

1. Kapitel Vertragsschluss und Wirksamkeit im rumänischen Recht unter besonderer Beachtung des Kaufrechts

Anders als die deutsche betrachtet die rumänische Rechtsordnung die Verpflichtung zur Übertragung einer Sache als zusammengehörig mit der Verfügung darüber. Der wesentliche Grund dafür liegt in den Art. 644, 971, 1295 ZGB[23]. Diese ordnen an, dass das Eigentum an einer Sache in dem Zeitpunkt übergeht, in dem der (Kauf-)Vertrag "perfekt wirksam geschlossen"[24] ist.[25]

Damit bringt der rumänische Gesetzgeber nicht nur zum Ausdruck, dass das Eigentum *nudo consensu*, bereits und zumindest im Grundsatz ausschließlich aufgrund der vertraglichen Einigung übergeht. Es bedarf zur

---

[23] Der "*Codul civil*" wird in Rumänien üblicherweise mit C.civ. abgekürzt. Die Beibehaltung der rumänischen Bezeichnung erscheint im Hinblick auf den ebenfalls zu zitierenden in Deutschland üblicherweise gleichermaßen als "C. civ." abgekürzten französischen '*Code Civil*' ebenso unzweckmäßig, wie eine Übersetzung in "Bürgerliches Gesetzbuch" (so *Baum/Bucov*). Für die weiteren Ausführungen in dieser Abhandlung bietet es sich deshalb an, die wortgetreue Übersetzung '*Zivilgesetzbuch*', abgekürzt '*ZGB*' zu verwenden. Dies entspricht auch der von *Leonhardt* gewählten Vorgehensweise (Vgl. etwa *Leonhardt*, Mängelhaftung, S. 55 ff.; *Leonhardt*, Nichtigkeit, S. 279 ff.).

[24] *Deak/Cărpenaru* Teil I, Cap. I, Abschn. I, § 1, 2, 2.5. S. 15; *Petrescu*, Principalele Contracte, S. 9 f.; *Filipescu*, S. 265 f., der im Gegensatz zu *Deak/Cărpenaru* zwar nur von "*perfekt*" spricht, aber der Sache nach ebenso wie diese zwischen " *perfekt*" und "*wirksam*" differenziert. Auch in der Literatur zum französischen Recht findet sich diese Differenzierung: „*...la propriété est transmise par le seul échange des consentements, ..., dès que la vente est parfaite dit l'Art. 1583* [C. civ.; Anm. des Verf.].", *Huet*, Tz. 11104.

[25] Insofern folgt das ZGB beinahe vollständig seinem französischen Vorbild, vgl. Art. 711, 1138 Abs. 1, 1583 C. civ.

Eigentumsübertragung demzufolge also keines zusätzlichen Publizitätsaktes, keiner Übergabe.[26]

Zugleich trifft er damit die Festlegung - und darauf kommt es an dieser Stelle an -, dass im rumänischen Recht das Einheitsprinzip gilt, welches besagt, dass schuldrechtlicher Vertrag und dingliche Verfügung ein einheitliches Rechtsgeschäft darstellen.[27] Daraus folgt zwingend, dass Sachfragen, die nach deutschem Verständnis sachenrechtlich geprägt sind, nach rumänischem Recht bereits im Schuldrecht geklärt werden müssen. Dieses Vorverständnis ist wesentlich für die Schwerpunktbildung im Rahmen der Ausführungen zum rumänischen Vertragsrecht.

1. Abschnitt Grundlegende Strukturen des rumänischen Vertragsrechts

Aufgabe der nun folgenden Darstellung ist es, die Grundstrukturen des rumänischen Vertragsrechts herauszuarbeiten. Zu diesem Zweck soll zunächst das Verhältnis zwischen allgemeinem Zivilrecht und Handelsrecht (1.) geklärt werden, um dann auf die Fragen des Vertragsschlusses (3.) und der Wirksamkeit des geschlossenen Vertrages (4.) einzugehen. Die Strukturierung des rumänischen Rechts nach Vertragsschluss und Wirksamkeit setzt jedoch eine Prüfung der Frage voraus, ob diese Vorgehensweise innerhalb des rumänischen Rechts zulässig ist (2.). Um die gewünschte Beschränkung auf die Grundlinien des Vertragsrechts zu erreichen, wurden alles darüber Hinausgehende in die Fußnoten verwiesen.

1. Das Verhältnis zwischen allgemeinem Zivilrecht und Handelsrecht

Bereits aus der nach Art. 1 HandelsG[28] grundsätzlichen Subsidiarität des ZGB zum Handelsrecht ergibt sich die Notwendigkeit, das Verhältnis beider

---

[26] *Deak/Cărpenaru* Teil I, Cap. I, Abschn. I, § 1, 2, 2.5. S. 15; *Filipescu*, S. 265; *Motica/ Moțiu*, S. 118; *Toader*, 3., S. 9; so die allgemeine Auffassung. Allerdings gibt es zumindest im französischen Recht Stimmen, die den völligen Verzicht des Gesetzgebers auf die Übergabe in Frage stellen. So z.B.. *Witz*, S. 533, 535 f., mwN. Auf diese Diskussion wird im Einzelnen in Teil 1, 2. Kapitel, 3. Abschnitt, 2 eingegangen.

[27] *Deak/Cărpenaru* Teil I, Cap. I, Abschn. I, § 1, 2, 2.4. S. 12 f.; *Pop*, Dreptul de proprietate, S. 242; *Filipescu*, S. 265; *Toader*, 3., S. 8 f.; *Motica/ Moțiu*, S. 118.

[28] Um auch hier eine einfach zu handhabende Unterscheidung zwischen dem deutschen Handelsgesetzbuch (HGB), dem französischen "Code de commerce" (C. Com.) und dem

Regelungskomplexe und dessen Auswirkungen für den rechtsgeschäftlichen Eigentumstransfer konkret zu definieren.

Der sachliche Anwendungsbereich des Handelsrechts ist gemäß Art. 1 iVm. 3 ff. HandelsG eröffnet, wenn ein "*fapt de comerț*", ein Handelsgeschäft vorliegt[29]. Art. 3 HandelsG gibt in diesem Zusammenhang eine beispielhafte Aufzählung[30] von Handelsgeschäften vor, von der praktisch alle Kaufverträge erfasst sind, sobald sie aus der *ex-ante*-Perspektive einem wirtschaftlichen Ziel, d.h. der Gewinnerzielung zu dienen bestimmt sind. So sind Kaufverträge etwa nach Ziff. 1 bzw. Ziff. 2 bereits dann Handelsgeschäfte, wenn sie mit dem Zweck des Weiterverkaufs oder der Vermietung geschlossen werden. Dies wird durch Art. 5 HandelsG nochmals bestätigt[31], wenn dort festgestellt wird, dass der Kauf von Waren und Produkten zum privaten Ge- und Verbrauch ebenso wie ein späterer Weiterverkauf derselben nicht als Handelsgeschäft zu betrachten sind.[32] Dieser Anwendungsbereich wird

rumänischen "Codul comercial" zu gewährleisten, wird letzterer fortan mit "HandelsG" abgekürzt.

[29] Damit hat der rumänische Gesetzgeber ein objektives und nicht wie das deutsche HGB ein an der Person des Handelnden anknüpfendes , subjektives System gewählt (Vgl. *Cărpenaru*, 32, S. 17; *Petrescu*, S. 24; *Șaramet-Comșa*, S. 15.). A.A. *Turcu*, Tz. 7 und 77, der sich dabei auf Art. 4 HandelsG beruft. Danach besteht eine Vermutung für das Vorliegen eines Handelsgeschäfts, wenn das Rechtsgeschäft zwar nicht von Art. 3 erfasst ist, aber durcheinen kaufmann abgeschlossen wurde. Insofern dürfte die Ansicht *Turcus*, der das rumänische Handelsrecht als ein Mischsystem qualfiziert vorzugswürdig sein. In diesem Sinne auch *Cîmpeanu*, Art. 4, Anmerkung, Tz. 2, 4. Im französischen Handelsrecht gilt eine vom subjektiven System ausgehende Mischform (einerseits Art. 1 C. Com., der denjenigen als *'commerçant'* definiert, der aus seiner Handelstätigkeit einen Beruf macht; andererseits Art. 632 C. com., der definiert, wann ein Handelsgeschäft vorliegt: vgl. *Legeais*, Rn. 39 f., *Sonnenberger*, II, 1; a.A. *Turcu*, Tz. 11, der allerdings Art. 1 C. com. übersieht.). Für das deutsche Recht: Baumbach/*Hopt*, Einl. v. § 1, Rn. 1; *Sonnenberger*, II, 1.

[30] *Cărpenaru*, 38, S. 23; *Cîmpeanu*, Art. 3, Anmerkung, Tz. 7; *Turcu*, Tz. 8; ebenso die rumänische Rechtsprechung: *Tribunalul Gorj*, vom 22.11.1888, revista Dreptul 1888, S. 78; *Tribunalul Ilfov*, Secția comercială vom 16.02.1890, revista Dreptul 1890, S. 20; *Tribunalul Buzău II* vom 17.02.1927, Jurisprudența Generală, S. 705.

[31] *Cîmpeanu*, Art. 5, Anmerkung, Tz. 1.

[32] Weiterhin erfasst Art. 5 HandelsG die Geschäfte, mit denen ein Landwirt seine Produkte veräußert, unabhängig davon, ob er dies als natürliche Person oder mittels einer landwirtschaftlichen Gesellschaft macht (*Curtea de Casație II*, decisia 331 vom 22.05.1915, Jurisprudența Română 26/1915; *Curtea de Casație III* vom 11.02.1938, Pandectele Române, III , S. 196.). Ausnahmsweise ist das anders, wenn die landwirtschaftliche Gesellschaft die Rechtsform einer Handelsgesellschaft im Sinne des Gesetzes 31/1991(Legea privind societățile comerciale vom 16.11.1990, M. Of. Nr. 126 –127 vom 17.11.1990, neuverkündet im M. Of. Nr. 33 vom 29.01.1998.) besitzt Vgl. dazu auch *Turcu*, Tz. 85. Eine weitere Ausnahme von Art. 3 ist 6 HandelsG, der den Abschluss von Lebens- und Sachversicherungen mit Privaten aus dem Anwendungsbereich des Handels-

durch Art. 56 HandelsG noch erweitert. Diese Vorschrift besagt, dass grundsätzlich[33] auf den gesamten Vertrag Handelsrecht[34] anwendbar ist, sobald das Rechtsgeschäft aus der Perspektive einer der Vertragsparteien diesem unterfällt[35]. Dies hat jedoch zur Folge, dass die Ausnahmevorschriften des Art. 5 und 6 HandelsG einen äußerst begrenzten Anwendungsbereich haben und somit das Handelsrecht für die überwiegende Mehrzahl aller Kaufverträge zur Anwendung kommt[36]. Mit Blick auf den Gegenstand der Darstellung ist es dabei ohne Belang, dass die Anwendung des Handelsrechts ausschließlich auf den Mobiliarverkehr begrenzt ist[37].

Dennoch ist der *sedes materiae* des rumänischen Kaufrechts im ZGB angesiedelt. Denn die Art. 60 - 73 HandelsG sind lediglich Spezialregelungen zu den Art. 1294 bis 1404 ZGB für einzelne Fragen zum Zeitpunkt des Gefahr- und Eigentumsübergangs, zum Kaufpreis sowie zu den Folgen der Nichterfüllung des Vertrages.[38]

Es ist deshalb trotz des weiten Anwendungsbereichs des Handelsrechts angebracht, das rumänischen Kaufrechts auf der Grundlage des Zivilgesetzbuches

---

rechts ausnimmt. Vgl. dazu auch *Cîmpeanu*, Art. 5, Anmerkung, Tz. 2 und Art. 6, Anmerkung, Tz. 1, 2.

[33] Es sei denn, ein Gesetz bestimmt - wie etwa in Art. 42 HandelsG - etwas anderes, Art. 56 HandelsG a.E.

[34] Von der Anwendung des Handelsrechts ausgenommen sind jedoch die Vorschriften für die Kaufleute und Handelsgesellschaften, Art. 56 HandelsG.

[35] Das Problem, dass ein Rechtsgeschäft lediglich aus der Sicht eines Vertragspartners ein Handelsgeschäft ist, löst das französische Recht anders. Es lässt das Handelsrecht nur für den Handeltreibenden gelten, bestimmt aber für den anderen Vertragspartner die Anwendung des allgemeinen Zivilrechts (*Cărpenaru*, 75, S.50 f.; *Turcu*, Tz. 11; vgl. dazu auch *Chaput*, Anmerkung 8 zu Art. 631 C. Com., *Sonnenberger*, II, 1.).

[36] *Cîmpeanu*, Art. 56, Rechtsprechung, Tz. 2.

[37] Das resultiert aus Art. 3 Ziff. 1 und 2, die allein auf Waren abstellen. Daraus wird in der rumänischen Lehre der Schluss gezogen, dass von diesen Bestimmungen nur bewegliche Sachen und unkörperliche Güter erfasst sind (so etwa *Turcu*, Tz. 13.). Diese Auffassung gilt nicht nur für den Kauf, sondern etwa auch für die Vermietung von Immobilien. Diese Lösung wird mit der Sorge des Gesetzgebers um den mit Immobilien verbundenen hohen Wert begründet. Allerdings wird sie von Teilen der Literatur mit dem Hinweis auf eine große Anzahl ebenso hochwertiger Mobilien als nicht mehr zeitgemäß angesehen. Mit dieser Kritik verbunden wird der Hinweis auf den französischen Gesetzgeber, der 1967 das Handelsrecht auch für Immobiliargeschäfte geöffnet hat. Dennoch wird - *de lege lata* - die Begrenzung des Handelsrecht auf Mobiliargeschäfte auch von den kritischen Stimmen als geltendes Recht anerkannt. *Deak/ Cărpenaru*, Teil II, Cap. I, Abschn. I, § 2, 3., S. 259; *Cărpenaru*, 46, S. 29. In diesem Sinne auch: *Curtea de Casaţie* vom 25.01.1899, revista Dreptul 1899, S. 356; *Curtea de Casaţie I*, decisia 780 vom 04.04.1928, revista Dreptul 1928, S. 243.

[38] *Deak/Cărpenaru*, Teil II, Cap. I, Abschn. I, § 1, 1., S. 257; *Turcu*, Tz. 13.

darzustellen. Die Vorschriften des Handelsrechts werden an den einschlägigen Stellen in die Erörterung eingeführt, soweit sie für den Fortgang der Überlegungen von Interesse sind.

2. *Die Zulässigkeit einer Strukturierung des rumänischen Vertragsrechts nach den Merkmalen 'Vertragsschluss' und 'Wirksamkeit'*

Die Einteilung und Strukturierung des rumänischen Vertragsrechts auf der Grundlage dieses wohl für sämtliche europäische Rechtsordnungen geltenden Aufbausystems[39] von Vertragsschluss und Wirksamkeit ist für die vorliegende Darstellung von besonderer Bedeutung. Dies gilt nicht nur deshalb, weil die Struktur des rumänischen Vertragsrechts dadurch von der Überformung durch die landesspezifische Rechtskultur zumindest teilweise freigelegt werden soll, um sie für den Außenstehenden leichter erkenntlich zu machen. Auch die auf diesem Wege erreichte bessere Vergleichbarkeit mit dem deutschen Recht ist nur ein willkommener Nebeneffekt dieser Vorgehensweise. Der Hauptgrund für die Ausrichtung des rumänischen Vertragsrechts an diesem Raster ist darin zu sehen, dass erst diese ermöglicht, die dogmatischen Grundlagen, Struktur, Umfang und die Reichweite des rechtsgeschäftlichen Erwerbs vollumfänglich zu erschließen. Denn dies ist nur möglich, wenn die einzelnen Regelungsfragen des translativen Vertrages eindeutig zugeordnet werden können. Andernfalls werden immer offene Fragen und scheinbar unauflösliche Widersprüche verbleiben. Auch die Antwort auf die Frage nach dem Erwerb vom Nichtberechtigten hängt wiederum, quasi als gegengleiches Vexierbild, von der Struktur des rechtsgeschäftlichen Erwerbs ab. Und über den beschränkten Gegenstand dieser Untersuchung hinaus sind diese Grundlagen von tragender Bedeutung für die rechtliche Möglichkeit, das Entstehen und Erlöschen sowie die Verwertbarkeit von Kreditsicherheiten.

In der Überschrift zu diesem Kapitel erkennt der Leser zu Recht zunächst die dem deutschen Recht immanente Systematik der Entstehung rechtsgeschäftlicher Ansprüche wieder. Kennt er die französische Rechtsordnung oder eine - wie die rumänische - davon abgeleitete, so weckt diese Überschrift bei ihm möglicherweise die Befürchtung, es solle nun einer fremden Rechtsordnung ein für diese nicht gewolltes System quasi "übergestülpt" werden. Ein erster Blick in Lehrbücher zu diesen Rechtsordnungen wird ihn darin noch bestärken. Richtig ist, dass der rumänische Gesetzestext eine ausdrückliche Differenzierung und Systematisierung der Materie nach Fragen des 'Vertragsschluss' und der 'Wirksamkeit' des Vertrages ebenso wenig wie der deutsche kennt. Richtig ist aber auch, dass diese

[39] *Storme*,The Validity and the Content of Contracts, in: Hartkamp/ Hesselink/ Hondius/ du Perron/ *Vranken* (Hrsg.), Towards a European Civil Code, 1. Auflage, S.159, 166.

Differenzierung im ZGB unmittelbar angelegt und deren Anwendung im rumänischen Recht auch zulässig ist.

Die Notwendigkeit, die Zulässigkeit einer Systematisierung nach Vertragsschluss und Wirksamkeit aufzuweisen, ergibt sich aus Stellungnahmen in der rumänischen Literatur. Bestritten wird zwar nicht unmittelbar der Umstand, dass es im dortigen Recht die Kategorien von 'Vertragsschluss' und 'Wirksamkeit' gebe. Jedoch wird hinsichtlich der Fehlerwirkung die Unterscheidung zwischen den Kategorien 'Inexistenz' und 'Nichtigkeit' eines Rechtsgeschäfts sowohl im rumänischen[40] wie auch im französischen[41] Recht weitgehend abgelehnt. Denn, so die jeweiligen Autoren, sobald zwischen zwei Parteien das (Nicht-) Bestehen eines Rechtsgeschäfts streitig sei, müsse dies ohnehin richterlich geklärt werden. Im Endeffekt sei es daher gleichgültig, ob ein Vertrag keine Rechtswirkungen hervorrufe, weil er inexistent ist oder weil er zwar geschlossen, ihm aber von der Rechtsordnung jede Wirkung aberkannt wurde. Außerdem ließe sich auch keine klare Abgrenzung zwischen beiden Kategorien finden. Allerdings - wenn auf der Rechtsfolgenseite, also hinsichtlich der Wirkung der Fehler, kein Unterschied zwischen Vertragsschluss und Wirksamkeit besteht, dann spricht viel dafür, dass dies auf der Tatbestandsseite nicht anders ist. Deshalb ist es an dieser Stelle unerlässlich herauszuarbeiten, ob das rumänische *de lege lata* Recht den Unterschied macht und er von der Literatur nur nicht nachvollzogen wird. Gegebenenfalls muss dann untersucht werden, aus welchen Gründen dies geschieht.

Im folgenden sind daher nicht nur die dogmatischen Grundlagen des rumänischen Rechts darzustellen, sondern es ist zudem zu zeigen, dass eine Vielzahl der Fehler beim Vertragsschluss auch nach rumänischem Recht - der gesetzesimmanenten Logik nach - tatsächlich als Frage der Wirksamkeit eines geschlossenen Vertrages im hierzulande bekannten Sinne[42] zu behandeln ist. Dies geschieht für den Leser nachvollziehbar am besten dadurch, dass zunächst in diesem Unterabschnitt der Betrachtung die Zulässigkeit der Unterscheidung zwischen Vertragsschluss und Wirksamkeit im rumänischen Recht aufgewiesen wird. Aufgabe der sich anschließenden Unterabschnitte 'Vertragsschluss' (3.) und 'Wirksamkeit' (4.) wird es dann sein, zu zeigen, dass und wie das rumänische Vertragsrecht im Einzelnen davon Gebrauch gemacht hat.

Bereits der Wortlaut des Gesetzes bietet Grund für die Annahme, dass diese Struktur von Vertragsschluss und Wirksamkeit bereits gesetzesimmanent angelegt

[40] S. nur *Poenaru*, Cap. V.10.1, S. 288 f.; *Cojocaru*, S. 282; *Boroi*, S. 233 f.; *Beleiu*, S. 208; *Cosmovici*, Introducere, S. 140; ebenso *Leonhardt*, Nichtigkeit, S. 284 f.

[41] Mazeaud/ Chabas II.1. (*Chabas*), Tz. 297 ; *Larroumet*, Tz. 531 bis, 532, 533; *Ferid/Sonnenberger* 1 F 903.

[42] Zur Einteilung nach Vertragsschluss und Wirksamkeit im deutschen Recht: *RGZ*, 68, 322, 324; Palandt/*Heinrichs* Überbl. vor § 104, Rn. 3, 27 - 29.

ist. Dies scheint sich etwa in Art. 1311 S. 1 ZGB "...„*vînderea este nulă*."[43] zu zeigen. Für diese Annahme spricht auch der Wortlaut des Art. 961 ZGB: "Der durch Irrtum.... zustande gekommene Vertrag ist nicht von Rechts wegen nichtig, sondern nur aufgrund Klage der Nichtigerklärung unterworfen"[44]. Der Kaufvertrag wird demnach zwar zunächst als geschlossen behandelt[45], aber später mit der Sanktion der Unwirksamkeit *ex tunc*[46] belegt. Art. 969 Abs. 1 ZGB differenziert in gleicher Weise, wenn er "*Convenţiile legal făcute...*", also "Verträgen, die vor dem Recht wirksam geschlossen sind..." zwischen den Parteien Gesetzeskraft einräumt.

Da dem Wortlautargument jedoch nicht mehr als eine indizielle Wirkung beigemessen werden kann, muss sich hier eine eingehendere Untersuchung der Gesetzesstruktur anschließen. Diese führt jedoch zum gleichen Ergebnis.

Art. 948 ZGB, die für den Vertragsschluss im rumänischen Recht zentrale Norm[47], definiert die 'Fähigkeit, Verträge zu schließen', die 'Willensübereinstimmung', das Vorliegen eines 'bestimmten Vertragsgegenstandes' sowie das Vorliegen eines 'rechtmäßigen Vertragszwecks', genannt '*cauza*', als die essentiellen Anforderungen an einen Vertrag.[48] Diese Anforderungen des Art. 948 ZGB verbindet die rumänische Literatur einhellig mit der Rechtsfolge, dass das Fehlen eines dieser wesentlichen Vertragsbestandteile zur absoluten Nichtigkeit der Vertrages führe.[49] Damit legt Art. 948 ZGB anscheinend eine, von der hier vorgeschlagenen Systematik des Vertragsrechts völlig abweichende, viergliedrige Systematisierung durch den Gesetzgeber zu Grunde. Dieser zufolge scheint eine Unterscheidung

---

[43] "...ist der Verkauf (absolut; Anm. des Verf.) nichtig."

[44] Art. 961 ZGB: "Convenţia făcută prin eroare, violenţă sau dol, nu este nulă de drept, ci dă loc numai acţiunii de nulitate."

[45] Damit entspricht der Wortlaut des Art. 961 ZGB inhaltlich den Ergebnissen der Nichtigkeitslehre, vgl. *Popescu* Teil 1, Cap. X, Abschn. a II-a, 1, S. 100.

[46] *Popescu* Teil 1, Cap. X, Abschn. a III-a, 2, S. 105; *Boroi*, S. 248 f.; *Cojocaru*, S. 287 f.; *Poenaru*, Cap. V.10.5, S. 297; *Beleiu*, S. 214.

[47] *Popescu* Teil 1, Cap. VIII, S. 75; *Boroi*, S. 155; *Cojocaru*, S. 175; *Poenaru*, Cap. V.2., S. 218; *Beleiu*, S. 145.

[48] Damit stellt das rumänische Recht mit den drei letztgenannten Vertragskriterien zunächst die Frage, *ob* überhaupt eine Verpflichtung vorliegt, sodann, *worauf* sie gerichtet ist und zuletzt auch, *mit welchem Zweck* sie eingegangen wurde. Darin entspricht es dem Anforderungsprofil, das der französische Art. 1108 C.civ. ff. an einen Vertrag stellt, Mazeaud/ Chabas II.1. (*Chabas*), Tz. 114 ; *Larroumet*, Tz. 225. Dazu auch die Darstellung des Vertragsschlusses im französischen Recht bei *Ferid/Sonnenberger* 1 F 105 -111.

[49] Mangels ausdrücklicher Gesetzesanordnung für diese Fallkonstellation, wird die Rechtsfolge der "*absoluten Nichtigkeit*" erst im Wege der teleologischen Auslegung des Art. 948 ZGB bestimmt. Vgl. dazu etwa *Popescu* Teil 1, Cap. X, Abschn. I, 2, 1, S. 98; *Poenaru*, Cap. V.10.3, S. 294; *Boroi*, S. 238, 233 f.; *Cojocaru*, S. 279, 282; *Beleiu*, S. 210 f.; *Leonhardt*, Nichtigkeit, S. 285. Ebenso im französischen Recht: Mazeaud/ Chabas II.1. (*Chabas*), Tz. 301 - 305 ; *Larroumet*, Tz. 538 – 540, 531 bis.

zwischen Vertragsschluss und Wirksamkeit überhaupt nicht, allenfalls der Einteilung der Ziffern 1 - 4 des Art. 948 ZGB nachgeordnet stattzufinden.

Aber ein Blick auf die Rechtsfolgen eines subjektiven Willensmangels, auf die Rechtsfolgen eines Vertragsgegenstandes bzw. -zwecks, der wie auch immer fehlerbehaftet ist oder die Rechtsfolgen des Fehlens der unbeschränkten Geschäftsfähigkeit macht deutlich, dass Art. 948 ZGB ein Idealbild zeigt. Dieses Ideal weicht jedoch von den *Mindest*anforderungen ab, die das ZGB selbst an einen Vertrag stellt, den es als geschlossen behandelt. Dies zeigt das Beispiel eines Kaufvertrages, der im Sinne von Art. 954 Abs. 1 ZGB mit einem Irrtum über eine wesentliche Eigenschaft der Sache einer der Parteien behaftet und deshalb wegen eines Fehlers in der Willensbildung mit Nichtigkeit bedroht ist. Ein solcher Vertrag entfaltet so lange uneingeschränkt seine rechtliche Wirkung, wie der irrende Vertragspartner die Unwirksamkeit vor Gericht nicht erfolgreich geltend gemacht hat. Damit erkennt das rumänische Zivilrecht - möglicherweise auf Dauer - einen Vertrag als wirksam an, der den Anforderungen des Art. 948 ZGB nicht in vollem Umfang gerecht wird. Es ist an dieser Stelle besonders zu betonen, dass die Behandlung des Vertrags als 'wirksam' nicht auf Art. 954 ZGB[50] beruht, sondern - mangels gesetzlicher Grundlage - auf der rumänischen Lehre von der Wirkung der Nichtigkeit.[51]

Weil jedoch die Lehre von der Nichtigkeit gerade keine Aussage zu Vertragsschluss und Wirksamkeit trifft, lässt sich aus der voranstehenden Beobachtung zunächst keine Aussage darüber treffen, ob die Unterscheidung von Vertragsschluss und Wirksamkeit im rumänischen Recht angelegt ist. Allerdings lässt sich aus ihr ableiten, dass Art. 948 ZGB so zu verstehen ist, wie es etwa bei *Popescu*[52] formuliert ist: Nur das *Fehlen* einer 'Gültigkeitsbedingung', eines Tatbestandsmerkmals sanktioniert Art. 948 ZGB mit der absoluten Nichtigkeit. Gemeint ist

[50] Diese Abgrenzung erscheint notwendig, da ein anderer Anfechtungsgrund, Art. 961 ZGB aufgrund seines Wortlauts bereits als Indiz dafür angeführt worden ist, dass bereits der Gesetzgeber zwischen Vertragsschluss und Wirksamkeit unterschieden hat. Auch der Wortlaut des Art. 954 ZGB ließe ein solches Verständnis zu. Die Fragestellung nun bezieht sich jedoch nicht auf den Wortlaut, sondern auf die dem Gesetz immanente Struktur.

[51] *Popescu* Teil 1, Cap. X, Abschn. I, 3, 1, S. 99 und Teil 1, Cap. X, Abschn. a III-a, 2, S. 105; *Boroi*, S. 227 ff.; *Cosmovici*, Introducere, S. 140 f.; *Cojocaru*, S. 272; *Beleiu*, S. 203 f., 214; *Poenaru*, Cap. V.10.5, S. 297. Die gesetzliche Verankerung fehlt bereits im Code Civil und beruht auf der bereits im Ancien Droit entwickelten Lehre von der Nichtigkeit, vgl. *Larroumet*, Tz. 526 – 530. Es vermag angesichts der Rezeptionsgeschichte auch nicht zu verwundern, dass das rumänische Recht auch insofern mit dem französischen übereinstimmt.

[52] *Popescu* Teil 1, Cap. X, Abschn. I, 2, 1, S. 98.

damit das *vollständige Fehlen* im Gegensatz zum fehlerhaften Zustandekommen einer solchen Voraussetzung, wie *Poenaru*[53] verdeutlicht.

Nun ist zu fragen, was beide Fallgruppen, nämlich die des 'vollständigen Fehlens' einerseits und die des 'fehlerhaften Zustandekommens' einer Gültigkeitsbedingung andererseits unterscheidet. Auch hier kommen die entscheidenden Hinweise für die Beantwortung der Frage wieder aus der Untersuchung der Rechtsfolge. Zwar gilt die Rechtsfolge der absoluten Nichtigkeit nicht nur für die Fälle des vollständigen Fehlens, sondern - zumindest in einigen Fällen[54] - auch für die Fallgruppe des fehlerhaften Zustandekommen von wesentlichen Vertragsvoraussetzungen. Jedoch unterscheiden sich beide Fallgruppen durch die Wirkung, die der absoluten Nichtigkeit jeweils beigemessen wird:

- Kommt eine Gültigkeitsbedingung des Vertrages nur fehlerhaft zustande, führt die Rechtsfolge der absoluten Nichtigkeit zu einem Umgang mit dem Vertrag, der dem deutschen Recht vergleichbar ist: Es wird anerkannt, dass die Parteien einen Vertrag geschlossen haben, jedoch die Frage gestellt, ob dieser eine Rechtswirkung erzielen kann.[55] Ist dies nicht der Fall, werden bereits eingetretene Vertragswirkungen mit Wirkung *ex tunc* beseitigt.[56]

---

[53] *Poenaru*, Cap. V.10.3, S. 294; ebenso etwa: *Cosmovici*, Introducere, S. 141 f. Bestätigt wird das in derselben Deutlichkeit im Rahmen der Diskusion, ob es eine von der Nichtigkeit zu unterscheidende Kategorie der 'Inexistenz' im rumänischen Recht gebe: *Popescu* Teil 1, Cap. X, Abschn. I, 2, 1, S. 98 und Teil 1, Cap. X, Abschn. a III-a, 5, S. 108; *Boroi*, S. 233 f., 238; *Cojocaru*, S. 278 f., 282; *Beleiu*, S. 210 f. Die gleiche Feststellung lässt sch auch für das französiche Recht treffen, für das dies aus gleichen Diskussion hervorgeht, die – wenngleich weniger ausführlich – im rumänischen Recht geführt wird: Mazeaud/ Chabas II.1. (*Chabas*), Tz. 229 mwN.; *Larroumet*, Tz. 524, 531 bis.

[54] Z.B. ist auch ein Fall der absoluten Nichtigkeit bei Vorliegen einer rechts- oder sittenwidrigen '*cauza*' gegeben, vgl. etwa *Boroi*, S. 238 mit weiteren Beispielen. Soweit ein solcher Fehler nicht zur absoluten Nichtigkeit führt, hat er die relative Nichtigkeit zur Konsequenz (*Popescu* Teil 1, Cap. X, Abschn. I, 1, 4, S. 97). Beide Ausprägungen der Nichtigkeit wirken in gleicher Weise (*Popescu* Teil 1, Cap. X, Abschn. I, 1, 4, S. 97 f.) , jedoch ist u.a. der Kreis derer, die die Nichtigkeit gerichtlich geltend machen dürfen anders gefasst (*Popescu* Teil 1, Cap. X, Abschn. a III-a, 5, S. 108 f.). Zu den Einzelheiten: s. Teil 1, Kapitel 1, 1. Abschnitt, 4. 'Wirksamkeit'. Ebenso im französischen Recht, vgl. nur *Storme*, The Validity and the Content of Contracts, in: Hartkamp/ Hesselink/ Hondius/ du Perron/ Vranken (Hrsg.), Towards a European Civil Code, 1.Auflage, S. 159, 166; . Mazeaud/ Chabas II.1. (*Chabas*), Tz. 301 - 306; *Larroumet*, Tz. 538 - 541.

[55] Zur Untermauerung der Behauptung, dass zwischen Vertragsschluss und Wirksamkeit tatsächlich unterschieden wird, und im Vorgriff auf die kommenden Ausführungen in Teil 1, Kapitel 1, 1. Abschnitt, 4. 'Wirksamkeit' sei an dieser Stelle auf die Formvorschriften verwiesen, die Gültigkeitsvoraussetzungen sind. Dazu gehört etwa die rechtsgeschäftliche Hypothek, die gem. Art. 1772 ZGB durch öffentliche Urkunde iSv.

- Leidet der Vertrag aber unter einem vollständigen Nichtvorhandensein einer absoluten Gültigkeitsbedingung ist die Wirkung der vorgeblich selben Rechtsfolge 'absolute Nichtigkeit' die, dass der Vertrag bereits als nicht geschlossen, als 'inexistent' behandelt wird.[57]

Legt man dies nun dem Verständnis von Art. 948 ZGB zu Grunde, ergibt sich folgendes Bild:

> Der vertragliche Anspruch setzt auch im rumänischen Recht den 'Vertragsschluss' der Parteien und die 'Wirksamkeit' dieses geschlossenen Vertrages voraus. Dabei ergibt sich aus Art. 948 ZGB, dass ein Vertrag

---

Art. 1171 ZGB errichtet werden muss. Der Umkehrschluss aus Art. 1173 Abs. 1 ZGB bestätigt, was etwa *Beleiu* S. 210 als allgemeine Auffassung so formuliert: "Die Unwirksamkeit eines *Rechtsgeschäfts* [iSv. 'absoluter Nichtigkeit'; Anm. des Verf.] ergibt sich also aus der Nichterfüllung seiner wesentlichen Voraussetzungen, die,... ...., Bedingungen der *Wirksamkeit* sind." Daran anschließend zählt er eine Liste von Gründen für die absolute Unwirksamkeit auf, die u.a. auch den Verstoß gegen die als Gültigkeitsbedingung aufgestellte Formvorschrift enthält. Hier wird ganz offensichtlich, dass zwischen dem Abschluss eines Rechtsgeschäfts und dessen Wirksamkeit sehr wohl unterschieden wird. In diesem Sinne auch: *Popescu* Teil 1, Cap. X, Abschn. I, 1, S. 97; *Boroi*, S. 237; *Cojocaru*, S. 277. Dies ist im französischen recht nicht anders: Mazeaud/ Chabas II.1. (*Chabas*), Tz. 300 ff.; *Larroumet*, Tz. 563.

[56] *Popescu* Teil 1, Cap. X, Abschn. a III-a, 2, S. 105; *Boroi*, S. 248 f.; *Cojocaru*, S. 287 f.; *Poenaru*, Cap. V.10.5, S. 297; *Beleiu*, S. 214.

[57] Als Beispiel für diese Fallgruppe sei hier - ebenfalls im Vorgriff auf kommende Ausführungen (vgl. dann in Teil 1, Kapitel 1, 1. Abschnitt, 3., Vertragsschluss) - auf die Behandlung der sog. (einigungs-)hindernden Irrtümer ('*eroarea-obstacol*') hingewiesen, von denen *Cosmovici*, Introducere, S. 106, ausdrücklich feststellt, dass sich dahinter der Gedanke der Inexistenz des fraglichen Rechtsgeschäfts verberge. In diesem Sinne lassen sich auch verstehen: *Popescu* Teil 1, Cap. VIII, Abschn. a II-a, 2, S. 80; *Boroi*, S.164, *165*; *Cojocaru*, S. 195; *Poenaru*, Cap. V.4. 4, S. 229 f. Diese Darstellungen verzichten zwar auf die Formulierung 'Inexistenz', betonen aber, dass in diesen Fällen bereits der Vertragsschluss verhindert wird, ein Vertrag also gar nicht erst zustande kommt. Für das französische Recht: Mazeaud/ Chabas II.1. (*Chabas*), Tz.161 („*...il y a, en réalité, absence de consentement...*") und noch deutlicher in Tz. 301 („*Si l' absence de consentement résulte du défaut de concordance des volontés – erreur in negotio, erreur in corpore -, le contrat n' a pas pu se former; il est nul de nullité absolue; on pourrait dire qu' il est inexistant, car il n' a même pas, ou à peine, l' apparence d' un acte juridique.*"); *Larroumet*, Tz. 346, der dies mit Blick auf die französische Lehre ebenso darstellt und dabei zur Begründung auf die Inexistenz verweist. Er weist jedoch auch darauf hin, dass diese in der französischen Rechtsprechung nicht immer geteilt wird, weil die damit verbundenen Irrtumskategorien auch anderen Irrtümern zuordenbar seien. Im Sinne der französischen Rechtslehre ebenfalls *Ferid/Sonnenberger* 1 F 418 ff.; *Stadler* S. 133 u. 135.

als geschlossen zu betrachten ist, wenn seine vier Tatbestandsmerkmale[58] nicht vollständig fehlen, sie also in einem - noch zu bestimmenden - Mindestmaß erfüllt sind. Allerdings stellt sich dann die Frage, ob der Vertrag auch wirksam, dh. von der Rechtsordnung als gültig anerkannt ist. Diese Frage muss beantwortet werden, wenn das Anforderungsprofil des Art. 948 ZGB zwar hinreichend für den Vertragsschluss, aber nicht vollumfänglich erfüllt worden ist.

Der Sache nach ist diese Struktur auch in der rumänischen Rechtslehre anerkannt. Sie benutzt nicht nur - wie gezeigt - diese Unterscheidung in ihren Darstellungen, sie definiert[59] das Rechtsgeschäft als einen auf die Herbeiführung rechtlicher Folgen gerichteten Willensakt, der entsprechend kundgemacht wird. So schreibt etwa *Cojocaru*, dass dies etwa bei Abschluss eines Vertrages nach Maßgabe des Art. 948 ZGB ff. der Fall sei. In diesem Zusammenhang bezeichnet sie diese "*condiţiile esenţiale*" des Art. 948 ZGB als strukturelle (konstitutive) Elemente von denen die Wirksamkeit des Vertrages abhängt.[60] Mit anderen Worten: sowohl die Entstehung wie auch die Nichtigkeit eines Rechtsgeschäfts werden von den in Art. 948 ZGB angesprochenen Verträgen berührt.[61] Zuletzt wird die Nichtigkeit des Rechtsgeschäfts - allein diese Wortwahl setzt bereits einen von der Frage der Wirksamkeit trennbaren Vertragsschluss voraus - als eine Sanktion definiert, die "das Rechtsgeschäft von Wirkungen befreit, die dem geltenden Recht widersprechen, damit der Vertragsschluss auch wirksam sei"[62]. Damit entspricht die rumänische Dogmatik, gerade weil sie von einer zweigliedrigen Definition des Rechtsgeschäfts ausgeht und die Billigung des rechtlich Gewollten durch die Rechtsordnung erst in einem davon unabhängigen Schritt prüft, insoweit im Ergebnis der Lehre vom Rechtsgeschäft im deutschen Recht[63].[64]

Um so mehr drängt sich die Frage auf, warum eine Unterscheidung zwischen 'Inexistenz' - also dem Nichtzustandekommen eines Vertrages - sowie Nichtigkeit und damit auch eine Unterscheidung zwischen Vertragsschluss und Wirksamkeit

---

[58] Ziff. 1: die Fähigkeit, Verträge zu schließen; Ziff. 2: die Willensübereinstimmung; Ziff. 3: ein bestimmter Vertragsgegenstand; Ziff. 4: ein rechtmäßiger Vertragszweck.

[59] Allgemeine Meinung, vgl. nur *Popescu* Teil 1, Cap. V, S. 59; *Boroi*, S.141; *Cojocaru*, S. 155; *Poenaru*, Cap. V.1., S. 207; *Beleiu* S. 134.

[60] Wörtlich heißt es dort:"...inţelegem elementele structurale (constitutive) ale acestuia de care depinde valabilitatea (validitatea) lui." *Cojocaru*, S. 176.

[61] In diesem Sinne auch: *Popescu* Teil 1, Cap. VIII, vor 1., S. 75; *Poenaru*, Cap. V.2., S. 219; *Beleiu* S. 145.

[62] So z.B.. *Beleiu* S. 203.

[63] Vgl. dazu *RGZ* 68, 322, 324; Palandt/*Heinrichs* Überbl. vor § 104, Rn. 3, 27 - 29.

[64] Mit ähnlichen Ergebnissen zum französischen Recht Mazeaud/ Chabas II.1. (*Chabas*), Tz.161, 293; *Larroumet*, Tz. 524, 570; *Stadler* S. 133 u. 135, die allerdings nicht die sich daraus ergebenden Konsequenzen zieht, sondern sich auf die Darstellung des Meinungsstandes in Frankreich beschränkt.

von der rumänischen Lehre abgelehnt wird.[65] Ein erneuter Blick auf die dafür vorgebrachten Gründe lohnt:

1. Die Unterscheidung zwischen 'Inexistenz' und Unwirksamkeit wird als unzutreffend betrachtet, weil ein Streit über das (Nicht-)Bestehen eines Rechtsgeschäft in jedem Fall durch einen Richter zu klären sei. Denn solange der Rechtsschein der Gültigkeit eines Rechtsgeschäfts nicht durch einem Richter beseitigt worden sei, könne nicht von der 'Inexistenz' dieses Rechtsgeschäfts gesprochen werden.[66] Dies beruhe auf dem Grundsatz '*error communis facit jus*'.[67] Dies solle gelten, solange eine Partei auf Erfüllung des Vertrages klagt und sich die andere Vertragspartei auf das vollständige Fehlen einer Gültigkeitsbedingung beruft.

a) Es ist zunächst also unstreitig, dass kein Vertrag zustande gekommen ist, wenn die Parteien den Dissens oder das Fehlen einer anderen Gültigkeitsbedingung erkennen und etwaige vertragliche Ansprüche nicht gerichtlich geltend machen.[68]

b) Anders soll dies nur sein, wenn zwischen den Parteien streitig ist, ob bzw. welche rechtlichen Beziehungen zwischen ihnen bestehen.

   Die Argumentation mit dem Grundsatz '*error communis facit jus*' vermag - bezogen auf diese Konstellation - nicht zu überzeugen, da gerade kein gemeinsamer Irrtum vorliegt. Grundsätzlich soll zwar auch nach rumänischer Vorstellung der Grundsatz nur Anwendung finden, wenn ein gemeinsamer Irrtum der gesamten Rechtsgemeinschaft vorliegt.[69] Die Anwendung dieses Grundsatzes auf den hier in Frage stehenden Streit über die Existenz eines Rechtsgeschäfts muss insofern als eine Besonderheit des rumänischen Rechts hinzunehmen, ist sie doch – soweit ersichtlich – allgemein anerkannt. Deshalb lässt sich daraus kein – systemimmanentes - Argument gegen die rechtliche Behandlung des vollständigen Fehlens von Gültigkeitsbedingungen ableiten.

   Betrachtet man diese Sachverhaltskonstellation aus der Perspektive des deutschen Rechts, so wird deutlich, dass das Argument, der Rechtsschein eines Vertrages müsse im Streitfall durch einen Richter beseitigt werden, weder für

---

[65] *Poenaru*, Cap. V.10.1, S. 288 f.; *Cojocaru*, S. 282; *Boroi*, S. 233 f.; *Cosmovici*, Introducere, S. 140; *Beleiu*, S. 208; ebenso *Leonhardt*, Nichtigkeit, S. 284 f.

[66] *Poenaru*, Cap. V.10.1, S. 289; *Cojocaru*, S. 282; *Boroi*, S. 234. Ebenso wird für das französische Recht argumentiert, vgl. nur *Larroumet*, Tz. 532.

[67] *Boroi*, S.259; *Cosmovici*, Introducere, S. 145; *Cojocaru*, S. 294.

[68] *Popescu* Teil 1, Cap. X, Abschn. a II-a, 1, S. 100; *Larroumet*, Tz. 532.

[69] *Poenaru*, Cap. V.10.5, S. 300 für im Personenstandsregister eingetragene Rechtsakte; ebenso *Boroi*, S.259; *Cosmovici*, Introducere, S. 145; *Cojocaru*, S. 294; *Beleiu*, S. 219 unter Berufung auf Art. 7 Gesetz Nr. 119/ 1996, M. Of. Nr. 282 / 1996 (ebenfalls für Fragen des Personenstandes).

noch gegen die Unterscheidung zwischen Inexistenz und Nichtigkeit spricht. Denn auch im deutschen Recht, das diese Unterscheidung im Gegensatz zum rumänischen Recht anerkennt und vollzieht, muss im Streitfall der Richter entscheiden, welche der Parteien den Sachverhalt zutreffend beurteilt. Dies liegt in der Natur des Rechtsstreits und hat mit Rechtsschein nichts zu tun. Wenn aber nicht die Beseitigung eines etwaigen Rechtsscheins sondern nur die richterliche Klärung eines Rechtsstreits zur Diskussion steht, so stellt sich die Frage, warum der Fall der unstreitigen Nichtexistenz eines Vertrages dogmatisch anders behandelt werden soll, als der Fall, in dem die Existenz des Vertrages streitig ist.

c) Die Auffassung, dass ein Rechtsgeschäft bis zur richterlichen Entscheidung als vorhanden und wirksam zu betrachten sei, sobald es den Rechtsschein dieses Geschäftes gebe, ist auch aus einem anderen Grund entgegen zu treten. Diese Auffassung führt nämlich letztlich dazu, dass ein Sachverhalt bereits dann vertragliche Ansprüche begründet, wenn dadurch der Rechtsschein eines Vertrages geschaffen wird und sich dieser Situation niemand durch Klage widersetzt. Konsequent bis zum Ende gedacht, geht diese Auffassung also nicht nur weit über das hinaus, was hier vertreten wird, nämlich, dass ein Vertrag den Vertragsschluss und die davon zu trennende Wirksamkeit voraussetzt. Vor allem widerspricht sie ihren eigenen Grundsätzen, die einen vertraglichen Anspruch davon abhängig machen, dass die Voraussetzungen des Art. 948 ZGB tatsächlich vorliegen und nicht nur deren unwidersprochener Rechtsschein.

2. Sodann soll die 'Inexistenz', als Rechtsfolge des fehlenden Vertragsschlusses, nur sehr schwer von der Nichtigkeit abzugrenzen sein.[70] Dieses Argument führt nicht sehr weit, da das Gesetz mit Art. 948 ZGB diese Abgrenzung selbst vorgibt. Ein Indiz dafür ist auch Umstand, dass diese Diskussion um die 'Inexistenz' sowohl in der rumänischen, wie auch in der französischen Rechtsordnung aufgekommen ist und deren Befürworter die Abgrenzung sehr wohl durchführen konnten. Sogar die Gegner dieser Kategorie nutzen sie, um etwa die Situation des einigungshindernden Irrtums zu beschreiben.[71] Insoweit erscheint dieser Einwand vorgeschoben, jedenfalls ist er rein pragmatischer Natur und verbietet dort, wo die Entscheidung dogmatisch möglich ist, nicht, diese zu treffen.

3. Das dritte Argument, dass zur Ablehnung der Kategorie der 'Inexistenz' noch angeführt wird, ist die Tatsache, dass es letztlich unnütz sei. Denn schließlich gelte

---

[70] *Boroi*, S. 233 f.; *Larroumet*, Tz. 532.

[71] *Cosmovici*, Introducere, S. 106; *Cojocaru*, S. 195; *Popescu* Teil 1, Cap. VIII, Abschn. a II-a, 2, S. 80; *Boroi*, S. 164, *165*; *Poenaru*, Cap. V.4. 4, S. 229 f. Auch dies ist in Frankreich nicht anders: *Larroumet*, Tz. 320, 321.

für die 'Inexistenz' die Rechtsfolge der Nichtigkeit[72] bzw. führe die 'Inexistenz' – wollte man sie denn anerkennen - ebenso wie die Nichtigkeit dazu, dass das Rechtsgeschäft letztlich *ex tunc* keinerlei Wirkung erzeuge[73]. Während diejenigen, die die Rechtsfolge der Nichtigkeit auch für die 'Inexistenz' gelten lassen wollen, diese damit dogmatisch letztlich anerkennen, führen diejenigen, die sich darauf beziehen, dass die *Wirkung* beider Kategorien letztlich die gleiche sei, ein pragmatisches Argument ins Feld: im Ergebnis der richterlichen Entscheidung könne es dahinstehen, welche die Ursache dafür ist, dass ein Sachverhalt keinerlei Rechtswirkungen erzeugt. Dem ist nicht zu widersprechen. Es bleibt jedoch festzuhalten, dass es für die rechtlich-dogmatische Klarheit durchaus von Bedeutung sein kann, danach zu unterscheiden, ob ein Vertrag nichtig oder bereits nicht zustande gekommen ist. Und im Bereich des allgemeinen Teil einer Zivilrechtsordnung bedürfen der Klarheit, damit auch die darauf aufbauenden speziellen Vorschriften klar, dh. eindeutig, erschlossen werden können.

Mit einem kurzen Rückblick[74] auf die hier wiedergegebene Diskussion zur Frage der 'Inexistenz' wird deutlich, dass die Ablehnung dieser Kategorie auf Praktikabilitätserwägungen beruht. Damit wird jedoch keine Aussage über die tatsächlich vorhandene Gesetzesstruktur getroffen, sondern aufgrund einer rein ergebnisorientierten, auf das richterliche Ergebnis fokussierten Erwägung auf weitere Überlegungen und Aussagen zu dieser Frage verzichtet. Die so begründete Ablehnung steht aber der Zulässigkeit der hier eingeführten Differenzierung zwischen Vertragsschluss und Wirksamkeit im rumänischen Vertragsrecht nicht entgegen. Denn mit dieser Differenzierung wird eine aus *pragmatischen* und nicht aus sachlichen Gründen abgelehnte Kategorie eingeführt. Und wohlgemerkt, diese soll auch nicht 'wiederbelebt', sondern nur als eine *der Sache nach* im Gesetz angelegte Struktur aufgezeigt und für weitere Überlegungen zur tatsächlichen Struktur des Mobiliarerwerbs nutzbar gemacht werden.

---

[72] So etwa die Formulierung von *Beleiu*, S. 208. Für den Fall eines Irrtums über die Substanz des Vertragsgegenstandes, die maßgeblich für den Vertragsschluss war, hat der Oberste Gerichtshof die Nichtigkeit aufgrund der Tatsache angenommen, dass ein Vertragsschluss nicht vorlag, *Tribunalul Suprem*, colegiul civil, decisia nr. 1/1967, Revista română de drept, nr. 5/1967, S. 167. In diesem Sinne auch *Larroumet*, Tz. 532.

[73] *Cojocaru*, S. 282; *Boroi*, S. 233 f.

[74] Ergänzend sei darauf hingewiesen, dass *Larroumet*, Tz. 532 noch ein weiteres Argument ins Feld führt. Das Gesetz mache keinen Unterschied in der Bedeutung, der Wichtigkeit der Unwirksamkeitsgründe in dem Sinne, dass es anordne, im einen Fall sei schon gleich kein Vertrag zustande gekommen und im anderen Fall werde nur die Nichtigkeit mit Wirkung *ex tunc* angeordnet. Dieser Auffassung liegt jedoch eine Fehlvorstellung von der 'Inexistenz' zu Grunde. Es handelt sich dabei nicht um eine Gesetzesanordnung, die einen rechtlich relevanten Vorgang beseitigt. Es handelt sich vielmehr um die Feststellung, dass es einen solchen Vorgang gar nicht erst gegeben hat, weil die Voraussetzungen dafür, dass das Gesetz ihn als rechtlich relevant qualifiziert, bereits nicht erfüllt sind.

Aus alledem folgt: Im Grunde genommen sind die Fälle des vollständigen Nichtvorhandenseins einer Gültigkeitsbedingung als solche der 'Inexistenz' eines Rechtsgeschäfts zu betrachten.[75] Auch im rumänischen Recht genügt für den Abschluss eines Vertrages im Wesentlichen bereits ein Mindestmaß von "Fähigkeit, einen Vertrag zu schließen" und - den objektiven Umständen zufolge - zumindest der Schein zweier inhaltlich übereinstimmender, auf Angebot und Annahme gerichteter Willenserklärungen, um die 'Vermutung' eines geschlossenen Vertrages zu begründen. Wurde das Anforderungsprofil für den Vertragsschluss in hinreichendem Maße, aber dennoch unvollständig erfüllt, ist dies auch im rumänischen Recht nurmehr eine Frage nach der Wirksamkeit des so geschlossenen Vertrages.

Diese Betrachtungsweise lässt die strukturelle Unterscheidung zwischen der Frage, ob ein Vertrag geschlossen wurde sowie der Frage, ob ein geschlossener Vertrag auch wirksam ist, plastischer zu Tage treten.

3. Vertragsschluss

Nachdem die Zulässigkeit einer strukturellen Unterscheidung von Vertragsschluss und Wirksamkeit dieses Vertrages nun also nachgewiesen ist, kommt es in der Folge darauf an, aufzuzeigen, wie das rumänische Vertragsrecht, insbesondere das Anforderungsprofil des Art. 948 ZGB an diesem Raster auszurichten ist.

3.1. Die Fähigkeit, Verträge schließen zu können

Die Fähigkeit Verträge zu schließen (Art. 949 -952 ZGB) unterscheidet sich der Sache nach nicht wesentlich vom deutschen Recht, da auch hier zwischen Rechtsfähigkeit (*capacitate de folosința*) und Geschäftsfähigkeit (*capacitate de exercițiu*) [76] unterschieden wird. Auch die Rechtsfähigkeit natürlicher Personen sowie deren Geschäftsfähigkeit weichen nicht substantiell[77] von den hierzulande bekannten

---

[75] Ebenso *Tietze*, S. 789, 818.

[76] Beide Begriffe sind jeweils inhaltlich deckungsgleich, vgl. etwa *Popescu* Teil 1, Cap. VIII, Abschn. I, S 75; *Poenaru*, Cap. III. 2, S. 83; *Beleiu* S. 83 f., 287 ff. (Rechtsfähigkeit), S. 317 ff. (Geschäftsfähigkeit). Beginn und Ende von Rechts- und Geschäftsfähigkeit sind gesetzlich definiert in Art. 4 - 11 (für natürliche Personen) und Art. 33 - 40 (für juristische Personen) im Dekret Nr. 31 vom 30.1.1954 (fortan zit. als PersDekr.) B.Of. Nr. 8 vom 30.1.1954, abgedruckt in deutscher Übersetzung von *Leonhardt* bei *Breidenbach*, Länderteil Rumänien RO 280. Ebenfalls dazu: *Boroi*, S. 156 f.; *Cosmovici*, Introducere, S. 101 f.; *Cojocaru*, S. 72 ff.

[77] Die bestehenden Abweichungen etwa im Minderjährigenrecht sind nicht so bedeutend, dass darauf im Rahmen dieser Darstellung näher einzugehen wäre.

Maßstäben ab. Beschränkt Geschäftsfähige können nach Art. 9 Abs. 2 PersDekr. in der Regel[78] selbständig handeln, sofern sie zum konkreten Rechtsgeschäft die vorherige Zustimmung des gesetzlichen Vertreters erhalten haben.

Ein gravierender Unterschied besteht jedoch in der Behandlung juristischer Personen. Auch in Rumänien erhalten juristische Personen ihre Rechtsfähigkeit mit ihrer rechtskräftigen Gründung, Art. 33 PersDekr.[79] Allerdings ist ihre Fähigkeit, Träger von Rechten und Pflichten zu sein nicht absolut, sondern begrenzt auf den jeweiligen Unternehmenszweck.[80] Für Geschäfte außerhalb des Unternehmenszwecks, fehlt einer juristischen Person somit bereits die Rechtsfähigkeit.
Geschäfte, die trotz fehlender Rechtsfähigkeit geschlossen werden, sind absolut nichtig[81], Art. 34 Abs. 2 PersDekr. Strukturell liegt hier ein Fall von 'Inexistenz' vor.[82]

3.2. Die Willensübereinstimmung

Die erforderliche Willensübereinstimmung (Art. 953 - 961 ZGB) weist im Vergleich zum BGB insofern kaum Besonderheiten auf, als das Vorliegen des objektiven Tatbestandes der Einigung für deren Tatbestandsmäßigkeit hinlänglich ist, und subjektive Willensmängel weitestgehend eine Frage der Wirksamkeit des Vertrages aufgrund möglicher Nichtigkeit wegen Irrtums sind.[83]

---

[78] Zu den Möglichkeiten beschränkt Geschäftsfähiger, Verträge allein, mit Zustimmung des gesetzlichen Vertreters, mit Zustimmung des gesetzlichen Vertreters und des Vormundschaftsgerichts, oder gar nicht schließen zu können, *Beleiu*, S. 323 f.

[79] Dazu auch *Beleiu*, S. 426 ff.; *Poenaru* Cap. IV.3.1., S. 168 f.

[80] Zu den durch den Unternehmenszweck vorgegebenen Grenzen im Fall einer Außenhandelsgesellschaft, die im Rahmen von Kommissionsgeschäften Kreditverträge geschlossen hat: Internationaler Schiedsgerichtshof bei der Rumänischen Industrie- und Handelskammer, Schiedsspruch Nr. 32 vom 31.03.1997, R.D.C. 1997, 120, 121.

[81] Sie sind mangels eines rechtlich erheblichen Willens nicht einmal existent. Hier stellt sich also gar nicht erst die Frage nach der Wirksamkeit eines einmal geschlossenen Vertrages.

[82] *Beleiu*, S. 385 f.; *Poenaru* Cap. IV.3.1., S. 167 u. 169; *Popescu* Teil 1, Cap. VIII, Abschn. I, S. 76; *Dobrin*, An I, D., S.10; *Leonhardt*, Nichtigkeit, S. 287.
Natürlich ist mit der potentiellen Inexistenz eines Kredit(-Sicherungs-)Geschäfts mit einer juristischen Person eine erhebliche Rechtsunsicherheit verbunden. Nicht jedes Rechtsgeschäft, das in der *ex ante*-Prüfung eines Kreditinstituts als vom Unternehmenszweck gedeckt erscheint, erweist sich auch *ex post* als ein solches. Dieses Risiko wird mE. ungerechtfertigter Weise dem Kreditgeber/Sicherungsnehmer übertragen. Richtigerweise müsste dieses durch den Kreditnehmer, also die juristische Person selbst getragen werden. Diese allein verfügt über alle notwendigen Informationen, dieser dienen die Kreditierung und damit verbundene Sicherungsgeschäfte in erster Linie.

[83] Zu den Voraussetzungen der Willensübereinstimmung: *Popescu*, Teil 1, Cap. VIII, Abschn. a II-a, S. 77 - 84.; *Beleiu*, S. 148 - 161; *Cosmovici*, Introducere, S. 102 -110; *Cojocaru*, S. 183 -209; *Boroi*, S. 158 - 177; *Poenaru*, Cap. V.4, S. 221 – 242.

Eine "Einigung" führt nur dann nicht zum Vertragsschluss, bleibt also in der rechtlichen Inexistenz[84], wenn sie von einem '*eroarea-obstacol*' , also von einem (einigungs-)hinderndem Irrtum erfasst ist. Dies sind Fälle, in denen sich die Vertragsparteien etwa über die Rechtsnatur des Vertrages oder die Identität des Vertragsgegenstandes[85] irren und sich demzufolge über den Vertrag nicht einig sind.[86]

Dieselbe Konsequenz, das Nichtvorliegen eines Vertragsschlusses aufgrund Dissenses, wird im deutschen Recht nur dann gezogen, wenn der objektive Wert beider Erklärungen voneinander abweicht und auch durch Auslegung nicht in Übereinstimmung gebracht werden kann. In den Situationen eines im Sinne des rumänischen Rechts einigungshindernden Irrtums dagegen, geht das deutsche Recht vom Vertragsschluss aus. Allerdings gibt es dem Irrenden - quasi aufgrund des nach subjektiven Kriterien fehlenden Konsenses - die Möglichkeit der Beseitigung wegen Vorliegens eines Inhaltsirrtums iSv. § 119 Abs. 1, Satz 1, 1. Alt. BGB.[87]

3.3. Der Vertragsgegenstand und -zweck

Die Anforderungen an den Vertragsgegenstand sind in den Art. 948, 962 - 965 ZGB[88] nur unvollständig niedergelegt. Aus dem Gesetz ergibt sich, dass es sich dabei um ein Tun oder Unterlassen[89] ebenso wie um die Verfügung über ein Recht

---

[84] So explizit *Cosmovici*, Introducere, S. 106: "Eroarea-obstacol împedică formarea actului juridic şi este denumite uneori „eroare substanţială" conducînd deci, practic, la idea de „inexistenţă" a actului" [Unterstreichungen vom Verf.]. Dieser sog. 'Irrtum', der letztlich den Konsens ausschließt, verhindert also nach dieser Auffassung den Vertragsschluss. Und *Cosmovici* sagt, dass dies, im Grunde genommen - der Idee nach - ein Fall von Inexistenz sei. In diesem Sinne etwa auch *Popescu*, Teil 1, Cap. VIII, Abschn. a II-a, 2 lit. a, S. 80; *Poenaru*, Cap. V.4.4., S. 229 f. *Cojocaru*, S. 195; *Boroi*, S. 164 f. Vgl. zum gleichgelagerten französischen Recht Mazeaud/ Chabas II.1. (*Chabas*), Tz.161 („...il y a, en réalité, absence de consentement..."); *Larroumet*, Tz. 320 f., 346; *Ferid/Sonnenberger* 1 F 418 ff.; *Stadler*, S. 160.

[85] '*Error in negotio*' oder '*error in corpore*', vgl. etwa *Poenaru*, Cap. V.4.4., S. 229 f.; *Popescu*, Teil 1, Cap. VIII, Abschn. a II-a, 2 lit. a, S. 80.

[86] *Beleiu*, S. 154; ein solcher Irrtum begründet einen Dissens mit der Folge, dass wegen des Fehlens einer absoluten Gültigkeitsbedingung das Geschäft absolut nichtig ist. Mazeaud/ Chabas II.1. (*Chabas*), Tz. 161, 301; *Larroumet*, Tz. 321.

[87] Vergleicht man nun beide Rechtsordnungen vom Ergebnis der Rechtsanwendung ausgehend, so zeigt sich, dass in wahrnehmbarer Unterschied in der Behandlung dieser Irrtümer praktisch nicht vorhanden ist.

[88] Vgl. die Regelung im französischen Recht: Art. 1108, 1126 – 1130 C. civ.

[89] *Popescu*, Teil 1, Cap. VIII, Abschn. a III-a, 1, S. 85; *Cojocaru*, S. 211; *Boroi*, S. 67, 178; *Beleiu*, S. 104, 161; *Motica/Moţiu*, S. 69; *Cosmovici*, Introducere, S. 111. Im französischen Recht: Art. 1126 C. civ.; Mazeaud/ Chabas II.1. (*Chabas*), Tz. 232 f.; *Larroumet*, Tz. 383.

oder eine Sache[90] handeln kann. Jedenfalls muss der Vertragsgegenstand verkehrsfähig[91] (Art. 963, 1310 ZGB) sowie zumindest der Gattung nach bestimmt und der Menge nach bestimmbar (Art. 948 Ziff. 3, 964 Abs. 1 und 2 ZGB[92]) sein. Zulässig ist es auch, über einen künftigen Leistungsgegenstand zu verfügen[93], Art. 965 ZGB[94].
Nach einhelliger Meinung ist es jedoch über die geschriebenen Anforderungen hinaus noch erforderlich, dass der Vertragsgegenstand zur Zeit der Verfügung vorhanden ('existent')[95], die Leistung rechtmäßig und den guten Sitten entsprechend[96] sowie möglich[97] ist. Zudem muss bei einem Kaufvertrag der Verkäufer grundsätzlich auch Eigentümer der Sache sein.[98]

---

[90] *Popescu*, Teil 1, Cap. VIII, Abschn. a III-a, 1, S. 85; *Poenaru*, Cap. V.5., S. 243; *Cojocaru*, S. 98 f., 210; *Deak/Cărpenaru* Teil I, Cap. I, Abschn. I, § 2, C, 11, S. 35; *Boroi*, S. 75, 178 f.; *Motica/Moțiu*, S. 69 und 70; *Beleiu*, S. 105 f., 112 f.; *Toader*, 9.2., S. 22; *Cosmovici*, Introducere, S. 111. In diesem Sinne auch *Huet*, Tz. 11109 – 11111; Mazeaud/ Chabas II.1. (*Chabas*), Tz. 232, 234, 239; *Larroumet*, Tz. 383.

[91] *Deak/Cărpenaru* Teil I, Cap. I, Abschn. I, § 2, C, I, 13, S. 35 f.; *Popescu*, Teil 1, Cap. VIII, Abschn. a III-a, 1, S. 85; *Motica/Moțiu*, S. 69 ff.; *Poenaru*, Cap. V.5., S. 244 f.; *Cojocaru*, S. 101 f., 213 f.; *Boroi*, S. 179; *Beleiu*, S. 163; *Toader*, 9.2., S. 22 f.; *Cosmovici*, Introducere, S. 111. Art. 1128, 1598 C. civ., *Huet*, Tz. 11184; Mazeaud/ Chabas II.1. (*Chabas*), Tz. 232 f.

[92] Vgl Art. 1108 Ziff. 3, 1129 Abs. 1 und 2 C. civ.

[93] Die Wortwahl entspricht dem rumänischen Recht, das grundsätzlich das Konsensualprinzip mit dem Einheitsprinzip verbindet. Im Folgenden wird darauf genauer einzugehen sein.

[94] Vgl. Art. 1130 C. civ.

[95] *Popescu*, Teil 1, Cap. VIII, Abschn. a III-a, 1, S. 85; *Poenaru*, Cap. V.5., S. 243; *Cojocaru*, S. 212; *Boroi*, S. 179; *Deak/Cărpenaru* Teil I, Cap. I, Abschn. I, § 2, C, I, 14, S. 39; *Toader*, 9.1., S. 21; *Beleiu*, S. 163; *Motica/ Moțiu*, S. 75 f.; *Cosmovici*, Introducere, S. 111. Mazeaud/ Chabas II.1. (*Chabas*), Tz. 235; *Huet*, Tz. 11183; *Larroumet*, Tz. 387.

[96] Vgl. *Beleiu*, S. 165; *Popescu* Teil 1, Cap. VIII, Abschn. a III-a, 1, Unterabschnitt 2 b, S. 86, beide jedoch ohne Angabe von Gründen. Die Begründung ergibt sich jedenfalls aus Art. 5 ZGB, der die Privatautonomie durch die "öffentliche Ordnung" u. durch die "guten Sitten" begrenzt. So auch *Poenaru*, Cap. V.5, S. 246; *Toader*, 9.3., S. 24; *Cojocaru*, S. 216; *Boroi*, S. 180; *Deak/Cărpenaru* Teil I, Cap. I, Abschn. I, § 2, C, I, 15, S. 40; *Cosmovici*, Introducere, S. 112; *Motica/Moțiu*, S. 79 und *Leonhardt*, Nichtigkeit, S. 285. Zum französischen Recht: Mazeaud/ Chabas II.1. (*Chabas*), Tz. 241; *Larroumet*, Tz. 382, 395 bis ff.

[97] *Popescu*, Teil 1, Cap. VIII, Abschn. a III-a, 1, Unterabschnitt 2, lit. a, S. 86; *Poenaru*, Cap. V.5., S. 244; *Cojocaru*, S. 214 f.; *Boroi*, S. 180; *Beleiu*, S. 164; *Deak/Cărpenaru* Teil I, Cap. I, Abschn. I, § 2, C, I, 15, S. 40; *Toader*, 9.3., S. 24; *Motica/Moțiu*, S. 79; *Cosmovici*, Introducere, S. 112. Mazeaud/ Chabas II.1. (*Chabas*), Tz. 240.

[98] Vgl. etwa *Deak/Cărpenaru* Teil I, Cap. I, Abschn. I, § 2, C, I, 12, S. 35; *Beleiu*, S. 165; *Popescu* Teil 1, Cap. VIII, Abschn. a III-a, 1, S. 84 f.; *Poenaru*, Cap. V.5., S. 246; *Cojocaru*, S. 217; *Motica/ Moțiu*, S. 78; *Toader*, 9.4., S. 24 ff.; *Boroi*, S. 181; *Cosmovici*, Introducere, S. 112. *Huet*, Tz. 11184; Mazeaud/ Chabas II.1. (*Chabas*), Tz. 238.

Damit scheint es im rumänischen Recht als Voraussetzung des Vertragsschlusses an den Vertragsgegenstand ein sehr heterogenes und teilweise auch von inhaltlichen Überschneidungen geprägtes Anforderungsprofil zu geben. Tatsächlich ergibt jedoch eine genauere Untersuchung der Rechtsfolgen eines fehlerhaften Objekts und der damit verbundenen Aussagen in der Literatur, dass ausschließlich die *tatsächliche, objektive Möglichkeit der Leistungserbringung*[99] des vertraglich vereinbarten Gegenstandes zur Zeit des Vertragsschlusses Voraussetzung für diesen ist. Nur die anfänglich objektive Unmöglichkeit, soweit sie auf tatsächlichen Gründen beruht, führt aufgrund von Art. 948 ZGB zur absoluten Nichtigkeit des Vertrages in dem Sinne, dass bereits kein Vertragschluss vorliegt. Begründet wird dies mit zwei Überlegungen. Zum einen wird dazu der Grundsatz '*impossibilium nulla est obligatio*' herangezogen.[100] Zum anderen wird darauf hingewiesen, dass in diesen Fällen für den Anspruch auf die Leistung das Objekt des Vertrages sowie für den Anspruch auf die Gegenleistung der Zweck des Vertrages vollständig fehlen würde.[101] Diese Aussage weist wiederum auf den eigentlichen rechtssystematischen Hintergrund hin. Wenn der Vertragsgegenstand wegen anfänglich objektiver Unmöglichkeit nicht geleistet werden kann, also für die konkrete Leistungserbringung nicht existent ist, dann liegt eine der Gültigkeitsbedingungen für den Vertragsschluss im Sinne des Art. 948 ZGB nicht vor. Es kommt schon kein Vertrag zustande.[102] Für den Kaufvertrag gilt dieselbe Rechtsfolge aufgrund von Art. 1311 S. 1 ZGB[103], der die Rechtsfolge für das Fehlen der

[99] *Beleiu*, S. 164; *Popescu* Teil 1, Cap. VIII, Abschn. a III-a, 1, S. 86; *Poenaru*, Cap. V.5., S. 244; *Cojocaru*, S. 215; *Toader*, 9.3., S. 24; *Boroi*, S. 180. Mazeaud/ Chabas II.1. (*Chabas*), Tz. 240; *Larroumet*, Tz. 387. Zu dieser Funktion des '*object*' vgl *Storme*, The Binding Character of contracts- Causa and Consideration, in: Hartkamp/ Hesselink/ Hondius/ Joustra/ du Perron (Hrsg.), Towards a European Civil Code, S. 239, 246, 253. Allerdings trifft er keine Aussage zu der Frage, ob dies im Rahmen des Vertragsschlusses zu behandeln ist.

[100] *Beleiu*, S. 164; *Popescu* Teil 1, Cap. VIII, Abschn. a III-a, 1, S. 86; *Poenaru*, Cap. V.5., S. 244; *Cojocaru*, S. 214; *Toader*, 9.3., S. 24; *Motica/Moţiu*, S. 79; *Cosmovici*, Introducere, S. 112; *Boroi*, S. 180. Mazeaud/ Chabas II.1. (*Chabas*), Tz. 240; *Larroumet*, Tz. 387.

[101] *Popescu* Teil 1, Cap. VIII, Abschn. a III-a, 1, S. 86; *Beleiu*, S. 167; *Cojocaru*, S. 221; *Poenaru*, Cap. V.6, S. 248; *Boroi*, S. 185; ebenso in Frankreich: Mazeaud/ Chabas II.1. (*Chabas*), Tz. 274, 277; *Larroumet*, Tz. 470.

[102] *Popescu* Teil 1, Cap. VIII, Abschn. a III-a, 1, S. 86 „*...nullitatea absolută a contractului pentru lipsă de object...*". *Larroumet*, Tz. 387 spricht von der „*...nullité du contrat pour absence d' objet...*", bei Mazeaud/ Chabas II.1. (*Chabas*), Tz. 240 heißt es, „*...le contrat est annulé faute d' objet...*".

[103] Vgl. Art. 1601 Abs. 1 C. civ.

Gültigkeitsbedingung des Art 948 Ziff. 3 ZGB im Fall des Kaufvertrages ausdrücklich anordnet.[104]
Richtet man die scheinbar so heterogenen Anforderungen an diesem Profil aus, ergibt sich das folgende, wie ich meine, sehr viel klarere Bild. *Möglich* im Sinne des Tatbestandsmerkmals 'Vertragsgegenstand' ist eine Leistung dann, wenn die Sache zur Zeit des Vertragsschlusses (noch) existiert, bzw. als künftige Leistung (Art. 965 ZGB) möglich, realisierbar erscheint. Um eine Feststellung in diesem Sinne treffen zu können, muss die Leistung zumindest der Gattung nach bestimmt (Art. 964 Abs. 1 ZGB) und der Menge nach bestimmbar (Art. 964 Abs. 2 ZGB) sein[105].[106] Alle darüber hinausgehenden Fragen stellen sich erst im Rahmen der Wirksamkeit des Vertrages.

Die letzte Gültigkeitsbedingung ist der Vertragszweck, die sog. '*cauza*', die mit dem gleichnamigen Begriff des Art. 1108 C. civ. a.E. inhaltlich übereinstimmt.[107] Sie setzt nominell einen Vertragszweck[108] (Art. 966 - 968 ZGB) voraus, der vorhanden, richtig und nicht rechtswidrig[109] ist. Damit ist auch die '*cauza*' ein vielschichtiges und schillerndes Tatbestandsmerkmal, das zumindest ansatzweise einer näheren Betrachtung bedarf[110]. Ursache der Vielschichtigkeit des 'Vertragsgegenstandes' ist die Tatsache, dass er vier verschiedene Funktionen zu erfüllen hat.

---

[104] Zu diesem Gesamtkomplex: *Deak/Cărpenaru* Teil I, Cap. I, Abschn. I, § 2, C, I, 14, S. 39; *Beleiu*, S. 144 f.; *Popescu* Teil 1, Cap. VIII, Abschn. a III-a, 1, S. 86; *Leonhardt*, Nichtigkeit, S. 285 f. Vgl. für das französische Recht *Ferid/Sonnenberger* 1 F 615 ff.

[105] Auch hier stellt sich die Frage der Unmöglichkeit. Es ist dem Verkäufer aus tatsächlichen Gründen unmöglich, das Geschuldete zu leisten, wenn er nicht hinreichend genau weiß, worum es sich dabei handelt.

[106] Auch *Storme*,The Binding Character of contracts- Causa and Consideration, in: Hartkamp/ Hesselink/ Hondius/ Joustra/ du Perron (Hrsg.), Towards a European Civil Code, S. 239. 246 beschreibt es als eine der Funktionen des Vertragsgegenstandes, die Bestimmung der geschuldeten Leistung zu ermöglichen. Er kommt ebenso zu dem Ergebnis, dass es sich dabei um ein Problem des Vertragsschlusses handelt.

[107] Vgl. stellvertretend für viele: *Popescu* Teil 1, Cap. VIII, Abschn. a III-a, 2, S. 86 f.; *Beleiu*, S. 166; Mazeaud/ Chabas II.1. (*Chabas*), Tz. 253, 273 ff.; *Kötz*, S, 81 f.

[108] Er besteht idR. aus der vereinbarten Gegenleistung oder etwa dem Willen, etwas zu schenken; vgl. etwa *Beleiu*, S. 166; *Cojocaru*, S. 219; *Boroi*, S. 184; *Popescu* Teil 1, Cap. VIII, Abschn. a III-a, 2, S. 86 f.

[109] Art. 966, 968 ZGB. Näheres dazu etwa bei *Boroi*, S. 184; *Popescu* Teil 1, Cap. VIII, Abschn. a III-a, 2, S. 86 f.; *Beleiu*, S. 167; *Cojocaru*, S. 220; *Leonhardt*, Nichtigkeit, S. 285 f., mwN. Für das französische Recht: Art. 1131 – 1133 C. civ.; Mazeaud/ Chabas II.1. (*Chabas*), Tz. 253, 273 ff.; *Larroumet*, Tz. 481, 486.

[110] Eine eingehende Untersuchung der '*cauza*' kann angesichts des hier beim rechtsgeschäftlichen Eigentumserwerbs gesetzten Schwerpunkt der Arbeit nicht geleistet werden. Deshalb sei auf die Ergebnisse bereits vorliegender Untersuchungen (Kötz, Europäisches Vertragsrecht; *Storme*,The Binding Character of contracts- Causa and

Die erste Funktion des Tatbestandsmerkmals 'Vertragsgegenstand' ist es, eine Unterscheidung zwischen bindenden Erklärungen und solchen zu ermöglichen, die nicht gerichtlich durchsetzbar sind.[111] Dies ist dann der Fall, wenn ein solcher Vertragszweck überhaupt, vollständig fehlt[112], weil die versprochene, unmittelbare[113] Gegenleistung nicht existiert[114], Art. 966 ZGB[115]. Damit erfüllt die '*causa*' dieselbe Funktion, die im deutschen Recht die Frage nach dem objektiven Bindungswillen hat.[116] Sie wird in Rumänien wie in Frankreich als ein Aspekt des Vertragsschlusses angesehen.[117]

Die '*cauza*' als Tatbestandsmerkmal hat noch weitere Funktionen:

- So soll damit verhindert werden, dass rechts- bzw. sittenwidrige oder irrtumsbehaftete Verträge wirksam werden.[118] Die Einordnung dieser Funktio-

Consideration, in: Hartkamp/ Hesselink/ Hondius/ Joustra/ du Perron (Hrsg.), Towards a European Civil Code, S.239 ff.) zurückgegriffen.

[111] *Storme*,The Binding Character of contracts- Causa and Consideration, in: Hartkamp/ Hesselink/ Hondius/ Joustra/ du Perron (Hrsg.), Towards a European Civil Code, S. 239, 244.

[112] *Beleiu*, S. 167. Der Fall des teilweise Fehlens des Zwecks der Verpflichtung führt nicht zwingend zur Nichtigkeit: *Boroi*, S. 234 f. Mazeaud/ Chabas II.1. (*Chabas*), Tz. 276; *Larroumet*, Tz. 471, 476.

[113] Nur das vollständige Fehlen des unmittelbaren Gegenstands des Leistungsaustauschs wird tatsächlich als Frage der absoluten Nichtigkeit nach Art. 948 ZGB und damit als Frage des Vertragsschlusses angesehen, vgl. *Beleiu*, S. 167; *Cojocaru*, S. 221; *Poenaru*, Cap. V.6, S. 248; *Boroi*, S. 185; ebenso in Frankreich: Mazeaud/ Chabas II.1. (*Chabas*), Tz. 274, 277; *Larroumet*, Tz. 470.

[114] *Kötz*, S. 82. Für Fälle, in denen eine Gegenleistung zwar existiert, allerdings keinen eigenen wirtschaftlichen Wert hat, zeigt *Kötz* S. 82 f. mit Blick auf das französische Recht anschaulich auf, dass bereits hier nicht mehr Fragen des Vertragsschlusses, weil der vollständig fehlenden '*causa*' angesprochen sind, sondern solche der Rechtmäßigkeit, also der Vertragswirksamkeit. Denn in diesen Fällen gibt es zwar einen Vertragsgegenstand, aber möglicherweise hat der Vertragspartner über dessen Werthaltigkeit getäuscht oder aber die Veräußerung dieses Vertragsgegenstandes ist unwirksam, weil sie etwa aus Gründen des '*ordre public*' rechtlich missbilligt wird. Vgl. Mazeaud/ Chabas II.1. (*Chabas*), Tz. 266.

[115] Art. 966 ZGB:"*Obligația fără cauză... ...nu poate avea nici un efect.*" [Eine Verpflichtung ohne *causa*... ...kann keinerlei Wirkung haben.]: Vgl. Art. 1131 C. civ.:"*Une obligation sans cause... ...ne peut avoir aucun effet.*"

[116] *Kötz*, S. 77 f., 108 ff. fasst die in diesem Sinne verstandene '*causa*' wie auch den '*objektiven Bindungswillen*' unter dem Gesichtspunkt "Seriositätsprinzipien" zusammen.

[117] *Storme*,The Binding Character of contracts- Causa and Consideration, in: Hartkamp/ Hesselink/ Hondius/ Joustra/ du Perron (Hrsg.), Towards a European Civil Code, S. 239, 251; *Beleiu*, S. 167; *Cojocaru*, S. 221, 223; *Poenaru*, Cap. V.6, S. 248; *Boroi*, S. 185; Mazeaud/ Chabas II.1. (*Chabas*), Tz. 253, 274; *Larroumet*, Tz. 473.

[118] Für das rumänische Recht ergibt sich dies für die Sitten- und Rechtswidrigkeit unmittelbar aus Art. 948, 966 ZGB. Vgl. dazu auch *Beleiu*, S. 168; *Boroi*, S. 186, der den

nen als Wirksamkeitsfragen[119] ergibt sich hinsichtlich der Rechts- und Sittenwidrigkeit[120] daraus, dass die Rechtsfolge der absoluten Nichtigkeit aus Art 966 ZGB und nicht aus der Generalnorm für den Vertragsschluss Art. 948 ZGB hergeleitet wird. Aus dem Umstand, dass die Rechtsfolge in den Irrtumsfällen ein Fall der relativen Nichtigkeit ist, wird deutlich, dass auch dies kein Fall des Art. 948 ZGB sein kann.

- In den Fällen der Zweckverfehlung erfüllt das Tatbestandsmerkmal der '*cauza*' zudem Aufgaben in Fragen der Nicht- bzw. Schlechterfüllung des Vertrages.[121]

- Auf eine letzte Funktion dieses Tatbestandsmerkmals weist *Stadler* mit Blick auf Art. 1108, 1131 C. civ hin.[122] Daraus, ebenso wie aus Art. 948 Ziff. 4 ZGB ergibt sich das Verbot eines abstrakten Vertrages.[123]

Bezug zur Frage der Unwirksamkeit eines Vertrages nach Art. 5 ZGB herstellt; *Poenaru*, Cap. V.6, S. 249. Die angesprochenen Irrtumsfälle der '*cauza*' sind solche der Zweckverfehlung in dem Sinne, dass sich mindestens ein Vertragspartner eine Fehlvorstellung über das mittelbare Ziel, den Zweck seines rechtsgeschäftlichen Handelns, also das was damit bewirkt werden soll, macht, *Cojocaru*, S. 220 f.; *Boroi*, S. 185 und 186; *Beleiu*, S. 167 f.; *Poenaru*, Cap. V.6, S. 248. Hierzu zählen auch die Fälle, die *Kötz* S. 82 f. im Rahmen der fehlenden Werthaltigkeit diskutiert. Sie sind, wie bei *Beleiu* S. 167 und auch bei *Boroi*, S. 185 hervorgeht, nach den Regeln der Irrtumslehre zu behandeln. - Unter dem Aspekt europäischer Rechtsvereinheitlichung s. dazu – allerdings ohne abschließendfe Stellungnahme - *Storme*,The Binding Character of contracts- Causa and Consideration, in: Hartkamp/ Hesselink/ Hondius/ Joustra/ du Perron (Hrsg.), Towards a European Civil Code, S. 239, 253 f. Im Gegensatz dazu und im hier dargestellten Sin in der Vorauflage *Storme*,The The Validity and Content of Contracts, in: Hartkamp/ Hesselink/ Hondius/ du Perron/ Vranken (Hrsg.), Towards a European Civil Code, 1. Auflage, S.159, 163.

[119] Für das rumänische Recht *Boroi*, S. 185 f.; *Beleiu*, S. 167 f.; *Cojocaru*, S. 220 f., 223; *Poenaru*, Cap. V.6, S. 248. Mazeaud/ Chabas II.1. (*Chabas*), Tz. 273, 280.

[120] *Boroi*, S. 186; *Beleiu*, S. 168; *Cojocaru*, S. 221 f.

[121] So *Storme*,The Binding Character of contracts- Causa and Consideration, in: Hartkamp/ Hesselink/ Hondius/ Joustra/ du Perron (Hrsg.), Towards a European Civil Code, S. 239, 254. Dabei begründet alleine die Tatsache, dass die Neubewertung einer bereits verkauften und übereigneten Sache und die daraus resultierende Feststellung eines überhöhten Kaufpreises keinen Minderungsanspruch, *Oberster Gerichtshof*, Abteilung Handelsrecht, Entscheidung Nr. 1085 vom 02.07.1996, R.D.C 1998, 127. Soweit durch die '*cauza*' allerdings derartige Funktionen angesprochen sind, wird darauf nicht weiter eingegangen, weil dieser Aspekt außerhalb des Rahmen dieser Darstellung liegt.

[122] *Stadler*, S. 31; *Storme*,The Binding Character of contracts- Causa and Consideration, in: Hartkamp/ Hesselink/ Hondius/ Joustra/ du Perron (Hrsg.), Towards a European Civil Code, S. 239, 244.

[123] So auch *Cojocaru*, S. 222; *Boroi*, S. 185; *Beleiu*, S. 167. *Larroumet*, Tz. 477; Mazeaud/ Chabas II.1. (*Chabas*), Tz. 275 und 291jedoch nicht ohne darauf hinzuweisen, dass dies

4. Wirksamkeit

Nach rumänischem Recht gibt es grundsätzlich zwei Sanktionen für die Mangelhaftigkeit eines einmal zustande gekommenen Rechtsgeschäfts, die absolute und die relative Nichtigkeit. Die 'Hinfälligkeit'[124] des Rechtsgeschäfts, die in diesem Zusammenhang ebenfalls oft angesprochen wird, beruht nicht auf etwaigen Mängeln beim Vertragsschluss und ist der Sache nach keine rechtshindernde, sondern eine rechtsvernichtende Einrede, ein Erlöschensgrund.[125] Die Kategorie der 'Inexistenz' ist - wie gesagt - weder eine Frage der Wirksamkeit noch ist sie anerkannt.

---

nur im Grundsatz gelte. In der Praxis gebe es sowohl durch die Anerkennung von handelbaren Wertpapieren, die Garantie auf erstes Anfordern als auch durch die Handhabung der Beweislast Art. 1132 C.civ. im Zusammenhang mit der Frage, ob einer Schuldurkunde eine Verbindlichkeit zugrunde liege, Entwicklungen hin zu abstrakten Rechtsgeschäft. Ähnlich, wenn auch nicht so weit gehend *Larroumet*, Tz. 477.

[124] Rumänisch '*caducitate*'. Die Hinfälligkeit eines Rechtsgeschäfts und damit dessen Unwirksamkeit *ex nunc* tritt ein, wenn ein zwar wirksam zustande gekommenes Rechtsgeschäft, dessen Wirkung jedoch erst später eintreten soll, durch ein Ereignis obsolet wird, das vom Willen der Vertragsparteien unabhängig ist. Vgl. dazu *Leonhardt*, Nichtigkeit, S. 284, *Beleiu*, S. 181. Sie stimmt inhaltlich mit der '*caducité*' des französischen Rechts überein, vgl. *Ferid/Sonnenberger* 1 F 901.

[125] Die Begriffe der rechtshindernden bzw. -vernichtenden Einrede entstammen der deutschen Terminologie. Sie dienen der Einordnung der Wirkungsweise der 'Hinfälligkeit' vor dem Hintergrund des deutschen Rechts. Der Sache nach gibt es im rumänischen Recht die selben Arten von Einreden wie hierzulande. Während die Nichtigkeit eine rechtshindernde Einrede darstellt, ist z.B.. Erfüllung (vgl. Art. 1091, 1092 ZGB) eine rechtsvernichtende. Terminologisch wird im letztgenannten Fall von der "*stingerea obligaţiilor*", dem "Erlöschen der Verbindlichkeiten" (so die Übersetzung von *Baum/Bukow*, Überschrift zum 3. Buch, Kapitel VIII, vor Art. 1091 des ZGB) gesprochen. Neben diesen Erlöschensgründen gibt es auch noch die sog. '*prescripţia extinctivă*' [Verjährung], die dadurch definiert ist, dass das Klagerecht erlischt, wenn es nicht binnen der gesetzlich bestimmten Frist ausgeübt wird (vgl. etwa *Beleiu*, S. 224.). Zusammen mit der '*excepţia de neexecutare*', also der prozesshindernden Einrede (vgl. *Stătescu/ Bîrsan*, 72 f., S. 84.) hindert die Verjährung analog dem deutschen Recht die Durchsetzung eines - entstandenen und nicht erloschenen - Anspruchs vor Gericht. Allerdings ist darauf hinzuweisen, dass auch der Begriff der '*prescripţia extinctivă*' sehr vielschichtig ist. So wird der Erwerb vom Nichtberechtigten ebenfalls als eine Form der'*prescripţia extinctivă*' aufgefasst. Eine besondere Form der '*excepţia de neexecutare*', der Einrede ist das sog. '*beneficiu*'. Die Besonderheit besteht jedoch nur in der von der Betrachtungsweise herrührenden Terminologie, wonach dem Beklagten bestimmte Umstände zu Gute kommen, nicht jedoch in etwaigen Wirkungsunterschieden.

4.1.Nichtigkeit

Während damit die 'Hinfälligkeit' für den weiteren Fortgang dieser Arbeit irrelevant ist, bedarf doch die Nichtigkeit im Sinne des rumänischen Rechts[126] einer eingehenderen Darstellung. Dies gilt insbesondere deshalb, weil die Begrifflichkeit der hierzulande verwendeten zwar nahe kommt, jedoch inhaltlich nicht mit dieser übereinstimmt. Außerdem führt das im ZGB verankerte Einheitsprinzip für den Eigentumsübergang an Sachen und Rechten dazu, dass Fragen, die sich nach deutscher Auffassung im Rahmen der Wirksamkeit einer Verfügung stellen, bereits innerhalb der Nichtigkeit des einen, schuldrechtlichen Vertrages zu klären sind.

So unterscheidet die rumänische Rechtslehre zwischen 'absoluter' und 'relativer' Nichtigkeit, wobei letztere nichts mit relativer Unwirksamkeit im Sinne der deutschen Terminologie zu tun hat.[127] In beiden Fällen ist die Nichtigkeit im rumänischen Recht als eine zivilrechtliche Sanktion definiert, durch die die Wirkungen eines Rechtsgeschäfts vernichtet werden, wenn dieses den gesetzlichen Gültigkeitsvoraussetzungen widerspricht.[128] Dabei entspricht die 'absolute Nichtigkeit' nach rumänischem Recht grundsätzlich[129] unserem Verständnis von Nichtigkeit eines Rechtsgeschäfts[130], während man in Rumänien von 'relativer Nichtigkeit' bei einem Sachverhalt sprechen würde, der der Anfechtbarkeit nach deutschem Recht entspricht.[131] Für beide Spielarten der Nichtigkeit tritt die Unwirksamkeit des betroffenen Rechtsgeschäfts erst ein, wenn sie aufgrund ihrer Geltendmachung vor Gericht, etwa im Wege einer Nichtigkeitsklage[132], durch dieses verkündet wurde. Zwar trifft das Gericht im Tenor seines Urteils für den Fall der absoluten Nichtigkeit eine Feststellung, während es für den Fall der relativen Unwirksamkeit das Rechtsgeschäft für nichtig erklärt, es also selbst vernichtet.[133] Aber man muss sich von der (deutschen) Vorstellung freimachen, dass die Nichtigkeitsfeststellung im

[126] Auch bzgl. der Nichtigkeit als Folge der Fehlerhaftigkeit eines Rechtsgeschäfts folgt das rumänische Recht dem französischen, vgl. nur *Ferid/Sonnenberger* 1 F 901 – 954 .

[127] *Storme*,The Validity and Content of Contracts, in: Hartkamp/ Hesselink/ Hondius/ du Perron/ Vranken (Hrsg.), Towards a European Civil Code, 1. Auflage S. 159, 166; *ders.* Harmonisation, S. 195, 202 f.; *Tietze*, S. 789, 814, 818.

[128] *Beleiu*, S. 203; *Poenaru*, Cap. V.10.1, S. 286 f.; *Popescu* Teil 1, Cap. X, Abschn. I, 1, 1, S. 97; *Cojocaru*, S. 271; *Boroi*, S. 227; Mazeaud/ Chabas II.1. (*Chabas*), Tz. 327; *Larroumet*, Tz. 570.

[129] Auf die mit der Nichtanerkennung einer 'Inexistenz' verbundene Zweideutigkeit wurde bereits hingewiesen.

[130] Vgl. *Stadler*, S. 160.

[131] *Popescu* Teil 1, Cap. X, Abschn. a II-a, S. 100 ff.; *Poenaru*, Cap. V.10.4, S. 295 ff.; *Beleiu*, S. 212 f.; *Leonhardt*, Nichtigkeit, S. 282.

[132] Vgl. Art. 1157 ZGB ff. Siehe dazu *Popescu* Teil 1, Cap. X, Abschn. a II-a, 2., S. 100; *Beleiu*, S. 212; *Boroi*, S. 236. So auch in Frankreich, vgl. Art. 1117, 1304 ff. C. civ., Mazeaud/ Chabas II.1. (*Chabas*), Tz. 297 f.; *Larroumet*, Tz. 563; *Stadler*, S. 160.

[133] *Boroi*, S. 236; *Poenaru*, Cap. V.10.2, S. 295 f.; *Leonhardt*, Nichtigkeit, S. 283.

erstgenannten Fall allein deklaratorischer Natur sei.[134] Vielmehr wird ein Vertrag, solange ihn die Parteien als gültig betrachten und weder diese noch ein Dritter erfolgreich Klage erhoben haben, aufgrund des von ihm ausgehenden Rechtsscheins als wirksam behandelt. Ein solcher von (absoluter wie relativer) Nichtigkeit bedrohter Vertrag ist also latent unwirksam[135], maW. rechtswidrig aufhebbar.[136] Nach rumänischer Vorstellung ist ein Rechtsgeschäft damit genaugenommen erst dann unwirksam, wenn ein Nichtigkeitsgrund vorliegt *und* die Nichtigkeit durch Richterspruch anerkannt ist.[137]

Der richterliche Nichtigkeitsspruch wirkt in beiden Varianten grundsätzlich '*ex tunc*'[138] und '*inter partes*'[139]. Allerdings kann er dennoch auch Rechtsfolgen für Dritte hervorbringen, denn das rumänische Recht folgt insofern dem römisch-rechtlichen Grundsatz, dass die Nichtigerklärung des Rechts[140] aus einem

[134] *Boroi*, S. 237; Mazeaud/ Chabas II.1. (*Chabas*), Tz. 297 f. A.A. *Stadler*, S. 160, wobei auch sie auf S. 134 feststellt, dass der Vertrag bis zum Zeitpunkt eines rechtskräftigen Urteils über die Frage vollumfänglich wirksam ist.

[135] So *Leonhardt*, Nichtigkeit, S. 282.

[136] Zur Wirkung der Nichtigkeit s. *Popescu* Teil 1, Cap. X, Abschn. a III-a, 2., S. 104 f.; *Poenaru*, Cap. V.10.5, S. 297 f.; *Beleiu*, S. 213ff.; *Cojocaru*, S. 286 ff.; *Boroi*, S. 247 ff.; Mazeaud/ Chabas II.1. (*Chabas*), Tz. 297, 327; *Larroumet*, Tz. 570 ff.

[137] Folgt man der Ansicht von *Stadler*, S. 203 liegt hierin ein deutlicher Unterschied zur Regelung des deutschen Rechts, das sowohl in Fällen der absoluten Nichtigkeit, wie auch in Fällen wirksam ausgeübter Gestaltungsrechte von der Unwirksamkeit des Vertrages ausgeht, ohne dass es dazu noch einer richterlichen Entscheidung bedarf. Tatsächlich unterscheiden sich die Regelungen aber nur in ihrem gedanklichen Ausgangspunkt. So geht die Literatur in Rumänien, (vgl. nur *Cojocaru*, S. 286, *Popescu* Teil 1, Cap. X, Abschn. a II-a, 1., S. 100.) und Frankreich (hier etwa Mazeaud/ Chabas II.1. (*Chabas*), Tz. 297.) in Fällen, in denen sich die Parteien über die Nichtigkeit des Vertrages einig sind ('*nulitatea amiabilă*'), davon aus, dass es für den Eintritt dieser Wirkung ausnahmsweise doch keiner Klage bedarf. Und in Fällen, in denen die Wirksamkeit des Vertrages streitig ist, wird auch nach deutschem Recht immer ein Richter ein Urteil sprechen müssen.

[138] *Popescu* Teil 1, Cap. X, Abschn. a III-a, 2., S. 105; *Poenaru*, Cap. V.10.5, S. 297; *Beleiu*, S. 214 f.; *Boroi*, S. 248 f.; *Cojocaru*, S. 288 f.; *Cosmovici*, Introducere, S. 143; *Leonhardt*, Nichtigkeit, S. 297. Mazeaud/ Chabas II.1. (*Chabas*), Tz. 331; *Larroumet*, Tz. 571 mit ausführlicher Darstellung der Ausnahmen.

[139] *Popescu* Teil 1, Cap. X, Abschn. a III-a, 2., S. 105; *Beleiu*, S. 215; *Boroi*, S. 250; *Cosmovici*, Introducere, S. 143. Mazeaud/ Chabas II.1. (*Chabas*), Tz. 332; *Larroumet*, Tz. 571.

[140] *Popescu* Teil 1, Cap. X, Abschn. a III-a, 3., S. 107; *Poenaru*, Cap. V.10.5, S. 298 f.; *Beleiu*, S. 215; *Boroi*, S. 252; *Cojocaru*, S. 291 ff.; *Cosmovici*, Introducere, S. 144. Mazeaud/ Chabas II.1. (*Chabas*), Tz. 335; *Larroumet*, Tz. 588. Das rumänische Recht folgt - wie gesagt - für die Übertragung von Sachen und Rechten dem Einheitsprinzip. Diese Sichtweise, das eigentumsübertragende Rechtsgeschäft als einheitliches Ganzes zu begreifen, zwingt zur Beantwortung dieser Fragen iRd. Nichtigkeit eines Rechtsgeschäfts

Rechtsgeschäft dazu führen muss, dass auch eine nachfolgende Veräußerung dieses Rechtes nichtig ist.[141] Die retroaktive Beseitigung eines Kaufvertrags kann dazu führen, dass einem redlicher Zweit- oder Drittkäufer das zunächst rechtmäßig erworbene Eigentum an der Kaufsache wieder entzogen wird, weil der Erstverkäufer, wie sich später herausstellt, etwa bei Vertragsschluss einem Eigenschaftsirrtum[142] erlegen war.[143] Ausnahmen von diesem Grundsatz werden nur zugelassen, wenn dies entweder der Schutz des guten Glaubens eines entgeltlichen Dritterwerbers[144] oder die Rechtssicherheit gebietet.[145]

Die Unterscheidung zwischen absoluter und relativer Nichtigkeit und deren unterschiedliche Behandlung ist im ZGB nur angedeutet. Manchmal hat der rumänische Gesetzgeber in seiner Wortwahl zwischen absoluter und relativer Nichtigkeit unterschieden.[146] Oft aber hat er Anforderungen an ein Rechtsgeschäft formuliert, eine Sanktion für Verstöße dagegen aber nicht bestimmt.[147] Auch fehlt eine dem § 139 BGB entsprechende Regelung der Teilnichtigkeit.[148] Auf dieser Grundlage hat die rumänische Rechtslehre Unterscheidungskriterien für die Nichtigkeit entwi-

---

auch angesichts der Tatsache, dass hier die verfügende Wirkung des Vertrages angesprochen ist.

[141] *Resoluto iure dantis resolvitur ius accipiendis.*

[142] Dem hier verwandten deutschen Begriff des Eigenschaftsirrtums entspricht in Rumänien der '*eroare-nulitate*' iSd. Art. 954 ZGB, der insb. Fälle des '*error in substantiam*' oder der '*error in personam*' erfasst. Vgl. dazu etwa *Popescu* Teil 1, Cap. VIII, Abschn. a II-a, 2., a, S. 79 f.; *Poenaru*, Cap. V.4.4., S. 230 f.; *Beleiu*, S. 154 f.; *Boroi*, S. 165; *Cojocaru*, S. 196; *Cosmovici*, Introducere, S. 106; *Leonhardt*, Nichtigkeit, S. 290. In Frankreich: *Larroumet*, Tz. 337 – 339; Mazeaud/ Chabas II.1. (*Chabas*), Tz. 167/168.

[143] Die auch im rumänischen und französischen Recht anerkannte '*ex tunc*' – Wirkung zusammen mit der auch gegen Dritte wirkenden Beseitigung der schuldrechtlichen Erwerbsgrundlage ist der Grund dafür, dass *Stadlers* Kritik (S. 203; vgl. Fußnote 135.) nicht zu überzeugen vermag. Denn, anders als *Stadler* das sieht, entzieht die rückwirkende Kraft der richterlichen Nichtigerklärung eines Kausalgeschäfts auch etwa darauf aufbauenden Verfügungen doch die Grundlage.

[144] Näher dazu s. Teil 1, 2. Kap., 3. Abschn., 2.2.1.

[145] Zur Wirkung der Nichtigkeit Dritten gegenüber: *Popescu* Teil 1, Cap. X, Abschn. a III-a, 3., S. 107; *Poenaru*, Cap. V.10.5, S. 298 f.; *Beleiu*, S. 215; *Boroi*, S. 252; *Cojocaru*, S. 291 ff.; *Cosmovici*, Introducere, S. 144; *Leonhardt*, Nichtigkeit, S. 299 iVm. S. 284. Mazeaud/ Chabas II.1. (*Chabas*), Tz. 335; *Larroumet*, Tz. 588.

[146] Absolut nichtige Rechtsgeschäfte werden u.a. als '*nul*', nichtig bezeichnet, relativ nichtige dagegen z.B.. als '*anulabil*', anfechtbar, *Beleiu*, S. 209; *Boroi*, S. 233.

[147] Ein besonders deutliches Beispiel dafür ist Art. 948 ZGB, der (auch in Gesamtschau mit allen anderen Normen seines ZGB-Kapitels - Art. 948 - 968.) nur einen positiven Forderungskatalog aufstellt, ohne diesen klar negativ abzugrenzen.

[148] Dies bedeutet nicht, dass das rumänische Recht keine Antwort auf die Frage der Teilnichtigkeit gibt, sie ist nur nicht gesetzlich verankert. Die Lehre hat eine Antwort sehr wohl entwickelt: *Beleiu*, S. 209; *Popescu* Teil 1, Cap. X, Abschn. I, 1., S. 98, Abschn. a III-a, 4., S. 107; *Boroi*, S. 234 f.; *Poenaru*, Cap. V.10.2, S. 293; *Leonhardt*, Nichtigkeit, S. 283; *Larroumet*, Tz. 537.

ckelt. Diesen zufolge ist ein Rechtsgeschäft, das den Anforderungen des Gesetzgebers an sein Zustandekommen nicht entspricht, grundsätzlich nichtig, unwirksam. Durch Auslegung der verletzten Norm ist zu ermitteln, ob die Nichtigkeit eine absolute oder eine relative ist.[149] Absolut nichtig ist ein Rechtsgeschäft dann, wenn es gegen eine Norm verstößt, die dem Schutz öffentlicher Interessen und solcher der Allgemeinheit gilt.[150] Dagegen ist es "nur" relativ nichtig, wenn es gegen eine Norm verstößt, die dem Schutz individueller Interessen zu dienen bestimmt ist.[151]

Wesentlich wird die Unterscheidung zwischen absoluter und relativer Nichtigkeit nur bei drei Fragen.

Zum einen ist in beiden Fällen der Kreis derjenigen, die sich auf die Nichtigkeit des Rechtsgeschäfts berufen dürfen, unterschiedlich gezogen. Klagebefugt[152] sind grundsätzlich alle diejenigen, die ein rechtlich geschütztes Interesse am Nichtigkeitsausspruch durch das Gericht haben. Dieses Interesse ergibt sich - entsprechend der Abgrenzung der beiden Spielarten der Nichtigkeit - jeweils aus dem Schutzzweck der verletzten, die Nichtigkeit begründenden Norm.

- Im Fall der absoluten Nichtigkeit wird das Interesse der Allgemeinheit, das öffentliche Interesse geschützt. Voraussetzung ist in diesen Fällen lediglich, dass der Kläger überhaupt ein rechtlich schützenswertes Interesse hat. Deshalb ist nicht nur die Partei klagebefugt, zu deren Lasten der Nichtigkeitsgrund geht,

---

[149] *Boroi*, S. 235; *Poenaru*, Cap. V.10.2., S. 293; *Cojocaru*, S. 285.

[150] *Beleiu*, S. 208, 210f.; *Popescu* Teil 1, Cap. X, Abschn. a II-a, 2., a, S. 100; *Boroi*, S. 239; *Poenaru*, Cap. V.10.4., S. 295; *Cojocaru*, S. 278; *Larroumet*, Tz. 552. Vor diesem Hintergrund erscheint zunächst widersprüchlich, wenn man einem absolut nichtigen Rechtsgeschäft bis zu dessen Nichtigerklärung durch das Gericht Rechtswirkungen zugesteht. Immerhin ist die Vorstellung, dass solche Geschäfte nicht zur Entscheidung vorgelegt werden, nicht ganz unwahrscheinlich. *De facto* scheint es zwar keinen Unterschied zum deutschen Recht zu geben, weil auch hier eine Unwirksamkeit erst dann zum Tragen kommt, wenn ein Gericht diese bestätigt hat. Immerhin ist auch nach rumänischer Vorstellung zwar ein relativ nichtiges, aber noch nicht aufgehobenes Rechtsgeschäft eine zulässige Rechtsgrundlage (*'just titlu'*) für die Ersitzung, nach Art. 1897 Abs. 2 ZGB ein absolut nichtiges aber nicht. Dazu auch *Popescu* Teil 1, Cap. X, Abschn. a III-a, 2., S. 104 f.

[151] *Beleiu*, S. 208, 211; *Poenaru*, Cap. V.10.2, S. 292 f.; *Popescu* Teil 1, Cap. X, Abschn. I, 1., S. 98 (absolute Nichtigkeit) u. Abschn. I, 2., S. 99 (relative Nichtigkeit); *Boroi*, S. 242; *Cojocaru*, S. 279; *Leonhardt*, Nichtigkeit, S. 282. *Larroumet*, Tz. 544; Mazeaud/ Chabas II.1. (*Chabas*), Tz. 308.

[152] Die Geltendmachung der Nichtigkeit kann allerdings auch einredeweise im Prozess erfolgen (so z.B.. *Popescu* Teil 1, Cap. X, Abschn. a II-a, 1., S. 101.). Die sprachliche Vereinfachung des Sachverhalts auf die Klagebefugnis steht insofern als *'pars pro toto'*. Auch dies gilt in Frankreich gleichermaßen: *Larroumet*, Tz. 563; Mazeaud/ Chabas II.1. (*Chabas*), Tz. 297.

sondern auch die andere, die ihn zu vertreten hat. Es entspricht der Logik dieses Gedankens, dass Art. 45 C. pr. civ. den Staatsanwalt befugt, die Nichtigkeit im Interesse des Staates, einer Organisation oder auch einer natürlichen Person geltend zu machen. Aufgrund Art. 129 C. pr. civ.[153] und der damit verbundenen "aktiven Rolle" des Richters im Prozess ist es sogar diesem möglich, die Nichtigkeit von Amts wegen zu thematisieren und festzustellen. Weiterhin sind auch einzelne Ämter und Behörden aufgrund spezieller gesetzlicher Ermächtigung klagebefugt.[154]

- Da nun die relative Nichtigkeit die Folge der Verletzung einer individualschützenden Norm ist, kann sie grundsätzlich auch nur von der konkret betroffenen Person geltend gemacht werden. Weiterhin sind natürlich auch deren gesetzliche Vertreter und Rechtsnachfolger klagebefugt, letztere allerdings nur, soweit nicht die Verletzung höchstpersönlicher Rechte geltend gemacht wird. Ausgeschlossen von der Berufung auf die Nichtigkeit ist damit bereits die andere Vertragspartei, Dritte erst recht. Ausnahmen dazu sieht Art. 45 C. pr. civ. für den Staatsanwalt nur vor, soweit es um den Schutz von Personen geht, die in ihrer Geschäftsfähigkeit beschränkt sind. Auch die "aktive Rolle" des Gerichts im Verfahren wird sich wohl darauf beschränken, die einredeweise Geltendmachung der relativen Nichtigkeit anzuregen.[155]

---

[153] Art. 129 C. pr. civ.: "*Preşedintele este în drept să pună întrebări părţilor sau să pună în dezbaterea lor orice împrejurări de fapt sau de drept care duc la dezlegarea pricinii, chiar dacă nu sunt cuprinse în cerere sau în întîmpinare. El va putea ordona dovezile... ...chiar dacă părţile se împotrivesc.*" [Der Vorsitzende kann den Parteien Fragen stellen und alle tatsächlichen wie rechtlichen Umstände in deren Prozess einführen, die zur Lösung des Streits führen, selbst wenn sie nicht in der Antragsschrift oder der Klageerwiderung enthalten sind. Er darf auch Beweis erheben... ...selbst gegen den Willen der Parteien.]

[154] Zum Schutzzweck im Falle der absoluten Nichtigkeit: *Beleiu*, S. 212; *Poenaru* Cap. V.10.4., S. 295; *Popescu* Teil 1, Cap. X, Abschn. a II-a, S. 100 f.; *Boroi*, S. 239 f.; *Cojocaru*, S. 279; *Leonhardt*, Nichtigkeit, S. 289. *Larroumet*, Tz. 552; Mazeaud/ Chabas II.1. (*Chabas*), Tz. 308.

[155] *Beleiu*, S. 212; *Poenaru* Cap. V.10.4., S. 296; *Popescu* Teil 1, Cap. X, Abschn. a II-a, S. 101; *Boroi*, S. 242 f.; *Cojocaru*, S. 280. Weiter geht *Leonhardt*, Nichtigkeit, S. 294 f. Er spricht dem Staatsanwalt auch bei der relativen Nichtigkeit die Befugnis zu, das Rechtsgeschäft im Interesse des Staates oder einer gesellschaftlichen Organisation anzufechten. Auch soll das Gericht von sich aus die Gültigkeit eines relativ nichtigen Rechtsgeschäfts überprüfen und dieses ggfs. für nichtig erklären können. Dies scheint mir zu weit zu gehen, da eine solche Ausweitung mit dem Schutzbereich der relativen Nichtigkeit nicht in Einklang zu bringen ist. Außerdem würde sie, den allgemein anerkannten Unterschied zwischen absoluter und relativer Nichtigkeit im Bereich der Klagebefugnis weitgehend zuschütten. In diesem Sinne sind wohl auch *Boroi*, S. 243 und *Cojocaru*, S. 280 zu verstehen. *Larroumet*, Tz. 552 und Mazeaud/ Chabas II.1. (*Chabas*), Tz. 308 betonen für das französische Recht den eng begrenzten Rahmen des anerkannten Rechtsschutzinteresses.

Zum anderen unterliegt grundsätzlich nur die absolute Nichtigkeit nicht der Verjährung.[156] Tritt Verjährung[157] der Geltendmachbarkeit der (relativen) Nichtigkeit ein, so ist der Zustand der latenten Unwirksamkeit beendet. Das Rechtsgeschäft ist zwar rechtswidrig, aber nicht mehr aufhebbar.

Der dritte Punkt, an dem die Unterscheidung zwischen beiden Formen der Nichtigkeit Bedeutung erlangt, ist die Frage der Heilung eines nichtigen Rechtsgeschäfts. Abgesehen von wenigen Ausnahmen sind nur die anfechtbaren, also relativ nichtigen Rechtsgeschäfte einer Heilung zugänglich. Diese besteht nach rumänischer Auffassung in der (Wieder-)Herstellung der Rechtmäßigkeit des Rechtsgeschäfts. Dies kann z.B. durch Bestätigung des Rechtsgeschäfts sowie auch durch nachträgliche Einholung einer erforderlichen Genehmigung, sei es etwa vom Rechtsinhaber oder auch von einer Behörde geschehen. Heilung in diesem Sinne tritt auch ein, wenn ein Anfechtungsberechtigter sein Recht verjähren lässt[158].[159]

4.2. Nichtigkeitsgründe

Absolut nichtig sind Rechtsgeschäfte wie gesagt dann, wenn sie gegen Gültigkeitsvoraussetzungen verstoßen, die den Interessen der Allgemeinheit dienen. Dazu zählen nach Art. 5 ZGB[160] die öffentliche Ordnung und die guten Sitten. Zur Konkretisierung dieser Generalklausel haben sich verschiedene Fallgruppen gebildet. Dazu gehören die Fälle des Verstoßes gegen zwingendes Recht, der Sittenwidrigkeit sowie der Gesetzesumgehung.

Während die Kategorie der Gesetzesumgehung z.B. Scheingeschäfte oder auch die gegen Art. 973 ZGB[161] verstoßenden Verträge zu Lasten Dritter erfasst[162], gehören in den Bereich der Sittenwidrigkeit die Fälle, in denen etwa das Vertragsobjekt als nicht sittengerecht eingestuft wird.

---

[156] *Beleiu*, S. 212; *Poenaru* Cap. V.10.4., S. 295; *Boroi*, S. 240 f.; *Cojocaru*, S. 279; *Larroumet*, Tz. 565 und Mazeaud/ Chabas II.1. (*Chabas*), Tz. 316.

[157] Art. 1900 ZGB bzw. Art. 1304 C.civ.; *Beleiu*, S. 212; *Poenaru* Cap. V.10.4., S. 296; *Boroi*, S. 243 ff.; *Cojocaru*, S. 281; *Larroumet*, Tz. 566 ff.; Mazeaud/ Chabas II.1. (*Chabas*), Tz. 317.

[158] Der Verzicht auf die Beseitigung führt zur Aufrechterhaltung des Vertrages, so *Poenaru* Cap. V.10.3., S. 294, V.10.4., S. 296; *Popescu* Teil 1, Cap. X, Abschn. I, 3.1., insb. lit. b, S. 99; *Boroi*, S. 246; *Cojocaru*, S. 281; *Beleiu*, S. 213. Vgl. dazu auch Art. 1190 ZGB.

[159] Allgemein zur Heilung nichtiger Rechtsgeschäfte: *Popescu* Teil 1, Cap. X, Abschn. a II-a, S. 101 f.; *Poenaru* Cap. V.10.4., S. 295 f.; *Boroi*, S. 241 f., 245; *Cojocaru*, S. 279, 281; *Beleiu*, S. 212 f.; *Leonhardt*, Nichtigkeit, S. 295; *Larroumet*, Tz. 566 ff.; Mazeaud/ Chabas II.1. (*Chabas*), Tz. 309; Tietze, S. 789, 818.

[160] Vgl. Art. 6 C. civ.

[161] Vgl. Art. 1165 c. civ.

[162] *Boroi*, S. 238; *Cojocaru*, S. 279; *Beleiu*, S. 210; *Leonhardt*, Nichtigkeit, S. 288.

Die größte Bedeutung kommt jedoch sicherlich der Fallgruppe des Verstoßes gegen zwingendes Recht zu, wobei insbesondere auf die Fragen der Formnichtigkeit hingewiesen werden soll. Ein Rechtsgeschäft ist nämlich absolut und damit grundsätzlich[163] unheilbar unwirksam[164], wenn im Rahmen der "Willensübereinstimmung" die jeweilige Vertragserklärung nicht formgerecht geäußert wurde, und zugleich die maßgebliche Form von Gesetzes wegen Gültigkeitsbedingung[165] für den jeweiligen Vertrag ist[166].[167] Dabei muss sich die Form auf den gesamten Vertrag und sämtliche damit in Zusammenhang stehende Urkunden beziehen.[168] Die Tatsache, dass es sich bei dieser Kategorie der Formfragen tatsächlich um eine Wirksamkeitsfrage und nicht um eine Frage des Vertragsschlusses handelt ergibt sich aus Art. 1172 ZGB[169], wonach auch ein privatschriftlich verfasster Vertrag ausnahmsweise wirksam sein kann.

Dagegen hat der Verstoß gegen eine lediglich Beweiszwecken dienende Formvorschrift[170] weder die absolute noch die relative Nichtigkeit zur

---

[163] Zu den Ausnahmen *Boroi*, S. 241 f.; *Beleiu*, S. 212; *Leonhardt*, Nichtigkeit, S. 295 f.

[164] *Beleiu*, S. 170; *Popescu* Teil 1, Cap. X, Abschn. I, 2, 1, lit. a, S. 98; *Stătescu/Bîrsan*, Abschn. 16 b, S. 26; *Boroi*, S. 188; *Cojocaru*, S. 228, 279; *Angheni*, Cap. II, 2, S. 39; *Poenaru*, Cap. V.10.3, S. 294; *Dobrin*, An I, H., S.22, *Leonhardt*, Nichtigkeit, S. 287. In Frankreich ist die Einordnung des Verstoßes gegen eine Validitätsform als Fall der absoluten Nichtigkeit umstritten. So neigt die Rechtsprechung im Gegensatz zur Literatur dazu, diese Verstöße als Fall der relativen Nichtigkeit zu qualifizieren, vgl. Mazeaud/ Chabas II.1. (*Chabas*), Tz. 309. *Larroumet*, Tz. 509, 541 meint, dass dies insbesondere bei den Formvorschriften im Verbraucherschutz der Fall sei.

[165] "*Cerută ad validitatem / ad solemnitatem*", idR. dann, wenn das Gesetz eine öffentliche Urkunde (vgl. Art. 1171 - 1175 ZGB) verlangt bzw. die Nichtigkeit ausdrücklich anordnet (vgl. etwa *Beleiu*, S. 170 f., 210 f.; *Poenaru*, Cap. V.7, S. 250, 252 f.; *Popescu* Teil 1, Cap. X, Abschn. I, 2, 1, lit. a, S. 98; *Boroi*, S. 188; *Cojocaru*, S. 227; Mazeaud/ Chabas II.1. (*Chabas*), Tz. 67 f.; *Larroumet*, Tz. 509, 512.).

[166] Eine Formpflicht besteht seit kurzem auch für Grundstückskaufverträge nach Art. 2 Abs. 1 des neuen Bodenverkehrsgesetzes (Legea privind circulaţia juridică a terenurilor, Gesetz Nr. 54/1998 vom 02.03.1998, M. Of. I, Nr. 102/98 vom 04.03.1998).Dazu auch *Boroi*, S. 190; *Cojocaru*, S. 228; *Beleiu*, S. 171; Breidenbach/ *Stalfort*, Erwerb von Grundeigentum, VI., 2.

[167] Es ist durchaus sinnvoll, die Anordnung der absoluten Nichtigkeit auf diese Fälle zu begrenzen und damit enger zu fassen, als dies im deutschen Recht durch § 125 BGB geschieht. Während das Trennungs- und Abstraktionsprinzip dafür sorgt, dass die dingliche Wirkung eines Rechtsgeschäfts von der Wirkung des § 125 BGB grundsätzlich unangetastet bleibt, hätte eine größere Reichweite der Formnichtigkeit vor dem Hintergrund des Einheits- und Kausalitätsprinzips gravierende Folgen für die Rechtssicherheit. Darauf weist *Stadler*, S. 161 zu Recht hin.

[168] *Boroi*, S. 189; *Cojocaru*, S. 229; *Beleiu*, S. 171.

[169] Vgl. Art. 1318 C. civ.

[170] Beweiszwecken dient, so *Stătescu/Bîrsan*, 16 b, S. 26, jedenfalls die Schriftform (zur privatschriftlichen Urkunde: Art. 1176 -1186 ZGB). Siehe auch *Boroi*, S. 190; *Cojocaru*,

Folge[171]. Er ist einerseits heilbar, führt jedoch andererseits dazu, dass eine Partei, die sich im Prozess auf den Vertrag berufen will, nicht gehört wird, da ihr Art. 1191 ZGB grundsätzlich jedes andere[172] Beweismittel verwehrt[173].

Eine *lex specialis* zu Art. 5 ZGB ist Art. 966 ZGB, der iVm. 968 ZGB[174] ausdrücklich die Rechtswidrigkeit bzw. Sittenwidrigkeit des Vertragszwecks mit absoluter Nichtigkeit sanktioniert[175].[176]

Relative Nichtigkeit dagegen setzt nur die Verletzung persönlicher Interessen bzw. individualschützender Normen voraus. Mangelhaft in diesem Sinne sind vor allem Rechtsgeschäfte, bei denen entweder die fehlende Geschäftsfähigkeit (zumindest) einer Partei nicht entsprechend berücksichtigt wurde oder aber bei der Willensbildung Fehler gemacht wurden und deshalb der subjektive Tatbestand der 'Willensübereinstimmung' nicht ordnungsgemäß ist.[177]

In diese letztgenannte Gruppe gehören die Fälle von Drohung, Arglist[178] sowie manche Irrtümer.[179] Genauso wie im deutschen sind auch im rumänischen Recht

S. 229; *Beleiu*, S. 172. Zum französischen Recht: Mazeaud/ Chabas II.1. (*Chabas*), Tz. 72; *Larroumet*, Tz. 509. Rechtsvergleichend: *Rabel*, Band I, § 16, 1c, S. 108 f.

[171] *Boroi*, S. 190 f.; *Cojocaru*, S. 230; *Beleiu*, S. 170; Mazeaud/ Chabas II.1. (*Chabas*), Tz. 300; *Larroumet*, Tz. 504.

[172] Mit Ausnahme der öffentlichen Urkunde, Art. 1191 Abs.1, 1173 Abs. 1, 1174 Abs. 1 ZGB; weitere - wenig praxisrelevante - Ausnahmen enthalten die Art. 1197, 1198 ZGB.

[173] *Beleiu*, S. 170, 172 f.; *Poenaru*, Cap. V.7, S. 253 f.; *Popescu* Teil 1, Cap. X, Abschn. I, 2, 1, lit. a, S. 98; *Angheni*, Cap. II, 2, S. 39; *Stătescu/Bîrsan*, 16 b, S. 26; *Leonhardt*, Nichtigkeit, S. 287.

[174] Vgl. Art. 1131, 1133 C. civ.

[175] Vgl. etwa *Leonhardt*, Nichtigkeit, S. 285.

[176] Hier setzt die Funktion der '*cauza*' als Rechtswidrigkeitskorrektiv an, vgl. nochmals Beleiu, S. 168; Boroi, S. 186; Poenaru, Cap. V.6, S. 249; Cojocaru, S. 223. Unter dem Aspekt europäischer Rechtsvereinheitlichung s. dazu *Storme*, Harmonisation on the law on (substantive) validity of contracts (illegality and immorality) in Basedow/ Hopt/ Kötz/ Festschrift für Ulrich Drobnig zum 70. Geburtstag, S. 195, 197, 198 f., *ders.*, dort allerdings ohne abschließende Stallungnahme, The Binding Character of contracts- Causa and Consideration, in: Hartkamp/ Hesselink/ Hondius/ Joustra/ du Perron (Hrsg.), Towards a European Civil Code, S. 239, 253 f. Im Gegensatz dazu und im hier dargestellten Sinne *Storme*,The Validity and Content of Contracts, in: Hartkamp/ Hesselink/ Hondius/ du Perron/ Vranken (Hrsg.), Towards a European Civil Code, 1. Auflage, S. 159, 164.

[177] *Poenaru*, Cap. V.10.3, S. 294 f.; *Beleiu*, S. 211; *Popescu* Teil 1, Cap. X, Abschn. I, 3, S. 99; *Boroi*, S. 238 f.; *Cojocaru*, S. 279 f.; Mazeaud/ Chabas II.1. (*Chabas*), Tz. 301, 302 f.; *Larroumet*, Tz. 538.

[178] Vgl. Art. 960, 961 ZGB; Art. 1116, 1117 C. civ.

bloße Motivirrtümer unbeachtlich.[180] Sie fallen deshalb ebenso aus der Kategorie der Gründe relativer Nichtigkeit heraus wie die sog. "hindernden Irrtümer", bei denen bereits schon keine 'Willensübereinstimmung' gegeben ist.[181] Dagegen machen andere Irrtümer, etwa einer über die Substanz, wesentliche Eigenschaften oder die Identität des Partners ein Rechtsgeschäft nur 'anfechtbar', also rechtswidrig aufhebbar in der Form der (relativen) Nichtigkeit.[182]

Hält man vor diesem Hintergrund Art. 954 ZGB[183] neben seine deutschen Parallelvorschriften §§ 119, 120 BGB, so meint man, einen restriktiveren Umgang mit den Möglichkeiten der Irrtumsanfechtung feststellen zu können[184]. Anders als in den §§ 119, 120 BGB scheinen Erklärungsirrtümer und Übermittlungsfehler nach rumänischer Auffassung unbeachtlich[185], weil es eine spezialgesetzliche Regelung für diese Fälle nicht gibt. Vielmehr wird eine Irrtumsanfechtung nach dem Wortlaut des Art. 954 ZGB nur zugelassen, wenn sich der Anfechtende über den Wesensgehalt des Vertragsgegenstandes (Art. 954 Abs. 1 ZGB) oder aber über die Person des Vertragspartners (Art. 954 Abs. 2 ZGB) irrt. Eine Anfechtung nach Abs. 2 ist zudem nur dann möglich, wenn die Person des Vertragspartners ein hauptsächlicher Grund für den Vertragsschluss ist[186].

Aber weder diese Anforderungen, noch das Erfordernis der Kausalität des Irrtums begründen einen bedeutsamen Unterschied zu § 119 BGB, insbesondere nicht zu dessen Abs. 2, der ebenfalls voraussetzt, dass der Irrtum eine Eigenschaft zum Gegenstand hat, die verkehrswesentlich ist. Weiterhin wird auch ein Erklärungsirrtum im Sinne des § 119 Abs. 1, 2. Alt. BGB weitestgehend von Art. 954 ZGB erfasst. Hat sich der Käufer etwa geirrt, indem er eine falsche Artikelnummer bei der schriftlichen Bestellung angegeben hat, so irrt er über die Substanz der Ware,

---

[179] *Poenaru*, Cap. V.10.3, S. 294; *Beleiu*, S. 211; *Popescu* Teil 1, Cap. X, Abschn. I, 3, lit. a, S. 99; *Boroi*, S. 239; *Cojocaru*, S. 279; Mazeaud/ Chabas II.1. (*Chabas*), Tz. 301; *Larroumet*, Tz. 538 iVm. 336.

[180] *Beleiu*, S. 155; *Cojocaru*, S. 198; *Boroi*, S. 165 f.; *Leonhardt*, Nichtigkeit, S. 290; Mazeaud/ Chabas II.1. (*Chabas*), Tz. 164.

[181] S.o. Teil 1, 1.Kap., 1. Abschn., 3.2.

[182] Vgl. dazu *Beleiu*, S. 154 f.; *Popescu* Teil 1, Cap. VIII, Abschn. a II-a, 2, S. 79 ff.; *Leonhardt*, Nichtigkeit, S. 290.

[183] Vgl. Art. 1110 C. civ.

[184] *Stadler*, S. 203, die das auf der Grundlage der Art. 1110 C. civ. feststellt.

[185] *Stadler*, S. 188.

[186] Art. 954 Abs. 2 ZGB: "Eroarea nu produce nulitate când cade asupra persoanei cu care s-a contractat, afară numai când consideraţia persoanei este cauza prinzipală, pentru care s-a făcut convenţia." [Der über die Person des Vertragspartners führt nur dann zur Nichtigkeit, wenn die Eigenschaft der Person die wesentliche Ursache für den Vertragsschluss ist.] Dies wird nach allgemeiner Ansicht auch auf den Irrtum über die Eigenschaften der Sache bezogen.

die tatsächlich Vertragsgegenstand geworden ist.[187] Damit ist auch diese Fallgestaltung vom Substanzirrtum des Art. 954 ZGB erfasst. In diesem Sinne wird das Versprechen bei der Preisangabe als Substanzirrtum behandelt, soweit in diesem Versprechen nicht ein Irrtum über den Wert der Leistung liegt.[188] Und dabei ist es gleichgültig, ob die Willenserklärung durch den Vertragspartner höchstpersönlich oder aber durch dessen Boten übermittelt wird. Denn in jedem Fall gibt der Vertragsschließende eine eigene Erklärung ab.
Allein die irrtümliche Zuvielbestellung ist nicht nach Art. 954 ZGB anfechtbar. Die darin liegende Beschränkung der Irrtumsanfechtung hat jedoch keine allzu große Bedeutung. Von größerer Tragweite ist es schon, dass man sich bei gegenseitigen, entgeltlichen Verträgen, wie dem Kaufvertrag, nach rumänischem Verständnis auf einen Irrtum nach Art. 954 Abs. 2 ZGB nur dann berufen kann, wenn der Vertragspartner die Wesentlichkeit der Eigenschaft kannte oder zumindest kennen musste.[189]

Die Anfechtung wegen arglistiger Täuschung nach Art. 960 ZGB und wegen Drohung nach Art. 955 ZGB unterscheidet sich dagegen nicht wesentlich von der Regelung des § 123 Abs. 1 BGB.[190]

Die Nichtberücksichtigung der fehlenden Geschäftsfähigkeit umfasst, wie auch im deutschen Recht, alle diejenigen Fälle, in denen für das Rechtsgeschäft eines in seiner Geschäftsfähigkeit Beschränkten entweder die vorherige Zustimmung des Vertreters[191], oder gar des Vormundschaftsgerichts fehlt. Einschränkend ist darauf hinzuweisen, dass bestimmte Geschäfte trotz fehlender Zustimmung wirksam sind und nur bei Vorliegen einer Schädigung des beschränkt Geschäftsfähigen aufgrund einer Klage nach Art. 1157, 951 ZGB beseitigt werden können.[192] Der Grund der fehlenden Geschäftsfähigkeit spielt für die Folgen keine Rolle.

---

[187] *Beleiu*, S. 154 f.; *Boroi*, S. 165; Mazeaud/ Chabas II.1. (*Chabas*), Tz. 161 unter Ziff. 2 „Erreur vice du consentement".

[188] *Boroi*, S. 167; *Cosmovici*, Introducere, S. 107; *Beleiu*, S. 154 f.; ebenso im französische Recht Mazeaud/ Chabas II.1. (*Chabas*), Tz.164, 165; *Larroumet*, Tz. 338; *Ferid/ Sonnenberger* 1 F 424; Cour de Cassation, 1ère chambre civile vom 28.11.1973, Receuil Dalloz 1975, S. 21 m. Anm. Rodière, Tribunal de Grande Instance Pau vom 07.01.1982, Juris-classeur périodique 1983, II, 19999 m. Anm. Coiret.

[189] So *Beleiu*, S. 155 f.; *Boroi*, S. 167 f.; *Dobrin*, An I, E., a, S. 14; *Poenaru*, Cap. V.4. 4., S. 232. *Popescu* Teil 1, Cap. VIII, Abschn. a II- a, 2a, S. 79 f. und *Leonhardt*, Nichtigkeit, S. 290 ff. treffen zu dieser Anfechtungsvoraussetzung allerdings keine Aussage.

[190] Vgl. nur *Poenaru*, Cap. V.4. 4., S. 234 f.; *Popescu* Teil 1, Cap. VIII, Abschn. a II-a, 2b, S. 80 f. *Leonhardt*, Nichtigkeit, S. 290 f.

[191] Die nachträgliche Genehmigung ist ein Fall der Heilung.

[192] *Beleiu*, S. 324 f.; *Popescu* Teil 1, Cap. VIII, Abschn. I, 1, S. 77; *Leonhardt*, Nichtigkeit, S. 293; zum französischen Recht *Ferid/Sonnenberger* 1 F 616.

2. Abschnitt Konsequenzen dieser strukturierten Betrachtungsweise für das Kaufrecht - Verhältnis von Kaufvertrag und fehlender Verfügungsbefugnis

Der Aufweis der so geordneten Grundstrukturen des rumänischen Vertragsrechts ist kein Wert an sich. Bislang wurde nur eine Ordnung gegen eine andere ausgetauscht. Im nächsten Schritt soll nun dargestellt werden, welche Konsequenzen sich aus der so strukturierten, neuen Betrachtungsweise des rumänischen Vertragsrechts für den Kaufvertrag ergeben. Dies bedarf deshalb einer über die bisherige Darstellung hinausgehenden Untersuchung, da es sich dabei um einen Vertrag mit eigentumsverschaffender Wirkung handelt. Dieser Aspekt ist bei der Darstellung des allgemeinen Vertragsrechts zunächst unberücksichtigt geblieben, um das Augenmerk in erster Linie auf die strukturellen Fragen zu richten.

Die eigentumsverschaffende Wirkung unterscheidet den Kaufvertrag von anderen Schuldverhältnissen dadurch, dass hier auch das Problem der Befugnis zur Verfügung über das Eigentumsrecht erfasst werden muss. Deshalb geht es nach einer generellen Einordnung der Fragestellung in die Struktur des Vertragsrechts (1.) in diesem Abschnitt zunächst darum, herauszuarbeiten, den Aspekt der Verfügungsbefugnis von anderen vertragsrechtlichen zu trennen (2.). Erst dann kann erörtert werden, welche Konsequenzen sich aus der Frage der Verfügungsbefugnis für die Struktur des Vertragsrecht sowie für die Behandlung der translativen Wirkung des Kaufvertrags ergeben (3.), bevor im zweiten Kapitel diese Wirkung selbst zum Gegenstand der Untersuchung wird.

Das Ergebnis der Überlegungen dieses Abschnitts und des zweiten Kapitels bildet die entscheidende Grundlage für die im Rahmen der Rechtsvergleichung zu treffende Feststellung, wie überraschend nahe sich die scheinbar so gegensätzlichen Systeme der Mobiliarübereignung sind.

1. Vorläufige Einordnung der Verfügungsbefugnis in die Struktur des Vertragsrechts

Wie bereits dargelegt, stellt das rumänische Recht an den Vertragsgegenstand eine Vielzahl von Anforderungen. Wenn nun die Forderung erhoben wird, der Veräußerer müsse auch Eigentümer des Vertragsgegenstandes sein, so wird dies als Problem des Art. 948 Ziff. 3 ZGB, also als ein Problem des Vertragsgegenstandes diskutiert.[193] Dies macht eine Einordnung der Problematik in die Strukturen des Vertragsschlusses erforderlich.

Die Minimalanforderungen des Art. 948 Ziff. 3 ZGB an den Vertragsgegenstand entsprechen funktional der Aufgabe, die § 306 BGB im deutschen Recht wahrnimmt.[194] Inhaltlich kommen dabei das rumänische und deutsche Recht zum gleichen Ergebnis. Verträge, die auf eine anfänglich objektiv unmögliche Leistung gerichtet sind, erzeugen von Anfang an keine Rechtswirkung. Unterschiedlich beantworten beide Rechtsordnungen lediglich die Frage, wo diese Rechtsfolge strukturell ansetzt. Im deutschen Recht wird ein Vertrag als geschlossen behandelt, unabhängig davon, ob er auf eine von Anfang an tatsächlich oder rechtlich unmögliche Leistung gerichtet ist. Er ist dann wegen § 306 BGB nur nicht wirksam. In Rumänien führt dagegen der auf eine tatsächliche anfängliche Unmöglichkeit gerichtete Vertrag schon gar nicht zum Vertragsschluss.

Die Frage der Wirksamkeit des Vertrages stellt sich jedoch dann, wenn die Vertragsleistung aus rechtlichen Gründen nicht möglich ist. Rechtlich unmöglich ist der Verkauf einer Sache dann, wenn diese nicht verkehrsfähig iSd. Art. 963, 1310 ZGB[195] ist, oder wenn ein Verstoß gegen die guten Sitten oder gar gegen das Gesetz vorliegt. Letzteres ist z.B.. immer dann der Fall, wenn eine von Gesetzes wegen erforderliche behördliche Genehmigung nicht eingeholt wurde. Alle drei genannten Gründe der rechtlichen Unmöglichkeit führen zur absoluten Nichtigkeit des Vertrages, weil sie den Verstoß gegen allgemeinschützende Normen iSd. Art. 5 ZGB zur Folge haben.

Rechtlich unmöglich ist die vertragsgegenständliche Leistung und mithin der Kaufvertrag nach rumänischer Vorstellung jedoch auch dann, wenn der Veräußerer zur Zeit des Vertragsschlusses weder Eigentümer der Kaufsache, noch aufgrund einer vorherigen Zustimmung des tatsächlichen Eigentümers zur Veräußerung berechtigt war.[196] Denn die unmittelbare Wirkung des Kaufvertrags,

---

[193] *Deak/Cărpenaru* Teil I, Cap. I, Abschn. I, § 2, C, I, 12, S. 35; *Beleiu*, S. 165; *Popescu* Teil 1, Cap. VIII, Abschn. a III-a, 1, S. 84 f.; *Poenaru*, Cap. V.5., S. 246; *Cojocaru*, S. 217; *Motica/ Moţiu*, S. 78; *Toader*, 9.4., S. 24 ff.; *Boroi*, S. 181; *Cosmovici*, Introducere, S. 112. *Huet*, Tz. 11184; Mazeaud/ Chabas II.1. (*Chabas*), Tz. 238. Dazu auch Teil 1, 1. Kap., 3. Abschn., 3.3.

[194] *Deak/Cărpenaru* Teil I, Cap. I, Abschn. I, § 2, C, I, 14, S. 39; *Beleiu*, S. 164; *Popescu* Teil 1, Cap. VIII, Abschn. a III-a, 1, S. 86; *Poenaru*, Cap. V.5., S. 244; *Cojocaru*, S. 215; *Toader*, 9.3., S. 24; *Boroi*, S. 180. Mazeaud/ Chabas II.1. (*Chabas*), Tz. 240; *Larroumet*, Tz. 387; *Ferid/Sonnenberger* 1 F 616.

[195] Beide Vorschriften verlangen, dass der Vertragsgegenstand Gegenstand '*în comerţ*', '*în circuitul civil*', also Gegenstand des Rechtsverkehrs sein soll. Vgl. auch Art. 1128, 1598 C. civ.

[196] *Beleiu*, S. 165; *Cojocaru*, S. 217; *Popescu* Teil 1, Cap. VIII, Abschn. a III-a, 1, Unterabschnitt 1, S. 86; *Motica/ Moţiu*, S. 78 f.; *Boroi*, S. 181 f.; *Deak/Cărpenaru*, Teil I, Cap. I, Abschn. I, § 2, C., I., S. 39; *Cărpenaru*, S. 373. So auch im französischen Recht

der Eigentumsübergang am Vertragsgegenstand kann *prima facie* nicht eintreten. Welche Folgen die Nichtberechtigung des Verkäufers nach sich zieht, ist umstritten.

Verbreitet ist die Ansicht, dass ein Erwerb vom Nichtberechtigten in jedem Fall zur absoluten Nichtigkeit des Kaufvertrages führen müsse.[197]

Soweit in diesem Zusammenhang zur Begründung der absoluten Nichtigkeit darauf verwiesen wird, dass in diesem Fall ja auch eine absolute Gültigkeitsbedingung des Vertrages fehle[198], ist das nicht stichhaltig. Diese Auffassung beruht wohl auf dem Umstand, dass eine Differenzierung zwischen Vertragsschluss und Wirksamkeit im rumänischen Recht, und darauf aufbauend eine Differenzierung zwischen 'Inexistenz' des Vertragsschlusses und Unwirksamkeit des geschlossenen Vertrages aus Praktikabilitätsgründen nicht vorgenommen wird. Zwar führt diese Vereinfachung *im Ergebnis*[199] nicht zu Fehlern. Ihr Preis ist aber notwendig die damit einhergehende gedankliche Unschärfe.

Nähme man diese, auf Art. 948 ZGB gestützte Argumentation ernst, würde dies bedeuten, dass schon gar kein Vertragsschluss vorläge. Untersucht man jedoch die absoluten Gültigkeitsbedingungen des Art. 948 ZGB im konkreten Fall, so stellt man fest, dass diesbezüglich alle Anforderungen erfüllt sind. Die Minimalanforderung des Art. 948 Ziff. 2 ZGB an die Einigung besteht wie gesagt darin, dass kein Fall von Dissens aufgrund eines 'hindernden Irrtums' vorliegen darf. Ein solcher besteht jedoch beim Käufer weder in der Form des '*error in negotio*' - der Käufer weiß nämlich dass er einen Kaufvertrag schließt - noch in der Form des '*error in corpore*', da der Käufer auch über die Identität des Vertragsgegenstandes Bescheid weiß. Auch hinsichtlich des Art. 948 Ziff. 3 ZGB ist ein Fehlen der absoluten Gültigkeitsbedingung nicht feststellbar. In diesem Zusammenhang kommt es darauf an, dass das Rechtsgeschäfts nicht aus tatsächlichen Gründen anfänglich objektiv unmöglich ist. Bei den hier in Frage stehenden Fallkonstellationen kommt bestenfalls eine anfänglich subjektive Unmöglichkeit, und zwar aus Rechtsgründen, in Betracht. Unvermögen aus diesem Grund führt jedoch in keinem Fall zur

---

auf der Grundlage von Art. 1599 C. civ., *Huet*, Tz. 11141; Mazeaud/ Chabas II.1. (*Chabas*), Tz. 238; *Larroumet*, Tz. 389.

[197] So jedenfalls *Poenaru*, Cap. V.5, S. 246; *Popescu* Teil 1, Cap. VIII, Abschn. a III-a, 1, Unterabschnitt 1, S. 86; *Cosmovici*, Introducere, S. 112; *Beleiu*, S. 165 iVm. S. 211 und *Dobrin*, An I, E., S.19. Insofern steht in Rumänien zumindest noch ein bedeutender Teil Lehre auf dem Standpunkt, welcher im französischen Recht von der "alten Lehre" (*Ferid/ Sonnenberger* 1 F 909.) vertreten wird.

[198] So *Beleiu*, S. 165 iVm. S. 211, der allerdings darauf hinweist, dass dies der Stand *de lege lata* sei, er aber aufgrund der Tatsache, dass die verletzte Norm lediglich individualschützend sei, *de lege ferenda* die Rechtsfolge der relativen Nichtigkeit vorschlage.

[199] Das Ergebnis ist die Nichtzulassung des rechtsgeschäftlichen Erwerbs vom Nichtberechtigten.

Unwirksamkeit des Vertrages.[200] Somit stellt sich nur noch die Frage nach der Wirksamkeit des Vertrages. Dies müssen aber unausgesprochen auch die Verfechter der absoluten Nichtigkeit zugestehen. Auch sie behandeln den Verkauf durch einen Nichtberechtigten bis zur Erklärung seiner Nichtigkeit durch Richterspruch als wirksames Rechtsgeschäft.[201] Somit spielt die Problematik der Verfügungsbefugnis keine Rolle innerhalb der Frage nach dem Vertragsschluss.

2. Von der Verfügungsbefugnis abzugrenzende Wirksamkeitsfragen

Die Frage der Verfügungsbefugnis kann nur beantwortet werden, wenn sie zunächst von anderen Problemen, die in den Lösungsvorschlägen der rumänischen Literatur mitenthalten sind, isoliert wurde. Da die in den Vorschlägen 'mit gelösten' Sachfragen nicht unmittelbar angesprochen werden, kann eine Abgrenzung der Verfügungsbefugnis davon wieder nur auf der Grundlage der gewählten Rechtsfolge und der sie anordnenden Norm sowie der damit verbundenen Argumentation geleistet werden.

2.1. Abgrenzung von Irrtumsfragen

Ausgehend von der Tatsache, dass der Kaufvertrag absolut nichtig sein soll, wenn der Verkäufer zur Verfügung über die Kaufsache nicht berechtigt ist, wurde bislang festgestellt, dass sich diese Rechtsfolge nicht auf Art. 948 Ziff. 2 oder 3 ZGB stützen lässt. Demzufolge kann die Verfügungsberechtigung für den Kaufvertrag allenfalls als Wirksamkeitsfrage von Bedeutung sein. Bevor nun die Verfügungsberechtigung unter Gesichtspunkten der Wirksamkeit untersucht wird, muss darauf hingewiesen werden, dass es in der rumänischen Rechtslehre Stimmen gibt, die in Fällen fehlender Verfügungsberechtigung zur Anwendung der relativen Nichtigkeit gelangen.[202] Deshalb soll an dieser Stelle der Gegenstand der Untersuchung auf beide Formen der Unwirksamkeit erweitert werden.

Sobald man über die Wirksamkeit des geschlossenen Vertrages nachdenkt, hängt nach einhelliger Auffassung die Unterscheidung zwischen absoluter und relativer Nichtigkeit vom Schutzzweck der verletzten Norm ab.[203]

---

[200] Das sieht auch *Beleiu*, S. 164 so, er stellt jedoch den Zusammenhang zwischen beiden Fragen nicht her. Ebenfalls in diesem Sinne etwa *Boroi*, S. 180; für das französische Recht: Mazeaud/ Chabas II.1. (*Chabas*), Tz. 240.

[201] *Beleiu*, S. 210 f.

[202] ZB. *Deak/Cărpenaru* Teil I, Cap. I, Abschn. I, § 2, C., I., Ziff. 16.1, S. 41; *Leonhardt*, Nichtigkeit, S. 295.

[203] *Beleiu*, S. 208; *Poenaru*, Cap. V.10.2, S. 292 f.; *Popescu* Teil 1, Cap. X, Abschn. I, 1., S. 98 (absolute Nichtigkeit) u. Abschn. I, 2., S. 99 (relative Nichtigkeit); *Leonhardt*, Nichtigkeit, S. 282.

Zur Abgrenzung zwischen absoluter und relativer Nichtigkeit bei Sachverhaltskonstellationen mit fehlender Verfügungsmacht ist die Differenzierung hilfreich, die *Deak/Cărpenaru*[204] aufzeigen. Diese unterscheiden danach, ob zumindest der Käufer darüber irrte, dass der Verkäufer Eigentümer der Kaufsache war, oder ob beide Parteien von diesem Umstand wussten. Für den erstgenannten Fall gehen sie von der Anfechtbarkeit des Rechtsgeschäfts wegen eines Irrtums über eine verkehrswesentliche Eigenschaft des Verkäufers im Sinne von Art. 954 Abs. 2 ZGB aus.[205] Im zweiten Fall ist die Lösung wiederum umstritten und schwankt zwischen absoluter Nichtigkeit wegen eines Verstoßes gegen Art. 5 ZGB[206] und der Wirksamkeit des Rechtsgeschäfts. Da die hier angestellten Überlegungen zunächst nur der Feststellung der durch das fehlerhafte Rechtsgeschäft verletzten Normen dienen, kann der Streit darüber, wie die Verletzung rechtlich zu fassen ist, an dieser Stelle offen bleiben. Vorläufig genügt es zu sehen, dass in dem Fall, in dem zumindest der Käufer den Veräußerer für den Eigentümer hält, die Willensbildung und im Anschluss daran die Willensübereinstimmung[207] als verletzt betrachtet wird, während es in der anderen Fallgestaltung - wenn überhaupt - eine allgemeinschützende Norm ist, die das Handeln der Parteien nicht gestattet. Damit steht fest, dass

---

[204] *Deak/Cărpenaru*, Teil I, Cap. I, Abschn. I, § 2, C., I., Ziff. 16, S. 40 ff.; *Cărpenaru*, S. 374 f., allerdings mit dem Augenmerk auf das Handelsrecht gerichtet. So ausdifferenziert inzwischen auch *Toader*, 9.4., S. 24 ff.; *Boroi*, S. 181 f.; *Motica/ Moțiu*, S. 220 ff.; ansatzweise auch *Cojocaru*, S. 217.

[205] *Deak/Cărpenaru*, Teil I, Cap. I, Abschn. I, § 2, C., I., Ziff. 16.1, S. 41; *Cărpenaru*, S. 374

[206] Hier läge ein Gesetzesverstoß vor, für den in Art. 5 ZGB die Fortsetzung des römischrechtlichen Grundsatzes '*fraus omnia corrumpit*' gesehen wird.

[207] Gerade an dieser Stelle zeigt sich ganz deutlich, dass die fehlende Differenzierung zwischen Vertragsschluss und Wirksamkeit des Vertrages und - damit verbunden - die fehlende Überlegung welche Mindestvoraussetzungen ein (Kauf-)Vertrag erfordert, zu logischen Brüchen führt. Zwar wird behauptet, dass es eine Voraussetzung des Vertragsobjektes sei, dass der Veräußerer auch Eigentümer ist. Bei genauerem Hinsehen führt ein solcher Fehler dann zu Mängeln der *Willensübereinstimmung*, die zudem nicht Hindernisse für das Entstehen eines Rechtsgeschäftes, sondern nur für dessen Wirksamkeit darstellen. Konkret bedeutet dies: Beurteilt man einen solchen Fall nach der in Rumänien geltenden Dogmatik, so ergäbe eine Prüfung, dass zwar die Fähigkeit Verträge zu schließen und auch eine Willensübereinstimmung soweit ordnungsgemäß vorliegen. Allerdings seien die Voraussetzungen an den Vertragsgegenstand nicht erfüllt und deshalb - entgegen vorheriger, anderslautender Feststellung - doch ein Fehler in der Willensübereinstimmung gegeben. Folgt man dagegen der hier aufgedeckten Gedankenstruktur des Gesetzes, so ergäbe eine Prüfung des Sachverhalts, dass die Minimalanforderungen an einen Kaufvertrag für die von Art. 948 ZGB angeführten Bereiche gegeben sind. Es stellt sich dann nur noch die Frage der Wirksamkeit des so geschlossenen Vertrages. Diese ließe sich durch gerichtliche Entscheidung beseitigen, weil der subjektive Tatbestand der Willenserklärung des Käufers mit einem rechtserheblichen Irrtum über eine verkehrswesentliche Eigenschaft in der Person des Verkäufers iSv. Art. 954 Abs. 2 ZGB behaftet ist (oder aber ein Verstoß gegen Art. 5 ZGB vorliegt).

allgemeinschützende Norm ist, die das Handeln der Parteien nicht gestattet. Damit steht fest, dass es bei fehlender Verfügungsberechtigung zunächst einmal zwei Fallgruppen zu unterscheiden gilt, von denen die eine mit relativer, die andere mit absoluter Nichtigkeit bedroht ist.

Betrachtet man die erste Konstellation, bei der ein Fehler in der Willensbildung des Käufers vorliegt[208], so kann kein Zweifel daran bestehen, dass hier die individuellen Interessen des Käufers an einer ungestörten und sachgerechten Willensbildung beeinträchtigt sind, und Art. 954 ZGB als individualschützende Norm den Käufer davor bewahren will. Es ist also durchaus sachgerecht und in Einklang mit der rumänischen Lehre über die Nichtigkeit von Rechtsgeschäften, in diesen Fällen von einer relativen Nichtigkeit auszugehen.[209]

Allerdings - und diese Unterscheidung hat weitreichende Konsequenzen - *Ursache* der Beseitigungsmöglichkeit war vorliegend der *Irrtum* des Käufers betreffend die Verfügungsmacht des Veräußerers, nicht aber die Tatsache, dass dem Veräußerer die Rechtsmacht zur Verfügung gefehlt hat. Die Rechtsfolge der relativen Nichtigkeit sanktioniert also lediglich den Irrtum und nicht das Fehlen der Verfügungsberechtigung.

Diese Fragen sind jedoch nicht identisch und in gleicher Weise behandelbar. Es ist durch aus denkbar, dass der Käufer zu keiner Zeit vom Fehlen der Verfügungsbefugnis erfährt. Er würde demzufolge auch nie auf die Idee kommen, das Rechtsgeschäft anzufechten. Damit würde ein Kauf von Anfang an wirksam sein und das Eigentum aufgrund der eigentumsverschaffenden Wirkung auf den Käufer übergehen. Gerade in diesen Fällen soll jedoch der rechtsgeschäftliche Eigentumserwerb nicht möglich[210] sein, weil solche Käufe gemäß Art. 973 ZGB unzulässige Verträge zu Lasten Dritter wären. Das Fehlen der Verfügungsberechtigung muss also getrennt von der Frage eines möglichen Irrtums behandelt werden. Welche Konse-

[208] Dem Käufer war also unbekannt, dass der Verkäufer keine Verfügungsbefugnis über die Sache hatte.

[209] So für diese Fallkonstellation: *Deak/Cărpenaru* Teil I, Cap. I, Abschn. I, § 2, C., I., Ziff. 16.1, S. 41; *Boroi*, S. 181; *Motica/ Moţiu*, S. 222, lit. e;ebenso *Leonhardt*, Nichtigkeit, S. 295 unter Berufung die Entscheidung Nr. 51 vom 18.8.1969 des Obersten Gerichtshofes (Eine Veröffentlichung dieser Entscheidung ist nicht ersichtlich.). In diesem Sinne auch Oberster Gerichtshof, Abteilung Zivilrecht, Entscheidung v. 20.01.1994, bei *Crişu/ Crişu* S. 787, sowie die Curtea de Apel Craiova, secţia civilă, decizia Nr. 3951 vom 04.11.1996, Dreptul 1998, S. 121, 122 mit (auch insofern) zustimmender Anm. *Georgescu/Oproiu* S. 123, 123. In Frankreich wird diese Fallgestaltung auf der Grundlage von Art. 1599 C. civ. gelöst, der nach nun wohl herrschender Meinung in Literatur und Rechtsprechung ebenfalls zur relativen Nichtigkeit führt. Vgl. dazu: *Huet*, Tz. 11140; Mazeaud/ Chabas II.1. (*Chabas*), Tz. 238; *Larroumet*, Tz. 389; *Ferid/Sonnenberger* 1 F 909.

[210] Insbesondere diese Fälle sollen ja mithilfe des gesetzlichen Erwerbs kraft guten Glaubens gem Art. 1909, 1910 ZGB bzw. Art. 2279, 2280 C. civ. aufgefangen werden.

quenzen sich aus der fehlenden Verfügungsberechtigung - *neben* der irrtumsbedingten relativen Nichtigkeit - ergeben, ist aber noch ungeklärt.

2.2. Abgrenzung von sittenwidrigem Handeln

Es ist hilfreich, die Untersuchung anhand von Fällen fortzuführen, in denen beide Parteien davon wissen, dass der Verkäufer nicht der Eigentümer des Sache ist. In diesen Fällen liegt ein Irrtum nicht vor. Allein die Verfügungsbefugnis fehlt.[211]

Nach der Darstellung des Streitstandes zu diesem Fragenkreis von *Deak/ Cărpenaru* diskutiert die rumänische Literatur zwei alternative Lösungsmodelle, die sich vermeintlich gegenseitig ausschließen. Dabei geht der eine Vorschlag in jedem Fall von der Wirksamkeit des Vertrages aus, der andere will die Rechtsfolge der absoluten Nichtigkeit zur Anwendung bringen.[212]

Man könne - so der erstgenannte Lösungsvorschlag - einen solchen Vertrag dahingehend auslegen, dass nicht der unmittelbare Eigentumsübergang geschuldet sei, sondern der Verkäufer die (Garantie-)Pflicht übernehme, den Eigentümer zur Herbeiführung einer Übereignung an den Käufer zu veranlassen, bzw. diese später selbst als Berechtigter zu bewirken.[213] [214] Für diesen gedanklichen Ansatz lassen sich auch entsprechende dogmatische Grundlagen finden. In anderen Darstellungen[215] wird auf diese Situation unter der Bezeichnung '*promisiunea faptei altuia*',

---

[211] Der Hinweis auf eine weitere Unstimmigkeit in der rumänischen Rechtsliteratur sei an dieser Stelle erlaubt. Der Umstand, dass das Vertragsobjekt nicht im Eigentum des Veräußerers liegt, begründet in keiner Weise einen Mangel des 'Vertragsobjektes', wie das regelmäßig behauptet wird. Vielmehr liegt in jedem Fall ein Mangel in der Person des Veräußerers vor, insofern als dieser keine Rechtsmacht zu seinem Tun innehat. Und möglicherweise liegt auch ein Mangel in der Willensbildung vor, sofern der Käufer sich über diesen Umstand nicht im Klaren war.

[212] *Deak/Cărpenaru*, Teil I, Cap. I, Abschn. I, § 2, C., I., Ziff. 16.1 und 16.2, S. 41 f. mwN. Ähnliche Darstellungen finden sich inzwischen auch bei *Toader*, 9.4., S. 24 ff.; *Motica/ Moţiu*, S. 220 ff.

[213] *Deak/Cărpenaru*, Teil I, Cap. I, Abschn. I, § 2, C., I., Ziff. 16.1, S. 41 mwN; ebenso die Darstellung bei. *Motica/ Moţiu*, S. 221, lit. b., mit Nachweisen aus der Rechtsprechung. Unter der Voraussetzung, dass eine solche Vertragsauslegung im konkreten Fall auch möglich ist, *Toader*, Evicţiunea, S. 55 ff.; *dies.*, S. 24 f.,9.4.1., 9.4.2.3.; *Codrea*, S. 32. So auch der Oberste Gerichtshof in seiner Entscheidung Nr. 412/1980 in CD 1980, S. 20, 21; Die Zulässigkeit eines solchen Vorgehens erkennen auch *Georgescu/Oproiu* in der Anm. zur Entscheidung Nr. 3951 der Curtea de Apel Craiova, secţia civilă, vom 04.11.1996, Dreptul 1998, S.123, 123 an.

[214] Die Nichterfüllung dieser Verpflichtung zöge dann u.a. Schadensersatzansprüche des Käufers gegen den Verkäufer nach sich. Allerdings könne das Ergebnis dieser Auslegung dann mglw. nicht in jedem konkreten Fall noch als Kaufvertrag qualifiziert werden.

[215] Dabei handelt es sich um Lehrbücher zur allgemeinen Vertragstheorie. Abhandlungen zum Kaufvertrag oder solche, die die rechtsgeschäftliche Übertragung von Eigentum

als 'Versprechen, gerichtet auf Herbeiführung eines Handelns durch einen anderen', eingegangen.[216] Dabei handelt es sich um ein von Lehre und Rechtsprechung entwickeltes Rechtsinstitut. Eine gesetzliche Regelung dazu existiert nicht.[217] Die '*promisiunea faptei altuia*' basiert auf der Erkenntnis, dass durch sie nur ein Vertrag zwischen dem Versprechensgeber und dem Erwerber geschlossen wird, und demzufolge auch nur zwischen diesen beiden Rechte und Pflichten entstehen.[218] Die Pflicht des Käufers besteht in der Kaufpreiszahlung, die des Versprechensgebers darin, dem Käufer das Eigentum an der Kaufsache zu verschaffen. Der Veräußerer übernimmt damit letztlich die Garantie dafür, dass der wahre Eigentümer mit der Übertragung des Eigentums an seiner Sache einverstanden ist.[219] Dieses Einverständnis kann sich darin äußern, dass der Eigentümer selbst einen Kaufvertrag mit dem Erwerber schließt. Es kann aber auch darin bestehen, dass er seine Zustimmung - genannt '*ratificarea*' - zum Kaufvertrag des Erwerbers mit dem Versprechensgeber, der dann auch Veräußerer ist, erteilt.[220]
Gelingt es dem Versprechensgeber nicht, das Einverständnis des wahren Eigentümers herbeizuführen, so kann der Käufer auf der Grundlage der vertraglichen Vereinbarung Schadensersatzansprüche gem. Art. 1073, 1075 ZGB gegen seinen Vertragspartner geltend machen.[221] Dagegen hat der Käufer nicht die Möglichkeit, vom wahren Eigentümer Zustimmung zum Rechtsgeschäft, ggfs. auch die Herausgabe der Kaufsache, zu verlangen. Wegen Art. 973 ZGB, der Verträge zu Lasten Dritter verbietet, konnte der wahre Eigentümer durch den obligatorischen Vertrag zwischen dem Versprechensgeber und dem Käufer nicht zur Zustimmung ver-

---

thematisieren, nehmen zu dieser Frage - soweit ersichtlich - nicht Stellung. Insofern sind *Deak/Cărpenaru* bereits eine positiv hervorzuhebende Ausnahme.

[216] *Pop*, S. 108 ff.; *Beleiu*, S. 199; *Stătescu/Bîrsan*, 56 f., S.69 f.

[217] So ausdrücklich *Stătescu/Bîrsan*, 57, S.70.

[218] *Pop*, S. 108; *Beleiu*, S. 199; *Stătescu/Bîrsan*, 56, S.69.

[219] Denkbar ist es auch, dass der Versprechensgeber nur eine Dienstleistung verspricht. Diese besteht darin, alles in seiner Macht stehende zu tun, um die Eigentumsübertragung zu bewerkstelligen. Diese Fallgestaltung ist jedoch für die hier zu beantwortenden Fragen unbedeutend. Nachweise zu beiden Fallgestaltungen: *Pop*, S. 109 f.; *Stătescu/Bîrsan*, 56 und 57, S. 69 f.

[220] Unter der Maßgabe, dass ein sofortiger Eigentumsübergang bei Vertragsschluss mangels Bestimmtheit der Sache nicht stattfindet, ist die Vertragswirksamkeit auch in Frankreich mit ganz ähnlichen Überlegungen anerkannt, Mazeaud/ Chabas II.1. (*Chabas*), Tz. 238. *Huet*, Tz. 11139 verweist etwa auf Gestaltungsmöglichkeiten wie Genehmigung und Auftrag. *Larroumet*, Tz. 389 hält in diesen Fällen Art. 1599 C. civ. für nicht anwendbar, weil der Gegenstand in diesem Falle eine *„chose future"* (!) im Sinne von Art. 1130 C. civ. sei. Mazeaud/Chabas III.2.1 - (*de Jugelart*) Tz. 821 behandelt Art. 1599 C. civ. und damit das Problem der fehlenden Verfügungsbefugnis – wie dies in Rumänien auch geschieht - als Frage der Irrtumslehre.

[221] In diesem Sinne auch *Stătescu/Bîrsan*, 56, S. 69 und *Beleiu*, S. 199; a.A. hinsichtlich der Haftungsfolge *Toader*, 9.4.2.3., S. 25. Das deutsche Kaufrecht behandelt diese Situation der anfänglich subjektiven Unmöglichkeit auf der Grundlage der §§ 440 Abs. 1, 325 Abs.1, Satz 1 BGB entsprechend.

pflichtet werden. Vielmehr ist dem Eigentümer gegenüber der Vertrag '*inopozabil*', er kann ihm nicht entgegengehalten werden.[222] Dieser Vertrag kann ohne Mitwirkung des Eigentümers zu keiner Zeit seine eigentumsverschaffende Wirkung entfalten.

Die andere Lösungsmöglichkeit, und dieser schließen sich *Deak/Cărpenaru* mit einer verbreiteten Meinung an, wird darin gesehen, einen solchen Vertrag für absolut nichtig zu erklären.[223] Dies sei ein rein spekulatives Geschäft, das einem rechtlich nicht billigenswerten Vertragszweck diene, Art. 966, 968 ZGB[224]. Nur ganz ausnahmsweise, wenn der Vertragsschluss im Rahmen der regulären, rechtmäßigen Ausübung eines Handelsgeschäftes erfolgt, soll von der Rechtsfolge der Nichtigkeit abgesehen werden.[225]

Weder die eine, noch die andere Ansicht führt in der vorgetragenen Absolutheit immer zu befriedigenden Ergebnissen. Möglicherweise liegt im Abschluss eines solchen Vertrages ein kollusives Handeln der Parteien zu Lasten des tatsächlichen Eigentümers. Wenn dem so ist, kann die rechtliche Konsequenz daraus, die absolute Nichtigkeit des Rechtsgeschäfts, nicht in Zweifel stehen. Es ist sittenwidrig iSv. Art. 966, 968 ZGB bzw. Art. 5 ZGB. Aber auch hier ist anzumerken, dass die Nichtigkeit nicht Folge der fehlenden Vertretungsmacht, sondern Folge des sittenwidrigen oder verbotenen Handelns ist. Die für das kollusive Handeln gefundene Lösung gibt also ebenfalls noch keine Antwort auf die Ausgangsfrage nach

---

[222] *Beleiu*, S. 199; *Stătescu/Bîrsan*, 56 und 57, S. 69 f.; *Toader*, 9.4.2.3., S. 25; *Pop*, S. 108 und 110.

[223] *Deak/Cărpenaru*, Teil I, Cap. I, Abschn. I, § 2, C., I., Ziff. 16.2, S. 41f. mwN.; *Motica/Moțiu*, S. 222, lit.f; sofern beide Parteien um die fehlende Verfügungsbefugnis wissen und der Vertrag aufgrund der Bestimmtheit der Kaufsache den sofortigen Eigentumsübergang bewirken würde, ebenso: *Toader*, 9.4.2.3., S. 25; *Boroi*, S. 182; *Cojocaru*, S. 217. Ebenso *Georgescu/Oproiu* in der Anm. zur Entscheidung Nr. 3951 der Curtea de Apel Craiova, secția civilă, vom 04.11.1996, Dreptul 1998, S.123,123.

[224] Soweit sich die Autoren in diesem Zusammenhang auf Art. 948 Ziff. 4 ZGB berufen, liegt auch hier strukturell die gleiche Vereinfachung und Verkürzung des Gedankens vor, wie im Fall der relativen Nichtigkeit. Art. 948 ZGB ist dahingehend zu verstehen, dass er nur dann zur Nichtigkeit führt, wenn nicht einmal die Minimalvoraussetzungen an den Vertragsschluss vorliegen. Dann allerdings bedeutet - strukturell gesehen - Nichtigkeit 'Inexistenz'. Niemand aber bezweifelt, dass ein Vertrag in diesem Fall geschlossen wurde. Was dann letztlich den Rechtsgrund der Nichtigkeit anbelangt, sind zweifellos Art. 966, 968 ZGB als Spezialnormen vorrangig und, soweit diese der Sache nach nicht einschlägig sind, Art. 5 ZGB die sachgerechte Auffangnorm.

Der durch die Vereinfachung bedingte Verlust an Schärfe in der Gedankenführung zeigt sich auch wieder darin, dass der vermeintliche Verstoß gegen die Anforderungen des Art. 948 ZGB an den Vertragsgegenstand, tatsächlich zu einer Nichtigkeit wegen eines rechtswidrigen Vertragszwecks führt.

[225] So auch ausdrücklich aber ohne weitere Begründung für den Handelskauf: *Cărpenaru*, S. 375 .

den bei fehlender Verfügungsmacht eintretenden rechtlichen Konsequenzen für die Wirksamkeit des Kaufvertrags.

3. *Die rechtliche Behandlung des Kaufvertrags bei fehlender Verfügungsbefugnis*

In Fällen fehlender Verfügungsberechtigung kann es also sein, dass der Vertrag entweder relativ nichtig wegen eines Irrtums des Käufers nach Art. 954 Abs. 2 ZGB oder aber absolut nichtig wegen kollusivem und damit sittenwidrigem Handeln nach Art. 5 ZGB ist. Von beiden Fallgestaltungen ist die Frage nach dem Umgang mit dem Kaufvertrag bei fehlender Verfügungsberechtigung abzugrenzen. Dafür eignet sich der Fall des Beschaffungskaufs[226], bei dem der Käufer von vorneherein weiß, dass der Veräußerer (noch) nicht Eigentümer ist und beide Parteien den Eigentümer in keiner Weise um seine Rechte bringen wollen.

Gerade beim Beschaffungskauf, der nicht in jedem Fall in Ausübung eines Handelsgeschäfts erfolgen muss, versagt jedoch die Rechtsfolge der absoluten Nichtigkeit - würde man sie mit dem Fehlen der Verfügungsberechtigung begründen - wirtschaftlich durchaus sinnvollem Handeln die rechtliche Anerkennung. Dies lässt sich jedoch dann vermeiden, wenn man zunächst in diesen Fällen durch Auslegung das von den Parteien Gewollte ermittelt.

> Im Hinblick auf die hier interessierenden Fälle müssen diverse Fallgestaltungen unterschieden werden. Ausgegrenzt werden muss zunächst die Situation, in der sich der Veräußerer um Zustimmung des Eigentümers lediglich bemüht. Diese ist für die vorliegende Untersuchung irrelevant, da sie nur die Verpflichtung zu einer Dienstleistung, nicht aber den Abschluss eines Kaufvertrags beinhaltet. Aber auch, wenn sich der Versprechensgeber dazu verpflichtet, den Eigentümer zu eigentumsverschaffen-

[226] Hiervon zu trennen sind auch die Fallgestaltungen, in denen der Veräußerer für Namen und Rechnung des tatsächlichen Eigentümers auftritt und diesen nur vertritt (Mandat, Art. 1532 ZGB ff.). Hier kommt ein Rechtsgeschäft zwischen Eigentümer und Erwerber zu Stande (*Deak/Cărpenaru*, Teil I, Cap. V, Abschn. I, § 1, I., S. 137.). Der Veräußerer ist grundsätzlich nicht Vertragspartei, vertritt den Eigentümer ausschließlich beim Austausch der Willenserklärungen (*Deak/Cărpenaru*, Teil I, Cap. V, Abschn. I, § 1, 6, S. 143.). Die Frage also, ob der Veräußerer eine eigene Willenserklärung in fremden Namen abgegeben hat, ist im Rahmen des Vertragsschlusses zu untersuchen. Die Frage dagegen, ob der Vertrag den Vertretenen verpflichtet, etwa weil der Veräußerer seine Vertretungsmacht überschritten hat, stellt sich wegen der Genehmigungsmöglichkeit des Art. 1546 Abs. 2 ZGB erst innerhalb der Wirksamkeit (*Deak/Cărpenaru*, Teil I, Cap. V, Abschn. I, § 2, B., S. 152). Für die Übertragung des Eigentums kommt es in diesen Fällen allein auf die Verfügungsbefugnis des Eigentümers an (*Deak/Cărpenaru*, Teil I, Cap. V, Abschn. I, § 2, B., 17, S. 150.).

den Maßnahmen zu veranlassen, kommt nicht immer ein Kaufvertrag mit dem nichtberechtigten Versprechensgeber zustande. Verpflichtet sich der Versprechensgeber lediglich dazu, den Eigentümer zum Abschluss eines Kaufvertrags mit dem Erwerber zu bewegen, so kommt es im Idealfall zu einem Kaufvertrag zwischen dem Eigentümer und dem Erwerber. Jedoch Erwerber und Versprechensgeber sind nur durch einen - immerhin auf Erfolgseintritt gerichteten - Geschäftsbesorgungsvertrag verbunden. Ein Erwerb vom Nichtberechtigten - und diese Konstellation soll untersucht werden[227] - liegt nur dann vor, wenn der Versprechensgeber selbst als Veräußerer auftritt und dem Erwerber garantiert, die 'Ratifikation' des Eigentümers herbeizuführen. Darin liegt auch das für den Kaufvertrag erforderliche Versprechen der Eigentumsverschaffung. Nur wenn die Auslegung eine solche Vereinbarung ergibt, hat sich der Versprechensgeber als Nichteigentümer in eigenem Namen und auf eigene Rechnung zur Verschaffung des Eigentums an der Kaufsache verpflichtet.

Ist ein solcher Beschaffungskauf vereinbart, verletzt dieser Vertrag ist zunächst keine Norm, insbesondere nicht Art. 973 ZGB.

So steht eine - wie auch immer geartete - Nichtigkeit nicht zur Diskussion, nicht zuletzt deshalb, weil Nichtigkeit die Rechtsfolge für Fehler im Vertragsschluss ist[228]. Ein solcher liegt nicht vor. Die Besonderheit der Fallgestaltung liegt nämlich darin, dass der Veräußerer dem Erwerber bei Abschluss des Kaufvertrags garantiert, seine Verfügungsbefugnis herbeizuführen, indem er den Eigentümer zur Zustimmung veranlasst. Gelingt dies dem Veräußerer, so wird der Käufer kraft des Kaufvertrags und kraft der aus fremdem Recht abgeleiteten Verfügungsbefugnis des Veräußerers Eigentümer und der Vertrag wurde planmäßig erfüllt. Die planmäßige Erfüllung der vertraglichen Verpflichtungen - das BGB erfasst diese Situation in § 185 Abs. 2 - kann aber nur eintreten, wenn der Vertrag nicht schon allein deshalb unwirksam ist, weil dem Veräußerer zunächst die Verfügungsbefugnis fehlt.[229]

Außerdem begründet der Beschaffungskauf auch keine Drittwirkung im Sinne von Art. 973 ZGB. Denn die verpflichtende Wirkung des Vertrages trifft ausschließlich den Veräußerer, nicht aber den Eigentümer des Vertragsgegenstandes. Der Eigentümer der Sache wird durch die Wirksamkeit des Vertrages nicht berührt. Der Vertrag ist ihm gegenüber nicht '*opozabil*', kann ihm vom Käufer nicht entgegen-

[227] Rechtlich in gleicher Weise behandelt wird ein Kaufvertrag zwischen Versprechensgeber und Erwerber, wenn der Versprechensgeber die Kaufsache nach Vertragsschluss vom Eigentümer erwirbt. Sie muss deshalb nicht gesondert untersucht werden.

[228] *Beleiu*, S. 208.

[229] Und sollte dem Veräußerer die Erfüllung seiner Vertragspflichten nicht gelingen, so ist der Kaufvertrag die notwendige Grundlage für etwaige Schadensersatzansprüche des Käufers, Art. 1073, 1075 ZGB.

gehalten werden.[230] Er ist also frei in seiner Entscheidung. Er kann nach wie vor nach seinem Belieben damit verfahren. Es ist also auch aus dieser Perspektive nicht einzusehen, warum der Veräußerer bei der Eingehung der Verpflichtung zur späteren Übereignung einer Kaufsache bereits Eigentum an den zu beschaffenden Gegenständen haben müsste.[231]

Zuletzt stünde die Behandlung des Beschaffungskaufs als absolut nichtig auch im Widerspruch zu den Möglichkeiten, die der Gesetzgeber den Parteien ausdrücklich eingeräumt hat. Wollte man ernsthaft verlangen, dass der Veräußerer bereits bei Abschluss des Kaufvertrags Eigentümer des Vertragsgegenstandes ist, dann wäre die Zulassung des Kaufvertrags über eine *res futura* durch Art. 965 Abs. 1 ZGB in jeder Hinsicht systemwidrig. Der Gesetzgeber selbst hat also zum Ausdruck gebracht, dass Vertragsschluss und Verfügungsberechtigung nicht zwingend zusammenfallen müssen. Der Beschaffungskauf ist somit als wirksames Rechtsgeschäft zu behandeln.[232]

Bislang wurde hier nur die (negativ abgrenzende) Überlegung angestellt, dass das Fehlen der Verfügungsberechtigung nicht zur Unwirksamkeit des Vertrages führen könne. Hier wie in der rumänischen Literatur[233] ist bislang nirgends positiv festgestellt, an welcher Stelle im Prüfungsaufbau das Fehlen der Verfügungsberechtigung anzusiedeln ist, wenn nicht als Frage der Vertragswirksamkeit. Einigkeit besteht nur insofern, als dass diese Fällen nicht ohne weiteres einen rechtsgeschäftlichen Eigentumsübergang bewirken dürfen. In dieser Hinsicht lohnt sich eine Auseinandersetzung mit dem römisch-rechtlichen Grundsatz[234] '*nemo plus iuris ad alium transferre potest quam ipse habet*'. Die Auseinandersetzung mit diesem Grundsatz wird nicht nur verdeutlichen, dass auch daraus die absolute Nichtigkeit des Kaufvertrags nicht ableitbar[235] ist. Ganz im Gegenteil werden auch durch diese Überlegungen die bisher erzielten Ergebnisse bestätigt. Vor allem aber erhellt aus dieser Überlegung die strukturelle Ansiedlung der Verfügungsberechtigung innerhalb des Kaufrechts, was zugleich einen Ausblick auf das Verhältnis zwischen Kaufvertrag und seiner eigentumsverschaffenden Wirkung ermöglicht.

Zunächst ist festzuhalten, dass der rumänische Gesetzgeber die Möglichkeit des Abschluss eines Kaufvertrages durch einen Nichteigentümer und die mögliche Wertentscheidung, diesen Vertrag für absolut nichtig zu erklären sehr wohl vor

[230] Vgl. auch dazu *Toader*, 9.4.2.3., S. 25; *Beleiu* S. 199; 207. Ebenso *Georgescu/Oproiu* in der Anm. zur Entscheidung Nr. 3951 der Curtea de Apel Craiova, secţia civilă, vom 04.11.1996, Dreptul 1998, S.123, 124.

[231] Mit diesem Argument *Oeckinghaus* S. 145 gegen Art. 1599 C.civ., der im französischen Recht für dieses Problem die absolute Nichtigkeit anordnet (str.).

[232] IdS. auch *Georgescu/Oproiu* in der Anm. zur Entscheidung Nr. 3951 der Curtea de Apel Craiova, secţia civilă, vom 04.11.1996, Dreptul 1998, S.123, 124.

[233] Soweit sie nicht zu anderen Ergebnissen kommt.

[234] Kunkel/*Mayer-Maly*, § 61, II; *Kaser*, § 24 I, 2.

[235] So aber *Cosmovici*, Introducere, S. 112, *Beleiu*, S. 165 und *Dobrin*, An I, F., S. 20.

Augen hatte. Dennoch hat er sich dagegen entschieden, als er Art. 1599 C. civ.[236], der dem hier angeführten Grundsatz des römischen Rechts positiv-rechtliche Gestalt zu verleihen versucht, nicht mit in das ZGB aufnahm. Dies tat er, obwohl es, wie sich etwa aus Art. 948 Ziff. 4 oder Art. 1909 ZGB ergibt, zweifellos seinem Willen entsprach, diesen Rechtsgrundsatz zu übernehmen.[237]

Der Haupteinwand gegen die hier vorgetragene Ansicht wendet sich nicht gegen den Grundsatz selbst, sondern allein gegen den Versuch, im Fall des Beschaffungskaufs daraus die (absolute) Unwirksamkeit des Vertrages abzuleiten. Denn diese Rechtsfolge würde am falschen Punkt, an der Vertragswirksamkeit ansetzen. Die Frage nach der Vertragswirksamkeit stellt auf etwas anderes als das Fehlen der Verfügungsberechtigung ab. Sie ist die Frage danach, ob die Rechtsordnung die zwischen den Parteien getroffenen Pflichten als Pflichten dieser Parteien anerkennen und aufrecht erhalten kann. Und - nochmals - es ist kein Grund ersichtlich, warum eine Rechtsordnung die Selbstverpflichtung eines Verkäufers, seinem Vertragspartner das Eigentum an einer Sache zu verschaffen, über die jener zur Zeit des Vertragsschlusses (noch) nicht verfügen darf, missbilligen sollte. Insoweit ist der Schutz des Art. 973 ZGB, der entsprechende Verstöße mit der absoluten Nichtigkeit sanktioniert, hinreichend.

Wie sich aus dem Wortlaut '*transferre*' hervorgeht, bezieht sich der angeführte Grundsatz auf die *besondere Wirkung* des Vertrages, die in der *Eigentumsübertragung* liegt.[238] Darauf zielt im Grunde genommen ja auch Forderung der rumänischen Lehre ab, wenn sie verlangt, dass derjenige, der mittels Vertrag eine translative Wirkung herbeiführen will, entweder Eigentümer des Vertragsgegenstandes sein oder anderenfalls der Eigentumsübergang zeitlich nach dem Vertragsschluss[239] stattfinden muss.[240] Dies spricht dafür, dass es im rumänischen Recht einen Unterschied zwischen dem Abschluss eines Kaufvertrages einerseits und dem Eintritt seiner eigentumsverschaffenden Wirkung andererseits gibt. Das Problem im rumänischen Recht besteht jedoch darin, dass das geltende Einheitsprinzip dazu zwingt, das Fehlen der Verfügungsberechtigung bereits *in Zusammenhang* mit dem Kaufvertrag ins Auge zu fassen. Insofern weist das Trennungsprinzip des deutschen Rechts deutliche Vorteile auf. Es erleichtert die Antwort auf die Frage nach dem systematischen Umgang mit der Verfügungsberechtigung, weil Verpflichtung und Verfügung getrennt sind. Mithin stellt sich diese Frage erst im Zusammenhang mit der dinglichen Verfügung. Im deutschen Recht ist die Trennung zwischen der für den Erfolg der Verfügung erforderlichen Rechtsmacht und dem in jedem Fall gültigen obligatorischen Rechtsgeschäft sys-

---

[236] Art. 1599 C. civ.: "*La vente de la chose d'autrui est nulle: ....*" [Der Verkauf einer fremden Sache ist nichtig:... .]

[237] In diesem Sinne *Toader*, 9.4.2.3., S. 25.

[238] So auch Kunkel/Mayer-Maly, § 61, II, der sagt, dass dieser Grundsatz auf den Übertragungsgedanken abstelle.

[239] So etwa beim Kauf künftiger oder Gattungssachen.

[240] *Cojocaru*, S. 217; *Toader*, 9.4.1., S. 24; *Motica/ Moţiu*, S. 78; *Boroi*, S. 181.

tembedingt angelegt. Das heißt aber nicht, dass das Einheitsprinzip nichts Vergleichbares zuließe oder gar erfordere.

Aus der Perspektive der Verfügungsbefugnis ist nun nochmals ein Seitenblick auf den Art. 1599 C. civ. und den Gebrauch, der im französischen Recht davon gemacht wird, hilfreich.[241] Hier hat der weit gefasste Wortlaut eine restriktive Auslegung erfahren. Art. 1599 C.civ. soll nur in den Fällen des Erwerbs vom Nichtberechtigten angewandt werden, in denen andernfalls das Eigentum sofort bei Vertragsschluss überginge.[242] Und entgegen der eindeutigen Anordnung der absoluten Nichtigkeit durch die Wortwahl "*...est nulle:...*"[243] geht die überwiegende Ansicht in der französischen Literatur und Rechtsprechung nur von einer relative Nichtigkeit als Rechtsfolge aus, da Normzweck des Art. 1599 C. civ. der Schutz des Käufers sei.[244] *Prima facie* spricht bereits das Ergebnis dieser Auslegung für die zum rumänischen Recht entwickelten Ansatz, dass ein Unterschied zwischen dem Abschluss eines Kaufvertrages einerseits und dem Eintritt seiner eigentumsverschaffenden Wirkung andererseits besteht.

Wesentlich erscheint mir der ebenfalls in Frankreich herangezogene Ansatzpunkt, dass Art. 1599 C. civ. eine Folge der eigentumsverschaffenden Wirkung des Kaufvertrags sei.[245] Deshalb wird der Kaufvertrag dort insoweit als wirksam behandelt, als er keine eigentumsverschaffende Wirkung, sondern nur eine Verpflichtung des

---

[241] Die im Rahmen dieser Diskussion angeführten Überlegungen und Argumente finden sich identisch in der Paralleldiskussion in Rumänien wieder. Der Unterschied zwischen beiden Diskussionen besteht im wesentlichen darin, dass sich die rumänische mangels Parallelnorm zu Art. 1599 C.civ. am Tatbestandsmerkmal des Art. 948 Ziff. 3 ZGB beim Stichwort "Eigentümerstellung des Veräußerers" entzündet. Der Aussagewert der Diskussion zu Art. 1599 C. civ. geht also über den Gehalt der vorgebrachten Argumente insoweit hinaus, als sich die daraus zu ziehenden Schlussfolgerungen unmittelbar auf das rumänische Recht übertragen lassen, da sie auf einer in Rumänien anerkannten Grundlage erfolgen.

[242] Vgl. *Ferid/Sonnenberger* 2 G 416 ff., 2 G 424, jeweils mwN. So auch Mazeaud/Chabas III.2.1 - (*de Jugelart*) Tz. 821, der Art. 1599 C. civ. und damit das Problem der fehlenden Verfügungsbefugnis als Frage der Irrtumslehre behandelt.

[243] Dies war jedenfalls über lange Zeit die allgemeine Ansicht in der französischen Rechtslehre, *Ferid/ Sonnenberger* 1 F 909. Vgl. ebenfalls *Beleiu*, S. 208 f., wonach die Bezeichnung '*nul*' vom Gesetzgeber in den Fällen verwandt wurde, in denen er absolute Nichtigkeit anordnen wollte.

[244] Mazeaud/ Chabas II.1. (*Chabas*), Tz. 238; Mazeaud/Chabas III.2.1 - (*de Jugelart*) Tz. 821; *Huet*, Tz. 11139; *Larroumet*, Tz. 389; *Ferid/Sonnenberger* 2 G 416; Chambre des requêtes vom 15.01.1934, Dalloz hebdomadaire 1934, 97; Cour de Cassation, 3ème chambre civile vom 16.04.1973, Bulletin civil III, Nr. 303. In diesem Sinne fordert ja auch *Beleiu*, S. 211 eine Gesetzesänderung. Dies bestätigt auch *v. Caemmerer*, S. 675, 695.

[245] Mazeaud/ Chabas II.1. (*Chabas*), Tz. 238. *Huet*, Tz. 11139; *Larroumet*, Tz. 389; *Ferid/Sonnenberger* 2 G 416.

Verkäufers zur Eigentumsverschaffung birgt.[246] Solange - so die in Frankreich weithin vertretene Überzeugung - die eigentumsverschaffende Wirkung (auch aus anderen Gründen als der fehlenden Verfügungsbefugnis) noch nicht eintreten kann, hat der Verkäufer die Möglichkeit, den vertraglich geschuldeten Erfolg durch eigenen Erwerb des Eigentums, oder aber durch Genehmigung des wahren Eigentümers herbeizuführen.[247] Schafft er das nicht, treffen die Folgen der Nichterfüllung des Vertrages den Veräußerer, und wegen Art. 1165 C. civ.[248] nicht den wahren Eigentümer. Der Vertrag ist diesem gegenüber nicht '*opposable*'[249]. Gleichzeitig verhindert Art. 1599 C. civ. den Übergang des Eigentums durch die Anordnung der Nichtigkeit. Abgesehen von den weitreichenden Parallelitäten zur '*promisiunea faptei altuia*'[250] legt dieser Gedankengang jedoch den Schluss nahe[251], dass

> ***Kaufvertrag und eigentumsverschaffende Wirkung desselben nicht identisch sind, sondern vielmehr eine voneinander unabhängige Betrachtung insofern zulassen, also zum Eigentumsübergang neben dem Kaufvertrag weitere Voraussetzungen erfüllt sein müssen.***

Der rumänische Gesetzgeber legt diesen Schluss durch Art. 965 Abs. 1 ZGB und wohl noch mehr durch die Art. 964 und 1300 ZGB[252] ebenfalls nahe.

Wenn dieser Schluss jedoch zutrifft - und dass er zutrifft wird das sich anschließende zweite Kapitel beweisen - so ist es nicht zuletzt aufgrund der vorangestellten Diskussion richtig, nicht den Kaufvertrag, sondern nur die Frage nach der eigentumsverschaffenden Wirkung desselben mit dem Problem der Verfügungsbe-

---

[246] Mazeaud/Chabas III.2.1 (*de Jugelart*) Tz. 819; Mazeaud/ Chabas II.1. (*Chabas*), Tz. 238. *Huet*, Tz. 11139; *Larroumet*, Tz. 389; *Ferid/Sonnenberger* 2 G 416, insb. aber 2 G 424. Vgl. *Storme*, Harmonisation on the law on (substantive) validity of contracts (illegality and immorality) in Basedow/ Hopt/ Kötz/ Festschrift für Ulrich Drobnig zum 70. Geburtstag, S. 195, 197.

[247] *Ferid/Sonnenberger* 2 G 419; in diesem Sinne aber auch *Deak/Cărpenaru*, Teil I, Cap. I, Abschn. I, § 2, C., I., Ziff. 16, S. 41.

[248] In Rumänien: Art. 973 ZGB.

[249] Mazeaud/Chabas III.2.1 (*de Jugelart*) Tz. 823; *Ferid/Sonnenberger* 2 G 418; im Ergebnis gleich wiederum *Deak/Cărpenaru*, Teil I, Cap. I, Abschn. I, § 2, C., I., Ziff. 16, S. 41. Vgl. auch *Storme*, Harmonisation on the law on (substantive) validity of contracts (illegality and immorality) in Basedow/ Hopt/ Kötz/ Festschrift für Ulrich Drobnig zum 70. Geburtstag, S. 195, 197

[250] Diese ist auch im französischen Recht anerkannt, vgl. *von Caemmerer*, S. 675, 694.

[251] Zu diesem Ergebnis kommt auch *Habermeier*, S. 283, 290. Und diese Sichtweise wird durch Mazeaud/Chabas III.2.1 (*de Jugelart*) Tz. 815 bestätigt, wenn er unter Hinweis auf die Regelung des Gattungskaufs in Art. 1585 C. civ. (ebenso: Art. 1300 ZGB) darauf hinweist, dass das Kaufrecht den Zeitpunkt des Eigentumstransfers nicht unmittelbar an den Zeitpunkt des Abschlusses eines wirksamen Kaufvertrags knüpft.

[252] Vgl. die vorangehende Fußnote.

fugnis, also dem Satz '*nemo plus iuris ad alium transferre potest quam ipse habet*'[253], zu belasten. Denn dann findet nur dort das '*transferre iuris*' statt. Und dann ist es auch richtig, den absoluten Ausschluss des römischen Grundsatzes[254] nur auf diesen Eigentumsübergang zu beziehen. In diesem Fall kann nämlich ein davon dennoch unangetasteter Vertrag weiterhin die Grundlage für entsprechende Ansprüche des Käufers gegen den Verkäufer aus Rechtsmängelhaftung bilden.[255] Dieser Schluss, dass zwischen Vertrag und Eintritt der eigentumsverschaffenden Wirkung ein Unterschied besteht, sowie die sich daraus ergebenden Konsequenzen, verdienen deshalb eine solche Hervorhebung, weil sie weder in Frankreich, noch in Rumänien in dieser Form gezogen werden.

Damit bleibt *als Ergebnis* festzuhalten, dass *die Wirksamkeit eines geschlossenen Vertrages von der fehlenden Verfügungsmacht des Veräußerers nicht berührt* wird.[256] Dies wäre nur dann anders zu beurteilen, wenn die eigentumsverschaffende Wirkung des Kaufvertrags ausschließlich von dessen wirksamen Abschluss abhängt. Soweit dieser Gedankengang *über den Kaufvertrag hinausgehende, weitere Voraussetzungen für den Eintritt der eigentumsverschaffenden Wirkung* unterstellt, muss an dieser Stelle auf das folgende Kapitel verwiesen werden.

---

[253] Bzw. Art. 1599 C. civ.

[254] Bzw. die relative Nichtigkeit des Art. 1599 C. civ.

[255] Umgekehrt, träfe dieser Schluss nicht zu, dann wäre in der Tat zwingend davon auszugehen, dass der Vertrag unmittelbar von der Wirkung des römisch-rechtlichen Grundsatzes betroffen ist. Denn mittels der Art. 948 Ziff. 4, 972, 973 und 1909 ZGB hat der Gesetzgeber klargestellt, dass er das Bestehen einer Verfügungsberechtigung zum Eigentumserwerb kraft Rechtsgeschäft zwingend voraussetzt. Dogmatische Gründe der Wirksamkeit des Vertrages dürfen also nicht dazu führen, dass der wahre Eigentümer durch Vertrag zu Lasten Dritter sein Eigentum an der Sache verliert.

[256] *Storme*, Harmonisation on the law on (substantive) validity of contracts (illegality and immorality) in Basedow/ Hopt/ Kötz/ Festschrift für Ulrich Drobnig zum 70. Geburtstag, S. 195, 197 f.; in diesem Sinne auch *Habermeier*, S. 283, 290

2. Kapitel Die eigentumsverschaffende Wirkung des Kaufvertrags

In dieser Darstellung wird die These vertreten, dass der Eigentumsübergang im rumänischen Zivilrecht einen sehr viel komplexeren Tatbestand hat, als 'nur' den Abschluss eines Kaufvertrages, der von der Rechtsordnung gebilligt werden kann. Aus dem rumänischen Zivilgesetzbuch lässt sich ein umfassendes Profil von Anforderungen ableiten, die neben dem Kaufvertrag erfüllt sein müssen, damit das Eigentum übergehen kann. Diese zusätzlichen Anforderungen lassen sich unter dem Oberbegriff der 'Perfektheit' des Vertrages zusammenfassen und ermöglichen es, sämtliche Fragen widerspruchsfrei zu lösen, die im Zusammenhang mit dem Eigentumsübergang auftreten.

Das nun folgende Kapitel soll die tatsächliche Funktionsweise der eigentumsverschaffenden Wirkung des Kaufvertrags im rumänischen Recht zeigen. Zunächst werden im 1. Abschnitt die gesetzlichen Rahmenbedingungen der rechtsgeschäftlichen Eigentumsübertragung auf ihre systematischen Grundlagen und deren Verankerung im Gesetz aufgezeigt. Sie beinhalten auch den aus 'Kaufvertrag' und 'Perfektheit' bestehenden Grundtatbestand der Übereignung. Während das 1. Kapitel dieser Abhandlung bereits ausgeführt hat, welche Anforderungen das Tatbestandsmerkmal 'Kaufvertrag' an das Handeln der Parteien stellt, muss dies für das Tatbestandsmerkmal der 'Perfektheit' erst noch konkretisiert werden. Dies ist Aufgabe des 2. Abschnitts, bevor die so gefundenen Ergebnisse im 3. Abschnitt einer Überprüfung u.a. anhand von Stellungnahmen aus der Literatur zur Problematik des Mobiliarerwerbs unterzogen werden.

1. Abschnitt Die Ableitung des einheitlichen Tatbestands der rechtsgeschäftlichen Eigentumsübertragung

In diesem Abschnitt soll nun die systematische und tatbestandsmäßige Verankerung der rechtsgeschäftlichen Übereignung im rumänischen Zivilgesetzbuch dargestellt und der ihr zu Grunde liegende einheitliche Tatbestand daraus abgeleitet werden.

Ausgehend von einer Darstellung der Auffassung von Kaufvertrag und damit verbundenem Eigentumsübergang in der rumänische Literatur (1.), wird der vom Gesetzgeber bestimmte systemische Rahmen der Übereignung aufgezeigt (2.).

Aus diesen systemischen Vorgaben wird dann bereits der einheitliche Tatbestand bestimmt (3.), um diesen anschließend aus der Regelungen des Kaufrechts zum Gattungs- und Stückkauf zu überprüfen (4.).

Wenn in der Folge von einem einheitlichen Tatbestand die Rede ist, so erhebt dieser den Anspruch, alle Formen des Mobiliarkauf nach einem einheitlichen Muster erklären und lösen zu können. Der Vermutung nachzugehen, dass dieser auch auf den Immobiliar- und Rechtskauf, sowie grundsätzlich auch auf alle anderen translativen Verträge anwendbar ist, würde, insbesondere aufgrund der Folgen für den rechtsvergleichenden Teil, den engen Rahmen dieser Darstellung sprengen.

1. Der aktuelle Meinungsstand in Rumänien

Folgt man der wohl herrschenden Meinung in der rumänischen Literatur, so führt der wirksame Abschluss eines Kaufvertrages im Sinne von Art. 1294 ZGB[257] für den Verkäufer primär zu einem Anspruch auf Kaufpreiszahlung (Art. 1361 ZGB[258]), Abnahme der Kaufsache (Art. 1121, Satz 1 ZGB[259]) und ggfs. gem Art. 1305 ZGB[260] auf Übernahme der Kosten des Geschäfts durch den Käufer.[261]
Auf Käuferseite soll das ZGB in Art. 1294 nur einen Anspruch auf Lieferung[262] der Kaufsache normieren. Außerdem ist der Verkäufer seinem Vertragspartner bis zur Lieferung u. a. nach Art. 1074 Abs. 1 ZGB[263] zu Aufbewahrung , Pflege und Schutz der Kaufsache verpflichtet, sofern er die Kaufsache noch in Gewahrsam hat. [264] Ein dem § 433 Abs. 1 Satz 1 bzw. 2 BGB vergleichbarer Anspruch auf

[257] Vgl. Art. 1582 C. civ.

[258] Vgl. Art. 1650 C. civ.

[259] Vgl. Art. 1264 S. 1 C. civ.

[260] Vgl. Art. 1593 C. civ.

[261] *Deak/Cărpenaru*, Teil I, Cap. I, Abschn. a II-a, § 2, S. 68, sowie § 2, B., S. 72; *Toader*, 29, S. 40; 33, S. 42 f.; 34, S. 43; *Motica/ Moțiu*, S. 156 ff., 165 f.; *Dobrin*, An III, 12., S.174. *Huet*, Tz. 11430, 11436.

[262] Der Begriff der 'Lieferung der Kaufsache' im rumänischen Recht ist weiter gefasst als die 'Übergabe' iSv. Besitzverschaffung, wie sie § 929 Satz 1 BGB im Auge hat, vgl. Art. 1316 ZGB. Dazu auch *Deak/Cărpenaru*, Teil I, Cap. I, Abschn. a II-a, § 1, A., I., Ziff. 23, S. 49; *Toader*, 15, S. 29; *Motica/ Moțiu*, S. 123; *Dobrin*, An III, 6., S.168. Ebenso für das französische Recht. *Huet*, Tz. 11239; *Ferid/Sonnenberger* 2 G 510 ff.

[263] Vgl. Art. 1136 C. civ.

[264] Ausführlich *Deak/Cărpenaru*, Teil I, Cap. I, Abschn. a II-a, § 1, A., I., Ziff. 22 ff., S. 48 f. unter Hinweis auf Art. 1313 ff. ZGB; *Toader*, 12, S. 28f; 14 ff., S. 29 ff.; 19 ff., S. 32 ff.; *Motica/ Moțiu*, S. 122 ff., 130 ff.; *Dobrin*, An III, 6., S.168 f. Bei diesen Pflichten des Käufers ist nach rumänischer Vorstellung auf den Gewahrsam und nicht auf den Besitz abzustellen, da Besitz im rumänischen Recht einen Eigenbesitzwillen (dazu etwa *Filipescu* S. 50 f.) voraussetzt, der jedenfalls bei einem redlichen Verkäufer nicht mehr gegeben ist. Nach rumänischer Begrifflichkeit ist der Verkäufer zwischen Abschluss des

Übertragung der Rechtsinhaberschaft fehlt im rumänischen Recht nach dieser Auffassung grundsätzlich[265] ebenso, wie eine spezielle Regelung des Eigentumserwerbs iSv. § 873 BGB ff. bzw. § 929 BGB ff. Der Grund dafür wird in dem durch die Art. 644[266], 971, 1295 ZGB für den Eigentumsübergang angeordneten Konsensualprinzip gesehen. Damit geht, wie die Art. 971 und 1295 ZGB[267] gelesen werden, das Eigentum vom Verkäufer auf den Käufer bereits im Zeitpunkt des Abschlusses eines (Kauf-) Vertrags über[268].

Kaufvertrags und Lieferung der Kaufsache '*detentorul*', derjenige also, der die Kaufsache ohne Eigenbesitzerwillen *innehat*. Vgl. *Filipescu* S. 53; *Deak/Cărpenaru*, Teil I, Cap. I, Abschn. a II-a, § 1, A., I., Ziff. 23, S. 49. Zu den Verkäuferpflichten in Frankreich: *Huet*, Tz. 11224 ff., 11264 ff., 11280 ff.

265 *Dobrin*, An III, 6., S. 168 etwa sieht ausschließlich den Anspruch auf Lieferung, ebenso *Georgescu*, S. 178, Nr. 151, der diese Frage für den Fall des Gattungskaufs (S. 186 f., Nr. 159) gar nicht erst anspricht. Auch *Deak/Cărpenaru*, Teil I, Cap. I, Abschn. a II-a, § 1, Ziff. 22, S. 48 erkennen zunächst nur diesen an, um aber dann immerhin die Möglichkeit einzuräumen, dass - etwa im Fall des Gattungskaufs - doch so etwas wie ein Anspruch auf Übereignung bestehen könnte. So aber ausdrücklich *Stătescu/ Bîrsan*, 21, S. 36. Nicht anders ist der Diskussionsstand in Frankreich. Hier wird ebenfalls die Möglichkeit eines Anspruchs auf Eigentumsverschaffung, wenn überhaupt, nur indirekt bejaht: „*L' acheteur.... ...est seulement créancier et le vendeur débiteur du transfert de proprieté,...*" Mazeaud/Chabas II.2. (*Chabas*) Tz. 1618.

266 Art. 644 ZGB besagt dabei lediglich, dass Eigentum unter anderem auch durch Rechtsgeschäft erworben werden könne. Anders dagegen Art. 711 C. civ., der formuliert, dass der Eigentumserwerb *durch die Wirkung* von Verträgen erfolgen könne. Deshalb ist es im rumänischen Recht nur schwer mit dem Wortlaut des Gesetzes vereinbar, das Konsensualprinzip (allein) auf Art. 644 ZGB zu stützen. Die Bedeutung von Art. 644, 645 ZGB liegt in der grundsätzlich abschließenden Aufzählung der Eigentumserwerbstatbestände im rumänischen Recht.

267 Art. 971 ZGB: "*În contractele ce au de object translaţia proprietăţii, sau unui alt drept real, proprietatea sau dreptul se transmite prin efectul consimţămîntului părţilor, şi lucrul rămîne în rizico-pericolul dobînditorului, chiar cînd nu i s-a făcut tradiţiunea lucrului.*" [Bei Verträgen, die eine Eigentumsübertragung oder die Übertragung eines anderen dinglichen Rechtes zum Gegenstand haben, geht das Eigentum oder das Recht durch die Wirkung der Einigung der Parteien über und die Gefahr bleibt beim Rechtsinhaber, auch wenn die Übergabe der Sache nicht erfolgt ist.]. Vgl. Art. 1138 C. civ.

Art. 1295 Abs. 1 ZGB: "*Vînderea este perfectă între părţi şi proprietatea este de drept strămutată la cumpărător, în privinţa vînzătorului, îndată ce părţile s-au învoit asupra lucrului şi asupra preţului, deşi lucrul încă nu se va fi numărat.*" [Der Verkauf ist perfekt zwischen den Parteien und das Eigentum geht im Hinblick auf den Verkäufer, von Rechts wegen auf den Käufer über, sobald sich die Parteien über die Kaufsache und den Preis geeinigt haben, auch wenn die Sache noch nicht übergeben und der Preis noch nicht bezahlt ist.]. Vgl. Art. 1583 C. civ.

268 Mit Blick auf die rumänische Literatur, die diese systematischen Zusammenhänge so nicht herstellt, ist auf der Grundlage der bisherige Ausführungen nochmals festzuhalten, dass diese Aussage das Vorliegen eines Vertragsschluss wie auch dessen Wirksamkeit

Zu strukturellen Schwierigkeiten führt dieses Verständnis des Eigentumsübergangs *solo consensu* dann, wenn der Kaufvertrag über eine Gattungssache geschlossen wurde. Gleiches gilt für den Kauf künftiger Sachen oder den Kaufvertrag, der hinsichtlich seiner eigentumsverschaffenden Wirkung bedingt geschlossen wurde. Hier sollen jeweils Ausnahmen zum im Vertragsschluss begründeten Automatismus der Eigentumstransportfunktion vorliegen.[269] Eine ganzheitliche Erklärung des rechtsgeschäftlichen Eigentumserwerbs wird in der rumänischen Literatur weder versucht, noch könnte sie auf der Basis der vorhandenen Systematisierungsversuche erbracht werden. Es soll deshalb im folgenden zunächst die dem rumänischen Recht innewohnende Systematik herausgearbeitet werden (2.), auf deren Basis unter Zugrundelegung der anerkannten Rechtslage dann ein systemgerechter Tatbestand entwickelt wird (3. und 4.). Daran anschließend findet eine Auseinandersetzung mit einigen für die Thematik zentralen Stellungnahmen in der Literatur statt (5.).

2. *Einheits-, Kausalitäts-, und Konsensualprinzip als systematische Grundlagen des Übertragungstatbestandes im rumänischen Zivilrecht*

Die rumänische Lehre entnimmt insbesondere dem Art. 971 ZGB die Anordnung des Konsensualprinzips, dh. die Festlegung, dass allein aufgrund des Abschluss eines (Kauf-) Vertrages und vor allem auch bereits zu diesem Zeitpunkt das Eigentum an der Kaufsache übertragen wird.[270] Bei genauerem Hinsehen zeigt sich

impliziert. Dies ist Inhalt und Bedeutung von Art. 948 Ziff. 4 ZGB verwirklichten Kausalitätsprinzips für translative Verträge, vgl. nochmals *Stadler*, S. 31.

[269] Siehe etwa *Deak/Cărpenaru* Teil I, Cap. I, Abschn. I, § 1, 2, 2.5. S. 15; *Pop*, Dreptul de proprietate, S. 242 ff.; *Cosmovici*, S. 93 f.; *Georgescu*, Übereignung *solo consensu* als Regel, S. 177 f., Nr. 151 und die Ausnahmen davon S. 179 ff., Nr. 152 - 159; *Toader*, 2, S. 6; 3, S. 8 ff.; *Motica/ Moţiu*, S. 10 ff.; *Filipescu* S. 265 f.; ebenso *Leonhardt*, Eigentumsrecht, S. 174; *ders.*, Rumänien, S. 410. Deutlicher noch wird dies in der entsprechenden Diskussion im französischen Recht, in dem für den Eigentumsübergang weitgehend identische Regelungen gelten: *Huet*, Tz. 11206; *Dutilleul/Delebeque*, S. 161 f., Rn. 187, *188*; *Witz*, S. 533, 538; *Ferid/Sonnenberger* bezügl. Gattungssachen 2 G 210 ff., für den Kauf künftiger Gegenstände vgl. 2 G 220. Ebenso für den Gattungskauf und andere Varianten des Kaufvertrags im französischen und italienischen Recht *Ferrari*, S. 52, 73 ff. Für das französischen Recht und die davon abgeleiteten Rechtsordnungen ebenso *Drobnig*, Transfer of Property, in: Hartkamp/ Hesselink/ Hondius/ Joustra/ du Perron (Hrsg.), Towards a European Civil Code, S. 495, 503.

[270] So *Popescu* Teil a II-a, Cap. III, Abschn. a IV-a, 1, Unterabschnitt 1, S. 153 f.; *Angheni*, Cap. II, 8, S. 80; *Stătescu/ Bîrsan*, 84, S. 93; *Cosmovici*, S: 93 f.; *Pop*, Dreptul de proprietate, S. 243; *Filipescu*, S. 265; *Toader*, 3, S. 8; *Motica/ Moţiu*, S. 8; *Leonhardt*, Eigentumsrecht, S. 174, mwN. Ebenso unter Berufung auf Art. 1295 ZGB und ohne auf Art. 971 ZGB einzugehen *Dobrin*, An III, 1., S.162; *Deak/Cărpenaru* Teil I, Cap. I,

jedoch, dass Art. 971 ZGB mehrere Anordnungen trifft. Zwei dieser Anordnungen wurden ausdrücklich und unmittelbar niedergelegt, die dritte ergibt sich mittelbar aus einer der beiden erstgenannten.

- Zunächst ordnet er in seinem ersten Teilsatz an, dass die *Einigung* über den obligatorischen Kaufvertrag unmittelbar zum Eigentumsübergang führt. Damit hat der Gesetzgeber aber nicht so sehr auf das Konsensualprinzip abgestellt, als vielmehr darauf, dass die Übertragung des Eigentums nicht noch eines zusätzlichen Rechtsgeschäftes iSd. §§ 873 bzw. 929 BGB ff. bedürfe. Mit dieser Aussage ging es dem Gesetzgeber also um die Festschreibung des Einheitsprinzips[271] als Ausdruck eines auf rechtstechnische Einfachheit gerichteten Regelungssystems. Durch die Zusammenfassung von Verpflichtung und Verfügung möchte Art. 971 ZGB die Eigentumsübertragung bereits mit einem einzigen Vertrag ermöglichen. Konsequenterweise finden sich auch an keiner Stelle des Gesetzes Regelungen zur rechtsgeschäftlichen Verfügung über Sachen bzw. Rechte.

  Damit ist zugleich, wenn auch nur mittelbar gesagt[272], dass sich der rumänische Gesetzgeber für das Kausalitätsprinzip[273] entschieden hat, denn das

---

Abschn. I, § 1, 2, 2.4. S. 12, 15. *Huet*, Tz. 11202, 11203 mit Hinweis auf Art. 1138 und Art. 1583 C. civ.

[271] *Habermeier*, S. 283, 290, 293, meint hierin die Anordnung des Trennungsprinzips zu erkennen. In materieller Hinsicht stimmen die Auffassung von *Habermeier* und die hier vorgetragene überein. Der Unterschied zwischen den beiden Auffassungen besteht auf der Ebene der Definition. *Habermeier* definiert das Trennungsprinzip in dem Sinne, daß es gegeben ist, wenn ein Vertrag zwei Wirkungen hat. Damit faßt er seine Definition allerdings so, daß sowohl das im herkömmlichen Sinne definierte Trennungsprinzip (ein Verkehrsgeschäft mit einer verpflichetenden und einer verfügenden Wirkung, das rechtstechnisch durch zwei Rechtsgeschäfte erfaßt wird, vgl. etwa *v. Caemmerer*, S. 675, 676; *Grigoleit*, S. 379, 380.) als auch das Einheitsprinzip (dasselbe Verkehrsgeschäft wird rechtstechnisch durch ein einziges Rechtsgeschäft abgebildet und erfaßt) unter seine Definition fallen. Genau genommen ist jedoch das, was *Habermeier* unter dem Trennungsprinzip versteht, die Problemstellung, auf die jeder Gesetzgeber eine Antwort geben muß, indem er sich entweder der Rechtstechnik des Einheitsprinzips oder der des Trennungsprinzips bedient.

[272] Die primäre Anordnung des Kausalitätsprinzips ergibt sich ja bereits aus Art. 948 Ziff. 4 ZGB bzw. 1108 Ziff. 4 C. civ.

[273] A. A. Jauernig, S. 721, 722, der die Frage allerdings allein unter dem Gesichtspunkt der deutschen Rechtsordnung untersucht und deshalb die Anordnungen der Art. 948 Ziff. 4 ZGB bzw. 1108 Ziff. 4 C. civ. nicht in seine Überlegungen einbeziehen kann. Aus diesem Grund geht er offensichtlich davon aus, , daß das Kausalitätsprinzip vom Einheitsprinzip quasi konsumiert sei (insb. unter lit. c.). *De facto* vermischt er damit jedoch zwei Fragen. Die eine Frage lautet, wie der Gesetzgeber ein Verkehrsgeschäft mit zwei Wirkungen rechtstechnisch erfassen will (Antwort: Trennungsprinzip / Einheitsprinzip). Die zweite Frage lautet, ob die Wirkungen des Verkehrsgeschäftes nach dem Willen des

Abstraktionsprinzip ist in einem vom Einheitsprinzip beherrschten Rechtssystem nicht denkbar.[274] Das Kausalitätsprinzip besagt, dass jedes Rechtsgeschäft - auch die Verfügung über ein 'dingliches' Recht - zwingend einen wirksamen Rechtsgrund voraussetzt. Verwirklicht ist das Kausalitätsprinzip durch Art. 948 Ziff. 4 ZGB und die im Rahmen der Nichtigkeit / Unwirksamkeit anerkannten Folgen, insbesondere also die rückwirkende Auflösung des Vertrages mit Pflicht zur Rückerstattung der Leistung[275] sowie - weitergehend - die Auflösung von auf dem nichtigen Rechtsgeschäft aufbauenden Weiterveräußerungen[276]. Es bewirkt damit, dass nicht nur - aufgrund des Einheitsprinzips - der Kaufvertrag der Perfektion bedarf, sondern dass umgekehrt auch die Perfektion ausschließlich in Verbindung mit einem wirksam geschlossenen Kaufvertrag zur rechtsgeschäftlichen Übertragung von Eigentum geeignet ist.

- Erst in zweiter Linie beschäftigt sich der Gesetzgeber mit dem Konsensualprinzip im Gegensatz zum Traditionsprinzip. Er sagt im letzten Halbsatz des Art. 971 ZGB (und auch in Art. 1295 ZGB) allerdings nicht mehr darüber aus, als dass *der Eigentumsübergang grundsätzlich nicht von einer 'traditio' abhängig* sei. Und damit ist das Konsensualprinzip in seinem eigentlichen Sinne definiert.[277] Zur Klarstellung, und weil es sich dabei um einen weit verbreiteten Irrtum handelt, sei an dieser Stelle nochmals betont, dass der Anordnung des Konsensualprinzips *keine* Anordnung des Zeitpunkts des Eigentumsübergangs, etwa im Moment des Vertragsschlusses zu entnehmen ist.[278] Außerdem ist es

---

Gesetzgebers ein rechtlich eigenständiges oder aber ein gemeinsames Schicksal haben sollen (Antwort: Abstraktionsprinzip / Kausalitätsprinzip). Die Antworten auf beide Fragen dürfen nicht vermischt werden, auch wenn im Ergebnis die eine die andere bedingt. Denn aufgrund der unterschiedlichen Fragen, auf die sie Antwort geben, ist ein Umkehrschluß nicht zulässig.

[274] Vgl. auch *Jauernig*, S. 721, 722.

[275] Zur Rückwirkung und Wiederherstellung des alten Zustandes (*restitutio in integrum*) nochmals *Beleiu* S. 214 f. Vgl. dazu auch 1. Kapitel, 1. Abschnitt, 3.3.

[276] '*Resoluto iure dantis resolvitur ius accipiendis*', vgl. *Beleiu* S. 216 f.

[277] Zur Definition des Konsensualprinzips s. auch *v. Caemmerer*, S. 675, 676; *Ferrari*, S. 52, 60; *Drobnig*, Transfer of Property, in: Hartkamp/ Hesselink/ Hondius/ Joustra/ du Perron (Hrsg.), Towards a European Civil Code, S. 495, 496; *Habermeier*, S. 283, 284; *Stadler*, S. 31. *Creifelds*, 'Traditionsprinzip', definiert das Konsensprinzip, das er als materielles bezeichnet, nicht nur in der hier dargestellten Weise sondern darüber hinaus auch aus seinem Gegensatz zum Traditionsprinzip.

[278] Neben der gesamten ersichtlichen und zu dieser Frage Stellung nehmenden Literatur aus Rumänien und Frankreich erliegen etwa auch *Larenz*, § 39 II c, S. 17; *Drobnig*, Transfer of Property, in: Hartkamp/ Hesselink/ Hondius/ Joustra/ du Perron (Hrsg.), Towards a European Civil Code, S. 495, 500, 503, 506 und *Stadler*, S. 34 (obwohl beide zunächst eine zutreffende Definition aufstellen); *Kieninger*, S. 41 diesem Irrtum. *Rabel*, Band I, § 3, 2 b, S. 29, legt diese unzutreffende Definition seinen Ausführungen zugrunde, ohne sie selbst aufzustellen.

strikt von der Anordnung der beiden vorgenannten Komplementärprinzipien, insbesondere dem Einheitsprinzip[279] zu trennen.

Man mag sich die Frage stellen, ob Art. 971 ZGB diese Lesweise bezüglich des Systems des rechtsgeschäftlichen Eigentumsübergangs tatsächlich trägt. Dabei müssen drei Aspekte unterschieden werden. Zunächst stellt sich die Frage, ob das Einheitsprinzip auch tatsächlich in Art. 971 ZGB verankert ist (1). Als nächstes ist die Anordnung des Konsensualprinzips zu belegen (2) und zuletzt das Verhältnis beider Anordnungen zueinander (3).

(1) Ein Vergleich von Art. 971 ZGB mit seinem 'Vorbild'[280], Art. 1138 Abs. 1 C. civ., unterstützt die hier vorgebrachte Auffassung, dass das Einheitsprinzip Gegenstand des Art. 971 ZGB ist. Art. 1138 Abs. 1 C. civ. besagt, dass die Lieferverpflichtung perfekt sei "*par le seul consentement*" der Parteien. *Gianviti*[281] wäre eine präzisere Textfassung lieber gewesen. Seiner Auffassung zufolge hätte der Gesetzgeber besser daran getan, die Norm anders zu fassen:

> " ...*«L'obligation de transferer la propriété de la chose s'accomplit par le seul consentement des parties contractantes.», c'est á dire: <u>le seul</u> consentement transfère la propriété.*"

Die in seiner Aussage liegende Betonung des einen *einzigen* Vertragsschlusses in Verbindung mit dem Gesetzeswortlaut selbst, bestätigt zum einen die Auffassung,

---

An dieser Stelle ist folgendes zu betonen. Diese so weit verbreitete Sichtweise des rumänischen / französischen Rechts ist nicht *per se* falsch. Sie lässt sich auf der Basis von Art. 1295 ZGB/ Art. 1383 C. civ. auch gut vertreten. Nur meine ich - und hier setzt meine Kritik an - dass die Vertreter dieser Auffassung zwar in der überwiegenden Mehrzahl aller Fälle zu einer zutreffen Lösung kommen, diese aber nicht, oder oft nur mit vielen Widersprüchen, begründen können.Wer sich – ohne durch den Wortlaut der Art. 971, 1295 ZGB bzw. 1138, 1583 C. civ. dazu gezwungen zu sein – darauf festlegt, dass der Eigentumstransfer grundsätzlich immer zum Zeitpunkt der Vertragsschlusses zu erfolgen hat, kann einen späteren Eigentumsübergang, etwa wegen nach Vertragsschluss stattfindender Individualisierung, nur noch als Ausnahme auffassen. Ich bin der Ansicht, dass das rumänische Recht ebenso wie das deutsche in der Lage ist, den rechtsgeschäftlichen Eigentumserwerb weitgehend widerspruchsfrei zu bewältigen. Dies erfordert jedoch eine Korrektur der bislang eingenommenen Perspektive.

[279] In diesem Sinne etwa *v. Caemmerer*, S. 675, 675, 676; *Habermeier*, S. 283, 284. Gerade zwischen diesen beiden Prinzipien ist die Verwechslungs- bzw. Vermischungsgefahr erheblich, weil die Bezeichnung Vertrags- oder Konsensualprinzip erst im Zusammenhang mit ihrem Gegenstück dem Traditionsprinzip deutlich macht, woraus es bei diesem Prinzip eigentlich ankommt.

[280] Vgl. *Drobnig*, Transfer of Property, in: Hartkamp/ Hesselink/ Hondius/ Joustra/ du Perron (Hrsg.), Towards a European Civil Code, S. 495, 497; *v. Caemmerer*, S. 675, 679.

[281] Mazeaud/Chabas II.2. (*Gianviti*) Tz. 1617.

dass der französische Gesetzgeber - und ihm gleich der rumänische - das Einheitsprinzip mithilfe dieser Formulierung angeordnet hat.[282] [283] Art. 971 ZGB stellt auf seine Weise die - insofern - von *Gianviti* gewünschte Eindeutigkeit her, indem er das Eigentum "*...prin efectul consimţămîntului...*" übergehen lässt. Die Verwendung des Genitiv Singular maskulin lässt an dem 'einzigen' Vertragsschluss keine Zweifel aufkommen.[284] Zum anderen liegt in den Ausführungen von *Gianviti* auch die Bestätigung, dass diese Auffassung über die Verankerung des Einheitsprinzips in der Parallelvorschrift des Art. 971 ZGB von der französischen Rechtswissenschaft geteilt wird.[285]

(2) Die Verankerung des Konsensualprinzips in Art. 971 ZGB ist in Rumänien allgemein anerkannt.[286]
Eine Begründung dafür bietet der Wortlaut der Vorschrift nicht nur in der bereits dargestellten Hinsicht. Auch aus der geschichtlichen Entwicklung der Norm lässt sich dies bestätigen. So hat Art. 971 ZGB hat gerade im Hinblick auf die Einführung des Konsensualprinzips einen zusätzlichen Entwicklungsschritt im Vergleich zu Art. 1138 Abs. 2 C. civ. aufzuweisen, wenn man das Verständnis *Chabas*[287] zu

---

[282] In diesem Sinne ebenso Mazeaud/ Chabas II.2. (*Chabas*), Tz. 1617; *Huet*, Tz. 11202.

[283] In dieser Forderung wird auch etwas anderes deutlich: *Gianviti* trennt, auch wenn er an anderer Stelle durchaus entsprechende Hinweise gibt, nicht (konsequent) zwischen Vertragsschluss und Perfektion. Auch er ist der irrtümlichen Vorstellung verhaftet, dass die Geltung des Konsensprinzips bedeute, dass das Eigentum im Zeitpunkt des Vertragsschlusses übergehen müsse.

[284] Diese Auffassung der Verankerung des Einheitsprinzips in Art. 971 ZGB scheint auch in Rumänien unumstritten, vgl. etwa *Popescu* Teil a II-a, Cap. III, Abschn. a IV-a, 1, Unterabschnitt 1, S. 153 f.; *Angheni*, Cap. II, 8, S. 80; *Stătescu/ Bîrsan*, 84, S. 93; *Cosmovici*, S: 93 f.; *Pop*, Dreptul de proprietate, S. 243; *Filipescu*, S. 265. Allerdings wird darauf nicht unmittelbar eingegangen, vielmehr wird diese Ansicht eher "zwischen den Zeilen" zum Ausdruck gebracht. In Anbetracht der Tatsache, dass es sich bei dem Einheitsprinzip aus rumänischer Sicht um eine Selbstverständlichkeit handelt, ist dies nicht weiter verwunderlich. Im persönlichen Gespräch daraufhin angesprochen, wird die Verankerung des Einheitsprinzips durch Art. 971 ZGB von rumänischen Rechtswissenschaftlern bestätigt.

[285] So etwa Mazeaud/ Chabas II.2. (*Chabas*), Tz. 1617; *Huet*, Tz. 11202; *Hubrecht*, S. 70; *Witz*, S. 533, 538. In diesem Sinne auch *Ferid/Sonnenberger* 2 G 201 ff.; *Minuth* S. 25 f.; *Stadler*, S. 31.

[286] *Deak/Cărpenaru* Teil I, Cap. I, Abschn. I, § 1, 2, 2.5. S. 15; *Pop*, Dreptul de proprietate, S. 242 ff.; *Cosmovici*, S. 93 f.; *Georgescu*, S. 177 f., Nr. 151; *Filipescu*, S. 265 f.; ebenso *Leonhardt*, Eigentumsrecht, S. 174; *ders.*, Rumänien S. 410. Zum französischen Recht: *Dutilleul/Delebeque*, S. 162, Rn. 187; *Ferid/Sonnenberger* 2 G 201 f.; *Drobnig*, Transfer of Property, in: Hartkamp/ Hesselink/ Hondius/ Joustra/ du Perron (Hrsg.), Towards a European Civil Code, S. 495, 497; *Ferrari*, S. 60; *Minuth* S. 25 f.

[287] Mazeaud/ Chabas II.2. (*Chabas*), Tz. 1617. Insofern ergibt sich kein Unterschied zu den Ausführungen *Gianviti's* an gleicher Stelle der Vorauflage.

Grunde legt. Dieser sieht in der Formulierung der Abkehr vom Traditionsprinzip durch Art. 1138 Abs. 2 C.civ. "Elle rend *le créancier* propriétaire..." noch ein *Anklingen* der Rechtslage im Ancien Droit. Indem der Eigentumsübergang in Art. 971 ZGB unpersönlich und nur in Abhängigkeit des Vertrages formuliert wurde, wurde auch die Anspielung darauf beseitigt, dass *der Gläubiger* nach vormaliger - auch in Rumänien geltender - Rechtslage erst mit der Übergabe seine Stellung als Gläubiger verlor und zum Eigentümer wurde.

(3) Auch das hier angenommene Verhältnis von Einheits- und Konsensualprinzip zueinander lässt sich belegen. Zwar kann man das Konsensualprinzip durchaus auch aus dem ersten Teil des Art. 971 ZGB herauslesen. Dem ist jedoch entgegenzuhalten, dass der zweite Teilsatz die '*traditio*' und damit das zur negativen Abgrenzung des Konsensprinzips wesentliche Merkmal ausdrücklich anspricht, nicht jedoch der erste. Gerade aus dem historischen Kontext heraus war dem Gesetzgeber diese Abgrenzung besonders wichtig. Weiterhin, wenn der Gesetzgeber im ersten Teil seiner Festlegung zumindest auch das Konsensualprinzip im Auge gehabt hätte, dann wäre der letzte Teil überflüssig. Schließlich ist zu bedenken, dass das Einheitsprinzip gesetzlich dann nur mittelbar durch das Fehlen einer den §§ 873 und 929 BGB ff. vergleichbaren Regelung festgelegt wäre, wollte man nur das Konsensprinzip aus der Norm herauslesen.

Legt man nun das hier vorgebrachte Verständnis von Art. 971 ZGB den weiteren Überlegungen zu Grunde, so wird die Ursache der Probleme, die sich aus der Sicht der rumänischen Lehre mit dem Regel-, Ausnahmeverhältnis im Kaufrecht ergeben, schnell offensichtlich. Die rumänische wie die französische Lehre, aber in deren Gefolge auch die weitaus überwiegende Ansicht in der diesbezüglichen deutschen Rechtsvergleichung[288], sind fixiert auf den Eigentumsübergang auf der Basis des sog. 'reinen' Konsensprinzips. Dies führt zu einer Verengung der Perspektive in dem Sinne, dass es *allein* der Konsens ist, der den Eigentumsübergang bewirkt. Ausgeblendet wird dabei, dass das Konsensualprinzip nur die Antipode zum Traditionsprinzip ist und in diesem Zusammenhang von jedem Gesetzgeber zwei weitere Systementscheidungen, nämlich zwischen Einheits- und Trennungs-

[288] So jüngst *Stadler*, insb. S. 128 ff.; *Minuth* S. 25; *Ferrari*, S. 52, 73 ff. Aber etwa auch *Ferid/Sonnenberger* 2 G 201 ff., *Drobnig*, Transfer of Property, in: Hartkamp/ Hesselink/ Hondius/ Joustra/ du Perron (Hrsg.), Towards a European Civil Code, S. 495, 500 f. (zB.), die zwar auch die Verankerung des Einheitsprinzips erkennen (etwa wiederum *Drobnig*, Transfer of Property, in: Hartkamp/ Hesselink/ Hondius/ Joustra/ du Perron (Hrsg.), Towards a European Civil Code, S. 495, 496 und 504, 506, diesen Gedanken aber nicht weiter verfolgen; idS. wohl auch *Rabel*, Band I, § 3, 2 b, S. 29. A.A. *Peters*, S. 449, 451 und 452. Er ist - soweit ersichtlich - der einzige, der die Anordnung des Einheitsprinzips im französischen Recht nicht nur dem Namen nach erwähnt, sondern auch in seiner Gedankenführung weitgehend konsequent durchhält. Eine Auseinandersetzung mit dieser rechtsvergleichenden Sicht muss aber einer späteren Stelle (Teil 2, 4. Kapitel, 2.Abschnitt.) vorbehalten bleiben.

prinzip sowie zwischen Kausalitäts- und Abstraktionsprinzip, getroffen werden müssen. Und jeder Gesetzgeber trifft diese Systementscheidungen, selbst wenn es ihm nicht bewusst wird. Abgesehen davon sind diese Entscheidungen eben nur Systementscheidungen, die über die Lösung der Sachprobleme keine Aussage treffen.[289]

Die bereits angesprochene eindimensionale Vorstellung vom Konsensualprinzip führt aber dazu, dass die Behauptung aufgestellt wird, das Eigentum gehe im Moment der Einigung über. Auf dieser Grundlage kann man nur zu dem Ergebnis kommen, dass allein der Stückkauf den Idealen des Konsensualprinzips gerecht wird, alle anderen Fälle aber bedauerliche Ausnahmen von der Regel des sofortigen Eigentumsübergangs sind.[290] Dies ist unzutreffend. Die Anordnung des Einheitsprinzips besagt, dass es nur eines einzigen, obligatorischen Vertrags bedarf, um das Eigentum zu verschaffen. Die Anordnung des Kausalitätsprinzips verlangt für den rechtsgeschäftlichen Übertragungstatbestand eine ursächliche Verknüpfung von obligatorischem Vertrag und eigentumsverschaffender Wirkung. Aufgrund des Konsensualprinzips bedarf es zum Übergang des Eigentums nicht auch noch einer Übergabe. Soweit das System.

---

[289] Man könnte eine Antwort auf Sachfragen am ehesten noch hinter einer Entscheidung zu Gunsten des Traditionsprinzips, wie sie etwa der deutsche Gesetzgeber getroffen hat, vermuten. Aber angesichts der durch die Vergeistigung des Besitzbegriffs bedingten weitgehenden Auflösung der '*traditio*', die schon im römischen Recht, aber auch im geltenden deutschen Recht vorgenommen wurde, kann auch darin eine Sachentscheidung nicht gesehen werden. Vielmehr ist in der Entwicklung des Besitz- und Übergabebegriffes das der Sache nach gerechtfertigte Bemühen der Rechtsordnung(en) um Anpassung an die Anforderungen des Verkehr hinsichtlich der Leichtigkeit und größtmöglicher Gestaltungs- und Handlungsfreiheit zu erkennen. Diese Entwicklung hat aber praktisch dazu geführt, dass eine Übereignung innerhalb des Traditionsprinzip idR. in all den Fällen möglich ist, in denen sie auch unter dem Konsensprinzip funktioniert. Die wesentlichste Ausnahme von dieser Regel ist - formal gesehen - das völlige Fehlen einer Übergabe. Und dieses Problem ist dann nur noch eines der rechtlichen Gestaltung. Sachfragen werden also auch durch die Anordnung des Traditionsprinzips nicht präjudiziert.

[290] *Deak/Cărpenaru* Teil I, Cap. I, Abschn. I, § 1, 2, 2.5. S. 15; *Pop*, Dreptul de proprietate, S. 242 ff.; *Cosmovici*, S. 93 f.; *Georgescu*, Übereignung *solo consensu* als Regel, S. 177 f., Nr. 151 und die Ausnahmen davon S. 179 ff., Nr. 152 - 159; *Toader*, 2, S. 6; 3, S. 8 ff.; *Motica/ Moțiu*, S. 10 ff.; *Filipescu* S. 265 f.; ebenso *Leonhardt*, Eigentumsrecht, S. 174; *ders.*, Rumänien, S. 410. *Huet*, Tz. 11206; *Dutilleul/Delebeque*, S. 161 f., Rn. 187, *188*; *Witz*, S. 533, 538; *Ferid/Sonnenberger* bezügl. Gattungssachen 2 G 210 ff., für den Kauf künftiger Gegenstände vgl. 2 G 220. Ebenso für den Gattungskauf und andere Varianten des Kaufvertrags im französischen und italienischen Recht *Ferrari*, S. 52, 73 ff. Für das französischen Recht und die davon abgeleiteten Rechtsordnungen ebenso *Drobnig*, Transfer of Property, in: Hartkamp/ Hesselink/ Hondius/ Joustra/ du Perron (Hrsg.), Towards a European Civil Code, S. 495, 498 f., 503.

Auf der Basis dieser Grundlagen und innerhalb des dadurch vorgegebenen Rahmens erfolgt durch das materielle Recht die Lösung der Sachprobleme, die an den Eigentumsübergang gebunden sind. Dieser Rahmen wird durch die nachfolgenden Aussagen konkretisiert:

- Ein von der Verpflichtung getrenntes, die Verwirklichung sachenrechtlicher Grundsätze ermöglichendes Verfügungsgeschäft ist aufgrund des geltenden Einheitsprinzips ausgeschlossen.

- Zur Herbeiführung des Eigentumsübergangs muss das Recht neben dem die Vertragsfreiheit verwirklichenden Tatbestandsmerkmal des wirksamen Kaufvertrags deshalb ein weiteres anbieten, dessen Erfüllung es verlangt. Dieses Merkmal muss die Verbindung des 'schuldrechtlich' Zulässigen mit dem 'sachenrechtlich' Erforderlichen ermöglichen, kann aber nicht im Abschluss eines weiteren Vertrages bestehen (Einheitsprinzip!).

- Zugleich muss es so sein, dass der Eigentumsübergang nur aufgrund der Verwirklichung beider Voraussetzungen - Vertrag und zusätzlicher Tatbestand - erfolgt (Kausalitätsprinzip). Es ist selbstverständlich, dass die '*traditio*' dabei keine Rolle spielt, es gilt das Konsensualprinzip.

3. *Der rechtsgeschäftliche Eigentumsübergang aufgrund von 'Kaufvertrag' und 'Perfektheit'*

Durch die Untersuchung des Art. 971 ZGB konnte zunächst der äußere, systematische Rahmen des für den rechtsgeschäftlichen Eigentumserwerb geltenden Tatbestandes abgesteckt werden. Auch die sich daraus ergebenden Anforderungen an den Tatbestand sind klar definiert. Ausgehend von Art. 971 ZGB und dem Regelungssystem des rumänischen Zivilgesetzbuchs muss nun in einem weiteren Schritt auch der Tatbestand der Eigentumsübertragung selbst abgeleitet (3.1.) und begründet (3.2.) werden. Dies soll auf der Grundlage eines Vergleichs der Regelungen von Stück- und Gattungskaufs geschehen, weil diese beiden Erscheinungsformen des Kaufs im rumänischen Zivilgesetzbuch von allen Kaufarten die ausgeprägteste Regelungsdichte erfahren haben.

3.1. *Die Ableitung des Tatbestands aus seinen systematischen Grundlagen*

Neben der geringen systematischen Aufarbeitung des Rechts liegt eine wesentliche Ursache für Erklärungsschwierigkeiten der sog. Ausnahmen zum einen darin, dass die Folgen des Kaufs unter Berufung auf die Art. 971 und 1295 ZGB nur im

Lichte des Konsensualprinzips gesehen und diskutiert werden.[291] Zum anderen ist die Betrachtungsweise noch in einer weiteren Hinsicht eingeengt. Der rechtsgeschäftliche Eigentumsübergang wird generell auf der Grundlage der gesetzlichen Regelung des Stückkaufs in Gestalt der Art. 1295 ZGB bzw. 1583 C. civ. diskutiert, um daraus zu schließen, die so gefundenen Ergebnisse seien allgemeingültig und alles, was nicht dazu passe, ein 'quasi systemwidriger' Ausnahmefall. Bestenfalls wird dabei auf die historische Entwicklung verwiesen, in der Regel erfolgt diese Ableitung ohne Angabe von Gründen.[292] Diese in Rumänien herrschende Sichtweise der Regelung des Eigentumsübergangs führt zu Ungenauigkeiten, die zumindest bei der inhaltlichen Durchdringung des rechtsgeschäftlichen Eigentumserwerbs Fehler nach sich zieht. Vor allem aber verdeckt sie, worum es dem Gesetzgeber bei seiner Regelung eigentlich gegangen ist[293] und welches *einheitliche* Regelungssystem der Eigentumsübertragung dahinter steckt.

---

[291] Vermutlich beruht dies darauf, dass im rumänischen Zivilrecht das sog. 'reine Konsensualprinzip', also in Verbindung mit dem Einheits- und dem Kausalitätsprinzip zur Anwendung kommt. Die beiden letztgenannten treten bei einer Verfügung, die kraft *eines* - und damit notwendig *kausalen* - *Konsenses* getroffen werden, zwangsläufig in den Hintergrund. Und das Erfordernis der Übergabe entfällt bereits aufgrund des Konsensualprinzips selbst. Der Vertrag erscheint damit quasi 'eindimensional', obwohl er doch auf einer 'dreidimensionalen' Grundlage beruht. Zusammen mit diesen systematisch-technischen Aspekten werden leider auch, die sich aus dem Eigentumsübergang ergebenden Sachanforderungen aus der Diskussion verdrängt und der Kasuistik überlassen. So ist keine Publikation ersichtlich, die die Wirkung des Einheitsprinzips und seine rechtliche Grundlage im rumänischen Recht thematisiert. Dies ist verständlich. Zu der Zeit als das Gesetz konzipiert wurde, lagen über den Sach- und Gattungskauf hinausgehende Fragen zu den Sachanforderungen an den Eigentumsübergang nicht vor. Verständlich ist dies auch insofern, als diese Diskussion, wenn man sie ergebnisorientiert betrachtet, aus der Sicht der rumänischen / französischen Rechtswissenschaft nicht erforderlich ist. Nur ein Rechtssystem, das - wie das deutsche - Verpflichtung und Verfügung trennt, hat zu dieser Frage einen konkreten Erläuterungsbedarf. Bezeichnenderweise - darauf weist *Stadler*, S. 30 hin - wird die Problematik des Trennungsprinzips und seiner möglichen Anwendung im französischen Recht idR. von deutschen Autoren in das französische Recht "hineingetragen". - Aber selbst *Ferid/ Sonnenberger* 2 G 202, die das Einheitsprinzip immerhin ansprechen und dieses aus deutscher Perspektive betrachten, sehen darin lediglich die Ursache für die "Transportfunktion des consensus". Eine weitergehende Auseinandersetzung mit Ursprung und Wirkung des Einheitsprinzips im französischen Recht findet aber auch hier nicht statt.

[292] Diese Aussage trifft ohne Ausnahme auf die zuvor in diesem Zusammenhang angeführten Veröffentlichungen zum rumänischen Recht zu. Allein *Filipescu*, S. 265 f. gibt wenigstens einen Abriss über die geschichtliche Entwicklung. Einen Überblick über die historische Entwicklung aus französischer Sicht gibt Mazeaud/Chabas II.2 (*Chabas*), Tz. 1618.

[293] Im Vordergrund jeder gesetzgeberischen Arbeit steht die Lösung der Sachprobleme. Es stellt sich - manchmal mehr, manchmal weniger - bei der späteren Arbeit mit dem Gesetz dann nur die Frage, auf welches *technische* Regelungssystem die Antworten des

Wie der Gesetzgeber die Systematik des rechtsgeschäftlichen Eigentumserwerb tatsächlich aufgebaut hat, soll hier dargestellt und begründet werden. Folgt man nämlich der hier vertretenen Auffassung und definiert Art. 971 ZGB als eine Norm, die primär das Einheitsprinzip festlegt, sowie nur sekundär und dann auch nur im Grundsatz das Konsensualprinzip, so verschiebt sich nämlich der Blick für den rechtsgeschäftlichen Eigentumsübergang auf die spezialgesetzlichen Vorschriften, hier also auf das Kaufrecht. Dies hat zur Folge, dass der Wortlaut der Art. 1294, 1295 ZGB in einem anderen Licht erscheint. So sagt Art. 1294 ZGB[294] wörtlich, dass sich der Verkäufer durch den Kaufvertrag *verpflichte*, das *Eigentum zu übertragen*[295]. In Art. 1295 ZGB trifft der Gesetzgeber dann die Aussage, dass das Eigentum zu dem Zeitpunkt[296] übergehe, zu dem der geschlossene Kaufvertrag auch perfekt sei.[297] Damit ist die einheitliche Konzeption des Gesetzgebers, mit der er den rechtsgeschäftlichen Eigentumsübergang bewältigt, in seinen wesentlichen Zügen bereits aufgezeigt:

Gesetzgebers aufsatteln, maW. wie diese Antworten systematisch einzuordnen sind. Diese Antworten nehmen je nach technischem Regelungssystem unterschiedliche Gestalt an, sind aber in ihrem materiellen Aussagegehalt von diesem System grundsätzlich unbeeinflusst. Dies gilt freilich nur solange das Regelungssystem als solches „fehlerfrei" arbeitet.

[294] Art. 1294 ZGB: "*Vînderea este o convenție prin care două părți se obligă între sine, una a transmite celeialte proprietatea unui lucru...*" [Der Kaufvertrag ist eine Vereinbarung mittels derer zwei Parteien sich gegenseitig *verpflichten*, die eine, dass sie der anderen *das Eigentum* an einer Sache *übertrage...*]

[295] Anders dagegen der Wortlaut des im übrigen gleichgelagerten Art. 1582 C. civ.: "*La vente est une convention par laquelle l'un s'oblige à livrer une chose...*" [Der Kauf ist eine Vereinbarung durch die sich der eine *verpflichtet*, eine Sache *zu liefern...*]. Der rumänische Gesetzgeber, der das französische Zivilrecht ja weitestgehend übernommen hat, weicht an dieser Stelle ganz offensichtlich bewusst von der Diktion des C. civ. ab. Interessant erscheint in diesem Zusammenhang die Frage, ob nicht auch Art. 1582 C. civ. über seinen Wortlaut hinaus ausgelegt werden müsste. Diese Frage zu beantworten zu wollen, würde an dieser Stelle jedoch zu weit führen. Interessante Denkanstöße idS. liefert *Witz*, S. 533, 534 ff.

[296] Die Festlegung des Zeitpunkts ergibt sich aus dem Wortlaut des Art. 1295 Abs. 1 ZGB "*...îndată ce...*" [sobald]. So auch *Oeckinghaus* S. 92 zu Art. 1583 C.civ., der allerdings ebenfalls Spezies- und Gattungskauf etc. als getrennte Fälle behandelt.

[297] In diesem Sinne lässt sich durchaus auch die Regelung der Art. 1582, 1583 C. civ. verstehen. Während Art. 1582 C. civ. definiert, was einen Kaufvertrag ausmacht, bestimmt Art. 1583 C. civ. unter welchen Voraussetzungen dieser perfekt ist und damit das Eigentum übergehen kann: „ *Elle est parfaite... ..., et la proprieté est acquise... ..., dès qu' on est convenu....* ."

Das Eigentum an einer beweglichen Sache geht zu dem Zeitpunkt über, zu dem ein *wirksamer Kaufvertrag geschlossen* wurde und dieser auch *perfekt* ist.[298]

Dieser Tatbestand entspricht den Anforderungen, die durch die gesetzessystematischen Grundlagen gestellt werden. Er verlangt gemäß des Einheitsprinzips nur eine Einigung, nicht etwa zwei Verträge. Er macht die Eigentumsverschaffung abhängig von einem wirksamen Grundgeschäft in dem Sinne, dass ihr Eintritt und ihr Bestand zu keiner Zeit von der Wirksamkeit und dem Bestand des zu Grunde liegenden Kaufvertrags losgelöst werden kann (Kausalitätsprinzip). Nicht zuletzt kommt er auch den Anforderungen des Konsensprinzips nach, indem er den Eigentumsübergang nicht von einer Übergabe abhängig macht.

---

[298] Die Formel, dass der Eigentumsübergang einen *wirksamen* und *perfekten Kaufvertrag* voraussetzt, ist in der Literatur durchaus wiederzufinden, vgl. etwa *Filipescu*, S. 265; *Deak/Cărpenaru* Teil I, Cap. I, Abschn. I, § 1, 2, 2.5, S. 15; *Toader*, 3, S. 7; *Motica/ Moțiu*, S. 8; *Dobrin*, An III, 1., S.162, lit. e, Ziff. 1. In diesem Sinne auch *Stătescu/ Bîrsan*, 84 lit. a), S. 93 f. Auf das Tatbestandsmerkmal '*...perfectă...*' etwa von Art. 1295, 1299 ZGB gehen nicht ein: *Cosmovici*, S. 93 f.; *Pop*, Dreptul de proprietate, S. 242 f. Auch in Darstellungen zum französischen Recht wird auf diese Formel Bezug genommen, etwa bei *Huet*, Tz. 11203; *Ferid/Sonnenberger* 2 G 205, 210 ff.; Mazeaud/Chabas III.2.1 (*de Jugelart*) Tz. 906. Mit Ausnahme von *Motica/ Moțiu*, S. 222, der in dem hier aufgezeigten Sinne das Verb „perfektionieren" gebraucht, wird diese Bezugnahme - diese Feststellung gilt sowohl für rumänische wie auch für französische Autoren - nur formelhaft, oft sogar nur als Wiedergabe des Wortlauts von Art. 1295 ZGB bzw. Art. 1583 C. civ. gebraucht. Eine Untersuchung auf ihren strukturellen Inhalt hin findet nicht statt. Beispielhaft dafür: *Dutilleul/Delebeque*, S. 161, Rn. 187. Dort ist zwar von der '*vente parfaite*' die Rede. Dies geschieht unter Anführung des Gesetzeswortlauts. Jedoch wird nur eine Interpretation desselben vorgenommen, eine Auseinandersetzung mit dem tatsächlichen grammatikalischen Gehalt des Wortlauts fehlt. Insbesondere finden sich auch Widersprüche innerhalb der einzelnen Darstellungen. So erörtern z.B.. *Deak/Cărpenaru* etwa die Frage des Erwerbs vom Nichtberechtigten zugleich als eine der Wirksamkeit des Vertrages (so Teil I, Cap. I, Abschn. I, § 2, I, 16, S. 40 f.) , wie auch als Frage nach der Wirksamkeit des Eigentumsübergangs im Hinblick auf die *Perfektheit* des Vertrages (Teil I, Cap. I, Abschn. I, § 1, 2, 2.5, S. 15.). Dabei ist ihre Verortung der Aussagen zutreffend, denn die fehlende Verfügungsberechtigung *kann* - aus der dogmatischen Sicht von *Deak/Cărpenaru* ist dies sogar zwingend - bereits ein Problem des Vertragsschlusses sein und ist in jedem Fall eines der Perfektion. Da jedoch die systematischen Zusammenhänge nicht hergestellt werden, erscheinen die Ausführungen widersprüchlich und sind in Detailfragen manchmal auch aus demselben Grunde falsch. Überhaupt ist festzustellen, dass es eine einheitliche Terminologie insofern nicht gibt, und die einzelnen Sachfragen je nach Autor höchst unterschiedlich zugeordnet werden.

3.2. Die Begründung des Tatbestands aus der gesetzlichen Regelung von Stück- und Gattungskaufs

Der hier vorgestellte Tatbestand ist zwar ein aus dem Gesetzeswortlaut abgeleitetes Modell, das in der Lage ist, den systematischen Anforderungen des Gesetzgebers gerecht zu werden. Aber nur, wenn dieser Tatbestand seine Ausprägung im Gesetz gefunden hat, kann von ihm gesagt werden, dass er mehr als eine Spielerei mit Worten ist.

Unbestritten ist, dass der Eigentumsübergang einen Kaufvertrag voraussetzt. Die Tatsache, dass zu diesem auch noch seine 'Perfektheit' treten muss, um eine eigentumsverschaffende Wirkung zu erzeugen, muss erst bewiesen werden. Sie ergibt sich aber unmittelbar aus dem Zusammenspiel der Art. 1295, 1299 und 1300 ZGB.[299]

- Art. 1295 ZGB[300] besagt, dass der Kauf selbst dann perfekt sei und das Eigentum selbst dann auf den Käufer übergegangen sei, wenn die Kaufsache noch nicht geliefert und der Kaufpreis noch nicht beziffert sei. Liest man in diese Norm ihren systematischen Zusammenhang mit hinein, so müsste sie genau genommen lauten: " Ein *Stück*kauf ist perfekt und das Eigentum übergegangen, selbst wenn..." oder, noch genauer: "Ein *wirksamer Kaufvertrag* über eine *Stück*sache ist perfekt und das Eigentum übergegangen, selbst wenn...". [301] Und beides soll nach Ansicht des Gesetzgebers in dem Zeitpunkt erfolgen, in dem[302] sich die Parteien über die vertragsgegenständliche (Stück-)Sache sowie über den Preis geeinigt haben.

---

[299] Die sich nun anschließende Untersuchung des Gesetzestextes ist aufgrund der praktisch wortgleichen Übernahme der Art. 1583, 1585, 1586 C. civ. durch den rumänischen Gesetzgeber auf das französische Recht vollständig übertragbar.

[300] Art. 1295 Abs. 1 ZGB: "*Vînderea este perfectă între părţi şi proprietatea este de drept strămutată la cumpărător, în privinţa vînzătorutui, îndată ce părţile s-au învoit asupra lucrului şi asupra preţului, deşi lucrul încă nu se va fi predat şi preţul nu se va fi numărat.*" [Der Verkauf ist perfekt zwischen den Parteien und das Eigentum geht im Hinblick auf den Verkäufer, von Rechts wegen auf den Käufer über, sobald sich die Parteien über die Kaufsache und den Preis geeinigt haben, auch wenn die Sache noch nicht übergeben und der Preis noch nicht bezahlt ist.]. Vgl. Art. 1583 C. civ.

[301] MaW., das Fehlen der Übergabe und das Fehlen der Kaufpreiszahlung haben ggfs. weder eine Auswirkung auf die Perfektheit des Kaufvertrags noch auf den daraus resultierenden Eigentumsübergang. Aufgrund der Tatsache, dass das Tatbestandsmerkmal "perfekt" immer wieder in den falschen Zusammenhang gestellt wird, sei hier besonders betont, dass Art. 1295 ZGB eine doppelte, parataktisch mit „und" verknüpfte Rechtsfolge hat. Die erste Rechtsfolge lautet, "...ein wirksamer Kaufvertrag *ist perfekt*....". Die sich daran anschließende Rechtsfolge des Art. 1295 ZGB besagt: "*...das Eigentum ist übergegangen...*".

[302] Dies ergibt sich - wie bereits festgestellt - aus dem Wortlaut des Art. 1295 Abs. 1 ZGB "*...îndată ce...*" [sobald].

- Unterstellt man dann, dass Art. 1300 ZGB den Eigentumsübergang beim Gattungskauf definiert, lässt sich damit nicht nur die oben angeführte Lesart des Art. 1295 ZGB begründen. Vielmehr erlaubt dies auch den entscheidenden Schritt zu einem einheitlichen Verständnis des Eigentumserwerbs von Mobilien[303] im rumänischen Recht. Denn dann ist Art. 1300 ZGB wie folgt zu verstehen: Der *Eigentumserwerb* bei Gattungssachen *findet erst statt, wenn* diese gewogen, gezählt oder gemessen, kurz: *individualisiert* sind.[304]

- Aus Art. 1299 ZGB, auf den Art. 1300 ZGB unmittelbar Bezug nimmt[305], ergibt sich, dass der *wirksam geschlossene Kaufvertrag* über Gattungssachen erst mit dieser Individualisierung *perfekt* ist[306]. Denn soweit eine nähere Bestimmung

[303] Zumindest im Grundsatz gilt dies auch für den Immobiliarkauf, wie sich aus dem Fehlen abweichender Sonderregelungen ergibt. Art. 1295 Abs. 2 ZGB macht den Eigentumserwerb als solchen nicht von einer Eintragung in das Transkriptitionen- bzw. Publizitätsregister abhängig. Allein den gutgläubigen Erwerb durch einen Dritten schließt die Eintragung aus. So auch Art. 27 Abs. 1 des neuen Gesetzes über die Kataster- und Liegenschaftspublizität vom 13.03.1996 (Legea cadastrului şi a publicităţii imobiliare, Gesetz Nr. 7/1996, M. Of. I, Nr. 61/1996 vom 26.03.1996). Von diesem Grundsatz gibt es noch bis zur Fertigstellung der neuen Publizitätsregisters nach dem Gesetz Nr. 7/1996 Ausnahmen in den Nord- und Westrumänischen Gebieten des früheren Österreich-Ungarn. In diesen Gebieten ist aufgrund einer nach wie vor bestehenden Rechtsteilung die Eintragung tatsächlich auch Voraussetzung für den Eigentumserwerb. Ausführlich zum Immobiliarerwerb Breidenbach/*Stalfort*, Erwerb von Grundeigentum, VI., 2.; *Stalfort*, Immobilienrecht, S. 24 zu den Sonderregelungen der vormals österreichisch-ungarischen Gebiete und S. 32, zur neuen einheitlichen Publizitätsregelung. Ebenfalls zum Transskriptionensystem *Leonhardt*, Grundeigentum, 110, 117 f.

[304] Dies ist sowohl in der rumänischen, wie auch in der französischen Literatur allgemein anerkannt: *Pop*, Dreptul de proprietate, S. 243; *Toader*, 3, S. 9; *Motica/ Moţiu*, S. 11; *Cosmovici*, S. 94; *Popescu*, Teil a II-a, Kap. III, Abschn. a IV-a, 2., a, S. 153; *Stătescu/ Bîrsan*, 84 lit. a), S. 93 f.; *Angheni*, Cap. II, 8, S. 80; *Dobrin*, An III, 1., lit. e (2), S.162; *Filipescu*, S. 265; *Deak/Cărpenaru* Teil I, Cap. I, Abschn. I, § 1, 2, 2.5, lit. b, S. 16; *Leonhardt*, Eigentumsrecht, S. 174. Zu Art. 1585 C. civ.: Mazeaud/Chabas III.2.1 (*de Jugelart*) Tz. 903; *Huet*, Tz. 11209; *Dutilleul/ Delebecque* S. 162, Rn. 188 sowie S. 115 f., Rn. 134; *Rabel*, Band II, § 113, 1b, S. 309; *Ferid/ Sonnenberger* 2 G 231 - 234.

[305] Art. 1299 ZGB: "*Dacă s-au vîndut marfe cu grămada, vînderea este perfectă, deşi....*" ["Wenn Waren in Bausch und Bogen verkauft worden sind, dann *ist der Kaufvertrag perfekt*, selbst wenn...."]. Vgl. Art. 1586 C. civ.
Art. 1300 ZGB: "Dacă insă marfele nu s-au vîndut cu grămada..." [Wenn *dagegen* die Waren nicht in Bausch und Bogen gekauft worden sind..."]. Vgl. Art. 1585 C. civ.

[306] Vor diesem Hintergrund muss man sich die Erläuterung , die Mazeaud/Chabas III.2.1 (*de Jugelart*) Tz. 906 zur französischen Parallelnorm von Art. 1300 ZGB, Art. 1585 C. civ., gegeben hat, auf der Zunge zergehen lassen: "*...Le texte en signifie pas que la formation du contrat se trouve retardée jusqu'au mesurage, mais seulement le transfert de la propriété et des risques. Sans doute porte-t-il que « la vente n'est point parfaite », mais seulement «en ce sens » qu' elle ne produit pas encore tous ses effets, le transfert de la propriété et des risques étant retardé jusqu'au mesurage. ...*" Nach der Ansicht von *de*

des Gegenstands der Verfügung wie im Fall des Art. 1299 ZGB nicht erforderlich ist, ist der wirksam geschlossene Vertrag ohne weiteres Zutun der Parteien perfekt.[307] Ist dagegen die Bestimmung zum Zweck der eindeutigen Definition des Verfügungsobjektes wie im Fall des Art. 1300 ZGB erforderlich, hat diese Bestimmung, im Fall des Gattungskaufes durch Individualisierung, zu erfolgen, um in derselben juristischen Sekunde den Eigentumsübergang herbeizuführen.[308]

Für die hier vorgenommene Interpretation der Art. 1295 und 1300 ZGB bedarf es, über die bereits dargelegte Struktur des wirksamen Vertrags hinaus, noch weiterer Begründungen.

3.2.1. Gesetzliche Differenzierung zwischen Stück- und Gattungskauf

Zu begründen ist zunächst die Beschränkung des Art. 1295 ZGB auf Stücksachen. Sie ergibt sich daraus, dass mit Art. 1300 ZGB eine lex specialis für Gattungssachen existiert, die damit den Anwendungsbereich des an sich allgemein gefassten Art. 1295 ZGB entsprechend einschränkt. Diese Auffassung vom Anwendungsbe-

---

Jugelart besagt der Wortlaut des Art. 1585 C. civ. also nicht, dass der Kaufvertrag nicht wirksam geschlossen sei. Er ist vielmehr der Ansicht, dass der - demzufolge zusätzlich zum Kaufvertrag erforderliche - Eintritt der Perfektheit mit der Zumessung, also der Individualisierung stattfinde. Und im Moment der Zumessung, also der Perfektheit gehe dann das Eigentum über. Nichts anderes wird hier behauptet.
Aber in der französischen Literatur finden sich durchaus auch weitere Hinweise, die die hier vorgebrachte Auffassung zumindest im Ansatz bestätigen, etwa bei Mazeaud/Chabas II.2 (*Chabas*) Tz. 1615. Er zitiert wörtlich die Kommentierung des Lehrsatzes Nr. 392 aus *Loysels* "De la vente": *"Ainsi, parmi nous, dès que la vente est parfaite, le domaine de la chose vendue est transférée sans tradition."* [...sobald der Kauf perfekt ist, geht das Eigentum an der verkauften Sache ohne Übergabe über.] Interessanterweise - wenngleich von einem anderen Ansatzpunkt kommend - spricht auch *Witz*, S. 533, 543 von der zwingenden Notwendigkeit eines Doppeltatbestandes ("*...dualité des actes juridiques...*") iRd. Übereignung. Auf die Art, wie beide Blickwinkel ineinandergreifen wird später noch einzugehen sein. Auch *Dutilleul/Delebecque* S. 161, Rn. 187 setzen an diesem Punkt an: "*Dans le langage du Code civil, le transfert de la propriété rend la vente parfaite. La perfection du contrat est en effet liée au transfert.*" Sie sehen sehr wohl, dass Eigentumsübergang und Perfektion etwas miteinander zu tun haben. Nur , sie verwechseln Ursache und Wirkung. Und sie versuchen - auch im sich anschließenden Text - nicht, die Perfektion über den Vertragschluss zu definieren.

307 *Huet*, Tz. 11208 meint in diesem Zusammenhang mit Blick auf Art. 1586 C. civ., dass das doch leicht verständlich sei. Die Situation sei genau genommen keine andere, als die beim Gattungskauf nach Individualisierung. Hier seien die Kaufsachen eben als Gesamtheit individualisiert worden.

308 Vgl. auch hier *Huet*, Tz. 11209.

reich des Art. 1295 ZGB wird - wenn auch ohne weitere Begründung - von der Literatur in Rumänien geteilt.[309]

3.2.2. *Grundsätzliche Einheit von Eigentums- und Gefahrübergang*

Eine Begründung ist zum anderen auch insofern erforderlich, als der Wortlaut des Art. 1300 ZGB nur von Gefahrübergang, nicht aber von Eigentumsübergang spricht.[310] Damit erscheint die hier vorgenommene Gleichsetzung[311] der Art. 1295 und 1300 ZGB als Normen, die beide den Eigentumsübergang zum Gegenstand haben, fraglich. Dennoch ist Art 1300 ZGB dahingehend zu verstehen, dass seine Rechtsfolge 'Gefahrübergang' um die weitere 'Eigentumsübergang' zu ergänzen ist.

Dies ergibt sich aus Art. 971 ZGB, der durch die Formel "...geht das Eigentum... ...durch die Wirkung der Einigung...über und die Gefahr bleibt beim Rechtsinhaber..." Eigentum und Gefahrübergang unmittelbar miteinander verknüpft.[312] Damit hat der rumänische Gesetzgeber als Gefahrtragungsregel für eigentumsverschaffende synallagmatische Verträge den Grundsatz "*res perit domino*" für das ZGB übernommen, wonach der jeweilige Eigentümer die Gefahr des zufälligen Untergangs der Sache tragen muss.[313] Er hat sie in den Art. 1156 Abs. 1, 1335 und 1358 ZGB bestätigt[314] und Ausnahmen davon nur für den Schuldnerverzug (Art. 1074

---

[309] *Toader*, 3, S. 8; 36, S. 44; *Motica/ Moţiu*, S. 192 f.; *Popescu* Teil a II-a, Cap. III, Abschn. a IV-a, 1, Unterabschnitt 1, lit. a, S. 153 f.; *Angheni*, Cap. II, 8, S. 80; *Stătescu/ Bîrsan*, 84, lit. a), S. 89; *Dobrin*, An III, 1., lit. e, S.162; *Deak/Cărpenaru* Teil I, Cap. I, Abschn. I, § 1, 2, 2.5., lit. b, S. 16. Die gleiche Argumentation findet sich im deutschen Recht bei der Differenzierung des Anwendungsbereichs der §§ 462, 463 BGB einerseits und § 480 Abs. 1 und Abs. 2 BGB andererseits wieder. In diesem Sinne für Art. 1583, 1585 C. civ., *Huet*, Tz. 11203, 11209.

[310] Art. 1300 ZGB: "*Dacă însă marfele nu s-au vîndut cu grămada, ci după greutate, dupa număr sau măsură, lucrurile vîndute rămîn în rizicul-pericolul al vînzatorului, pînă ce vor fi cîntărite, numărate sau măsurate;...*" ["Wenn Waren dagegen nicht in Bausch und Bogen, sondern nach Gewicht, Maß oder Zahl verkauft, so trägt der Verkäufer die Gefahr, bis die verkauften Waren gewogen, gezählt oder gemessen sind;...].

[311] Vgl. oben 2. Kapitel, 1. Abschnitt, 3.2., 2. These.

[312] Deutlicher noch als diese sehr am Gesetzeswortlaut orientierte Übersetzung wird dies in der Fassung, die Art. 971 ZGB in der Übersetzung von *Baum/Bucov* erhalten hat: "...geht das Eigentum... ...über und der *Erwerber* hat fortan die Gefahr der Sache zu tragen...".

[313] Dies geschieht im Code civil durch Art. 1138, vgl. *Ghestin/ Jamin/ Billiau*, Tz. 649; *Huet*, Tz. 11215.

[314] Vgl. dazu auch *Stătescu/ Bîrsan*, 84 lit. b), S. 94; *Toader*, 3, S. 8 f.; *Motica/ Moţiu*, S. 121; *Popescu*, Teil a II-a, Kap. III, Abschn. a IV-a, 2., a, S. 153; *Deak/Cărpenaru* Teil I, Cap. I, Abschn. I, § 1, 2, 2.5, S. 15. Ebenso für das französische Recht zu Art. 1138 C. civ. *Ghestin/ Jamin/ Billiau*, Tz. 649, 654; *Huet*, Tz. 11215; *Witz*, S. 533, 539; *Rabel*, Band II, § 113, 1b, S. 309; *Ferid/Sonnenberger* 2 G 231 - 234.

Abs. 2, 1156 Abs. 2 ZGB)[315] sowie aufgrund vertraglicher Gestaltung zugelassen[316]. Aufgrund dieser Verankerung von "*res perit domino*" im Gesetz ist diese als allgemeingültige Rechtsregel im rumänischen Zivilrecht allgemein anerkannt.[317] Konsequenterweise geht auf der Grundlage dieser Regel, allerdings ohne Berufung auf Art. 971 ZGB, auch in den Augen der rumänischen Rechtslehre im Moment der Individualisierung gem. Art. 1300 ZGB nicht nur die Gefahr sondern auch das Eigentum auf den Käufer über.[318]

Dieser Argumentation kann auch nicht der Gedanke entgegenstehen, dass der Käufer zur Zeit der Individualisierung nicht zwingend auch den Besitz an der Kaufsache hat.[319] Zum einen gilt auch entsprechend für den Stückkauf, dass der (Neu-)Eigentümer und Träger der Gefahr nicht zwingend auch Besitzer der Sache sein muss. Zum anderen liegt in dieser Konstruktion nun einmal eine Eigenart des rumänischen/ französischen Rechts, das die Divergenz von Eigentum und Gefahrtragung einerseits, sowie Sachherrschaft und Risikosphäre andererseits mit entsprechend gelagerten Gewährleistungs- und Schadensersatzansprüchen auffängt.[320]

Umgekehrt kann aus dieser Verknüpfung von Gefahrtragungsregel und Eigentumsübergang aber auch keine Kritik am Konsensualprinzip abgeleitet werden.[321] Denn die Entscheidung über die Gefahrtragung ist eine *vom Konsensualprinzip unabhängige Wertentscheidung* eines jeden Gesetzgebers. Es wäre dem Gesetzgeber möglich gewesen zu sagen, dass der Eigentumsübergang zwar - im Idealfall - bereits mit Abschluss des Kaufvertrages erfolgt, die Gefahr jedoch erst

---

[315] *Toader*, 3, S. 9; *Popescu*, Teil a II-a, Kap. III, Abschn. a IV-a, 2., a, S. 153; *Stătescu/ Bîrsan*, 84 lit. b) S. 94.

[316] Beide Ausnahmen nennen: *Pop*, S. 95; *Deak/Cărpenaru* Teil I, Cap. I, Abschn. I, § 1, 2, 2.5, S. 15. *Ghestin/ Jamin/ Billiau*, Tz. 654, 656 ff.; *Huet*, Tz. 11215.

[317] *Pop*, S. 94 f.; *Cosmovici*, S. 152; *Popescu*, Teil a II-a, Kap. III, Abschn. a IV-a, 2., a, S. 153; *Deak/Cărpenaru* Teil I, Cap. I, Abschn. I, § 1, 2, 2.5, S. 15; *Stătescu/ Bîrsan*, 84, S. 92 ff.

[318] So z.B.. *Filipescu* S. 265; *Motica/ Moțiu*, S. 121; *Deak/Cărpenaru* Teil I, Cap. I, Abschn. I, § 1, 2, 2.5 lit. d, S. 19; *Popescu*, Teil a II-a, Kap. III, Abschn. a IV-a, 2., a, S. 153. Zum selben Ergebnis kommen wohl *Pop*, S. 95 f. und *Cosmovici*, S. 152, die die Gefahr des zufälligen Untergangs für den Fall des Gattungskaufs *vor* Individualisierung dem Verkäufer zuschreiben. Denn auch in dieser Aussage bestätigt sich nur die Anwendung von "*res perit domino*" sowie die Grenzziehung für den Gefahrübergang im Moment der Individualisierung. Bei *Cosmovici* ergibt sich dies mittelbar aus der Feststellung, dass bei Gattungssachen das Eigentum im Zeitpunkt der Individualisierung übergeht, S. 94. *Ghestin/ Jamin/ Billiau*, Tz. 655.

[319] *Motica/ Moțiu*, S. 121.

[320] Etwa Art. 1074 Abs. 1, der den Verkäufer zu Aufbewahrung und Schutz der Kaufsache bis zur Lieferung verpflichtet und widrigenfalls Grundlage für ein entsprechendes Schadensersatzbegehren ist. Ausführlich dazu z.B.. *Deak/Cărpenaru* Teil I, Cap. I, Abschn. a II-a, § 1, A., I, Ziff. 22 ff., S. 48 f.

[321] Dies versucht *Ferrari*, S. 52, 72.

dann übergeht, wenn der Erwerber die Sache auch in seinen Machtbereich bekommt. Die umgekehrte Konstellation ist in Rumänien jedenfalls noch so lange Realität, wie das bisherige Grundbuchrecht[322] in den nord- und westrumänischen Gebieten[323] noch[324] gilt. Denn in diesen Gebieten bestimmt sich zwar der Gefahrübergang nach Art. 1295 ZGB, jedoch geht das Eigentum an einem Grundstück erst mit Eintragung in das Grundbuch über.[325] Auch hat der rumänische Gesetzgeber zugelassen, dass die Vertragsparteien die Gefahrtragung abweichend vom gesetzlichen Leitbild regeln. Die etwa in den Art. 971, 1295 und 1300 ZGB zum Ausdruck kommende Regelung ist - wie gesagt - dispositiv.[326] Außerdem sei nochmals darauf hingewiesen, dass der Gesetzgeber seine prinzipielle Entscheidung zur Gefahrtragung durch entsprechende Ausgleichsmechanismen im Hinblick auf Fragen einer gerechten Risikoverteilung auszugleichen versucht hat. Dazu wäre er aber auch gezwungen, wenn er das Risiko des zufälligen Untergangs anders zugewiesen hätte.[327]

Genaugenommen - und dies ist das *Ergebnis dieser Überlegung* - folgt damit für das Verhältnis von Eigentum und Gefahrtragung aus Art. 971 ZGB dreierlei:

- Im Fall des Art. 1295 ZGB, der lediglich auf den Eigentumserwerb, nicht aber auf die Gefahrtragung abstellt, trägt der Käufer ab dem Zeitpunkt des Eigentumserwerbs auch die Gefahr des zufälligen Untergangs.

- Im Fall des Art. 1300 ZGB, der seinem Wortlaut nach lediglich die Gefahrtragung, nicht aber den Eigentumsübergang erfasst, ergibt sich umgekehrt, dass der Käufer die Gefahr des zufälligen Untergangs trägt, weil er ab diesem Zeitpunkt vom Gesetzgeber als Eigentümer betrachtet wird.

- Die Verknüpfung von Eigentums- und Gefahrübergang ist nicht zwingend. Sie kann vom Gesetzgeber auch mit Blick auf das Konsensprinzip anders geregelt werden. Der rumänische Gesetzgeber hat von dieser Möglichkeit in Teilbereichen auch Gebrauch gemacht.

---

[322] Dekret-Gesetz Nr. 115/1938 vom 27.04.1938 zur Vereinheitlichung der Bestimmungen bezüglich der Grundbücher, M. Of. I, Nr. 95/1938 vom 27.04.1938.

[323] Banat, Siebenbürgen und südliches Buchenland.

[324] Solange das auf der Grundlage des neuen Gesetzes zu errichtende Kataster in einem Verwaltungsbezirk noch nicht fertiggestellt ist, gilt dort noch das alte Recht, Art. 72 Abs. 2 Legea cadastrului şi a publicităţii imobiliare, Gesetz Nr. 7/1996, M. Of. I, Nr. 61/1996 vom 26.03.1996. Daher wird die Anwendbarkeit des alten Grundbuchrechts nur schrittweise beendet.

[325] *Pop*, S. 95; *Popescu*, Teil a II-a, Kap. III, Abschn. a IV-a, 2., a, S. 153.

[326] *Pop*, S. 95; *Deak/Cărpenaru* Teil I, Cap. I, Abschn. I, § 1, 2, 2.5, S. 15; *Motica/ Moţiu*, S. 122; *Ghestin/ Jamin/ Billiau*, Tz. 656 ff.

[327] In diesem Sinne auch *Stătescu/ Bîrsan*, 84, S. 93.

3.3. Kaufvertrag und Perfektheit als Voraussetzungen der eigentumsübertragenden Wirkung

Gedanklicher Ausgangspunkt dieses 1. Abschnitts und insbesondere auch dieses 3. Unterabschnitts war es zu belegen, dass die eigentumsverschaffende Wirkung des Kaufs nicht allein vom Abschluss eines wirksamen Kaufvertrags abhängt. Nachdem im ersten Schritt der Meinungsstand in Rumänien und daran anschließend die dort geltenden systematischen Grundlagen der Eigentumsübertragung dargestellt wurden, konnte mit diesem letzten Schritt als Ergebnis des 1. Abschnitts dieses Kapitels aufgezeigt werden, dass

> *der rumänische Gesetzgeber den rechtsgeschäftlichen Eigentumsübergang davon abhängig gemacht hat, dass ein wirksamer Kaufvertrag vorliegt und dieser perfekt ist.*

Dieser zweigliedrige Übertragungstatbestand ergibt sich aus den Art. 971, 1295, 1299, 1300 ZGB.

2. Abschnitt Die konkrete Ausformung des einheitlichen Tatbestandes

Zwar ist nun der zweigliedrige Tatbestand und insbesondere die 'Perfektheit' als Tatbestandsmerkmal für den Eigentumserwerb begründet. Hier wird behauptet, dass das rumänische Recht[328] damit die Divergenz des vertraglich Zulässigen zu dem für den Eigentumsübergang Erforderlichen widerspruchsfrei zu lösen vermag, ohne gegen die Systemprinzipien, insbesondere das Einheitsprinzip, zu verstoßen. Um dies zu unterlegen, ist es nun erforderlich, die Anforderungen, die sich aus dem translativen Rechtsgeschäft an das Merkmal der Perfektheit ergeben, zu konkretisieren. Es soll daher in diesem Abschnitt der Frage nachgegangen werden, welche Gestalt die Perfektheit konkret annimmt, um den höchst unterschiedlichen Erscheinungsformen des Kaufs trotz einheitlichen Tatbestands gerecht zu werden (2. - 5.). Die Wirkungsweise des gesamten Tatbestands wird anschließend anhand eines Beispiels demonstriert, das alle Ebenen der rechtsgeschäftlichen Eigentumsverschaffung einbezieht (6.). Am Ende dieses Abschnitts (7.) werden dann in konzentrierter Form die wesentlichen Merkmale der eigentumsverschaffenden Wirkung des Kaufs noch einmal dargestellt.

Bei der Untersuchung der Ausprägung der Perfektheit darf ein methodischer Aspekt nicht außer acht bleiben. Die rumänische Sichtweise des Mobiliarerwerbs,

---

[328] Diese Ausführungen sind auf das französische Recht grundsätzlich übertragbar, wie sich bereits aus der Darstellung von *Ferid/Sonnenberger* 2 G 210 ff. ergibt.

insbesondere der Vorschriften Art. 1295 und 1300 ZGB führt dazu, dass das tatsächlich bestehende Regel-/ Ausnahmeverhältnis im Kaufrecht in ihr Gegenteil verkehrt wird. Bereits aus tatsächlichen Gründen, nämlich im Hinblick auf seine Häufigkeit, ist der Stückkauf seltener als der Gattungskauf.[329] Aber auch aus juristischer Sicht ist der Stückkauf der Sonderfall. Dies ist die einzige Variante des Kaufs, bei der die Kaufsache bereits zum Zeitpunkt des Abschluss des Kaufvertrags für den Zweck des Eigentumsübergangs hinreichend bestimmt ist. Zu präzisieren ist diese Feststellung etwa für den Fall des Kaufs unter Vereinbarung eines aufschiebend bedingten Eigentumsübergangs, da dieser sowohl bei Gattungs-, als auch bei Stückkäufen vorliegen kann. Bei bedingten Gattungskäufen ist offensichtlich, dass eine Betrachtung der Problematik vom Blickwinkel des Stückkaufs her nicht möglich ist. Aber auch beim bedingten Stückkauf[330] ist Art. 1295 ZGB bzw. Art. 1583 C. civ. nicht anwendbar. Gerade die Transportfunktion wird in diesen Fällen abbedungen. Mit anderen Worten, nicht einmal alle Fälle des Stückkaufs sind von der Regel umfasst, die gemeinhin als *das Prinzip* des Eigentumsübergangs bezeichnet wird. Nur - ein Prinzip, das gerade noch einen Anwendungsfall erfasst, ist kein Prinzip mehr. Es besagt nichts Grundsätzliches.

Es bleibt also festzuhalten, dass Art. 1295 ZGB mit dem Stückkauf nur einen - prominenten - Ausnahmefall im Auge hat. Methodisch gesehen ist es aber auch nach rumänischem Verständnis unzulässig, von der Ausnahme auf die Regel zu schließen[331]. Das für den Stückkauf als Regelfall sprechende, historische Argument der Entstehungsgeschichte der Norm tritt hinter das für die hier angestellte Betrachtungsweise sprechende, logisch-systematische und das Wortlautargument zurück.[332] Methodisch richtig ist es daher, bei der weiteren Untersuchung des Tatbestandsmerkmals 'Perfektheit' den Gattungskauf und auch alle anderen sog. Ausnahmefälle ins Zentrum der Betrachtung zu rücken.

Zuvor ist es jedoch unabweislich, die Perfektheit, von der hier die Rede ist, abzugrenzen (1.).

1. Abgrenzung zum 'perfekten Schuldverhältnis'

Dieser Tatbestand macht jedoch auch Klarstellungen und Abgrenzungen erforderlich. Das rumänische Recht kennt sowohl '*obligații perfecte*' wie auch '*obligații*

[329] Vgl. *Witz*, S. 533, 538.

[330] Die Zulässigkeit des bedingten Stückkaufs, insbesondere beim Kauf unter Eigentumsvorbehalt - ergibt sich aus der Vertragsfreiheit, vgl. etwa *Cosmovici* S. 94; *Deak/Cărpenaru* Teil I, Cap. I, Abschn. I, § 1, 2, 2.5. S. 17.

[331] *Popescu* Teil a II-a, Cap. III, Abschn. I, 4, Ziff. 4, S. 139; *Beleiu*, S. 71.

[332] *Beleiu*, S. 66 ff., ebenso *Poenaru*, Cap. I.8, S. 33.

imperfecte'.[333] Dabei ist ein Schuldverhältnis 'perfekt', wenn es aufgrund seiner Rechtsnatur im Falle seiner Nichterfüllung gerichtlich einklagbar und ggfs. auch vollstreckbar ist. 'Nichtperfekte' Schuldverhältnisse oder auch 'Naturalobligationen' genannt, lassen dies nicht zu. Bei den genannten Schuldverhältnissen handelt es sich also nach deutscher Terminologie um 'vollkommene', dh. erzwingbare Forderungen bzw. um 'unvollkommene' Verbindlichkeiten, die auch in Deutschland mit dem Begriff 'Naturalobligationen' bezeichnet werden.

Das Tatbestandsmerkmal der Perfektheit hat mit 'vollkommenen' bzw. 'unvollkommenen' Schuldverhältnissen nichts, bestenfalls die zugrunde liegende Idee gemein. Der Kaufvertrag als vertragliches Schuldverhältnis ist auch nach rumänischer Vorstellung ein vollkommenes, also gerichtlich durchsetzbares Schuldverhältnis. Dies wird auch die weitere Untersuchung immer wieder aufzeigen. Die Tatsache, dass in diesem Zusammenhang das Tatbestandsmerkmal 'Perfektheit' herangezogen wird, soll in keiner Weise daran rütteln. Die 'Perfektheit' bezeichnet hier diejenigen, außerhalb des Kaufvertrags liegenden Voraussetzungen, die vorliegen müssen, damit die Wirkung des Kaufvertrags, der Eigentumsübergang, eintreten kann. Dahinter steht die Vorstellung von der Vervollkommnung des Kaufvertrages dahingehend, dass er geeignet ist, den Eigentumsübergang zu bewirken und die Herausgabe des Eigentums im Wege der Lieferung einklagbar zu machen. Dies mag den Gesetzgeber möglicherweise dazu veranlasst haben, auf den dogmatisch an sich bereits anderweitig belegten Begriff 'perfekt', vollkommen, zurückzugreifen.[334] Hinzu kommt, dass diese Vorstellung von der Vervollkommnung in einigen Fällen des Gattungskaufs bereits im römischen Recht anerkannt war.[335] Es wird hier im folgenden, trotz der damit möglicherweise entstehenden terminologischen Zweideutigkeit, an der Bezeichnung 'Perfektheit' festgehalten, weil sie sich aus dem zu subsumierenden Wortlaut des Gesetzes ergibt, und eine andere, möglicherweise eindeutige Bezeichnung nicht ersichtlich ist. Im weiteren steht deshalb der Begriff 'Perfektheit' für Eignung des Rechtsgeschäfts zur Übertragung des Eigentums an einer Sache, soweit diese Eignung durch Umstände außerhalb des Kaufvertrags begründet wird. Die 'Perfektion' ist demzufolge die Herbeiführung des für die Eigentumsübertragung 'perfekten' Zustands hinsichtlich dieser Umstände.

---

[333] Vgl. etwa *Beleiu*, S. 98.

[334] Er tut dies auch an anderer Stelle. In Art. 1004 Satz 1 ZGB sagt er, dass ein Schuldverhältnis dann bedingt sei, wenn seine Perfektion von einem künftigen und unsicheren Ereignis abhinge. Auch hier kommt die Vorstellung zum Ausdruck, dass die Wirkung eines wirksam geschlossenen Rechtsgeschäfts erst später eintritt, obwohl es eine vollkommene Verbindlichkeit darstellt.

[335] Kunkel/*Honsell*, § 114, IV. Vgl. auch *Peters*, S. 449, 453 unter Hinweis auf *Paulus* D. 18.6.8. pr. und *Gaius* D. 18.1.35.5.-7. Zum Kauf gattungsmäßig bestimmter Stücke aus einem begrenzten Vorrat s. a. *Kaser*, § 41 II, 2, der allerdings nicht auf die Perfektheit eingeht. Allerdings deutet er unter § 41 IV, dass auch schon nach römischem Recht ein Unterschied zwischen Kaufvertrag und Perfektheit besteht sowie dass Eigentum damals erst überging, wenn die Perfektion eingetreten war.

2. Der Tatbestand der Perfektheit hinsichtlich des Gattungskaufs

Der nun anstehende Schritt kann mit größerer Zuverlässigkeit vollzogen werden, wenn man den Gattungskauf im Hinblick auf die Anforderungen der eigentumsverschaffenden Wirkung nicht isoliert betrachtet, sondern im Vergleich zu einem anderen, diesen Anforderungen möglichst weitgehend entsprechenden Rechtsgeschäft. Für diesen Vergleich bietet sich hier in besonderer Weise der Stückkauf an, weil dieser im Hinblick auf die eigentumsverschaffende Wirkung des Kaufvertrags offensichtlich der Idealfall ist. Gerade was die Beschaffenheit der Kaufsache anbelangt, hängt der Eigentumsübergang beim Stückkauf nur (noch) vom Abschluss des Kaufvertrags ab. Dies bedeutet im Hinblick auf die 'Perfektheit', dass diesbezüglich alle besonderen Anforderungen erfüllt sind. Alle anderen Fälle des Kaufs[336] können hier als Vergleichsmaßstab nicht herangezogen werden, weil sich ihre Besonderheit entweder nicht auf den Vertragsgegenstand bezieht, oder aber über die Frage der Bestimmtheit hinaus weitere Hindernisse für den Übergang des Eigentums bestehen.

Im Verhältnis zum Stückkauf weicht der Gattungskauf insofern von der Norm ab, als der Vertragsgegenstand für den Abschluss eines (wirksamen) Kaufvertrags nur der Gattung nach bestimmt (Art. 964 Abs. 1 ZGB), der Menge nach sogar nur bestimmbar (Art. 964 Abs. 2 ZGB) sein muss. Allerdings - wenn einem Rechtsgeschäft jedoch eigentumsverschaffenden Wirkung zukommen soll, muss eindeutig festgelegt sein, auf welchen Gegenstand genau sich diese Wirkung bezieht.[337] Diesen Anforderungen an den Gegenstand der Übereignung, die sich aus den Bestimmtheitsgebot ergeben, trägt der Gattungskauf im Gegensatz zum Stückkauf nicht Rechnung.

Dies ist auch der Grund, warum die Herbeiführung der Bestimmtheit getrennt von der Frage des Abschlusses eines Kaufvertrags und getrennt von dessen Wirksamkeit zu behandeln ist. Wäre die Sache bereits bei Abschluss des Kaufvertrages bestimmt, so läge ja ein Stückkauf vor. Zudem sollen die Parteien die Freiheit

[336] ZB. der Kauf einer künftigen Sache oder der Kauf mit aufschiebend bedingter eigentumsverschaffender Wirkung.

[337] Dies ist auch in Rumänien allgemein anerkannt: *Deak/Cărpenaru* Teil I, Cap. I, Abschn. I, § 1, 2, 2.5 lit. b, S. 16; *Cosmovici*, S. 94, allerdings nur beiläufig; *Petrescu*, Principalele Contracte, S. 14. Bezeichnend für den Umgang mit dieser Erkenntnis sind die Ausführungen von *Beleiu*, der für den translativen Vertrag sehr wohl die notwendige Bestimmtheit sieht und zugrundelegt (S. 121). Zutreffend sind auch seine Ausführungen zur Frage, welche Anforderungen durch das Tatbestandsmerkmal 'obiect determinat' des Art. 948 Ziff. 3 ZGB sowie durch Art. 964 ZGB an die Bestimmtheit des Vertragsgegenstandes gestellt werden, S. 145. Mit keinem Wort jedoch geht er auf das Spannungsverhältnis zwischen Bestimmbarkeit einerseits und Bestimmtheit andererseits ein, das für die eigentumsverschaffende Wirkung und die Frage, wie das Gesetz diese herstellt, von maßgeblicher Bedeutung ist. Für das französische Recht: *Hubrecht*, S. 112; *Stadler*, S. 34, 115.

haben, die genaue Bestimmung des Gegenstands der Eigentumsübertragung erst später zu treffen, dies ergibt sich aus Art. 964 ZGB unmittelbar.[338] Es ist also nur folgerichtig, wenn Art. 1300 ZGB den *Eigentumsübergang bei Gattungssachen von der* - von der Frage nach einem wirksamen Kaufvertrag unabhängigen (!) - *Perfektion in Gestalt der Individualisierung abhängig* macht.[339] [340]

Der Begriff der Individualisierung wird im rumänischen Recht ebenso ausgefüllt, wie dies im deutschen Recht auch geschieht. So genügt es, eine Sache aus der Gattung auszusondern und dem Käufer eindeutig zuzuordnen. Dies wäre etwa dann der Fall, wenn diese Sache durch eine entsprechende Beschriftung oder durch Übergabe an den Spediteur zum bestimmten Gegenstand eines Vertragsverhältnisses gemacht wird. Regelmäßig geschieht diese Individualisierung im Zuge der Lieferung, wobei betont wird, dass Individualisierung und 'Lieferung' - also die Erfüllung der Vertragspflicht - nicht identisch sind.[341] Einige Sonderregelungen der Individualisierung sind in den Art. 62 HandelsG ff. spezialgesetzlich geregelt.[342] Diese verlagern damit allerdings nicht nur den Zeitpunkt der Individualisierung,

---

[338] Aus diesem Grund ist ein Kaufvertrag, der es dem Käufer überlässt, unter mehreren alternativen Vertragsgegenständen einen zu wählen, wie ein Gattungskauf zu behandeln. So *Deak/Cărpenaru* Teil I, Cap. I, Abschn. I, § 1, 2, 2.5 lit. b, S. 16.

[339] *Deak/Cărpenaru* Teil I, Cap. I, Abschn. I, § 1, 2, 2.5 lit. b, S. 16; *Pop*, Dreptul de proprietate, S. 243; *Cosmovici*, S. 94; *Filipesu*, S. 213; *Petrescu*, Principalele Contracte, S. 14; *Leonhardt*, Eigentumsrecht, S. 174. Zum französischen Recht: Mazeaud/Chabas II.2 - (*Gianviti*) Tz. 1617; *Witz*, S. 533, 541, der allerdings die Bedeutung der Individualisierung darin erkennt, dass dadurch der *endgültige* und *ernsthafte* Wille zur Übereignung zum Ausdruck gebracht wird. Dies ist zwar von einer Individualisierungshandlung zu erwarten, sagt aber nichts über deren Zweck aus. Außerdem: *Hubrecht*, S. 112; *Ferid/Sonnenberger* 2 G 212.

[340] Der identische Gedankengang existiert im deutschen Recht iRd. §§ 275 BGB ff. ebenfalls: Nach § 275 Abs. 1 BGB erlischt der Anspruch auf Erfüllung einer vertraglichen Leistungspflicht, wenn die Leistung unmöglich ist. Unmöglich ist die Leistung dann, wenn ihr auf Dauer ein Hindernis rechtlicher oder tatsächlicher Natur entgegensteht. Der Untergang der Kaufsache könnte ein solches tatsächliches Leistungshindernis sein. Nach § 279 BGB ist er dies aber dann nicht, wenn die Kaufsache *ausschließlich der Gattung nach bestimmt* ist. Wurde durch den Verkäufer jedoch *mittels Individualisierung* gem. § 243 Abs. 2 BGB eine *Bestimmung der Kaufsache* getroffen, die über die reine Gattungsbestimmung iSv. § 279 BGB hinausgeht, so beschränkt sich die ursprünglich nur gattungsmäßig bestimmte Leistungspflicht auf die Pflicht zur Leistung dieser Sache. Der Tatbestand des § 279 BGB ist nicht einschlägig. *Der Gesetzgeber sieht die Kaufsache demnach als bestimmt genug an, um sie nicht wie eine Gattungs-, sondern wie eine Stückschuld, -sache zu behandeln.* In diesem Fall führt der Untergang dieser Sache zu einem der Leistung auf Dauer entgegenstehenden Hindernis iSv. § 275 Abs. 1 BGB mit der Folge, dass die Leistungspflicht erlischt.

[341] *Deak/Cărpenaru* Teil I, Cap. I, Abschn. I, § 1, 2, 2.5 lit. b, S. 16; *Cărpenaru*, 704, S. 380.

[342] Eine vertragliche Abbedingung der gesetzlichen Regelung ist sowohl hinsichtlich der Gefahrtragung wie auch des Eigentumsübergangs möglich, *Cărpenaru*, 708, S. 383.

sondern mittelbar auch den Zeitpunkt von Eigentums- und Gefahrübergang.[343] Dabei ist im Hinblick auf das Einheitsprinzip der Umstand zu betonen, dass die Individualisierung nach rumänischer Vorstellung unstreitig ein Realakt ist.[344] Im Hinblick auf das Konsensualprinzip ist nochmals zu unterstreichen, dass die Individualisierung eben keine Übergabe erforderlich[345] ist.

Aus der vorstehenden Darstellung wird deutlich, dass - entgegen der wohl überwiegenden Ansicht in der Rechtslehre - auch das rumänische Recht den Anspruch des Käufers auf Übereignung der Kaufsache kennt. Dies besagt zwar bereits der Wortlaut des Art. 1294 ZGB, dennoch wird dieser Anspruch zumindest von Teilen der Literatur abgelehnt.[346] Auch von anderen Autoren[347] wird der Anspruch bestenfalls vage angesprochen. Jedoch kann der Käufer zwischen Abschluss des wirksamen Kaufvertrages und möglicherweise sehr viel später stattfindender Perfektion nicht rechtlos stehen.[348] Diese Gefahr aber bestünde, wenn man den Anspruch auf Übereignung negiert. Denn auch der Anspruch auf Lieferung der Kaufsache gem. Art. 1313 ZGB, der aufgrund der durch ihn verankerten Pflicht des Verkäufers zur Lieferung und zur Gewährleistung für Rechts- und

---

[343] *Deak/Cărpenaru* Teil II, Cap. I, Abschn. a IV-a, Unterabschnitt a II-a, § 3, 45 - 47, S. 286 -289; *Cărpenaru*, 706 - 708, S. 381 - 384.

[344] Dies ergibt sich bereits aus dem Wortlaut des Art. 1300 ZGB. In diesem Sinne ausdrücklich *Deak/Cărpenaru* Teil I, Cap. I, Abschn. I, § 1, 2, 2.5 lit. b, S. 16; *Petrescu*, Principalele Contracte, S. 14; *Cărpenaru*, 704, S. 380. Mittelbar bringen dies zum Ausdruck: *Pop*, Dreptul de proprietate, S. 243; *Cosmovici*, S. 94; *Filipesu*, S. 213; *Leonhardt*, Eigentumsrecht, S. 174. Zum Meinungsstand in Frankreich: ausführlich *Witz*, S. 533, 540 f., der zu dem Ergebnis kommt, dass nach jeder der vertretenen Ansichten die Individualisierung als Realakt zu verstehen ist; *Stadler*, S. 118.

[345] So *Deak/Cărpenaru* Teil I, Cap. I, Abschn. I, § 1, 2, 2.5 lit. b, S. 16; *Pop*, Dreptul de proprietate, S. 243; *Cosmovici*, S. 94; *Filipesu*, S. 213; *Petrescu*, Principalele Contracte, S. 14; *Leonhardt*, Eigentumsrecht, S. 174. Ebenso in Frankreich: *Witz*, S. 533, 541; *Stadler*, S. 118.

[346] So z.B.. *Dobrin*, An III, 6., S.168; *Georgescu*, S. 178, Nr. 151, und S. 186 f., Nr. 159.

[347] *Deak/Cărpenaru* Teil I, Cap. I, Abschn. a II-a, § 1, Ziff. 22, S. 48, deuten die Existenz eines derartigen Anspruchs an, *Stătescu/ Bîrsan*, 21, S. 36, bestätigen ihn ausdrücklich. Im französischen Recht erkennt Mazeaud/Chabas II.2 - (*Gianviti*) Tz. 1618 für den Fall des Gattungskaufs die Existenz dieses Anspruchs an. Seiner Ansicht zufolge, kann der Eigentumsübergang erst mit Individualisierung stattfinden. Demzufolge bleibe der Käufer lediglich Gläubiger und der Verkäufer Schuldner der Eigentumstransfers. Auch *Ferid/Sonnenberger* 2 G 501 relativieren die Aussage, ein solcher Anspruch bestehe nicht (2 G 133), dahingehend, dass er keine eigenständige Bedeutung habe. Im französischen Recht wird diese Auseinandersetzung im Rahmen der Frage geführt, ob denn der Kaufvertrag nun eine "obligation de donner" [Verpflichtung zu übereignen] oder eine "obligation de livrer" [Verpflichtung zu liefern] begründe (vgl. dazu etwa *Oeckinghaus* S. 95 f., *Witz* , S. 533, 541 ff.). Auf diese Diskussion wird später noch genauer einzugehen sein.

[348] Gleiches vermutet *Peters*, S. 449, 453 auch für das römische Recht.

Sachmängel üblicherweise als hinreichender Käuferschutz gewertet wird[349], setzt neben dem wirksamen Kaufvertrag die Individualisierung voraus. Art. 1314 ZGB spricht von der Lieferung "*...lucrului vîndut...*", *der* verkauften Sache, ebenso Art. 1337 ZGB, der die Rechtsmängelhaftung des Verkäufers regelt. Zwischen Abschluss des Kaufvertrags und möglicherweise erst sehr viel später stattfindender Individualisierung jedoch wird der Käufer nur geschützt, wenn man den Wortlaut des Art. 1294 ZGB ernst nimmt. Danach ist der Kauf "ein Vertrag, bei dem zwei Parteien sich gegenseitig *verpflichten*, die eine, dass sie der anderen das Eigentum an einer Sache der anderen übertrage...".[350]

Eingangs dieses Kapitels[351] wurde die Behauptung aufgestellt, man könne mit dem hier vorliegenden Modell einheitlich alle Fälle des rechtsgeschäftlichen (Mobiliar-) Erwerbs bewältigen. Im Hinblick auf das Verhältnis von Stück- und Gattungskauf scheint insofern ein Widerspruch zu bestehen, der deshalb an dieser Stelle zu klären ist. Geht man mit der hier vertretenen These davon aus, dass der Eigentumsübergang an beweglichen Sachen tatsächlich einen wirksamen Kaufvertrag und die Perfektheit des Kaufgegenstandes erfordert[352], so ist aus dieser Perspektive

[349] *Deak/Cărpenaru* Teil I, Cap. I, Abschn. a II-a, § 1, Ziff. 22 ff., S. 48 ff.

[350] Der Anspruch auf Übereignung der Kaufsache setzt also lediglich einen wirksamen Kaufvertrag voraus, nicht aber die Perfektion. Im Gegenteil, tritt diese ein, erlischt der Anspruch. Allerdings handelt es sich dabei auch in Fällen des Stückkaufs nicht um eine Konfusion, sondern nur um ein Entstehen und Erlöschen des Anspruchs, im Idealfall in derselben juristischen Sekunde. In diesem Sinne auch *Rabel*, Band I, § 28, 1a, S. 194. Allerdings kommt diesem Anspruch eine eigenständige Bedeutung in sehr viel größerem Maße zu, als *Ferid/Sonnenberger* 2 G 501 und *Rabel*, Band I, § 28, 1a, S. 195 dies vermuten. Zwar gilt für den Fall des Stückkaufs der Satz: "Elle [gemeint ist die Verpflichtung zur Eigentumsübertragung] meurt en naissant", m.a.W. der Anspruch erlischt in diesen Fällen mit seiner Entstehung und beim Gattungskauf, sowie in vergleichbar gelagerten Konstellationen greift in vielen Fällen Art. 1313 ZGB. Aber auch in diesen Betrachtungen ist das Augenmerk einseitig auf die Bestimmtheit fixiert, ohne darüber hinaus zu beachten, dass weitere, von der Bestimmtheit zu unterscheidende Anforderungen erfüllt sein müssen, damit 'Perfektheit' und damit der Eigentumsübergang eintreten. Der von *Ferid/Sonnenberger* und *Rabel* zitierte Satz stimmt also nur für den Fall, dass ein Stückkauf vorliegt und sämtliche, über die Bestimmtheit der Sache hinausgehende Voraussetzungen der Perfektheit erfüllt sind.

[351] 2. Kapitel, 1. Abschnitt, vor 1.

[352] Diese systembedingte Aufspaltung macht deutlich, warum die Diskussion des Eigentumsübergangs in der rumänischen wie in der französischen Literatur zum einen unstrukturiert sein muss, und sich zum anderen immer wieder am Gegenstand des Vertrages entzündet. Denn der Gegenstand muss für den Vertragsschluss bestimmbar, darf auch nicht Gegenstand eines Irrtums oder kollusiven Handelns (Wirksamkeitsfrage) und muss aber zugleich für den Eigentumsübergang hinreichend bestimmt (Perfektion) sein. Damit entsteht die Diskussion der Sache nach immer am gleichen Objekt, kann aber mangels Systematisierung allenfalls noch - und das nur unscharf - hinsichtlich der Gültigkeitsbedingungen des Kaufvertrages und seiner Wirkungen unterscheiden.

nochmals ein Blick auf den Wortlaut der Art. 1295 ZGB und Art. 1299 ZGB zu werfen. Während Art. 1300 ZGB nämlich die Perfektheit des Vertrages an die Individualisierung knüpft, erklären die Art. 1295 und 1299 ZGB "*vînderea este perfecta*", dass also der Kaufvertrag bereits perfekt sei. Nur scheinbar widersprüchlich ist es, wenn in diesen Fällen ein weiteres Tätigwerden des Verkäufers zum Zweck der Perfektion nicht verlangt wird.

> Beim Stückkauf verzichtet der Gesetzgeber nicht etwa auf die Perfektion des Vertrages durch Bestimmung des Vertragsgegenstandes. Er hat aber erkannt, dass sie in diesen Fällen bereits vorliegt und diese deshalb in Art. 1295 ZGB spezialgesetzlich[353] geregelt.

Denn bei einem Stückkauf, ebenso wie bei einem Kauf in Bausch und Bogen ist der Vertragsgegenstand so genau bestimmt, dass völlig zweifelsfrei ist, welche Güter genau nun die rechtliche Herrschaft wechseln. Die Perfektheit braucht deshalb nicht mehr hergestellt werden. Mit anderen Worten., die Tatbestandsvoraussetzung der Perfektion besteht auch in den Fällen des Stückkaufs, ist aber aufgrund der Natur des Sache bereits im Moment des Vertragsschlusses erfüllt.

Aus den Besonderheiten des Gattungskaufs lässt sich also ableiten, dass Perfektheit - u.a. - voraussetzt, dass der Gegenstand des Eigentumsübergangs hinreichend bestimmt ist. Diese Bestimmung wird nach rumänischem Recht bereits durch Individualisierung in einem Maße getroffen, das für die eigentumsverschaffende Wirkung des Kaufvertrages hinreichend ist, Art. 1300 ZGB. Damit folgt aus den Überlegungen dieses Unterabschnitt für die tatbestandsmäßige Ausformung der Perfektheit:

- Die Frage nach der Perfektheit verbindet die Vertragsfreiheit einerseits und das 'sachenrechtliche' Bestimmtheitsgebot in einem einzigen Rechtsgeschäft, wie es das Einheitsprinzip fordert.

- Mit Hilfe der Perfektion wird die eindeutige Bestimmung des Objekts der Verfügung nach Abschluss des Kaufvertrags nachgeholt. *Erst so ist der Eigentumsübergang innerhalb des Einheitsprinzips überhaupt möglich.*

- Die *Perfektion ist* - richtet man das Augenmerk ausschließlich auf den Vertragsgegenstand - also nichts anderes, als *der Wandel der Kaufsache* von einer qua Kaufvertrag lediglich der Gattung nach bestimmten Sache *zu einer,*

[353] Die Regelung des Art. 1295 ZGB enthält eine Spezialität zu anderen Vorschriften in zweifacher Hinsicht. Sie ist zunächst lex specialis im Verhältnis zu Art. 1300 ZGB, weil sie besagt, dass die Bestimmtheit bei Stücksachen nicht mehr hergestellt werden muss. Sie ist aber auch, ebenso wie Art. 1300 ZGB, im Hinblick auf das gesetzlich nicht umfassend verankerte Erfordernis der 'Perfektheit' eine Spezialregelung, weil sie unter den verschiedenen Voraussetzungen der Perfektheit die der Bestimmtheit erfasst.

die angesichts des Spezialitätsprinzips auch *Gegenstand des Eigentumserwerbs* werden kann.

- Das rumänische Recht ist also auch zum Zweck der Wahrung des Spezialitätsprinzips zu keiner systematischen Durchbrechung gezwungen. [354] Allerdings setzt diese Erkenntnis ein anderes, neues Verständnis des gesetzlichen System der rechtsgeschäftlichen Eigentumsübertragung voraus. *Es ist Abschied zu nehmen von der überkommenen Vorstellung des sog. 'reinen' Konsensprinzips*[355], die wesentliche systematische Aspekte unberücksichtigt lässt. Der rumänischen Gesetzgeber hat ein System bestehend aus Einheits-, Kausalitäts- und Trennungsprinzip angeordnet. Dieses hat er mit der Konzeption des rechtsgeschäftlichen Eigentumsübergangs bei Vorliegen eines wirksamen Kaufvertrags und einer davon unabhängigen Perfektheit verbunden.

---

[354] A.A., aber eben auf der Grundlage, das Eigentum gehe aufgrund des sog. 'reinen Konsensprinzips' im Zeitpunkt des Vertragsschlusses über, statt aller *Stadler*, S. 115 ff., 119. Wie gesehen, muss das Konsensprinzip dem Spezialitätsprinzip nicht "weichen". Das braucht es schon deshalb nicht, weil es nur eine Antwort auf die Frage gibt, ob zur Verschaffung des Eigentums auch eine Übergabe erforderlich ist.

[355] Diese Vorstellung zieht sich geschlossen durch die rumänische (vgl. nur *Deak/Cărpenaru* Teil I, Cap. I, Abschn. I, § 1, 2, 2.5, S. 15; *Pop*, Dreptul de proprietate, S. 242 f.; *Cosmovici*, S. 94; *Filipesu*, S. 213; *Petrescu*, Principalele Contracte, S. 11, 14; *Leonhardt*, Eigentumsrecht, S. 173.) und französische Literatur (vgl. Mazeaud/Chabas II.2 (*Chabas*) Tz. 1617). Auch hier zeigt sich, dass die herrschende Ansicht sowohl in der rumänischen wie in der französischen und deutschen Literatur, das rumänische / französische System der rechtsgeschäftlichen Eigentumsverschaffung sei beim Kauf künftiger Sachen zu Durchbrechungen gezwungen, lediglich auf einer falschen Grundannahme beruht.Sie wird in der Folge auch so , wie dort dargestellt von weiten Teielen der deutschen Rechtsvergleichenden Literatur übernommen (etwa *Rabel*, Band I, § 3, 2 b, S. 29; *Ferid/Sonnenberger* 2 G 208; *Minuth*, S. 25; *Ferrari*, S. 52, 73; *Stadler*, S.31). Ebenso: *Drobnig*, Transfer of Property, in: Hartkamp/ Hesselink/ Hondius/ Joustra/ du Perron (Hrsg.), Towards a European Civil Code, S. 495, 498 f., 503. A. A. *Oeckinghaus* S. 93. Er bezeichnet die Frage, wie sich der Eigentumsübergang vollzieht, als ungeklärt und kommt in der Folge zu dem Ergebnis, daß zumindest für den Gattungskauf (S. 118) ein selbständiges Erfüllungsgeschäft erforderlich sei.

[355] Vgl. etwa *Filipescu* S. 265, *Leonhardt*, Eigentumsrecht, S. 174;

[355] *Deak/Cărpenaru* Teil I, Cap. I, Abschn. I, § 1, 2, 2.5 lit. d, S. 17; *Popescu*, Teil I, Kap. VI, 2., S. 63 f.; *Leonhardt* dazu etwa Mazeaud/Chabas II.2 (*Chabas*) Tz. 1617; Mazeaud/Chabas III.2.1 (*de Jugelart*) Tz. 899; *Dutilleul/Delebecque* S. 161, Rn. 187). Sie wird in der Folge auch so, wie dort dargestellt, von der deutschen rechtsvergleichenden Literatur übernommen (etwa *Rabel*, Band I, § 3, 2 b, S. 29; *Ferid/Sonnenberger* 2 G 208; *Minuth*, S. 25; *Ferrari*, S. 52, 73; *Stadler*, S.31). Ebenso: *Drobnig*, Transfer of Property, in: Hartkamp/ Hesselink/ Hondius/ Joustra/ du Perron (Hrsg.), Towards a European Civil Code, S. 495, 498 f., 503. A. A. *Oeckinghaus* S. 93. Er bezeichnet die Frage, wie sich der Eigentumsübergang vollzieht, als ungeklärt und kommt in der Folge zu dem Ergebnis, dass zumindest für den Gattungskauf (S. 118) ein selbständiges Erfüllungsgeschäft erforderlich sei.

3. *Der Tatbestand der 'Perfektheit' hinsichtlich des Kaufs einer res futura*

Es erscheint sinnvoll, zunächst die Rahmenbedingungen des Kaufs einer künftigen Sache zu klären, bevor auf die Antworten des Tatbestandsmerkmals 'Perfektheit' für diese Fallkonstellation eingegangen wird.

Künftige Sachen existieren zur Zeit des Vertragsschlusses nicht. Die Sache ist vielleicht schon 'keimhaft angelegt' oder sogar kurz vor der Fertigstellung, ihre Existenz erscheint jedenfalls tatsächlich möglich. Solange dies der Fall ist, scheitert nicht schon der Vertragschluss an der absoluten Gültigkeitsbedingung des Art. 948 Ziff. 3 ZGB, wie sich aus Art. 965 Abs. 1 ZGB ergibt. Im übrigen gelten für künftige Sachen die allgemeinen Regeln über den Abschluss eines wirksamen Kaufvertrags, insbesondere auch Art. 964 ZGB, wonach ein Vertrag nur wirksam ist, wenn die Kaufsache im Moment der Vertragserfüllung eindeutig bestimmbar ist.

Mit Abschluss des wirksamen Kaufvertrages über die künftige Sache geht jedoch das Eigentum daran noch nicht über. Das hat zwei Ursachen. Einmal besteht die Sache noch nicht. Wenn aber Eigentum das rechtliche Band zwischen einem Menschen und einer Sache ist, so kann dieses Band erst dann geknüpft werden, wenn die Sache besteht. Und erst dann kann das Band von einer Person auf eine andere übertragen werden. Davor ist es dem Verkäufer lediglich möglich, zu versprechen, er werde 'das Band' zu gegebener Zeit übertragen. Der Eigentumsübergang kann also im Gegensatz zur obligatorischen Verpflichtung erst herbeigeführt werden, wenn die Sache existiert. Die 'Existenz' der Sache ist mithin unabdingbare Voraussetzung dafür, dass der Kaufvertrag auch 'perfekt' wird und damit seine eigentumsverschaffende Wirkung erhält.
Allerdings ist sie das nicht allein. Denn auch eine vormals 'künftige Sache' bedarf u. U. der Bestimmung. Der Autohersteller, der ein - aufgrund seines Typs und seiner sonstigen Herstellungsmerkmale - bestimmbares Auto verkauft, das noch nicht produziert ist, muss nach der Herstellung erst die zur Übereignung erforderliche Bestimmtheit herbeiführen, bevor das Eigentum übergehen kann. Die fehlende Bestimmtheit ist also die zweite Ursache, an der der Eigentumsübergang bei einer künftigen Sache scheitern kann. Damit ist die 'Bestimmtheit' auch beim Kauf künftiger Sachen Voraussetzung von 'Perfektheit' und Eigentumsübergang.

Damit unterscheiden sich "künftige Sachen" von allen anderen Sachen, die Gegenstand eines Kaufvertrags sein können, durch ihre Nichtexistenz zur Zeit des Abschluss des Kaufvertrags. Mit ihnen gemein haben sie das Problem, dass die Bestimmtheit u.U. erst nach Vertragsschluss hergestellt wird. Da jedoch aufgrund der vom Gesetzgeber angestrebten Privatautonomie beide Anforderungen an den Vertragsgegenstand zur Zeit des Vertragschlusses noch nicht vorliegen müssen, sind beide auch getrennt von Vertragsschluss und Wirksamkeit zu behandeln. Solange eine Sache jedoch nicht diesen beiden Anforderungen gerecht wird, kann der Kaufvertrag - unbeschadet seiner obligatorischen Wirksamkeit - keine eigentumsverschaffende Wirkung entwickeln[356], weil die 'Perfektheit' noch nicht herbeigeführt wurde.

Zu klären ist somit nur noch, ob es im Rahmen der Prüfung der 'Perfektheit' eine Rangfolge bezüglich ihrer Merkmale 'Existenz' der Sache und deren 'Bestimmtheit' gibt. Zunächst ist festzustellen, dass beide Kategorien unterschiedlicher Natur sind und demzufolge unabhängig nebeneinander bestehen. So ist 'Existenz' ein Merkmal, das sich auf tatsächlicher Ebene abspielt, Bestimmtheit wird demgegenüber durch den menschlichen Willen hergestellt. Grundsätzlich ist es möglich, eine Sache für einen Eigentumsübergang hinreichend konkret zu bestimmen, bevor sie tatsächlich existiert, so das Werk eines Malers, auch wenn es erst skizzenhaft auf der Leinwand festgehalten ist. Dies ist aber nur bei künftigen Stücksachen möglich. Sobald es sich - wie in dem oben aufgeführten Beispiel des Autoherstellers - um eine Gattungssache handelt, ist sie vor ihrer Existenz bestenfalls bestimmbar, manchmal nicht einmal das. Denn es gibt einen Zeitpunkt, an dem die Existenz einer Sache so wenig greifbar ist, dass sich diese Sache auch nicht bestimmen lässt. In beiden Fällen wird aber die Existenz zum Voraustatbestand der Bestimmtheit.

Die eigentumsverschaffende Wirkung des Kaufvertrags stellt also eine doppelte Anforderung an die Kaufsache. Zunächst muss die Sache existieren, und außerdem muss sie hinreichend bestimmt sein.[357] Mit anderen Worten,

> 'Perfektheit' im Hinblick auf die sich aus der Übereignung ergebenden Anforderungen an den Vertragsgegenstand setzt voraus, dass dieser erstens existiert und zweitens bestimmt ist.

4. Der Tatbestand der 'Perfektheit' hinsichtlich des Kaufs mit aufschiebend bedingtem Eigentumsübergang

Das Modell des einheitlichen Erwerbstatbestandes ist in der Lage, auch den angeblichen Ausnahmefall[358] der Kaufverträge, bei denen der Eigentumsübergang unter einer aufschiebenden Bedingung steht, system- und sachgerecht zu erfassen, ohne den Boden der rumänischen Rechtslehre zu verlassen. Anders als in den

---

[356] *Filipesu*, S. 213; *Deak/Cărpenaru* Teil I, Cap. I, Abschn. I, § 1, 2, 2.5lit. c, S. 17; *Pop*, Dreptul de proprietate, S. 243; *Cosmovici*, S. 94.

[357] Auch hier zeigt sich, dass die herrschende Ansicht sowohl in der rumänischen wie in der französischen und deutschen Literatur, das rumänische / französische System der rechtsgeschäftlichen Eigentumsverschaffung sei beim Kauf künftiger Sachen zu Durchbrechungen gezwungen, lediglich auf einer falschen Grundannahme beruht.

[358] Vgl. etwa *Filipescu*, S. 265, *Leonhardt*, Eigentumsrecht, S. 174;

zuvor behandelten Fallgestaltungen, liegt das Hindernis für den Eintritt der eigentumsverschaffenden Wirkung nicht in der Beschaffenheit des Vertragsgegenstandes, sondern vielmehr in der vertraglichen Vereinbarung selbst. Perfektheit muss in bestimmten Fällen also auch hinsichtlich des Kaufvertrages selbst herbeigeführt werden.

Aber gerade weil es hier um die Perfektion des doch scheinbar perfekten Kaufvertrags geht, ist eine genaue Abgrenzung unerlässlich. Immerhin setzen alle Überlegungen zum rechtsgeschäftlichen Eigentumsübergang einen wirksamen Vertrag voraus. Gegenstand der folgenden Überlegungen ist demzufolge nicht der im Sinne der Art. 1004 ZGB[359] ff. bedingte Kaufvertrag. Hier handelt es sich um Fragen der Wirksamkeit des geschlossenen Vertrages. Liegt der Fall eines auflösend bedingten Kaufvertrags vor, so ist der Vertragsschluss wirksam, Art. 1019 Abs. 1 und Abs. 2, 1. Halbsatz ZGB. Die Wirksamkeit könnte jedoch nachträglich rückwirkend wieder entfallen, Art. 1019 Abs. 2, 2. Halbsatz ZGB[360]. Dies hätte aufgrund des in Art. 948 Ziff. 4 ZGB verankerten Kausalitätsprinzips zur Folge, dass auch das etwa erworbene Eigentum rückwirkend wieder entfiele. Im Fall der aufschiebenden Bedingung ist der Vertrag nicht wirksam; er wird es aber, sofern die Bedingung eintritt, Art. 1017 Satz 2[361] iVm. Art. 1004 ZGB. Bis zum Bedingungseintritt ist wegen Art. 948 Ziff. 4 ZGB natürlich auch der Eigentumserwerb aufgeschoben. Diesen Fällen ist gemein, dass sie den Bestand des Kaufvertrags insgesamt in Frage stellen und sich nicht allein auf dessen eigentumsverschaffende Wirkung beziehen.

Es ist aber auch zulässig, den Eigentumsübergang unabhängig von der Wirksamkeit des Kaufvertrags vom Eintritt einer Bedingung abhängig zu machen. Art. 971, 1295 ZGB sind nicht von öffentlichem Interesse iSv. Art. 5 ZGB und deshalb dispositiv.[362] Auch hier liegt die Ursache des Hindernisses für den Eigentumsübergang im Kaufvertrag. Allerdings wollen die Parteien hier am Vertrag selbst und den sich daraus ergebenden Rechten und Pflichten festhalten. Sie haben nur ein Interesse daran, die aktuelle Eigentumslage erst zu einem späteren Zeitpunkt zu verändern. Dieses Interesse kann auf Käuferseite dem Wunsch nach Rechtssicherheit durch Publizität der Übergabe ebenso entspringen, wie etwa einer Verlagerung des Risikos des zufälligen Untergangs nach Beherrschbarkeitskriterien. Andererseits kann es auch dem Sicherungsinteresse des Verkäufers entsprechen, das Eigentum bis zur vollständigen Kaufpreiszahlung zu behalten.

---

[359] Vgl. Art. 1168 C. civ.

[360] Vgl. Art. 1183 C. civ.

[361] Vgl. Art. 1181 C. civ.

[362] *Deak/Cărpenaru* Teil I, Cap. I, Abschn. I, § 1, 2, 2.5 lit. d, S. 17; *Popescu*, Teil I, Kap. VI, 2., S. 63 f.; *Leonhardt*, Eigentumsrecht, S. 175. Gleiches gilt im Hinblick auf Art. 6 C. civ. von Art. 1138 Abs. 2, 1583 C. civ. für das französische Recht, vgl. etwa Mazeaud/Chabas II.2 - (*Gianviti*) Tz. 1618; *Ferid/Sonnenberger* 2 G 225.

In diesen Fällen ist offenkundig, woran der Eigentumsübergang scheitert, und wie dieses Hindernis beseitigt, 'Perfektheit' herbeigeführt werden kann. Das Hindernis entsteht durch Parteivereinbarung dahingehend, dass die eigentumsverschaffende Wirkung des Vertrages nicht schon bei Vertragsschluss, sondern erst bei Eintritt eines bestimmten Ereignisses eintreten soll. Dies kann mit Abschluss des Kaufvertrags, aber auch später vereinbart werden. Eine spätere Vereinbarung ist jedoch nur bis zum Eintritt der Perfektheit und dem damit verbundenen Übergang des Eigentums möglich. Wurde eine aufschiebende Bedingung vereinbart, so bekommt der Kaufvertrag seine eigentumsverschaffende Wirkung im Moment des Bedingungswegfalls, Art. 1017 Satz 2 ZGB.

Allerdings kann es sein, dass der Erwerber dann rechtlich so gestellt wird, als hätte er das Eigentum bereits mit Vertragsschluss erlangt. Dies ist in der Rückwirkung des Bedingungswegfalls gem. Art. 1015 Satz 1 ZGB begründet, die aber nur dann zum Tragen kommt, wenn alle anderen Voraussetzungen der Perfektheit vorliegen. Dies ist vor allem beim Kauf von Stücksachen denkbar. Festzuhalten ist an dieser Stelle, dass die Rückwirkung des Bedingungswegfalls nicht zu einer Durchbrechung der Grundsätze der rechtsgeschäftlichen Eigentumsverschaffung führt. Der Kauf verschafft auch im Hinblick auf Art. 1015 Satz 1 ZGB mittels eines Vertrages, kausal und ohne das Erfordernis der Übergabe das Eigentum an der Kaufsache. Diese *gesetzliche Fiktion* bewirkt lediglich, dass der *Zeitpunkt des Vertragsschlusses und der des Eigentumsübergangs möglichst eng beisammen* liegen. Dies hat zur Folge, dass der Erwerber Rechtsgeschäfte, die er nach Vertragsschluss aber vor Bedingungseintritt schließt, aus der ex - post -Perspektive als Berechtigter schließt. In einem vom Kausalitätsprinzip bestimmten Rechtssystem, das die Vindikation gegen Dritterwerber grundsätzlich unbeschränkt zulässt, hat dies eine stabilisierende Wirkung. Darüber hinaus macht sie eine dem § 161 BGB vergleichbare Regelung zum Schutz des Erwerbers vor Zwischenverfügungen des Veräußerers obsolet.

Es ist auch evident, dass dieses Hindernis alle Arten von Käufen erfasst, unabhängig davon, ob die Kaufsache bereits existiert und möglicherweise auch bereits bestimmt ist, oder nicht. Mithin ergibt sich aus der Untersuchung der Kaufverträge mit aufschiebend bedingtem Eigentumsübergang, dass

> 'Perfektheit' zumindest drei Tatbestandsmerkmale aufweist. Die eigentumsverschaffende Wirkung tritt erst ein, wenn neben der Existenz und der Bestimmtheit der Kaufsache auch die 'Abwesenheit' von vertraglichen Hindernissen' gegeben ist.

'Abwesenheit' bzw. 'Nichtexistenz' in diesem Sinne liegt vor, wenn eine Bedingung gar nicht erst vereinbart wurde oder aber ggfs. eingetreten ist.

5. Der Tatbestand der 'Perfektheit' hinsichtlich der Verfügungsberechtigung

Die Anforderungen an das Tatbestandsmerkmal 'Perfektheit' scheinen abschließend behandelt zu sein. Dieser Eindruck täuscht. Inzwischen ist zwar nicht nur abgeleitet und begründet worden, dass die 'Perfektheit' neben dem Abschluss eines wirksamen Kaufvertrages Voraussetzung für den rechtsgeschäftlichen Eigentumserwerb ist. Auch wurden ihre spezifischen Anforderungen an den Sachverhalt aufgezeigt, soweit sie sich aus den sogenannten Ausnahmefällen zum 'reinen Konsensualprinzip' ergeben. Die Frage nach der Verfügungsberechtigung ist jedoch noch ungeklärt.

Bei der Beschäftigung mit der Frage der Verfügungsbefugnis hat man leicht den Eindruck, daß der Gesetzgeber in Rumänien für die Frage der Verfügungsbefugnis kein klares Konzept besaß.[363] Ursache dieses Eindrucks ist das Zusammenspiel vieler Faktoren. Die Art. 1294 ZGB ff.[364] gehen stillschweigend davon aus, es treffe schon der Eigentümer die rechtsgeschäftlichen Verfügungen, und der Erwerber habe die Rechtsmacht ohnehin immer.[365] Daß dies zwar in aller Regel so ist, aber eben auch anders sein kann, folgt nurmehr mittelbar aus den Vorschriften, die den Erwerb vom Nichtberechtigten regeln. Diese Regelungen zum Erwerb vom Nichtberechtigten dominieren zudem den Blick auf den rechtsgeschäftlichen Mobiliarerwerb[366]. Weiterhin gehen in Deutschland voneinander getrennte Regelungsbereiche, Vertretung und Auftrag, im rumänischen Recht ineinander über. Zuletzt wird diese Rechtslage in ihrer Komplexität dadurch gesteigert, daß das Einheitsprinzip das obligatorische Geschäft und seine dingliche Wirkung miteinander verknüpft, obgleich beide Ebenen des Geschäfts durchaus unterschiedliche funktionale Aufgaben erfüllen müssen. Dennoch gibt es eine solche Konzeption.

Im Rahmen dieser Darstellung wurde diese Frage mit dem Ende des ersten Kapitels bereits einmal angesprochen, blieb aber letztendlich offen. Zwar wurde in diesem Zusammenhang dargelegt, warum die Verfügungsberechtigung von der Irrtumsproblematik ebenso zu trennen ist, wie von der Sittenwidrigkeit. Auch wurde herausgearbeitet, dass die Verfügungsbefugnis von der Struktur der ihr im

[363] Nicht nur Außenstehenden kommt das so vor: *Motica/ Moțiu*, S. 221.

[364] Vgl. Art. 1582 C. civ. ff.

[365] Anders als in § 929 BGB ff., wird bei der Regelung des Kaufs nicht ausdrücklich auf den Eigentümer abstellt.

[366] Art. 2279 C. civ. wird etwa als die Zentralnorm des französischen Mobiliarsachenrechts bezeichnet, vgl. *Ferid/Sonnenberger* 3 B 2 und *Minuth* S. 6. Auch in Rumänien ist die Darstellung zu Art. 1909 ZGB in aller Regel breiter angelegt, als dies für den rechtsgeschäftlichen Erwerb geschieht, vgl. *Filipescu,* S. 265/ 266 zum rechtsgeschäfltichen Erwerb (davon eine Seite historischer Überblick) und S. 267 – 270 sowie 279 – 286 zu Art. 1909 ZGB oder auch *Adam* S. 423/ 424 bzw. S. 432 - 444.

rumänischen Recht zugedachten Rechtsfolgen keine Wirksamkeitsfrage sein kann. Jedoch konnte im Rahmen dieser Überlegungen keine Antwort darauf gegeben werden, an welcher Stelle des Erwerbstatbestandes die Verfügungsbefugnis dann von Relevanz ist. Es musste bei der Behauptung bleiben, dass es zum einen ein vom Kaufvertrag unabhängiges, zusätzliches, speziell auf die eigentumsverschaffende Wirkung des Vertrages zugeschnittenes Tatbestandsmerkmal gebe und dass zum anderen die Verfügungsbefugnis erst in diesem Zusammenhang ihre Bedeutung gewönne. Nun ist also der erste Teil dieser Behauptung unter Beweis gestellt ist. Ihr zweiter Teil, nämlich, ob die Frage der Verfügungsbefugnis auch Bestandteil der 'Perfektheit' ist, soll unmittelbar im Anschluss angetreten werden. Dabei wird auch zu klären sein, welche inhaltlichen Erfordernisse erfüllt sein müssen, damit das Eigentum übergehen kann.

Während die bislang untersuchten Hindernisse für den Eintritt der eigentumsverschaffenden Wirkung des Kaufvertrags ihre Ursache im Vertragsgegenstand sowie in der vertraglichen Vereinbarung der Parteien hatten, wird nun also das Augenmerk auf die Hindernisse gerichtet, deren Ursache bei den Vertragsparteien liegt. Dabei soll zuerst auf Hindernisse eingegangen werden, die auf der Veräußererseite bestehen können (5.1.). Anschließend werden diejenigen auf der Erwerberseite untersucht (5.2.).

5.1. Fehlende Verfügungsbefugnis auf Veräußererseite

Wie sich aus der Überschrift bereits erahnen lässt, beschränkt sich die Untersuchung auf den Fall der (vollständig) fehlenden Verfügungsbefugnis. Auch eine inhaltlich begrenzte Verfügungsbefugnis läuft im Ergebnis auf ein Fehlen derselben hinaus. Ein Eingehen auf diese Fallkonstellation würde den Rahmen dieser Untersuchung also weiter ausdehnen, ohne zusätzlichen Gewinn zu bringen. Wie bereits angekündigt, muss nun untersucht werden, ob die Verfügungsbefugnis des Veräußerers Teil der Perfektion des Kaufvertrages ist (5.1.1.) und welche Anforderungen an den Veräußerer daraus gegebenenfalls resultieren (5.1.2.).

5.1.1. Die Verfügungsbefugnis als Frage der Perfektheit

Zuvor muss dargestellt werden, warum die Verfügungsbefugnis nicht im Rahmen des Kaufvertrages selbst zur Diskussion steht, sondern vielmehr als Voraussetzung der Perfektheit zu behandeln ist. Denn es ist zwar unzweifelhaft, dass auch der rumänische Gesetzgeber das Bestehen der Verfügungsmacht für den rechtsgeschäftlichen Eigentumserwerb voraussetzt. Unklar ist jedoch, an welcher Stelle im System des einheitlichen Übertragungstatbestandes er diese Frage verankert hat.

Bereits im ersten Kapitel[367] dieser Abhandlung wurden Überlegungen angestellt, wie mit dem Problem der fehlenden Verfügungsbefugnis umzugehen sei. Das Ergebnis dieser Überlegungen war, dass auf diesen Fall zwar der Satz '*nemo plus iuris in alium transferre potest quam ipse habet*'[368] anzuwenden ist. Allerdings wurde auch festgestellt, dass dieser Satz nur dann die Wirksamkeit des Vertrages beeinflussen dürfe, wenn der Eigentumsübergang kraft Rechtsgeschäft *ausschließlich* von der Wirksamkeit des geschlossenen Vertrages abhängig ist. Wenn der Eigentumsübergang jedoch das Vorliegen weiterer, vom Kaufvertrag getrennt zu betrachtender Umstände erfordere, dann sei die Verfügungsberechtigung in diesem Rahmen zu behandeln, weil sie sachlich wie systematisch ein Fremdkörper im System der Wirksamkeit wäre.

Aus den bisherigen Ausführungen im zweiten Kapitel geht hervor, dass der wirksame Kaufvertrag auch innerhalb eines von Einheits-, Kausalitäts- und Konsensprinzip beherrschten Rechtssystems nur einen *Anspruch* auf Verschaffung des Eigentums begründet. Anspruchsinhaber ist der Käufer, Anspruchsgegner ist der Veräußerer. Ein unmittelbarer Eigentumsübergang auf den Käufer ist damit grundsätzlich[369] nicht verbunden. Allein der Abschluss des Kaufvertrags begründet demnach nur Rechte und Pflichten zwischen den Parteien. Dazu gehört insbesondere auch die Verpflichtung des Veräußerers zur Verschaffung des Eigentums an der Kaufsache. Die eigentumsverschaffende Wirkung des Kaufvertrages, die dann auch Dritten gegenüber Wirkung entfaltet, kann erst eintreten, wenn der Vertrag 'perfekt' ist. Dazu ist der Eintritt weiterer Voraussetzungen erforderlich, die sich insbesondere aus der zuordnungsändernden Natur des Rechtsgeschäfts[370] ergeben.

Daraus resultiert zunächst, dass der Eigentumsübergang - wie im ersten Kapitel angenommen - ein vom Abschluss des Kaufvertrags trennbares Ereignis ist. Zu seinem Eintritt müssen neben dem Kaufvertrag weitere Voraussetzungen erfüllt sein.

Weiterhin ergibt sich aus dieser Überlegung auch, dass der Abschluss eines solchen (Kauf-) Vertrages selbst dann keinen Verstoß gegen das Drittwirkungsverbot des Art. 973 ZGB[371] begründen kann, wenn er durch den Nichtberechtigten gemacht wird. Denn der Kaufvertrag begründet lediglich eine *Verpflichtung* zur Eigentumsverschaffung, verschafft es aber nicht selbst.[372] Damit kommt dem Kauf-

---

[367] Teil 1, Kapitel 1, 2. Abschnitt, 2 und 3.

[368] Kunkel/*Mayer-Maly*, § 61, II; *Kaser*, § 24 I, 2.

[369] Die einzige Ausnahme besteht im unbedingten Kauf einer existierenden Stücksache vom Eigentümer.

[370] Zur Zuordnungsfunktion des Sachenrechts vgl. nur *Westermann/ Westermann*, § 2.

[371] Vgl. Art. 1165 C. civ.

[372] Das gilt auch dann, wenn es um den unbedingten Kauf einer Stücksache durch den Verfügungsberechtigten geht. Zwar geht dann das Eigentum im Moment des Vertragsschlusses über. Dies liegt jedoch daran, dass im Moment der Begründung der Eigentumsverschaffungspflicht alle Voraussetzungen für den Eigentumstransfer erfüllt

vertrag dieselbe *inter-partes*-Wirkung wie jedem anderen obligatorischen Vertrag zu. Die Frage der Eigentumsübertragung ist durch den Vertrag als solchen nicht berührt. Und selbst wenn im Übrigen sämtliche Voraussetzungen der Perfektheit vorliegen muss die rechtsgeschäftliche Eigentumsübertragung doch scheitern, wenn der Veräußerer dazu nicht berechtigt ist. Aus alledem folgt:

> Die Frage der Verfügungsberechtigung ist in *gesetzessystematischer* Hinsicht ein Tatbestandsmerkmal der Perfektheit.

Fügt man in dieses Bild nun die in der rumänischen Rechtsliteratur getroffenen Aussagen zur Verfügungsberechtigung ein, so wird klar, dass diese auch in *sachlicher* Hinsicht als Voraussetzung der 'Perfektheit' behandelt werden muss.

So ist zunächst nochmals festzustellen, dass der Satz des '*nemo plus iuris in alium transferre potest quam ipse habet*' aufgrund seines Verbes '*transferre*' allein auf die Verhinderung der eigentumsverschaffenden Wirkung abzielt.[373] Auf der Grundlage eines Systems, das den Kaufvertrag und den Eigentumsübergang voneinander unterscheidet, stellt dieser Grundsatz also allein bei der eigentumsverschaffenden Wirkung an und wendet sich nicht gegen den obligatorischen Vertrag als solchen.

Das Rechtsinstitut der '*promisiunea faptei altuia*'[374] ermöglicht gerade auch im Fall des Vertrages, den der nichtberechtigte Veräußerer in eigenem Namen und auf eigene Rechnung schließt, dessen 'Ratifikation', also dessen nachträgliche Genehmigung durch den wahren Eigentümer. Auch hierin liegen zwei Aussagen, die begründen, warum die Herstellung der Verfügungsberechtigung Teil der Perfektion ist. Zunächst ergibt sich dies aus dem zeitlichen Moment. Die vertragliche Verpflichtung wird als wirksam behandelt, mit der Maßgabe, dass die 'Perfektion' hinsichtlich der noch fehlenden Verfügungsbefugnis nach Abschluss des Kaufvertrags noch herbeigeführt werden kann. Indem dies geschieht, setzt dieses Rechtsinstitut zum anderen unausgesprochen die hier im zweiten Kapitel herausgearbeitete Systematik des Eigentumsübergangs durch Kaufvertrag und Perfektion voraus. Denn es wird gedanklich getrennt zwischen Vertrag und eigentumsverschaffender Wirkung.

Auch die im Zusammenhang mit der '*promisiunea faptei altuia*' getroffene Aussage, ein durch den nichtberechtigten Veräußerer geschlossener Kaufvertrag sei

---

sind. Denn die Perfektheit ist in diesem Sonderfall schon gegeben. Das führt dazu, dass die Verpflichtung zur Eigentumsverschaffung (Art. 1074 Abs. 1 ZGB) in derselben juristischen Sekunde aufgrund gesetzlicher Anordnung erlischt, in der sie begründet wurde. Was bleibt ist der Anspruch auf Lieferung (Art. 1313 f., 1316 ZGB).

[373] Kunkel/*Mayer-Maly*, § 61, II; *Kaser*, § 24 I, 2; *Drobnig*, Transfer of Property, in: Hartkamp/ Hesselink/ Hondius/ Joustra/ du Perron (Hrsg.), Towards a European Civil Code, S. 495498 f. In diesem Sinne auch *Baur*/ *Stürner*, § 4, II.

[374] Vgl. nochmals 1. Kapitel, 2. Abschnitt, 2.2.

dem wahren Eigentümer gegenüber '*inopozabil*', im also nicht entgegenhaltbar, bestätigt die Einordnung der Verfügungsberechtigung innerhalb der 'Perfektheit'. Die '*Inopozabilitatea*' wird als diejenige Sanktion bezeichnet, die eintrete, wenn ein Publizitätserfordernis, das zu Gunsten eines Dritten bestehe, nicht eingehalten oder aber die Grenzen der Vertretungsmacht überschritten würden. Weiterhin setze die '*Inopozabilitatea*' im Gegensatz zur Nichtigkeit[375] gedanklich ein wirksames Rechtsgeschäft voraus und entfalte ihre Wirkung auch nur im Verhältnis der Vertragsparteien zu dem geschützten Dritten. Zudem unterscheide sich die '*Inopozabilitatea*' von der Nichtigkeit dadurch, dass sie ihre Ursache nicht im Vertragsschließen habe, sondern die Sanktion für *danach liegende Nichterfüllung von Tatbestandsvoraussetzungen* sei.[376] Mit anderen Worten, die '*Inopozabilitatea*' ist in diesem Fall nichts anderes als die Umschreibung der Wirkung des Art. 973 ZGB[377].

Tatsächlich fällt die Veräußerung durch den Nichtberechtigten in den Anwendungsbereich der '*Inopozabilitatea*'. Dies zeigt ein systematischer Vergleich des Vertretungsrechts mit der Handhabung der Verfügung durch einen Nichtberechtigten.

- Dabei ist zunächst der Blick auf die Fallgestaltung zu richten, in der der Veräußerer zwar in fremdem Namen und auf fremde Rechnung handelt, ohne jedoch Vertretungsmacht zu besitzen. In diesem Fall stellt Art. 1546 Abs. 2 ZGB ausdrücklich fest, dass der vertretene Eigentümer nicht *verpflichtet* ist. Hier setzt das Gesetz mit seiner Rechtsfolge bereits bei der Frage an, ob der *Vertrag* im Hinblick auf den Vertretenen Wirkung entfaltet. Der Eigentumsübergang könnte an der Perfektheit gar nicht scheitern, weil der Eigentümer - wäre er durch den Vertrag tatsächlich wirksam verpflichtet - selbst Vertragspartei wäre. Seine Verfügungsbefugnis stünde jedoch außer Frage.

- Handelt der Nichtberechtigte dagegen in eigenem Namen und auf eigene Rechnung, so ist er einerseits dem Vertreter ohne Vertretungsmacht insofern vergleichbar, als er eine Verfügung treffen möchte, ohne - wie dieser - die zum jeweiligen Geschäft erforderliche Rechtsmacht zu haben. Hier steht jedoch nicht die Rechtsmacht sich selbst vertraglich zu verpflichten in Frage. Hier geht es allein um die Rechtsmacht des Veräußerers, das Eigentum an einer Sache zu verschaffen, die ihm nicht gehört. Es geht also um die Frage, ob die eigentumsverschaffende Wirkung des vom Nichtberechtigten geschlossenen Vertrages eintreten darf. Der Eintritt dieser Wirkung beträfe die Rechtsposition des tatsächlichen Eigentümers und nur diese Wirkung stünde im Widerspruch zu Art. 973 ZGB. Deshalb darf der Vertrag den Nichtberechtigten zwar einer-

[375] Die typische Rechtsfolge der Nichtigkeit ist die Unwirksamkeit.

[376] So *Beleiu*, S. 196, 207; *Stătescu/ Bîrsan*, 52, S. 61, 56, S. 69 ff.; *Cojocaru*, S. 263; Mazeaud/Chabas II.1 (*Chabas*) Tz. 295-2; *Ghestin/ Jamin/ Billiau*, Tz. 672, 724.

[377] *Stătescu/ Bîrsan*, 52, S. 61.

seits binden, sich aber andererseits aus dem Vertrag keine eigentumsverschaffende Wirkung ergeben.

Aber auch aus dem Publizitätsaspekt ergibt sich die Anwendbarkeit der '*Inopozabilitatea*'. Denn eine 'Ratifikation', also die nachträgliche Genehmigung der Verfügung durch den Eigentümer im Sinne der § 185 Abs. 2 BGB, ist nur möglich, wenn diesem gegenüber zuvor der Kaufvertrag bekannt gegeben, also diesem gegenüber die zunächst fehlende Publizität hergestellt worden ist. In sachlicher Hinsicht ist auch der Umstand von Bedeutung, dass die Sanktion der Wirkungslosigkeit des Versuchs der rechtsgeschäftlichen Eigentumsverschaffung durch Ratifikation beseitigt werden kann. Demgegenüber liegt die alternativ zur Diskussion stehende absolute Nichtigkeit von Anfang an vor und ist nicht einmal heilbar. Die Möglichkeit der Beseitigung der '*Inopozabilitatea*' ist gerade im Hinblick auf die Bedürfnisse des Rechtsverkehrs von besonderer Bedeutung. In dieselbe Richtung zielt der Umstand, dass bei einem Fall von '*Inopozabilitatea*' das zu Grunde liegende Rechtsgeschäft in seiner Geltung unangetastet bleibt. Damit kann dieses im Fall des Scheiterns auch die Grundlage des vertraglichen Schadensersatzanspruchs des Käufers bilden.

Abschließend sei auf einen weiteren Sachzusammenhang hingewiesen. Das Tatbestandsmerkmal der *'Perfektheit' enthält ausschließlich außerkonsensuale*, auf der Tatsachenebene angesiedelte *Voraussetzungen der Zuordnungsänderung* von Sachen. Weder die Existenz einer Kaufsache, noch deren Bestimmung sind von der Einigung der Parteien abhängig, ebenso wenig der *Eintritt* einer etwa vereinbarten aufschiebenden Bedingung. Die Frage nach der Verfügungsbefugnis ist die Frage nach dem tatsächlichen Vorhandensein einer Rechtsmacht des Veräußerers zur Änderung der bestehenden Zuordnung. Auch insofern erweist sich die Einordnung der Verfügungsbefugnis als Merkmal der 'Perfektheit' als sachgerecht.

Insgesamt gesehen stehen damit zwei Ergebnisse fest.

1. Sowohl aus systematischer wie aus sachlicher Hinsicht lässt sich begründen, dass die Frage der Verfügungsbefugnis im Rahmen der Wirksamkeit des Vertrages keine Rolle spielt.

2. Zudem lässt sich positiv aufzeigen, dass die Verfügungsbefugnis ein Tatbestandsmerkmal der 'Perfektheit' ist und dies auf der Basis der in der rumänischen Literatur getroffenen Sachaussagen.

5.1.2. Anforderungen an den Veräußerer hinsichtlich der Verfügungsbefugnis

Damit ist aber immer noch offen, in welchen Fällen der Kaufvertrag im Hinblick auf die Verfügungsbefugnis als 'perfekt' anzusehen ist.

Dies ist einerseits dann der Fall, wenn der Veräußerer entweder von Anfang an Eigentümer der Sache ist oder ab dem Moment, ab dem er das Eigentum erworben hat. In diesen Fällen der Verfügungsbefugnis aus eigenem Recht liegt ein Erwerb vom Berechtigten vor, der im Hinblick auf den Voreigentümer allerdings auch immer ein Durchgangserwerb ist.[378]

Die Veräußerung durch den aus abgeleitetem Recht Befugten andererseits ist dagegen ein Fall des Direkterwerbs. Ebenfalls aus abgeleitetem Recht resultiert die Verfügungsbefugnis bei nachträglicher Genehmigung durch den Eigentümer, die 'Ratifikation'.[379]

Aus den bisherigen Ausführungen ergibt sich, dass diese Formen der Verfügungsberechtigung in der rumänischen Literatur anerkannt sind. Keine Aussage trifft diese hingegen dahingehend, ob der Kaufvertrag für den Fall der bereits im Vorhinein bestehenden Verfügungsbefugnis aus abgeleitetem Recht 'perfekt' ist. Anders als mit § 185 Abs. 1 BGB gibt es im ZGB auch keine entsprechende Regelung des Falls. Allerdings wird man das Fehlen entsprechender Aussagen darauf zurückführen dürfen, dass die Zulässigkeit der vorherigen Erteilung der Verfügungsbefugnis durch den wahren Eigentümer selbstverständlich ist, wenn man die spätere Genehmigung anerkennt, und dass die Perfektheit des Vertrages in Fällen bereits bestehender Verfügungsbefugnis insoweit keiner besonderen Erwähnung bedarf.[380]

Fraglich ist aber auch, welche Folgen ein *rechtsgeschäftliches Verfügungsverbot* hat. Eine gesetzliche Regelung besteht dazu nicht. Ursprünglich hielt man rechtsgeschäftlich vereinbarte Verfügungsverbote für unwirksam, weil diese das Prinzip der freien Übertragbarkeit des Privateigentums verletzten. Unter dem Eindruck der französischen Rechtsprechung ging man dann jedoch zu der Einschätzung über, dass rechtsgeschäftliche Veräußerungsverbote unter zwei Bedingungen zulässig seien. Sie müssten einerseits durch ein legitimes Interesse des Begünstigten gerechtfertigt sein. Dies wäre etwa dann der Fall, wenn der Begünstigte Inhaber einer Hypothek auf dem verbotsgegenständlichen Grundstück sei. Auch im Fall eines besitzlosen Pfandrechts liege ein berechtigtes Interesse vor. Außerdem müsse ein solches Verfügungsverbot zeitlich begrenzt sein. Dabei führe auch die Vereinbarung einer Zeitspanne, die *im Ergebnis* auf ein immerwährendes Verfügungsverbot hinauslaufe, zur absoluten Nichtigkeit des Verfügungsverbotes, weil es dann eine verbotene und unzulässige 'cauza' habe.[381]

---

[378] *Motica/ Moţiu*, S. 123; *Huet*, Tz. 11140.

[379] *Motica/ Moţiu*, S. 221 lit. b; *Toader*, Evicţiunea, S. 55 ff.; *Codrea*, S. 32; *Huet*, Tz. 11140.

[380] Dafür spricht, daß diese Konstellation immerhin bei *Huet*, Tz. 11139 Erwähnung findet und anerkannt ist.

[381] Als einziger zum rechtsgeschäftlichen Verfügungsverbot: *Pop*, Dreptul der proprietate, S. 40 f.

Damit ist jedoch die Wirkung des Verfügungsverbotes als solches noch nicht beschrieben. Insofern fehlt - soweit ersichtlich - eine Stellungnahme in der rumänischen Literatur völlig. Greift man jedoch auf die allgemeinen Grundsätze zurück, muss man das rechtsgeschäftliche Verfügungsverbot wegen Art. 973 ZGB als eine Vereinbarung auffassen, die in der Regel lediglich *inter partes* wirkt. Sie wäre bei einer verbotswidrigen Verfügung den Erwerbern gegenüber zumindest solange nicht entgegenhaltbar, wie diese von dem Verbot nichts wussten.

Damit erzielt ein unter rumänischem Recht vereinbartes rechtsgeschäftliches Veräußerungsverbot im Ergebnis die gleiche Wirkung wie ein solches nach deutschem Recht. § 137 BGB erklärt den Ausschluss der Befugnis zur *Verfügung* für unwirksam, verbietet aber nicht die *Verpflichtung* des Eigentümers, nicht zu verfügen. Damit steht ein rechtsgeschäftliches Veräußerungsverbot nach deutschem Recht der wirksamen Übertragung des Eigentums an einer Sache an einen Dritten genauso wenig im Wege, wie unter rumänischem Recht. Gleichzeitig aber bietet es bei verbotswidrigem Handeln in beiden Fällen eine Basis für Schadensersatzansprüche des Verbotsbegünstigten gegen den Verbotsverpflichteten.

5.2. Fehlende Verfügungsbefugnis auf der Erwerberseite

Wie das deutsche Recht kennt auch das rumänische Fälle, in denen den Absichten des potentiellen Käufers einer Sache ein Erwerbsverbot entgegensteht. Praxisrelevant sind diese Verfügungshindernisse in beiden Rechtsordnungen vor allem im Immobiliarrecht.[382] Dabei dürften die tatsächlich häufigsten Fälle im deutschen Recht die Erwerbsverbote aufgrund einstweiliger Verfügung sein.[383] Ob sich in Rumänien eine derartige Rechtspraxis herausgebildet hat, ist derzeit nicht feststellbar. Und dennoch gibt es ein sehr praxisrelevantes Erwerbsverbot. Nach Art. 41 Abs. 2, Satz 2 der rumänischen Verfassung[384] können Personen, die nicht die rumänische Staatsangehörigkeit haben, kein Grundeigentum erlangen[385].

Die Frage, ob ein den Eigentumsübergang hinderndes Erwerbsverbots im Rahmen der Perfektion relevant ist, ist bereits geklärt. Dies ergibt sich unmittelbar aus den

---

[382] Auf das Immobiliarrecht wird an dieser Stelle nur insoweit eingegangen, als es für die Frage der Tatbestandsvoraussetzungen für den rechtsgeschäftlichen Eigentumserwerb von Bedeutung ist.

[383] Vgl. dazu etwa Baur/*Stürner*, § 15 IV, 2c; § 19 B., I, 2c, β; III, 2d.

[384] Constitutia României din 1991, veröffentlicht in M.Of. Nr. 233 vom 21. November 1991.

[385] Art. 41, Abs. 2: "*Proprietatea privată este ocrotită în mod egal de lege, indiferent de titular. Cetăţenii străini şi apatrizii nu pot dobândi dreptul de proprietate asupra terenurilor.*" ["Privateigentum ist unabhängig von der Person des Eigentümers dem Gleichheitsgrundsatz entsprechend durch das Gesetz geschützt. *Fremde Staatsbürger und Staatenlose können kein Eigentum am Boden erwerben.*"]. *Curtea Constituţională*, decizia Nr. 73/1997, vollständig veröffentlicht in M. Of. I, Nr. 75 vom 29.04.1997, auszugsweise in R.D.C. 1997, 122 - 127. Ausführlich und mit Nachweisen auch zur aktuellen Rechtsprechung: Breidenbach/*Stalfort*, Erwerb von Grundeigentum, V.

voranstehenden Ausführungen zur Verfügungsbefugnis.[386] Auch bei einem Erwerbsverbot ist die Rechtsmacht zur Zuordnungsänderung beeinträchtigt. Allerdings ist die weitere Frage offen, ob es sich bei Art. 41 Abs. 2 Satz 2 der rumänischen Verfassung tatsächlich um ein Erwerbsverbot handelt.[387] Denkbar wäre immerhin auch, dass durch diese Bestimmung dem betreffenden Personenkreis insoweit die Rechtsfähigkeit aberkannt wird, wie dies bei juristischen Personen geschieht, die Geschäfte schließen, die vom Unternehmenszweck nicht gedeckt sind.[388] Während aber Art. 34 PersDekr.[389] in seinem Wortlaut ausdrücklich auf die Fähigkeit, Inhaber von Rechten zu sein, abstellt, richtet sich der Wortlaut von Art. 41 Abs. 2 Satz 2 der Verfassung ausdrücklich gegen den Eigentumserwerb. Der sehr viel gravierendere Eingriff in die Rechtsfähigkeit[390] wäre einerseits in keiner Weise zu rechtfertigen und hätte zudem einer eindeutigen Rechtsgrundlage bedurft. Somit handelt es sich in Art. 41 Abs. 2 Satz 2 der rumänischen Verfassung tatsächlich um ein Erwerbsverbot.[391]

6. *Die Wirkungsweise des einheitlichen Erwerbstatbestandes*

Es hat sich gezeigt, dass der rechtsgeschäftliche Eigentumserwerb durch sehr unterschiedliche und in ihren Wechselwirkungen komplexe Lebenssachverhalte geprägt ist. Demzufolge ist es Aufgabe des Zivilrechts, differenzierte, sach- und interessengerechte Lösungen für die damit verbundenen Fragen anzubieten. Dieser Anforderung möchte das rumänischen Zivilgesetzbuch mit einem Tatbestand gerecht werden, der aus dem Abschluss eines Kaufvertrags und dessen Wirksamkeit einerseits sowie aus dem Eintritt der eigentumsverschaffenden Wirkung durch Perfektion andererseits besteht. Dass dies gelingt, soll nun anhand von ausgewählten Fallkonstellationen der Beteiligung Dritter am Eigentumserwerb aufgezeigt werden. Da diese Problematik alle Ebenen des Rechtserwerbs berührt, ist sie

---

[386] Teil 1, 2. Kapitel, 2. Abschnitt, 5.1.1.

[387] Hinsichtlich der Auslegung des Tatbestandes, insbesondere hinsichtlich der Frage wer konkret davon betroffen ist, sei an dieser Stelle auf die Ausführungen zu den Besonderheiten des Immobiliarrechts, 2. Kapitel, II, 1.2. verwiesen, da diese Aspekte über die rein technischen Frage des Eigentumserwerbstatbestandes hinausreichen.

[388] Vgl. Teil 1, Kapitel 1, 1.2.

[389] Art. 34 PersDekr.: [Abs. 1] "*Persoana juridica nu poate avea decât acele drepturi care corespund scopului ei,... ....*" *[Abs. 2]* "*Orice act juridic care nu este facut în vederea realizarii acest scop este nul.*" [Abs. 1: "....kann nur die Rechte haben, die.... ...."; Abs. 2: "Jedes Rechtsgeschäft.... ....ist nichtig."].

[390] Und es geht ja nicht nur um die Rechtsfähigkeit juristischer, sondern eben auch um die natürlicher Personen.

[391] In diesem Sinne wohl auch *Verfassungsgerichtshof*, Entscheidung Nr. 73/1997, R.D.C. 1997, 122, 122, wenn er davon spricht, dass Ausländer nicht erwerben könnten [*...nu pot dobandi...*].

in besonderem Maße als Beispiel für die Wirkungsweise des einheitlichen Tatbestands für den rechtsgeschäftlichen Eigentumserwerb geeignet. Dabei sind zwei juristisch grundlegend verschiedene Situationen zu unterscheiden. Entweder der Veräußerer handelt in eigenem Namen und auf eigene Rechnung und bindet somit sich selbst, oder er macht beides für einen Fremden als dessen Vertreter.[392]

Zunächst soll auf die Situation eingegangen werden, in der der Veräußerer in eigenem Namen und auf eigene Rechnung handelt.

> ***Beispielsfall 1*** **:** Der Verkäufer A schließt mit dem Käufer B einen Kaufvertrag über eine Sache, die, was B nicht wusste, dem C gehört.
>
> Der Kaufvertrag zwischen A und B ist geschlossen. Der Vertrag wird bis zum Erlass eines entsprechenden Urteils zwar als wirksam behandelt, aber er ist von B anfechtbar. Der Anfechtungsgrund des B beruht auf dessen Irrtum über die Verfügungsbefugnis des A, die eine verkehrswesentliche Eigenschaft darstellt.
>
> Allerdings kann B, selbst wenn er den Vertrag nicht anficht, kraft Rechtsgeschäft niemals Eigentum erwerben, weil mangels Verfügungsbefugnis des A die Perfektheit nicht vorliegt.

Diese Lösung ist im Hinblick auf die Interessen von A und B sachgerecht. Der Vertrag ist wirksam. Dies ist die unabdingbare Voraussetzung dafür, dass A überhaupt die Möglichkeit hat, den Anfechtungsgrund zu beseitigen und seiner Verpflichtung nachzukommen. Dafür muss er das Eigentum an der Sache von C erwerben oder sich die Verfügung von diesem genehmigen lassen. Gelingt ihm dies, so scheitert auch die eigentumsverschaffende Wirkung des Kaufvertrag nicht mehr an der Perfektheit, denn A wäre im ersten Fall aus eigenem, im zweiten aus abgeleitetem Recht verfügungsbefugt.
Interessengerecht ist diese Lösung auch für B. Er kann einerseits Erfüllung, ggfs. Schadensersatz wegen Nichterfüllung aus dem immerhin wirksamen Kaufvertrag mit A verlangen. Er hat andererseits die Macht sich wegen der fehlenden Berechtigung des A vom Vertrag und dem damit verbundenen, gegen ihn gerichteten Anspruch des B auf Kaufpreiszahlung zu lösen, wenn er das will. Sollte A die Verfügungsberechtigung aufgrund einer Genehmigung durch C iSv. Art. 1546 Abs. 2 ZGB[393] tatsächlich erlangen, dann hat B mit dem Vertrag die Grundlage für

[392] Die Fallgestaltung des Handels auf eigenen Namen in fremder Rechnung soll hier als besonderer Vertragstyp des Handelsrechts (Kommission, vgl. Art. 405 HandelsG.; dazu auch *Deak/Cărpenaru* Teil II, Cap. III, S. 329 ff.; *Cărpenaru*, 755, ff., S. 408 ff.) außer Betracht bleiben.

[393] Art. 1546 Abs. 2 ZGB: "*Nu este îndatorat pentru tot ceea ce mandatarul ar fi făcut afară din limitele puterilor sale, afară numai când a ratificat expres sau tacit.*" ["Zu dem, was der Auftragnehmer außerhalb der Grenzen seiner Rechtsmacht getan hat, ist er {der

den sofortigen Eigentumserwerb in Form des Durchgangserwerbs. Da sich der Eigentumsübergang an B unmittelbar nach Erlangung der Verfügungsberechtigung vollzieht, ist auch der rechtsgeschäftliche Eigentumserwerb eines - im Verhältnis zu A und B - Dritten auf der Grundlage einer Zwischenverfügung ausgeschlossen.[394]
Ein wertender Vergleich mag die Richtigkeit dieses Ergebnisses bestätigen. Hätte B von der fehlenden Verfügungsmacht gewusst, würden die Regeln der '*promisiunea faptei altuia*' für das Geschäft gelten. Sein Vertrag mit A würde zunächst als wirksam behandelt, verbunden mit der Möglichkeit des Eigentumserwerbs bei Ratifikation durch C iSv. Art. 1546 Abs. 2 ZGB. B kann aber nicht deshalb schlechter stehen, weil ihm A die fehlende Verfügungsbefugnis verschwiegen hat.

Aber auch im Hinblick auf C ist die Lösung nicht zu beanstanden, denn B kann ohne das Mitwirken des C zu keiner Zeit kraft Rechtsgeschäft Eigentümer werden. Er ist nicht gezwungen, den von A geschlossenen Vertrag zu erfüllen, weil er aus diesem nicht verpflichtet wird, Art. 1546 Abs. 2 ZGB. Der Vertrag ist ihm gegenüber nicht '*opozabil*'. Es bedarf also zu seinem Schutz weder eines Anfechtungsrechtes noch einer in sonstiger Weise begründeten Vertragsunwirksamkeit. Für ihn ist hinreichend, dass das Eigentum an der Sache nicht an B übergehen kann. C wird durch diese Ausprägung des Tatbestandsmerkmals 'Perfektheit' vor den Wirkungen der Vereinbarung zwischen A und B so geschützt, wie Art. 973 ZGB dies vorschreibt. Umgekehrt - eine Lösung der Problematik von Verfügungen durch den Nichtberechtigten mithilfe der Irrtumsregeln wird den Anforderungen des Art. 973 ZGB nicht gerecht. Wenn B, aus welchem Grund auch immer, von der Anfechtungsmöglichkeit nicht Gebrauch macht, bleibt der Vertrag wirksam mit der Folge, dass C das Eigentum an der Sache an B verliert, denn auf das Erfordernis der Verfügungsberechtigung kommt es ja nach dieser Auffassung gerade nicht an.[395] Darüber hinaus stünde C in diesem Fall nicht einmal der Weg einer klageweise Geltendmachung der Nichtigkeit offen.[396]

Auftraggeber, Anm. d. Verf.} nicht verpflichtet, es sei denn, daß er dies ausdrücklich oder konkludent genehmigt hat."]. Vgl. die ähnliche Rechtslage in Frankreich: Art. 1991, 1989 C. civ.

[394] Denkbar wäre lediglich ein Erwerb kraft guten Glauben gem. Art. 972 oder 1909, 1910 ZGB (Vgl. die französischen Parallelvorschriften Art. 1141 und 2279, 2280 C. civ.). Dabei handelt es sich jedoch um einen gesetzlichen Eigentumserwerb.

[395] Vgl. nochmals etwa *Deak/Cărpenaru* Teil I, Cap. I, Abschn. I, § 1, 2, 16. 1., S. 41; *Motica/ Moţiu*, S. 222 lit. e); *Boroi*, S. 181; *Larroumet*, Tz. 374.

[396] Curtea de Apel Craiova, secţia civilă, decizia Nr. 3951 vom 04.11.1996, Dreptul 1998, S. 121, 122 mit (auch insofern) zustimmender Anm. *Georgescu/Oproiu* S. 123, 123.

In dem Fall, in dem A im Namen und auf Rechnung des C handelt, ist eine weitere Unterscheidung danach zu treffen, ob der Veräußerer mit (Beispielsfall 2) oder ohne Vertretungsmacht handelte (Beispielsfall 3).

> ***Beispielsfall 2:*** A schließt namens und im Auftrag des C mit B einen unbedingten Kaufvertrag über eine Stücksache.

a) Steht die Sache im Eigentum des C,

so ist zunächst ein Vertrag zwischen C - vertreten durch A - und B geschlossen worden[397]. Dieser ist wegen des Auftrags und der damit verbundenen Vertretungsmacht gem. Art. 1546 Abs. 1 ZGB auch wirksam zustande gekommen und bindet den C. Da weder ein Grund absoluter Nichtigkeit, noch ein, wie auch immer gearteter Anfechtungsgrund ersichtlich ist, ist dieser Vertrag auch in dieser Hinsicht wirksam.

Die Perfektion ist bereits im Moment des Vertragsschlusses eingetreten, da der Vertragsgegenstand existent sowie hinreichend bestimmt war, und eine Bedingung nicht vereinbart worden ist. Auch die Verfügungsbefugnis[398] lag bereits bei Vertragsschluss vor, denn der Eigentümer C ist aus dem Vertrag mit B selbst verpflichtet und verfügt aus eigenem Recht über die Sache.

b) Steht die Sache jedoch - ohne dass B davon weiß - im Eigentum des X,

so ist ein Vertrag zwischen C - vertreten durch A - und B zustande gekommen. Zwar ergeben sich keine Unwirksamkeitsgründe aus der Vertretung des C durch A. Jedoch kann B, wie im Beispielsfall 1, wegen Irrtums anfechten.

Auch hinsichtlich der erforderlichen Perfektion ergeben sich nur den Personen nach, nicht aber sachlich, Unterschiede zum Beispielsfall 1. Der Eigentumsübergang kann also mangels Verfügungsbefugnis des C nicht eintreten.

---

[397] *Deak/Cărpenaru* Teil I, Cap. V, Abschn. I, § 2, B, 17, S. 150.

[398] Von der Frage der Verfügungsbefugnis ist die Frage der Erteilung einer Spezialvollmacht für Verfügungen strikt zu trennen. Zwar verlangt Art. 1536 Abs. 2 ZGB iVm. Art. 1535, 1. Alt. ZGB für translative Geschäfte die Erteilung einer Vollmacht zur Verfügung (so auch *Deak/Cărpenaru* Teil I, Cap. V, Abschn. I, § 1, 6., S. 143.). Art. 1536 Abs. 2 verlangt lediglich, dass das Mandat für die Vornahme eines translativen Geschäftes hinreichend bestimmt ist.

Der Fall zu a) ist ein typischer Erwerb vom Berechtigten. Die einzige wesentliche Besonderheit liegt in der Verlagerung des Vertragspartners von der Person des Handelnden auf einen anderen. Davon abgesehen dient der Fall dazu, anhand eines Beispiels zu zeigen, an welchem Punkt die anderen Perfektheitsvoraussetzungen entscheidungserheblich sind. Die Lösung zeigt auch hier, dass der einheitliche Übertragungstatbestand auch im Falle dreier am Vertragschluss beteiligter Personen nicht zu unsachgemäßen Verschiebungen der Rechtsfolgen im Vergleich zum Zwei-Personen-Verhältnis führt. Aus dem selben Grunde konnte und durfte auch die Bewertung der Rechtslage zu b) zu keinem anderen Ergebnis führen als im Beispielsfall 1. Im Verhältnis zu dem dort besprochenen Erwerb vom Nichtberechtigten war auch die hier geprüfte Fallgestaltung nur eine Verlagerung des Vertragspartners von der Person des Handelnden auf den Vertretenen.

Ein Blick auf die Funktionen, die Art. 1546 Abs. 2 ZGB in den Beispielsfällen 1 und 2 a) übernimmt, macht die Vielschichtigkeit des 'Mandats' in Rumänien deutlich.[399] Diese Vielschichtigkeit beruht auf einer mangelhaft ausgeprägten Differenzierung des Gesetzestextes. Das beginnt damit, daß der Gesetzgeber im Auftragsrecht nicht zwischen Innen- und Außenverhältnis getrennt hat, wie dies etwa mit §§ 662 ff. und §§ 164 ff. BGB geschehen ist.[400] Hinzutritt, daß auch eine Differenzierung zwischen Vertretungs- und Verfügungsmacht nicht vorgenommen wurde, wie dies im BGB mit den §§ 164 ff. und § 185 BGB geschehen ist. Eine Trennung von Vertretungs- und Verfügungsmacht läßt sich insbesondere auch nicht aus Art. 1536 Abs. 2 ZGB herleiten. Zwar verlangt Art. 1536 Abs. 2 ZGB iVm. Art. 1535, 1. Alt. ZGB für translative Geschäfte die Erteilung einer Spezialvollmacht zur Verfügung.[401] Aber die Frage der Erteilung einer *Spezial*vollmacht für Verfügungen ist von der Frage der Verfügungsbefugnis strikt zu trennen. Je nach Ausgestaltung der Spezialvollmacht kann es sich dabei um die Befugnis handeln ein Geschäft im Namen und für Rechnung des Auftraggebers abzuschließen. In diesem Fall wäre der Auftraggeber selbst Vertragspartei, die Verfügungsbefugnis ergäbe sich aus dessen eigenem Recht. Möglicherweise wird der Veräußerer jedoch dazu berechtigt, das Geschäft als eigenes zu tätigen. Dann ist der Veräußerer Vertragspartei. Er bedürfte der Spezialvollmacht nur insofern, als er die Berechtigung zur Verfügung über ein fremdes Recht darzulegen hat. Vor diesem Hintergrund erhellt, daß Art. 1536 Abs. 2 ZGB für die Vornahme eines translativen Geschäftes lediglich die hinreichende Bestimmtheit des Mandats verlangt. Das 'Mandat' rumänischen Rechts erfaßt somit drei Ebenen und zwei Rechtsverhältnisse auf einmal und wird so zu einem 'schillernden' Rechtsinstitut. Im Beispielsfall 1 wirkt eine 'Ratifikation' als Genehmigung iSv. § 185 Abs. 2 BGB.[402]

---

[399] *Petrescu*, Principalele Contracte, S. 80 f.; *Huet*, Tz. 31107 zu Art. 1984 C. civ.

[400] Vgl. Art. 1532 ZGB. Dazu *Petrescu*, Principalele Contracte, S. 77; *Huet*, Tz. 31109.

[401] *Deak/Cărpenaru* Teil I, Cap. V, Abschn. I, § 1, 6., S. 143; *Petrescu*, Principalele Contracte, S. 80; *Huet*, Tz. 31170.

[402] *Deak/Cărpenaru* Teil I, Cap. V, Abschn. I, § 2, B, 17, S. 150; *Petrescu*, Principalele Contracte, S. 87; *Huet*, Tz. 31135.

Im Beispielsfall 2 wirkt die 'Ratifikation' als nachträgliche Erteilung eines Auftrags iSv. § 662 BGB[403] und zugleich als Genehmigung iSv. §§ 177 Abs. 1, 184 Abs. 1, 182 Abs. 1 BGB[404]. Das Mandat wirkt also auf den Ebenen Auftrag, Vertretungsmacht und Verfügungsbefugnis sowohl im Innenverhältnis zwischen Auftraggeber und Auftragnehmer als auch im Außenverhältnis gegenüber dem Vertragspartner. Soweit es die Aufgaben übernimmt, die im deutschen Recht der Verfügungsbefugnis zugeordnet sind, bleibt noch festzuhalten, daß es für den Fall der nachträglichen Mandatserteilung das Gegenstück zur '*promisiunea faptei altuia*' ist. Während das letztgenannte Rechtsinstitut die Wirksamkeit des zwischen dem Nichtberechtigten und dem Käufer geschlossenen Vertrages begründet, bewirkt die Ratifkation des Art. 1546 Abs. 2 ZGB durch den tatsächlichen Rechtsinhaber - also dessen nachträgliches Mandat - den Übergang des Eigentums.

Beispielsfall 3 : A schließt mit B namens des C, aber ohne dessen Auftrag einen Kaufvertrag über die Sache des C.

Hier ist ein Vertrag zwischen C - vertreten durch A - und B zustande gekommen. Dessen Wirksamkeit ist gleich in mehrfacher Hinsicht fraglich. Zunächst irrt B über eine verkehrswesentliche Eigenschaft seines Vertragspartners C, die darin besteht, dass er tatsächlich den Auftrag zum Verkauf gegeben hat. Dieser Irrtum berechtigt den B zur Anfechtung. Bis zum Ablauf der Anfechtungsfrist ist der Vertrag rechtswidrig aufhebbar, dh. der Vertrag wird als wirksam behandelt, könnte jedoch innerhalb der Anfechtungsfrist von B durch eine Nichtigkeitsklage beseitigt werden. Weiterhin - und dies steht unabhängig neben der Anfechtungsmöglichkeit des B - ist der Vertrag insofern seiner Wirkung beraubt, als er dem C gegenüber bis zur Genehmigung durch ihn gem. Art. 1546 Abs. 2 ZGB nicht einmal eine obligatorische Wirkung entfaltet.[405] Damit ist die Frage nach der Anfechtbarkeit des Vertrages allenfalls noch von theoretischer Bedeutung.

---

[403] *Deak/Cărpenaru* Teil I, Cap. V, Abschn. I, § 1, 1 u. 2, S. 137 f.

[404] *Deak/Cărpenaru* Teil I, Cap. V, Abschn. I, § 1, 1 u. 2, S. 137 f. sowie § 2, B, 17, S. 150.

[405] Ähnlich dem deutschen Recht, vgl. §§ 164 Abs. 1, 177 Abs. 1 BGB, ist ein *Vertragsschluss* zwischen B und C gegeben, sobald der Vertreter ohne Vertretungsmacht im Namen und auf Rechnung des angeblichen Vertretenen das Rechtsgeschäft abschließt. Ausdrücklich steht das - soweit ersichtlich - zwar nirgendwo geschrieben. Aber nur so lässt sich die von Art. 1546 Abs. 2 ZGB vorgesehene Möglichkeit der nachträglichen Genehmigung des Geschäfts durch C rechtstechnisch bewerkstelligen. Da A den C wegen Art. 1546 Abs. 2 ZGB nur soweit verpflichten kann, als er selbst Vertretungsmacht besitzt, ist dieser Vertrag dem C gegenüber bis zur Genehmigung nicht '*opozabil*'. C ist also zunächst aus diesem Vertrag weder berechtigt noch verpflichtet. Die Rechtsfolge ist vergleichbar mit der *schwebenden Unwirksamkeit* des deutschen Rechts. Denn einerseits erzeugt der geschlossene Vertrag *keinerlei* Wirkung, könnte er doch bestenfalls zwischen den Parteien wirken, was er aber im konkreten Fall wegen Art. 1546 Abs. 2 ZGB nicht tut. Andererseits hat der Vertretene noch die Möglichkeit, die Wirkung des

Zwar wäre hier die maßgebliche Verfügungsbefugnis des C gegeben, aber auf die Perfektion des Vertrages kommt es damit vorliegend in keiner Weise an, da C ja bislang keinen Vertrag geschlossen hat. Würde allerdings C das Handeln des A ohne Vertretungsmacht genehmigen, so wäre der Vertrag ihm gegenüber wegen Art. 1546 Abs. 2 ZGB wirksam, C wäre Vertragspartei und zugleich wäre die Anfechtungsmöglichkeit des B entfallen.[406]. Die Berechtigung des C zur Verfügung über das Eigentum an seiner Sache steht außer Zweifel, das Eigentum würde wegen vorliegender Perfektheit übergehen.

Auch hier beweist der einheitliche Erwerbstatbestand, dass er die auftretenden Probleme sachgerecht 'verortet' und widerspruchsfrei löst. Die im Sachverhalt angelegten Probleme mussten sich auf die Wirksamkeit des Vertrages auswirken, weil das Problem in der fehlenden Vertretungsmacht auf der einen Seite und im Irrtum des B auf der anderen bestanden hat. Es durfte keine Auswirkungen hinsichtlich der Perfektion geben, zum einen weil die Vereinbarung gegenüber C keine Wirkung erzielen kann, zum anderen weil die für eine Verfügung über eine Sache des C erforderliche Rechtsmacht ohnehin bei diesem liegt.

Abwandlung zu 3: Wiederum schließt A mit B namens des C und ohne dessen Auftrag einen Kaufvertrag. Diesmal gehört die Sache dem X, trotzdem genehmigt C später. B hält erst die Aussagen des A und später die des C für zutreffend.

> Das Ergebnis kann nicht überraschen. Ein Vertrag zwischen B und C wurde geschlossen. Mangels Vertretungsmacht kann dieser aber dem C bis zur Genehmigung nicht entgegengehalten werden. Gleichzeitig stehen dem B zwei Anfechtungsgründe zur Wahl. Er irrt sich über die von C erteilte Vertretungsmacht. Außerdem irrt er hinsichtlich der Verfügungsbefugnis des C. Ab der Genehmigung / 'Ratifikation' wird der Vertrag jedoch als wirksam behandelt und entfaltet obligatorische Wirkung gegen C, solange B nicht anficht.
>
> Dennoch kann B zu keiner Zeit kraft Rechtsgeschäft Eigentum erwerben, da C die Verfügungsbefugnis (aus abgeleitetem Recht, Art. 1546 Abs. 2

Rechtsgeschäfts für und gegen sich selbst herzustellen. Dieses Ergebnis entspricht damit der Antwort, die das deutsche Recht auf diese Situation mit § 177 BGB gibt. Bedeutungslos für den Fortgang der hier angestellten Überlegungen ist die Frage nach der Vertreterhaftung. Eine § 179 Abs. 1, 2. Alt. BGB entsprechende Regelung besitzt das ZGB mit dem in Art. 1545 geregelten Schadensersatzanspruch. Danach haftet der Vertreter aufgrund der Tatsache, dass er dem Vertragspartner des Vertretenen gegenüber im Grunde genommen die Garantie für die Gültigkeit des Rechtsgeschäfts übernommen hat (vgl. *Deak/Cărpenaru* Teil I, Cap. V, Abschn. I, § 2, B., 18, S. 151 f.).

[406] *Motica/ Moţiu*, S. 223.

ZGB) nicht hat. Auch hier wäre natürlich eine 'Ratifikation' durch X denkbar.

In dieser Fallkonstellation waren nun Wirksamkeitshindernisse in Form von Irrtum und fehlender Vertretungsmacht und zudem das Fehlen der Verfügungsbefugnis kumuliert. Dennoch ermöglicht der einheitliche Tatbestand, jeden Problemkomplex für sich genommen zu betrachten und ihn einer sachgerechten Lösung zuzuführen, ohne dass damit Vorgreiflichkeiten, sachliche Überschneidungen oder gar Widersprüchlichkeiten verbunden sind. Schön zeigt sich auch an diesem Fall der weite Anwendungsbereich des Art. 1546 Abs. 2 ZGB.

7. *'Perfektheit' als Voraussetzung der eigentumsverschaffenden Wirkung des Kaufvertrags*

In diesem zweiten Abschnitt des zweiten Kapitels sind die einzelnen Voraussetzungen herausgearbeitet worden, die zur Perfektheit eines Kaufvertrags nach rumänischem Recht erforderlich sind. Deshalb bietet es sich an dieser Stelle an, nochmals einen Gesamtüberblick über den einheitlichen Tatbestand des rechtsgeschäftlichen Eigentumserwerbs im rumänischen Kaufrecht sowie auf die in diesem Zusammenhang erreichten Ergebnisse der Überlegungen zu werfen.

Der Abschluss eines wirksamen Kaufvertrags begründet eine Verpflichtung zur, mit anderen Worten einen Anspruch auf die Verschaffung des Eigentums an der Kaufsache. Davon ist die Frage des Eigentumsübergangs zu trennen.

Der rechtsgeschäftliche Eigentumsübergang hängt davon ab, dass - erstens - ein *wirksamer Kaufvertrag* geschlossen wurde und dieser - zweitens - auch *perfekt* ist. Das Gesetz bestimmt, wie sich aus den Art. 971, 1295, 1299 und 1300 ZGB ergibt, den Zeitpunkt des Eigentumsübergangs für den Moment, in dem beide Voraussetzungen erfüllt sind.

Unter dem Begriff 'Perfektheit' sind die außerkonsensualen, sachlichen Voraussetzungen dafür zusammenzufassen, dass die eigentumsverschaffende Wirkung des Kaufvertrags eintreten kann.

Die 'Perfektheit' und damit die eigentumsverschaffende Wirkung des Kaufvertrags hängt von den nachgenannten Punkten ab:

1. Der *Gegenstand* der Übereignung muss *existieren*.

2. Der *Gegenstand* der Übereignung muss *bestimmt* sein. Ist er das nicht schon bei Vertragsschluss, muss die Bestimmung im Wege der Individualisierung herbeigeführt werden.

3. Der Eintritt der *eigentumsverschaffenden Wirkung* muss *unbedingt* sein. Eigentum kann also erst übergehen, wenn eine etwa vereinbarte Bedingung eingetreten ist.

4. Das Eigentum kann nur dann rechtsgeschäftlich übertragen werden, wenn der *Veräußerer verfügungsberechtigt* ist.

3. Abschnitt Kritische Würdigung der Funktionsweise des einheitlichen Erwerbstatbestandes

Bislang lag der Schwerpunkt der Darstellung in der Entwicklung und Begründung des einheitlichen Tatbestands für den rechtsgeschäftlichen Eigentumserwerb. Auf eine tiefere Auseinandersetzung mit weiterführenden, von der hier aufgezeigten Systematik abweichenden Stellungnahmen in der Literatur musste zunächst verzichtet werden, um den Gedankengang in seiner Struktur und seinen einzelnen Schritten leichter nachvollziehbar zu gestalten. Dies war insofern auch unproblematisch, als diese Stellungnahmen allesamt zum französischen Recht erschienen sind.

Ob der hier entwickelte Tatbestand im rumänischen System des Zivilrechts aber brauchbar und kohärent ist, kann sich nur erweisen, wenn man ihn in seinen Gesamtzusammenhang stellt und seine Tauglichkeit zur Lösung der dabei regelmäßig auftretenden Probleme prüft. Diese Prüfung muss hier allerdings von Problemen geführt werden, die im Rahmen der französischen Diskussion des Themas auftauchen, weil eine vergleichbare Diskussion in Rumänien - a priori erstaunlicherweise - nicht feststellbar ist.
Diese Vorgehensweise ist auch unproblematisch, da -wie bereits mehrfach gesagt - das rumänische Zivilgesetzbuch und der Code Civil Frankreichs weitgehend gleichlautend und somit auch die mit der jeweiligen Kodifikation verbundenen Rechtsprobleme weitgehend gleich gelagert sind.

In diesem Sinne wird hier nicht nur die Frage angesprochen, ob es nach rumänischem Recht einen einheitlichen Übertragungstatbestand überhaupt geben kann (1.). Darüber hinaus wird thematisiert (2.), ob der Eigentumsübergang nicht doch von der Übergabe der Kaufsache abhängig ist. Diese Überlegungen soll dann eine Gesamtwürdigung des rechtsgeschäftlichen Eigentumserwerbs abschließen (3.).

1. Die Einheitlichkeit des Erwerbstatbestandes

In seiner Abhandlung zum französischen Mobiliarkauf kommt *Oeckinghaus* gleich in mehrfacher Hinsicht zu Ergebnissen, die von den hier dargestellten erheblich abweichen.[407] Von zentraler Bedeutung sind dabei zwei Thesen, die die hier behaupteten Einheitlichkeit des Erwerbstatbestandes in unterschiedlicher Weise in Abrede stellen. So geht er zum einen davon aus, dass Stück- und Gattungskauf nicht in gleicher Weise geregelt sind. Zum anderen aber behauptet er die Notwendigkeit eines zusätzlichen Erfüllungsvertrages für Gattungskäufe und damit indirekt auch die Existenz des Trennungsprinzips im französischen Recht. Die hier immer wieder behauptete und auch aufgezeigte, teilweise bis in den Wortlaut hineinreichende Parallelität der die rechtsgeschäftliche Eigentumsübertragung beherrschenden Regelungen im *Code civil* und im *Zivilgesetzbuch*, machen eine Auseinandersetzung mit diesen Thesen unabweislich.

1.1. Die Einheitlichkeit von Stück- und Gattungskauf

Oeckinghaus vertritt die Ansicht, dass der Kaufvertrag im französischen Recht von zwei unterschiedlichen Konzepten geprägt ist.[408] So soll der Spezieskauf als Handgeschäft in der Form eines gemischten Realvertrags[409], der Gattungskauf dagegen als Versprechenskauf[410] ausgestaltet sein.

1.1.1. Der Kauf - ein Versprechenskauf

Oeckinghaus geht davon aus, dass zwar der Gattungskauf, nicht aber der Stückkauf als Versprechenskauf ausgestaltet ist.[411] Diese Ansicht entspricht der hier dargelegten insoweit, als der Gattungskauf - und mit ihm auch alle anderen Kaufarten, soweit kein 'idealer' Stückkauf vorliegt - vom Gesetzgeber die Form des Versprechenskaufs erhalten hat. Nur hinsichtlich der Qualifizierung des Stückkaufs als Handkauf kann ihm hier nicht gefolgt werden.

Die Ausgestaltung des Gattungskaufs als Versprechenskauf ergibt sich auf der Grundlage der hier aufgestellten Thesen aus folgenden Überlegungen. Zunächst trifft es zu, dass sich die Parteien durch den Abschluss eines wirksamen Kaufvertrages zur Eigentumsverschaffung verpflichten. Diese Pflicht wird in dem Moment erfüllt, in dem die Perfektion herbeigeführt ist. Für das rumänische Recht ergibt sich die Verpflichtung aus Art. 1294 ZGB, der dies ausdrücklich niederlegt. Demzufolge begründet der Abschluss des Kaufvertrags gemäß Art. 1074 Abs. 1 ZGB eine Verpflichtung zu übereignen. Diese beinhaltet zum einen die Pflicht zur Ei-

---

[407] *Oeckinghaus*, Kaufvertrag und Übereignung beim Kauf beweglicher Sachen im deutschen und französischen Recht.
[408] *Oeckinghaus* S. 117.
[409] *Oeckinghaus* S. 100 ff., 102.
[410] *Oeckinghaus* S. 116 f.
[411] *Oeckinghaus* S.100 ff., 102

gentumsverschaffung, zusätzlich aber auch, so Art. 1074 Abs. 1 ZGB[412], die Verpflichtung zu liefern. Der Eigentumsübergang vollzieht sich im Moment der Perfektion kraft gesetzlicher Anornung gemäß Art. 1300 ZGB. Die Lieferpflicht ist Folge des gesetzgeberischen Verzichts auf die Übergabe als Voraussetzung des Eigentumsübergangs und diesem aus diesem Grund nachgeordnet.[413] Denn der Anspruch auf Lieferung setzt voraus, dass der Gegenstand des Lieferanspruchs im Sinne der Art. 1326, 1314 ZGB hinreichend bestimmt[414] ist.[415]

Allerdings ist nach der hier vertretenen Auffassung - und entgegen *Oeckinghaus'* These vom Handkauf - auch der 'ideale' Stückkauf ein Versprechenskauf. Dies ist allerdings nur auf den zweiten Blick erkenntlich.

Zunächst ist festzustellen, dass *Oeckinghaus* selbst nicht in der Lage ist, mit dieser Qualifizierung alle Fälle des Stückkaufs befriedigend lösen zu können. Denn auch er muss einräumen, dass der Stückkauf, bei dem der Eigentumsübergang aufschiebend bedingt ist, nicht als Handkauf erklärbar ist. Vielmehr möchte er diesen Fall wie den Gattungskauf, also als einen Versprechenskauf behandeln.[416] Er wäre mit seinem Modell aber auch nicht in der Lage den Verkauf einer Stücksache durch den Nichtberechtigten befriedigend zu lösen. Gerade an diesen Stellen zeigt sich jedoch mit schneidender Schärfe, dass die Vorstellung einer rechtlichen Identität von Verpflichtung und Verfügung nicht haltbar ist.

Die These vom als Handkauf ausgestalteten Spezieskauf lässt sich also bestenfalls für den 'idealen' Stückkauf aufrecht erhalten. Aber auch dies gelingt nicht. *Oeckinghaus* möchte den unmittelbaren Eigentumsübergang beim Spezieskauf mit dem Austausch von Ware gegen Geld begründen.[417] Dies wird vom Wortlaut des

---

[412] Art. 1074 ZGB: "*Obligația de a da cuprinde pe aceea de a preda lucrul....*" [Die Verpflichtung zu übereignen beinhaltet mit dieser auch die Verpflichtung, die Sache zu liefern...]

[413] Allgemeine Meinung, vgl. *Deak/Cărpenaru* Teil I, Cap. I, Abschn. a II-a, § 1,A., Ziff. 23, S. 49.

[414] *Deak/Cărpenaru* Teil I, Cap. I, Abschn. a II-a, § 1,A., Ziff. 23.5, S. 50.

[415] Diese Nachordnung und ihr Grund erhellt auch aus der Anordnung, die der französische Gesetzgeber in den Art. 1136 und 1138 C. civ. getroffen hat. Dort legt Art. 1136 C. civ. nichts anderes als Art. 1074 Abs. 1 ZGB fest. Die aus Art. 1582 C. civ. resultierende Verpflichtung (Art. 1582 Abs. 1 C. civ.: "*La vente est une convention par laquelle l'un s'oblige à livrer une chose, l' autre à la payer.*" [Der Kauf ist ein Vertrag, bei dem der eine sich *verpflichtet*, eine Sache zu liefern, der andere, sie zu bezahlen.]), Eigentum zu verschaffen (Das ist zumindest für den Gattungskauf entgegen des Wortlaut des Art. 1582 C. civ. allgemeine Meinung, vgl. nur *Oeckinghaus* S. 99 und 105.) beinhaltet auch nach französischem Recht wegen Art. 1136 C. civ. die Verpflichtung zur Lieferung. Aus Art. 1138 C. civ. geht hervor, dass nur noch die letztere besteht, sobald der Kaufvertrag perfekt und damit das Eigentum übergegangen ist.

[416] *Oeckinghaus* S. 103.

[417] *Oeckinghaus* S. 100.

Art. 1583 C. civ. bzw. Art. 1295 ZGB nicht getragen. Denn der Eigentumstransfer bedarf - wie gesagt - keiner Übergabe. Diesen Einwand möchte er mit der Entstehungsgeschichte der Norm entkräften. Der Gesetzgeber habe auf die Übergabe in der Gestalt der '*tradition feinte*' mit Blick auf den Distanzkauf verzichtet. Den Spezieskauf in der Gestalt des Bar- bzw. Handkaufs habe der Gesetzgeber gar nicht erfassen wollen. Es mag dahinstehen, ob diese Begründung haltbar ist. Tatsache ist jedoch, dass der Gesetzgeber auf die Übergabe als Voraussetzung des Eigentumsübergangs verzichtet hat.

Tatsächlich ist auch der 'ideale' Stückkauf ein Versprechenskauf. Dies lässt sich aus einer auf dem Gattungskauf beruhenden Überlegung gut aufzeigen. Für den Gattungskauf ist die These des Versprechenskaufs unbestritten. Es ist klar, dass der Kaufvertrag nur die Verpflichtung begründet und Eigentumsübergang erst eintreten kann, wenn zwischenzeitlich die Voraussetzungen für den Eintritt der Perfektheit herbeigeführt wurden. Beim Stückkauf verhält es sich im Grunde nicht anders. Dies wird nur deshalb nicht deutlich, weil hier die Perfektheit a priori gegeben ist und deshalb Verpflichtung und Eigentumsübergang zeitlich zusammenfallen. Das bedeutet, auch beim Stückkauf gibt es eine Verpflichtung zur Eigentumsverschaffung im Sinne von Art. 1074 Abs. 1 ZGB bzw. 1136 C. civ., sie hat nur keinen eigenen Anwendungsbereich.[418] Dieser tritt erst wieder dann hervor, wenn der Stücksache eine Perfektheitsvoraussetzung fehlt.

Dies führt zu dem Ergebnis, dass der Kaufvertrag auch im Hinblick auf das Verhältnis von Verpflichtung und Verfügung einheitlich, nämlich im Sinne eines Versprechenskaufs geregelt ist.

1.1.2. Der Kauf - ein Realvertrag

Soweit *Oeckinghaus* behauptet, dass der Kaufvertrag ein Realvertrag sei, ist ihm zuzustimmen. Allerdings ist weder seine Begründung noch die von ihm getroffene Begrenzung auf Stückkäufe zutreffend.

Der Realvertrag ist definitionsgemäß[419] eine Rechtskonstruktion, bei der der Abschluss eines wirksamen Vertrages alleine nicht hinreichend ist, den gewünschten

[418] Mit Blick auf Art. 1583 ZGB wird in der französischen Rechtswissenschaft von der Pflicht zur Eigentumsverschaffung gesagt: "*Elle* [gemeint ist die Verpflichtung zur Eigentumsübertragung] *meurt en naissant*", *Ferid/Sonnenberger* 2 G 501 und *Rabel*, Band I, § 28, 1a, S. 195. Denn sobald Perfektion vorliegt, erlischt der Anspruch. Also handelt es sich dabei um ein Entstehen und Erlöschen des Anspruchs, im Idealfall in derselben juristischen Sekunde. In diesem Sinne auch *Rabel*, Band I, § 28, 1a, S. 194.

[419] Die Definition des Realvertrages durch das rumänische bzw. französische Recht stimmt mit der in Deutschland geltenden überein, vgl. etwa *Popescu*, Teil I, Kap. VI, 2., lit. c, S.

Erfolg, hier den Eigentumsübergang, zu bewirken. Vielmehr ist darüber hinaus grundsätzlich auch eine tatsächliche Handlung erforderlich.

Unbestritten ist der Kaufvertrag im Sinne der Definition des Realvertrags die rechtsgeschäftliche Grundlage für den Eintritt des erstrebten Erfolgs.

Die *tatsächliche Handlung* sieht *Oeckinghaus* in der realen Leistungsbewirkung durch unmittelbaren Austausch der Kaufsache gegen Erhalt des Kaufpreises. Darin kann ihm nicht zugestimmt werden. Denn er setzt sich damit über Kernpunkte des französischen aber auch des rumänischen Zivilrechts hinweg. Ein Realvertrag liegt nur vor, wenn bei einem Rechtsgeschäft noch ein tatsächliches Handeln erforderlich ist um den rechtsgeschäftlichen Erfolg herbeizuführen. Aus den Art. 1583, 1585 C. civ. ebenso wie aus den Art. 1295 und 1300 ZGB folgt aber unmissverständlich, dass der Gesetzgeber auf die Übergabe zur Bewirkung des Eigentumsübergangs verzichtet. Die Übergabe der Sache ist also gerade nicht erforderlich, damit der Käufer das Eigentum daran erwirbt. Außerdem ist die Argumentation, gerade weil der Gesetzgeber auf die Übergabe als Voraussetzung für den Eigentumsübergang verzichtet habe, könne im unmittelbaren Tausch von Ware gegen Geld der zum Eigentumsübergang erforderliche Realakt liegen, widersprüchlich. Entweder der Austausch der Leistungen, also die damit verbundene Übergabe ist erforderlich, damit ein Vertrag seine Rechtswirkung entfaltet, oder sie ist es nicht.

> *Dennoch ist der Kauf ein Realvertrag. Gerade die Anordnung des Einheitsprinzips, also der Eigentumsverschaffung mittels eines einzigen Vertrages gemäß Art. 971 ZGB, macht dies unabweisbar. Sie erzwingt das Merkmal der Perfektheit, von dem der Eigentumsübergang außer einem wirksamen Kaufvertrag noch abhängig ist.*

Ein funktionaler Vergleich einzelner Normen des rumänischen Kaufrechts mit der entsprechenden deutschen Regelung verdeutlicht einerseits die Wirkungsweise des Eigentumsübergangs kraft Konsens im Rahmen des Einheitsprinzips und bestätigt andererseits, dass der Kaufvertrags als Realvertrag ausgestaltet ist.

So gestattet z.B. Art. 964 Abs. 1 ZGB Verträge über Sachen abzuschließen, sobald diese zumindest gattungsmäßig bestimmt sind. Nach Abs. 2 dieser Norm ist es zum Vertragsschluss hinreichend, dass der Vertragsgegenstand mengenmäßig wenigstens bestimmbar ist. Insoweit unterscheiden sich die beiden Rechtordnungen nicht voneinander, wie sich etwa aus den §§ 243 Abs. 1, 279, 315 ff. BGB[420] ergibt. Die Tatsache, dass der Vertragsgegenstand bei Vertragsschluss nicht bis zur

68; *Beleiu* S. 123; *Ferid/Sonnenberger* 1 F 521. *Creifelds*, Vertrag, IV; Palandt/ *Heinrichs*, Einführung vor § 305, Rn. 9.

[420] Zu den Anforderungen an die Bestimmtheit bzw. Bestimmbarkeit der vertragsgegenständlichen Leistung auch Palandt/ *Heinrichs* § 241 Rn. 3, § 243 Rn. 1 und § 315 Rn. 1.

Stufe einer Speziessache bestimmt sein muss, ist im deutschen Recht unproblematisch. Für die Erfüllung der Verpflichtung ist es hinreichend, wenn dem sich aus dem Spezialitätsprinzip ergebenden Bestimmtheitsgebot im Moment der Übereignung genüge getan wird. Dies geschieht nach deutschem Recht im Rahmen der vom Kaufvertrag rechtlich getrennten Einigung, vgl. § 873 Abs. 1 BGB bzw. § 929 Satz 1 BGB. Im Rahmen dieses dinglichen Vertrages haben die Parteien den Vertragsgegenstand eindeutig zu bestimmen.

Geht man wie hier vom Einheitsprinzip aus, fehlt sowohl im rumänischen, wie auch im französischen Recht ein solcher von der Verpflichtung unabhängiger, dinglicher Vertrag. Da aber auch in diesen beiden Rechtordnungen Eigentum nur an einer bestimmten Sache erworben werden kann, vgl. Art. 1300 ZGB[421] bzw. Art. 1585 C. civ., bedarf es eines Modus, mit dem die fehlende Bestimmung (Art. 964 ZGB) nachgeholt werden kann. Beide Rechtsordnungen haben sich dabei für eine im Vergleich zum deutschen Recht lebensnähere[422], systematisch aber problematischere[423] Lösungentschieden. Sie verzichten auf eine, im täglichen Leben eher seltene zusätzliche dingliche Einigung und verlagern die damit verbundenen funktionalen Anforderungen auf den Realakt der Perfektion. Durch tatsächliches Handeln, etwa im Rahmen der Individualisierung, wird die Bestimmtheit hergestellt, die hierzulande durch den dinglichen Vertrag bewirkt wird.

Interessanterweise wird der Kaufvertrag in Rumänien - soweit ersichtlich - dennoch nicht als Realvertrag betrachtet[424]. Vielmehr herrscht die überwiegende An-

---

[421] So ausdrücklich auch *Deak/Cărpenaru* Teil I, Cap. I, Abschn. I, § 1, 2, 2.5 lit. b, S. 16.

[422] Die damit verbundene Tansparenz war auch bei der Einführung des Einheits- und Kausalitätsprinzips im ZGB der DDR ein wesentliches Motiv, vgl. *Klinkert*, S. 127, 133. Zu den Systementscheidungen im ZGB der DDR ebenfalls: *Freudenberg*, S. 141 f., *Schröder*, S. 875, 878.

[423] Nicht umsonst wird im deutschen Recht die dingliche Einigung oft genug durch juristische Kunstgriffe wie eine konkludente und/oder antizipierte Einigung konstruiert. Nicht umsonst ist die Systematik in den beiden romanischen Rechtsordnungen so widersprüchlich und umstritten.

[424] Deutlich *Deak/Cărpenaru* Teil I, Cap. I, Abschn. I, § 1, 2, 2.4, S. 12 f.; allgemeiner etwa *Popescu* Teil 1, Cap. VI, 2., lit. c, S. 68; *Beleiu* S. 123; Ganz anders die Überlegungen auf der Grundlage des ZGB der DDR. *Klinkert*, S. 127, 134, weist deutlich darauf hin, daß ein Kaufvertrag unter dem Einheits- und Kausalitätsprinzip vor der Alternative steht, entweder den sofortigen Eigentumsübergang zuzulassen oder aber die Wandelung des Kaufvertrags vom Konsensualvertrag zum Realvertrag zu akzeptieren. Es hat sich zwar im Rahmen der vorliegenden Untersuchung gezeigt, daß angesichts des Gattungskaufs ein sofortiger Übergang in allen Fallgestaltungen des Kaufvertrags nicht möglich ist, weil die eindeutige Zuordnung einer bestimmten Sache zu einer bestimten Person unter diesen Umständen ausgeschlossen ist. Auch irrt *Klinkert*, S. 127, 134, wenn er meint, es sei dem ZGB gelungen, den Realvertrag zu vermeinden. Denn immerhin erfordert der Eigentumsübergang nach ZGB eine Übergabe. Aber der eingangs zitierten Feststellung verbleibt auch unter diesen Einwänden, oder vielmehr gerade wegen dieser Einwände, der

sicht, dass der Kaufvertrag ein Konsensualvertrag sei. Dies sagen etwa *Deak/Cărpenaru*[425] mit der Art. 1295 ZGB entstammenden Begründung, "dass der Vertrag durch einfache Willensübereinstimmung der Parteien ... . geschlossen werden könne. Die Verschaffung der Kaufsache und des Kaufpreises seien im Moment des Vertragsschlusses zum Eigentumsübergang nicht erforderlich. Also sei der Kauf ... .kein Realvertrag." Ganz offensichtlich wird diese Überlegung ausschließlich vom Wortlaut des Art. 1295 ZGB getragen, also von einer Vorschrift, die den einzig denkbaren Fall des a priori perfekten Kaufvertrags, den 'idealen' Spezieskauf im Sinne einer Ausnahmevorschrift regelt. Auf dem Boden des Einheitsprinzips ist die Aussage, der Kaufvertrag sei ein Konsensual- und kein Realvertrag auch nur für den Spezieskauf denkbar.[426] Gleichzeitig wird aber nicht einmal für die Fälle des Kaufs einer künftigen Sache bzw. mit bedingtem Eigentumsübergang oder den Gattungskauf die zwingende Konsequenz aus der Ablehnung des Realvertrags, nämlich die Geltung des Trennungsprinzips in Betracht gezogen. Vielmehr wird die Behandlung dieser Fälle aus der Diskussion ausgeblendet.

In der französischen Diskussion wird darauf hingewiesen, dass beim Stückkauf die eigentumsverschaffende Wirkung des Vertrages im Moment des Vertragsschluss eintrete. Deshalb könne in keinem Fall davon ausgegangen werden, es handle sich beim Kauf um einen Realvertrag. Dies gelte unabhängig von der Antwort auf die Frage, ob der Kauf nun eine 'Verpflichtung zu übereignen'[427] oder nur eine 'Verpflichtung zu liefern'[428] begründe. Unterstelle man, dass der Vertrag eine 'Pflicht zu übereignen' begründe, so erfordere der sofortige Eintritt der translative Wirkung, dass die Pflicht zur Übereignung durch den zusätzlichen Realakt im Moment des Vertragsschließens erfüllt würde. Ginge man dagegen vom Vorliegen einer reinen Lieferverpflichtung aus, so scheitere die Vorstellung eines Realvertrages daran, dass diese als Verpflichtung zur reinen Sachübergabe nicht mit der Verpflichtung zur Eigentumsverschaffung gleichzustellen sei.[429]

Diese Argumentation gegen die Annahme des Einheitsprinzips lässt sich jedoch auf der Basis der hier vertretenen These nicht mehr aufrecht erhalten. Es kommt vielmehr auf die Perfektheit an, ob die eine oder die andere Verpflichtung vorliegt. Der *wirksame Kaufvertrag* begründet eine '*Verpflichtung zu übereignen*' im Sinne

Erkenntnisgehalt, daß der Kauf unter dem einheits- und Kausalitätsprinzip zwingend einen Realvertrag erfordert.

[425] *Deak/Cărpenaru* Teil I, Cap. I, Abschn. I, § 1, 2, 2.4, S. 12 f.

[426] Dies ist ja auch der Grund, warum *Oeckinghaus* S. 116 f., der den Gattungskauf aus seiner Argumentation heraus nicht als Realkauf definieren kann, für diesen Fall zur Annahme des Trennungsprinzips kommt und kommen muss.

[427] "*Obligation de donner*", Art. 1136 C. civ.

[428] "*Obligation de livrer*", Art 1138 C. civ.

[429] *Oeckinghaus* S. 95.

von Art. 1136 C. civ bzw. Art.1074 Abs. 1 ZGB[430]. Der wirksame *und perfekte* Kaufvertrag[431] begründet eine Verpflichtung zu liefern, wie dies die Art. 1582 C. civ. iVm. Art. 1138 C. civ. in Frankreich bzw. Art. 1294 iVm. 1313 ZGB in Rumänien unmittelbar zum Ausdruck bringen[432]. Daraus erhellt das Folgende:

> Die Verpflichtung zur Übereignung ist eine Vorstufe zur Lieferverpflichtung. Deshalb kann dann die Verpflichtung zur Sachübergabe bzw. Lieferung ganz selbstverständlich nicht mit der Verpflichtung zu übereignen gleichgesetzt werden. Dies ist auch nicht erforderlich, denn letztere ist mit Eintritt der Perfektheit bereits erfüllt.

Dieser Auffassung steht auch nicht die Ansicht von *Fabre-Magnan*[433] entgegen. Sie steht auf dem Standpunkt, daß kein sinnvoller Unterschied zwischen der '*obligation de faire*' und der '*obligation de donner*' gemacht werden könne.[434] Schließlich geschehe der Eigentumsübergang '*ex lege*'[435] und damit nicht durch ein, wie auch immer geartetes '*donner*' bzw. '*dare*'. Außerdem laufe jede Verpflichtung des Verkäufers immer auf ein '*faire* bzw. '*ne pas faire*' und nie auf eine eigenständige Eigentumsverschaffung im Sinne eines '*donner*' hinaus.[436] So geschehe der Eigentumsübergang bei einem Spezieskauf[437] im Moment des Vertragsschlusses hier sei es offensichtlich, daß es keiner eigenständigen Eigentumsverschaffung bedürfe.[438] Beim Gattungskauf sei die Individualisierung geschuldet, die als '*obligation de faire*' zu qualifizieren sei. Der Eigentumsübergang selbst geschehe wiederum '*ex lege*'.[439] Beim Kauf unter Eigentumsvorbehalt sei nicht einmal ein Tun des

---

[430] Dies wird zumindest andeutungsweise anerkannt: *Motica/ Moţiu*, S. 221; *Toader*, 36, S. 40; Mazeaud/ Chabas II.1. (*Chabas*), Tz. 19; deutlich *Larroumet*, Tz. 60, 61.

[431] Auch aus dem Wortlaut von Art. 1582 C. civ. bzw. Art. 1294 ZGB und aus deren systematischer Stellung wird deutlich, dass diese "Kauf" als quasi symbolischen Oberbegriff / wissentliche Falschbezeichnung für die nachfolgenden Anforderungen an den Eigentumsübergang benutzen. Damit muss auch die dortige Bezeichnung "Kauf" im Lichte der Art. 1583, 1585 C. civ. bzw. der Art. 1295, 1300 ZGB dahingehend verstanden werden, dass der wirksam geschlossene und perfekte Kaufvertrag eine Lieferverpflichtung begründet. In diesem Sinne *Larroumet*, Tz. 60, 61.

[432] Unstreitig in Rumänien und Frankreich: vgl. etwa *Motica/ Moţiu*, S. 122 f.; *Deak/Cărpenaru* Teil I, Cap. I, Abschn. a II-a, § 1,A., Ziff. 23, S. 49; Mazeaud/ Chabas II.1. (*Chabas*), Tz. 19; *Larroumet*, Tz. 56, 57.

[433] *Fabre-Magnan*, Le mythe de l' obligation de donner, Revue Trimestrielle en droit civil, 1996, 85 –107.

[434] *Fabre-Magnan*, S. 85, 88 ff.

[435] *Fabre-Magnan*, S. 85, 88. 89.

[436] *Fabre-Magnan*, S. 85, 90, 91.

[437] Gemeint ist der „ideale" Spezieskauf", also der hinsichtlich des Eigentumsübergangs unbedingte Kauf einer bereits existierenden Stücksache vom Berechtigten. (Anm. des Verf.)

[438] *Fabre-Magnan*, S. 85, 90.

[439] *Fabre-Magnan*, S. 85, 90.

Veräußerers geschuldet.[440] Der Eigentumsübergang hänge vielmehr allein vom Käufer ab und trete dann von Gesetzes wegen ein.[441] Allerdings versteht sie die '*obligation de faire*' und die '*obligation de donner*' als ein gegensätzliches Begriffspaar, bei dem die '*obligation de faire*' auf irgendein Tun gerichtet sei, während die '*obligation de donner*' kein Tun sondern allein die Verpflichtung zur Eigentumsverschaffung im Auge habe.[442]

Der Widerspruch, der an dieser Stelle angebracht werden soll, richtet sich im Wesentlichen gegen die Antinomie, die im Verständnis der '*obligation de faire*' und der '*obligation de donner*' von *Fabre-Magnan* liegt. Nach hier vertretener Auffassung handelt es sich bei der '*obligation de donner*' schlichtweg um einen Spezialfall der '*obligation de faire*':

> Die '*obligation de donner*' verpflichtet zu einem Tun, das auf die Herbeiführung des Eigentumsübergangs '*ex lege*' durch einen Realakt, also durch ein '*faire*', gerichtet ist. Dabei besteht der Realakt beim Kauf einer künftigen Sache in deren Herstellung, beim Gattungskauf in der Individualisierung und beim Kauf vom Nichtberechtigten in der Herstellung der Berechtigung. Schwieriger scheint die Sache in der Tat beim bedingten Kauf zu liegen. Aber hier liegt die Verpflichtung zum '*faire*' in einem '*ne pas faire*', wie Art. 1178, 1175 C. civ.[443] zeigen. Der Veräußerer ist gehalten, den Bedingungeintritt seinerseits nicht zu vereiteln.[444]

Führt man sich dies vor Augen, muß man einerseits *Fabre-Magnan* darin zustimmen, daß der Verkäufer in jedem Fall „nur" zu einem Tun, nicht aber zu einer Verschaffung des Eigentums verpflichtet ist.[445] Zutreffend ist es auch, dies mit dem Eigentumstransfer '*ex lege*' zu begründen. Dies liegt in der Natur des Einheitsprinzips begründet, daß den Eigentumsübergang kraft Gesetzes anordnet und ihn nur von einer (obligatorischen) Einigung und vom Vorliegen mehrer tatsächlicher Voraussetzungen, die notfalls durch Realakt herbeizuführen sind, abhängig macht. Damit können alle Verpflichtungen eines Verkäufers zwischen Vertragsschluß und Eintritt der eigentumsverschaffenden Wirkung nur auf ein '*faire*'gerichtet sein. Dies ist sogar in einem auf dem Trennungsprinzip basierenden Rechtssystem, wie dem deutschen nicht anders. Der obligatorische Kaufvertrag verpflichtet zur Übereignung, maW. zu einer '*obligation de donner*'. Diese wird erfüllt durch den

[440] *Fabre-Magnan*, S. 85, 91. Auf den von ihr auf S. 90 angeführten Fall eines späteren Termins für den Eigentumsübergang wird hier nicht besonders eingegangen, weil dieser wie ein Fall der aufschiebenden Bedingung zu behandeln ist, Art. 1185 und *a fortiori* 1180 bzw. 1178 C. civ., vgl dazu *Ghestin/ Jamin/ Billiau*, Tz. 174; Mazeaud/ Chabas II.1. (*Chabas*), Tz. 1020, 1021, 1033.

[441] *Fabre-Magnan*, S. 85, 91.

[442] *Fabre-Magnan*, S. 85, 87 f.

[443] Ebenso: Art. 1014, 1011 ZGB.

[444] Vgl. § 161 BGB.

[445] *Fabre-Magnan*, S. 85, 92.

Abschluss eines dinglichen Vertrages im Sinne des § 929 BGB und durch Übergabe. Aber sowohl die dingliche Einigung, als auch die Übergabe sind Vorgänge, die letztlich als ein '*faire*' zu qualifizieren sind.[446] Die Besonderheit des '*faire*' im hier untersuchten Zusammenhang der '*obligation de donner*' ist es, daß es auf Herbeiführung des Eigentumsübergangs gerichtet ist. Mit anderen Worten, die '*obligation de donner*' ist ein Spezialfall der '*obligation de faire*', der all das Tun erfaßt, das erforderlich ist, um die Perfektheit und damit den Eigentumstransfer '*ex lege*' herbeizuführen.

Damit ist *Fabre-Magnan* auch insofern zuzustimmen, daß die Unterscheidung zwischen diesen beiden Verpflichtungen keinen eigenständigen Nutzwert hat. Auch hier wird die Auffassung vertreten, daß die Frage, ob der Verkäufer im Fall der Nichterfüllung des Kaufvertrags zu Schadensersatz wegen Nichterfüllung gemäß Art. 1142 C. civ.[447] oder aber zur Duldung der Zwangsvollstreckung verpflichtet ist, nicht von dieser Unterscheidung abhängig ist.[448] Aus der Sicht der hier angestellten Überlegungen stellt sie auch zutreffend auf den Eintritt der eigentumsverschaffenden Wirkung des Kaufvertrags ab.[449] Vor diesem Zeitpunkt kann die Klage des Käufers nur auf Schadensersatz gerichtet sein, unabhängig davon, ob er zu einer '*obligation de faire*' oder zu einer '*obligation de donner*' verpflichtet ist. Der Grund dafür liegt auf der Hand: bei einer künftigen oder noch nicht individualisierten Sache ist der von der Zwangsvollstreckung zu erfassende Gegenstand noch nicht hinreichend genug bestimmt, im Fall der fehlenden Verfügungsberechtigung ist der Kaufvertrag dem tatsächlichen Eigentümer gegenüber nicht '*opposable*', Art. 1165, 1134, 1101 C. civ.[450] bzw. Art. 973 ZGB. Liegen diese Voraussetzungen des Perfektheit jedoch vor, so ist das Eigentum an der Kaufsache, weil hinreichend bestimmt und dem Eigentümer gegenüber wirksam kraft Geetzes übergegangen, mit der Folge, daß der Gerichtsvollzieher auch auf eine konkrete Sache zugreifen kann. Diese Feststellungen gelten auch für den Fall des bedingten Kaufs, da entweder der Käufer seine Verpflichtung aus Gründen nicht erfüllt, die in seiner Person liegen. Dann liegt nicht einmal ein Fall der Nichterfüllung vor. Vereitelt aber der Verkäufer den Bedingungseintritt, so führt Art. 1178 C. civ. zum Eigentumsübergang mit der Folge, daß eine Zwangsvollstreckung möglich ist.

Quintessenz der vorstehenden Überlegungen ist also einerseits, daß sich das hier vertretene Konzept vom wirksamen Kaufvertrag und seiner Perfektheit als Voraussetzung für den Eigentumsübergang nahtlos in das Konzept von '*obligation de faire*' und der '*obligation de donner*' einfügt. Andereseits kann *Fabre-Magnan* darin zugestimmt werden, daß die Unterschidung zwischen der '*obligation de faire*'

---

[446] In diesem Sinne auch *Gorla*, S. 82.

[447] Vgl. Art. 1179 ZGB.

[448] *Fabre-Magnan*, S. 85, 100.

[449] *Fabre-Magnan*, S. 85, 103.

[450] *Ghestin/ Jamin/ Billiau*, Tz. 724.

und der '*obligation de donner*' keinen eigenständigen Nutzwert hat, sondern es vielmehr auf die translative Wirkung des Vertrages ankommt.

Diese sofortige translative Wirkung ist in jedem Fall zum tatsächlich maßgeblichen Zeitpunkt, nämlich zum Zeitpunkt des Eintritts der Perfektheit, gegeben. Dies gilt auch und gerade im Hinblick darauf, daß der Kauf unter dem Einheitsprinzip als Realvertrag ausgestaltet ist.

- Beim Spezieskauf, Art. 1585 C. civ. bzw. Art. 1295 ZGB, ist eine Perfektion aufgrund der Natur der Sache nicht eigens erforderlich. Das Eigentum geht deshalb im Zeitpunkt des Vertragsschlusses aufgrund der Wirkung des Vertrages über. Dies hat zur Folge, dass Verpflichtung und Verfügung ausnahmsweise in der gleichen juristischen Sekunde zusammenfallen.[451] Der Gesetzgeber setzt dies offensichtlich auch gedanklich voraus. Was bleibt ist deshalb die Pflicht des Verkäufers zu liefern, Art. 1138 C. civ. bzw. Art. 1295 iVm. 1313 ZGB.[452]
- Schließt der Verkäufer dagegen einen wirksamen Kaufvertrag über eine Gattungssache oder fehlt die Perfektion aus einem anderen Grund, so kann das Eigentum noch nicht übergehen. In diesem Fall hat der Verkäufer tatsächlich eine 'Verpflichtung zur Eigentumsverschaffung' übernommen, die aber im Moment der Perfektion - also der Erschaffung der vormaligen *res futura*, der Individualisierung und / oder des Bedingungseintritts - die in Art. 1582 C. civ. bzw. Art. 1294 iVm. 1074 Abs. 1 ZGB vorgesehene Gestalt der Lieferverpflichtung annimmt.

Für die Frage nach der Vereinbarkeit von Einheitsprinzip und Realvertrag ist die Entscheidung, ob eine Übereignungs- oder aber eine Lieferpflicht vorliegt, genaugenommen bedeutungslos. Es kommt nämlich allein auf die Frage an, ob der gesetzlich fixierte, maßgebliche Zeitpunkt des Eigentumsübergangs alleine vom Vertragsschluss abhängig ist, oder ob weitere, tatsächliche Voraussetzungen erfüllt sein müssen. Nach der Vorstellung des rumänischen wie des französischen Gesetzgebers geht das Eigentum aber in aller Regel nicht zur Zeit des Vertragsschlusses über, weil die Perfektheit erst noch herbeigeführt werden muss. Nur ganz ausnahmsweise und in gewissem Sinne zufällig ist dies anders. Dies ist nämlich nur dann der Fall, wenn ein 'idealer' Stückkauf, also der Kauf einer bereits existie-

---

[451] Im Grunde genommen begründet der Kaufvertrag natürlich eine Pflicht das Eigentum zu verschaffen. Diese erlischt jedoch in diesen Fällen bereits mit ihrem Entstehen, weil das Eigentum im gleichen Moment übergeht. In Frankreich wird dies mit der Formel "*elle meurt en naissant*" umschrieben, *Ferid/Sonnenberger* 2 G 501, *Rabel*, Band I, § 28, 1a, S. 194 f., in diesem Sinne, in anderen Worten *Dutilleul/Delebeque*, S. 170, Rn. 200.

[452] Wenn man denn schon ein Regel/Ausnahmeverhältnis im Kaufrecht sehen will, dann besteht dies darin, dass beim Stückkauf auf eine Perfektion ausnahmsweise verzichtet wird, weil es unsinnig wäre, dies zu fordern.

renden Stücksache mit einem Verfügungsberechtigten ohne aufschiebende Bedingung des Eigentumsübergangs vereinbart wurde. Dies verkennen die Vertreter des Trennungsprinzips im französischen Recht, gerade weil sie die Regelung des Kaufs als eine Regelung des Spezieskaufs auffassen, der in deren Augen mit dem Gattungskauf (etc.) einige quasi systemfremde Sonderformen aufweist. Der Zeitpunkt des Vertragsschlusses kann aber gar nicht maßgeblich sein, gerade weil die Kaufsache im Fall des Gattungskaufs noch gar nicht hinreichend bestimmt ist. Vielmehr ist für den Eigentumsübergang der Zeitpunkt maßgeblich, in dem der wirksame Kaufvertrag *auch perfekt* ist. Denn erst dann ist der Vertragsgegenstand so weitgehend bestimmt, dass das Eigentum übergehen kann. Dies tritt aber erst deutlich zu Tage, wenn man das Kaufrecht als einheitliche Regelung von Spezies- und Gattungskauf auffasst, die auch die sonstigen sog. Ausnahmefälle integriert.

Nochmals:

> Die Perfektion als zum Kaufvertrag hinzutretende Voraussetzung für den Eigentumsübergang bewirkt, dass der Kaufvertrag, und zwar auch und gerade der Gattungskauf und alle anderen von Art. 1295 ZGB / Art. 1583 C. civ. Kaufformen als Realkauf zu qualifizieren sind.

1.2. Rechtserwerb durch einheitliches Rechtsgeschäft

Die hier vertretene Auffassung, dass es zur Eigentumsverschaffung aufgrund des Einheitsprinzips nur eines einzigen Rechtsgeschäfts bedürfe, wird durch eine andere, ebenfalls von *Oeckinghaus*, aber auch von *Witz* vertretene These in Frage gestellt. Beide sind der Ansicht, dass es - bei Gattungskäufen - neben dem Kaufvertrag noch eines weiteren Vertrages bedürfe, um den Eigentumsübergang zu bewirken.[453] Dies bedinge die Konzeption als Versprechenskauf. Denn das Erlöschen einer Verpflichtung werde planmäßig durch Erfüllung herbeigeführt. Und diese sei, soweit man sie unter dem Aspekt ihrer Herbeiführung betrachte, im Fall des Gattungskaufs jedenfalls ein Rechtsgeschäft. Dies ergebe sich daraus, dass die Erfüllung durch '*paiement*' beim Gattungskauf nach allgemeiner Ansicht als Vertrag einzustufen sei. Und damit seien zur Herbeiführung des Eigentumsübergangs an Gattungssachen zwei Rechtsgeschäfte und nicht etwa nur eines erforderlich.[454]

[453] *Oeckinghaus* S. 116; *Witz*, S. 533, 543. . In diesem Sinne neuerdings wohl auch *Chazal/ Vicente*, 477, 482, die andeuten, daß eine Übergabe mehr als nur ein einfacher Realakt sein könnte. Richtig daran ist, daß die Möglichkeit besteht, in der Übergabe auch eine konkludent zum Ausdruck gebrachte dingliche Einigung zu sehen. Jedoch fehlt im Code civil eine rechtliche Grundlage, um davon auch tatsächich ausgehen zu können.

[454] [454] So der in der Gedankenführung deutlichere *Witz*, S. 533, 543. Ebenfalls sehen das Trennungsprinzip im französischen Recht *Sovilla*, S. 27; *Habermeier*, S. 283, 288 f. Allerdings ist an dieser Stelle nochmal darauf hinzuweisen, daß die Ansicht *Habermeiers* auf einer eigenwilligen Definition des Trennungsprinzips beruht. Seiner Auffassung

Zunächst stehen beide Darstellungen unter der Prämisse, dass der Eigentumsübergang bei - zutreffender - Annahme eines Versprechenskaufs innerhalb des Einheitsprinzips[455] nicht erklärbar sei. Damit wird jedoch gleich durch die Prämisse zum Ausdruck gebracht, dass die mit dieser These angebotene Lösung für den Fall hinfällig ist, in dem das Problem innerhalb des Einheitsprinzips gelöst werden kann. Es wurde oben[456] - entgegen der von *Oeckinghaus* vertretenen Ansicht - bereits angedeutet, dass die Vorgaben des Einheitsprinzips im Fall des Versprechenskauf nur in Gestalt des Realkaufs wahren können. Dadurch, dass der Gesetzgeber den Eigentumsübergang vom rechtsgeschäftlichen Kaufvertrag und der tatsächlichen Perfektheit abhängig gemacht hat, hat er seinen selbst gesetzten systematischen Rahmen einhalten können. Schon aus dieser Perspektive fehlt der These von *Oeckinghaus* und *Witz* die wesentliche Grundlage.

Auch trifft die Erfüllungsproblematik in der Sache nur teilweise. Zwar räumt *Witz*[457] ein, dass das '*paiement*' je nach zu erfüllender Vertragsverpflichtung auch rein tatsächlicher Natur sein kann[458]. Aber es sei dennoch von einem Erfüllungsvertrag auszugehen, weil hier eine Verfügung Vertragsgegenstand ist. In diesem Fall sei zur Erfüllung nicht nur der Wille des Veräußerers erforderlich, sein Eigentum aufzugeben, sondern zugleich der Wille des Käufers eigenes Eigentum zu begründen.

---

zufolge ist das Trennungsprinzip dadurch bestimmt, daß ein Vertrag zwei Wirkungen, aber nicht notwendigerweise zwei Rechtsgeschäfte habe. So definiert erfaßt das Trennungsprinzip natürlich auch die Fälle, in denen – wie im rumänischen und französischen Recht - das Einheitsprinzip gilt. Zutreffend muß dieses Verhältnis allerdings anders dargestellt werden: Bei verfügenden Verkehrsgeschäften kommen einem Verkehrsgeschäft zwei Wirkungen, eine verpflichtende und eine verfügende, zu. Die Frage, die der Gesetzgeber zu beantworten hat, richtet sich darauf, ob er dieses Problem beantwortet, indem er dieses Verkehrsgeschäft mit seinen zwei Wirkungen in einem oder in zwei Rechtsgeschäften rechtlich bewältigen will.

[455] Das Einheitsprinzip wird bei *Oeckinghaus* S. 116 unausgesprochen zu Grunde gelegt, *Witz*, S. 533, 533 f. macht es zu seinem Ausgangspunkt.

[456] 2. Kapitel, 3. Abschnitt, 2. Unterabschnitt, 2.1.2.

[457] *Witz*, S. 533, 543.

[458] Art. 1235 C. civ. ff.; vgl. Art. 1092 ZGB ff. In der Tat wird diese Frage sowohl in der französischen als auch in der rumänischen Literatur uneinheitlich beantwortet. So gehen Veröffentlichungen zum Schuldrecht allgemein davon aus, daß das '*paiement*' eine vertraglichen Vereinbarung zwischen Gläubiger und Schuldner voraussetze, vgl. Mazeaud/ Chabas II.1. (*Chabas*), Tz. 927 f.; *Stătescu/ Bîrsan*, 218, S. 299; *Pop*, S. 476. Veröffentlichungen die speziell das Kaufrecht zum Gegenstand der Betrachtung machen, vertreten einhellig den Standpunkt, daß die Erfüllung beim Kauf durch einen Realakt, die Individualisierung, geschehe: *Deak/Cărpenaru* Teil I, Cap. I, Abschn. I, § 1, 2, 2.5. S. 16; *Motica/ Moțiu*, S. 11; *Toader*, 3., S. 9; *Dobrin*, An III, 1., 1., S.162; *Huet*, Tz.11209, 11239. Insoweit sind Stellungnahmen einiger Autoren auch in sich widersprüchlich: *Pop*, S. 478; *ders.*, Dreptul de proprietate, S. 243; Mazeaud/ Chabas II.1. (*Chabas*), Tz. 865.

Dem ist zunächst entgegenzuhalten, dass das Vorliegen eines bestimmten Willens auf der einen wie auf der anderen Seite nicht zwingend gleichzusetzen ist mit dem Abschluss eines Vertrages durch diese Parteien. Die Vorstellung eines separaten Erfüllungs*vertrages* beim Kauf ist vor allem durch das Gesetz selbst widerlegt. In Art. 1583 und 1585 C. civ. ebenso wie in Art. 1295 und 1300 ZGB bestimmt der Gesetzgeber, dass das Eigentum *kraft Gesetzes* übergehen soll, sobald das die tatsächlichen Anforderungen der Perfektheit an den Kauf erfüllt sind. Besonders anhand der Regelung des Stückkaufs wird besonders deutlich, dass der Gesetzgeber den Erfüllungsvertrag nicht als Voraussetzung des Eigentumsübergangs gesehen hat. Ansonsten wäre er zumindest[459] an dieser Stelle gezwungen gewesen, dies ausdrücklich anzuordnen. Das tatsächliche Handeln zur Herbeiführung der Perfektion bewirkt also zugleich das '*paiement*'[460]. Also kann auch daraus kein Argument für die Notwendigkeit eines zweiten Rechtsgeschäfts zur Herbeiführung des Eigentumsübergangs gewonnen werden.

> *Das führt zu der Konsequenz, dass es gerade die Konstruktion als Realvertrag ist, die einen Versprechenskauf unter dem Einheitsprinzip erst ermöglicht.*

Was das rumänische Kaufrecht anbelangt, ist die Antwort auf die These vom Erfüllungsvertrag einfach. Denn nicht nur die Individualisierung ist anerkanntermaßen ein Realakt.[461] Außerdem sind auch die sonstigen Voraussetzungen der Perfektion rein tatsächlicher Natur. Dies gilt für die Herstellung einer Sache ebenso, wie für den Eintritt einer Bedingung oder die nachträgliche Erlangung einer Verfügungsbefugnis.

Ergebnis:

> Die Erfüllung der Übereignungsverpflichtung beim Gattungskauf durch bedarf keines zusätzlichen Erfüllungsvertrages. Sie tritt im Zeitpunkt der Herbeiführung der Perfektheit durch den damit verbundenen automatischen Eigentumsübergang von Gesetzes wegen ein.

---

[459] Beim Gattungskauf ließe sich ja immerhin unterstellen, dass sich dies aus den Regelungen zur Erfüllung durch '*paiement*' ergebe.

[460] So für das französische Kaufrecht mit Nachdruck *Huet*, Tz.11209, 11239.

[461] *Deak/Cărpenaru* Teil I, Cap. I, Abschn. I, § 1, 2, 2.5. S. 16; *Motica/ Moțiu*, S. 11; *Toader*, 3., S. 9; *Dobrin*, An III, 1., 1., S.162.

2. Die Übergabe - keine Voraussetzung de eigentumsverschaffenden Wirkung

Die Diskussion zum rechtsgeschäftlichen Erwerb nach Art. 1582 C. civ. ff. beschäftigt sich eingehend mit der Frage, ob nicht doch eine Übergabe zum Rechtserwerb erforderlich sei.

Dabei wird zum Teil darauf abgestellt, dass der Gesetzgeber für den Übergang des Eigentums kraft Rechtsgeschäft nicht wirklich auf das Erfordernis der Übergabe verzichtet habe. Es wird vielmehr untersucht, ob das Übergabeerfordernis nicht in den Gesetzeswortlaut Eingang gefunden hat. Der französische Gesetzgeber habe nichts anderes getan, als die vormals in Verträgen gebräuchliche '*tradition feinte*'[462] als erforderlich zu betrachten und durch Art. 1138 Abs. 2, 1583 C. civ. im Gesetz mittelbar festzulegen, dass diese Form der Übergabe bereits vorliege.[463] Soweit jedoch die Diskussion um die Übergabe als Voraussetzung der eigentumsverschaffenden Wirkung vor diesem Hintergrund geführt wird, ist sie unergiebig. Sie kann bestenfalls denjenigen, die sich eine Übereignung ohne materialisierendes Element nicht vorstellen können, ein Gefühl der Sicherheit vermitteln. Es ist zwar durchaus möglich, dass der Gesetzgeber nichts anderes getan hat, als die Vertragspraxis in das Kaufrecht zu übernehmen.[464] Es bleibt jedoch auch in diesem Fall bei der Tatsache, dass das Eigentum übergeht, ohne dass es eines *tatsächlichen* Besitzwechsels bedarf.

2.1. Keine Übergabe durch Individualisierung

Im französischen Recht wird auch darüber diskutiert, ob die Individualisierung einer Gattungsschuld durch ein- oder zweiseitigen Akt herbeigeführt werde. Gerade im letzteren Fall liegt es aber nahe, darin eine Übergabe sehen zu wollen.

Eine verbreitete Meinung im französischen Recht betrachtet die Individualisierung als zweiseitigen Akt. Der Verkäufer müsse grundsätzlich die mit dem Käufer zusammen eine '*individualisation contradictoire*', also eine gegenseitige Bestim-

---

[462] Zur historischen Entwicklung: Mazeaud / Chabas II.2 - (*Gianviti*), Tz. 1615. Der Gesetzgeber war zu der Erkenntnis gekommen, dass die Übergabe in der Praxis zur Fiktion mutiert war. Dies geschah mittels einer Vertragsformulierung, der sog. '*Clause de dessaisine - saissine*' oder auch '*Clause de devest - vest*' , die den Inhalt '*vendidit et tradidit*' ['verkauft und übergeben'] in dieser oder anderen Formulierungen zum Ausdruck brachten.

[463] Zu dieser Diskussion, vgl. *Witz*, S. 533, 534 ff., mwN.

[464] Das ist streitig bei den Teilnehmern dieser Diskussion und beide Seiten können sich auf Aussagen von Rechtswissenschaftlern berufen, die an der Gesetzesberatung teilgenommen haben, vgl. die Nachweise bei *Witz*, S. 533, 534 und Mazeaud / Chabas II.2 (*Chabas*), Tz. 1615.

mung herbeiführen. Das verlange zwar nicht die persönliche Anwesenheit des Käufers, aber dieser müsse immerhin durch einen Repräsentanten am Vorgang beteiligt sein. Dies könnte etwa der vom Käufer beauftragte Transporteur, aber notfalls auch der konkludent vom Käufer beauftragte Verkäufer sein.[465]

Diese Ansicht von der notwendigen Gegenseitigkeit der Individualisierung wird von der Argumentation getragen, daß der Käufer ansonsten dem Mißbrauch der Individualisierung durch den Käufer schutzlos ausgesetzt sei. Auf der einen Seite sei es dem Verkäufer ein Leichtes, eine zunächst individualisierte und damit zum Gegenstand des Eigentumsübergangs gemachte Ware wieder auszutauschen. Der Verkäufer habe so auch die Möglichkeit sich auf eine von ihm nicht zu vertretende nachträgliche objektive Unmöglichkeit berufen, mit der Folge, daß der Käufer zwar den Kaufpreis zahlen müßte, ohne aber jemals die Kaufsache erhalten zu haben. Der Verkäufer könne damit das Eigentum des Käufers an der Ware verletzen, ohne, daß dieser es bemerken, geschweige denn sich dagegen wehren könnte. Umgekehrt sei es dem Käufer nicht möglich zu beweisen, daß eine Ware bereits vor Gefahrübergang mangelhaft gewesen sei.[466]

Diese Argumentation vermag jedoch nicht zu überzeugen. Zunächst ist nicht recht einzusehen, daß der Käufer ohne die Mitwirkung an der Individualisierung schutzlos wäre. Auch steigert seine Mitwirkung den Schutz nicht. Eine Gefahr, die aus dem nachträglichen Entzug der bereits individualisierten Ware entsteht, ist nicht gegeben. Zunächst setzt Individualisierung nach französischem und rumänischen Recht den unbedingeten Willen des Verkäufers voraus, eine bestimmte Ware einer bestimmten Person unwiderruflich zuzuordnen.[467] Ändert der Verkäufer diese Zuordnung, so ist offenkundig, daß er eine endgültige Zuordnung der Sache nicht gewollt hatte. Das Eigentum war demgemäß noch nicht übergegangen und der Käufer hat nach wie vor seinen Anspruch auf Verschaffung des Eigentums (Art. 1136 C. civ. bzw. Art. 1074 Abs. 1 ZGB) an einer Sache mittlerer Art und Güte (Art. 1246 C. civ.; Art. 1103 ZGB). Anders ist die Situation auch dann nicht zu beurteilen, wenn sich der Verkäufer, wie im Fall der Unmöglichkeit oder der Geltendmachung von Sachmängeln, auf einen befreienden Eigentums- und Gefahrübergang beruft. Denn es obliegt dem Verkäufer diese zu seinen Gunsten aufgestellte Behauptung zu beweisen.[468]

---

[465] Vgl. auch die Darstellung der Diskussion bei *Oeckinghaus* S. 107; *Witz*, S. 533, 540 f.; v. Caemmerer, S. 675, 690. A.A. *Larroumet*, Tz. 61; *Huet*, Tz.11209, 11239; *Hubrecht*, S. 112; *Waelbroeck*, S. 23. Ebenfalls gegen eine '*individualisation contradictoire*' im rumänischen Recht etwa *Beleiu*, S. 110.

[466] *Oeckinghaus* S. 107; *Witz*, S. 533, 540.

[467] *Deak/Cărpenaru* Teil I, Cap. I, Abschn. I, § 1, 2, 2.5. S. 16; in diesem Sinne auch *Motica/ Moțiu*, S. 11; *Toader*, 3., S. 9; *Dobrin*, An III, 1., 1., S.162. Für das französische Recht etwa: *Larroumet*, Tz. 61; *Huet*, Tz.11209, 11239. Mit weiteren Nachweisen auch *Oeckinghaus* S. 106; *Witz*, S. 533, 540.

[468] So auch Mazeaud/Chabas III.2.1 (*de Jugelart*) Tz. 905.

Erst recht erscheint die Theorie der zweiseitigen Individualisierung konstruiert und unhaltbar, wenn man nochmals einen Blick auf die Personen richtet, die den Käufer bei der Individualisierung vertreten dürfen sollen. Schon der Transporteur hat in erster Linie ein Interesse an der Durchführung des Transports, nicht an der Vornahme der Individualisierung. Dies zu Grunde gelegt, bleibt nur noch die Funktion des Zeugen und Gewährsmanns für die Unwiderruflichkeit der Individualisierung. Diese Funktion fiele ihm in einem Prozeß ohnehin zu, dafür braucht man weder eine beiderseitige Individualisierung, noch eine konkludente Beauftragung dazu annehmen. Gänzlich absurd wird die Vorstellung der beiderseitgen Individualisierung dann, wenn man sie durch den Kunstgriff der konkludenten Beauftragung des Verkäufers zur Repräsentation zu retten versucht.[469]

Dabei kann die Individualisierung schon kraft Natur der Sache nur einseitig sein. Ihre Aufgabe ist es allein, den Gegenstand der Leistung eindeutig zu bestimmen. Dies muß durch einen objektiv wahrnehmbaren Vorgang manifest werden und von einem entsprechenden und irreversiblen Willen des Verkäufers getragen sein.[470] All diese Erfordernisse können nur vom Verkäufer selbst, nicht aber vom Käufer erfüllt werden.

Die Einseitigkeit der Individualisierung wird deutlich, wenn man sie sich anhand von zwei Beispielen vor Augen führt. So soll nach der Ansicht *Oeckinghaus'* die Individualisierung bei einem Platzkauf erst mit Lieferung erfolgen.[471] Dies kann nicht sein. Der Lieferungsanspruch richtet sich, wie Art. 1604 C. civ. und auch Art. 1314 ZGB zeigen, auf eine bereits bestimmte Sache. Vor allem aber findet die Bestimmung einer Sache zum Zweck der Erfüllung eines bestimmten Kaufvertrags - auf der rein tatsächlichen Ebene - bereits statt, bevor sie ausgehändigt wird.[472]

Aber auch die Vereinbarung einer Bring- oder Schickschuld kann nicht anders beurteilt werden. Insbesondere die Schickschuld unterscheidet sich vom Platzkauf nur dadurch, daß die Lieferung nicht in der Gestalt einer tatsächlichen, unmittelbaren Übergabe, sondern durch Transport zum Gläubiger geschieht. Bei der Bringschuld ist eine etwas detailliertere Betrachtung erforderlich. Die Behauptung, die Individualisierung finde im Fall der Bringschuld erst mit dem Abladen beim Käufer statt[473], ist falsch und beruht letztlich auf der undifferenzierten Vorstellung der eigentumsverschaffenden Wirkung im französischen Recht. Tatsächlich findet die Individualisierung auch in diesem Fall schon mit der Aussonderung und endgülti-

[469] So aber *Oeckinghaus* S. 107; *Witz*, S. 533, 540 f. *Von Caemmerer*, S. 675, 690, spricht, ganz in dem hier vertretenen Sinne, von einer Fiktion.

[470] Mazeaud/Chabas III.2.1 (*de Jugelart*) Tz. 905; *Oeckinghaus* S. 106; *Witz*, S. 533, 540.

[471] *Oeckinghaus* S. 108 f.

[472] *Deak/Cărpenaru* Teil I, Cap. I, Abschn. I, § 1, 2, 2.5. S. 16; in diesem Sinne auch *Motica/ Moţiu*, S. 11; *Toader*, 3., S. 9; *Dobrin*, An III, 1., 1., S.162. Für das französische Recht etwa: *Larroumet*, Tz. 61; *Huet*, Tz.11209, 11239; Mazeaud/Chabas III.2.1 (*de Jugelart*) Tz. 905.

[473] *Oeckinghaus* S. 109 f.

gen Zuordnung beim Verkäufer statt. Allerdings geht in diesem Fall das Eigentum erst mit der Auslieferung, ggfs. nach Vornahme der letzten Leistungshandlung vor Ort über. Dies liegt aber daran, daß erst dann Perfektheit vorliegt, weil die eigentumsverschaffende Wirkung des Kaufvertrags entsprechend aufschiebend bedingt ist.

Nach alledem wird die Individualisierung - im rumänischen Recht ist das unstreitig[474] - auch nach französischem Recht einseitig durch den Verkäufer herbeigeführt.[475]

Aus diesen Überlegungen folgt auch, daß es sich bei der Individualisierung um einen Realakt handelt, der schon deshalb, weil er der Lieferung vorgelagert ist, von dieser und somit auch von einer Übergabe streng zu unterscheiden ist. Letztere ist somit kinesfalls Voraussetzung für den Eigentumserwerb.

2.2. *Erwerb absoluten Eigentums auch ohne Übergabe*

Spannend ist die Frage des Übergabeerfordernisses für die eigentumsverschaffende Wirkung im Grunde nur an einer Stelle. Ausgehend von Art. 972 ZGB bzw. 1141 C. civ. entfacht sich eine intensiv geführte Diskussion, ob der von der Übergabe befreite, rechtsgeschäftliche Eigentumserwerb nach Art. 1583, 1585 C. civ. bzw. Art. 1295, 1300 ZGB überhaupt vollwertiges, absolut wirkendes Eigentum übertragen kann. Denn die praktisch identischen Art. 972 ZGB bzw. 1141 C. civ. entscheiden den Streitfall, zwischen zwei Käufern, die nacheinander dieselbe bestimmte Sache vom selben Verkäufer erworben haben. Ohne die fraglichen Normen wäre unzweifelhaft, daß der erste Käufer vom Verkäufer rechtsgeschäftlich Eigentum erworben hat, der zweite dagegen leer ausgegangen ist. Aufgrund von Art. 972 ZGB[476] bzw. 1141 C. civ.[477] muß man zu dem Ergebnis gelangen, daß

[474] *Deak/Cărpenaru* Teil I, Cap. I, Abschn. I, § 1, 2, 2.5. S. 16; *Motica/ Moțiu*, S. 11; *Toader*, 3., S. 9; *Dobrin*, An III, 1., 1., S.162.

[475] *Larroumet*, Tz. 61; *Huet*, Tz.11209, 11239; Mazeaud/Chabas III.2.1 (*de Jugelart*) Tz. 905 und im Ergebnis auch *Witz*, S. 533, 541.

[476] Art. 972 ZGB: "*Dacă lucrul ce cineva s-a obligat succesiv a da la două persoane este mobil, persoane pusă în posesiune este preferită și rămâne proprietara, chiar cînd titlul sau este cu dată posterioară, numai posesiunea să fie bună-credință.*" [Wenn eine Sache, die zu übertragen sich jemand nacheinander an zwei Personen verpflichtet, beweglich ist, so wird derjenige, der den Besitz erhalten hat bevorzugt und bleibt selbst dann Eigentümer, wenn sein Titel der zeitlich spätere ist, sofern nur sein Besitz gutgläubig ist.]

[477] Art. 1141 C. civ.: "*Si la chose, qu'on s'est obligé de donner ou de livrer à deux personnes successivement, est purement mobilière, celle des deux qui en a été mise en possession réelle est préférée et en demeure propriétaire, encore que son titre soit postérieur en date, pourvu toutefois que la possession soit de bonne fois.*" [Wenn die Sache, die jemand sich sukzessive zwei Personen verpflichtet hat zu übereignen oder zu

derjenige Eigentümer der Sache geworden ist, dem sie übergeben wurde. Daraus und aus der Formulierung von Art. 1295 ZGB bzw. 1583 C. civ., wonach der Kauf - lediglich - *zwischen den Parteien* perfekt ist, könnte man den Schluß ziehen, das rechtsgeschäftlich übertragene Eigentum wirke nur relativ und bedürfe zu seiner absoluten, gegenüber jedermann geltenden Wirkung der Übergabe.[478] Träfe dies zu, würde es letztendlich bedeuten, daß die Übergabe doch zum Tatbestand des rechtsgeschäftlichen Eigentumserwerbs zu zählen ist.

Hier soll nun gezeigt werden, daß nach rumänischem bzw. französischem Recht in gleicher Weise wie hierzulande aufgrund eines Rechtsgeschäfts absolutes Eigentum erworben werden kann. Es soll gezeigt werden, daß es sich bei dem aufgrund Kaufvertrags erworbenen, absoluten Eigentum in allen drei Rechtsordnungen lediglich um eines handelt, das bis zur Erlangung des tatsächlichen Besitzes nicht endgültig gesichert ist. Dafür soll nun zunächst aufgezeigt werden, daß es sich bei den hier fraglichen Regelungen um solche des Erwerbs vom Nichtberechtigten handelt und von welchen Voraussetzungen dieser abhängig ist (2.2.1.). In einem zweiten Schritt (2.2.2.) soll anhand eines knapp gehaltenen funktionalen Vergleichs des Erwerbs vom Nichtberechtigten aufgezeigt werden, daß das deutsche und das rumänische bzw. französische Recht in dieser Frage nach Anforderungen und Ergebnis vergleichbar sind. Aus einer zusammenfassenden Betrachtung der Überlegungen zu dieser Frage heraus wird dann aufgezeigt (2.2.3.), daß in allen drei Rechtsordnungen tatsächlich das unbeschränkte und *erga omnes* wirkende Eigentumsrecht übertragen wird.

2.2.1. Der Erwerb vom Nichtberechtigten

Grundlage des gutgläubigen Erwerbs bildet in Rumänien Art. 1909[479] iVm. 1910 ZGB, im französischen Recht Art. 2279[480], 2280 C. civ. Dabei kommt Art. 1909

liefern, in jeder Hinsicht beweglich ist, wird diejenige der beiden Personen bevorzugt und bleibt Eigentümerin, die den tatsächlichen Besitz daran erhalten hat, selbst wenn der Erwerbsgrund der zeitlich spätere ist. Dies gilt allerdings nur wenn die Person den Besitz gutgläubig erlangt hat.]

[478] Zu diesem Ergebnis kommt etwa *Witz*, S. 533, 537; *Chazal/ Vicente*, S 477, 482 f.; ebenso wohl auch *Drobnig*, Transfer of Property, in: Hartkamp/ Hesselink/ Hondius/ Joustra/ du Perron (Hrsg.), Towards a European Civil Code, S. 495, 499 f., 503 f. In diesem Sinne muß zumindest die Schlußfolgerung auf S. 504 Ziff. 3 verstanden werden. Eindeutiger in diesem Sinne noch in der Vorauflage S. 345, 350. A. A. *Jeroscheg*, S. 235 ff., 239.

[479] Art. 1909 Abs. 1 ZGB: "*Lucrurile mişcătoare se prescriu prin faptul posesiuni lor, fără să fie trebuinţă de vreo curgere de timp.*" [Bewegliche Sachen gehen durch die Tatsache des Besitzes über (verjähren) ohne, daß es dazu eines Zeitablaufs bedürfte.]

[480] Art. 2279 Abs. 1 C. civ.: "*En fait de meubles, la possession vaut titre.*" [Hinsichtlich beweglicher Sachen kommt der Besitz dem Titel gleich.]. Sie wird - in rechtlicher

ZGB wie Art. 2279 C. civ. sowohl Beweisfunktion[481] wie auch Erwerbsfunktion zu.[482] Die folgenden Ausführungen werden sich nur auf die Erwerbsfunktion des Art. 1909 ZGB beziehen, weil allein dieser im Zusammenhang mit der Frage des Erwerbs relativen Eigentums kraft Rechtsgeschäft als Folge von Art. 972 ZGB von Interesse ist.

Schlägt man in rumänischen Lehrbüchern nach, so findet man dort eine weitgehend unsystematische Aufführung und Erläuterung von Voraussetzungen dieses gesetzlichen Erwerbstatbestandes. So darf der Erwerber u. a. die Sachen nicht unmittelbar vom Eigentümer erhalten haben, er muß tatsächlichen und zudem fehlerfreien Besitz innehaben, gutgläubig sein und einen zum Gutglaubenserwerb geeigneten Titel innehaben. In aller Regel wird der Erwerber unter diesen Umständen sofort Eigentümer. Diese Anforderungen an den Erwerb vom Nichtberechtigten sollen nun im Einzelnen dargestellt werden.

Bereits aus dem Wortlaut des Art. 1909 Abs. 1 ZGB ergibt sich, daß der Anwendungsbereich auf den Mobiliarerwerb beschränkt ist.[483]

Weiterhin ist eine '*posesia utilă*', ein - zum Rechtserwerb - 'nützlicher Besitz' des Erwerbers erforderlich. Diese besondere Erscheinungsform des Besitzes setzt zunächst tatsächlichen Besitz, '*posesia reală*', voraus, der zudem nicht fehlerhaft sein darf.[484]

Da es letztlich um die Stellung und Wirkung der Übergabe im System des rechtsgeschäftlichen Erwerbs geht, ist hier das Anforderungsprofil, das an den 'tatsächlichen Besitz' geknüpft ist, von besonderem Interesse. Der Erwerber muß dazu die tatsächliche unmittelbare Sachherrschaft, getragen vom Herrschaftswillen innehaben.[485] Dafür muß der Veräußerer seinen Besitz vollständig aufgegeben. Der

Hinsicht mE. fälschlicherweise - als die Zentral- norm des französischen Mobiliarsachenrechts bezeichnet, vgl. *Ferid/Sonnenberger* 3 B 2 und *Minuth* S. 6. Fälschlich ist diese Sichtweise, insofern, als sie auf die tatsächliche Wirkung anstatt uf den rechtlichen Funktionszusammenhang abstellt.

[481] Diese entspricht ihrer Funktion nach betrachtet § 1006 BGB. Zur Beweisfunktion: *Popa*, S. 120, 123; *Adam*, S. 418; *Jeroscheg*, S. 225; *Ferid/Sonnenberger* 3 B 2.

[482] *Pop*, Dreptul de proprietate, S. 286; *Popa*, S. 121, 125; *Filipescu*, S. 279; *Cosmovici*, S. 57 f.; *Adam*, S. 418. Mazeaud / Chabas II.2 (*Chabas*) Tz. 1542, 1544; *Jeroscheg*, S. 221 ff.; *Ferid/Sonnenberger* 3 B 14.

[483] Vgl. auch *Pop*, Dreptul de proprietate, S. 284 f., 286; *Filipescu*, S. 279; *Popa*, S. 124; *Cosmovici*, S. 54; *Adam*, S. 418; Mazeaud / Chabas II.2 (*Chabas*) Tz. 1527; *Minuth* S. 24, die allesamt auch die begrenzten, für die vorliegende Untersuchung jedoch irrelevanten Ausnahmen erläutern.

[484] *Filipescu* S. 281, 3 lit. a u. b; *Popa*, S. 131; *Cosmovici* S. 55; *Adam*, S. 421; Mazeaud / Chabas II.2 (*Chabas*) Tz. 1529, 1531; *Ferid/ Sonnenberger* 3 B 16.

[485] *Popa*, S. 130; *Pop*, Dreptul de proprietate, S. 287, lit. d; *Adam*, S. 421; *Filipescu* S. 281, 3 lit. a.

Erwerber darf nicht behaupten können, der Veräußerer habe für ihn besessen, wie das etwa im deutschen Recht mithilfe der Vereinbarung eines Besitzkonstituts nach § 930 BGB möglich wäre.[486] Die *'posesia reala'* läßt einen Besitz *corpore alieno* in keiner Weise zu. Nur die tatsächliche Sachherrschaft des Erwerbers führt zur Anwendbarkeit des Art. 1909 ZGB.[487] Beinahe selbstverständlich erscheint es, daß die Besitzerlangung durch den nichtberechtigten Veräußerer herbeigeführt worden sein muß.[488] Ziel dieser Anforderung ist es demnach, im Sinne der Rechtssicherheit Dritte über die wahren Eigentumsverhältnisse in Kenntnis zu setzen.[489]

Unter welchen Voraussetzungen dieser tatsächliche Besitz fehlerfrei ist, ergibt sich aus Art. 1847 ZGB, der einen andauernden und ununterbrochenen, friedlichen, offenbaren Besitz als Eigentümer verlangt. Diese Anforderungen werden durch die Art. 1847 ZGB ff. soweit erforderlich definiert, wobei zu Recht durch die Literatur darauf verwiesen wird, daß Beständigkeit des Besitzes aufgrund seiner Konzeption als sofortiger Rechtserwerb grundsätzlich nicht erforderlich ist.[490] Außerdem besteht eine gesetzliche Vermutung für die Fehlerfreiheit des Besitzes, Art. 1850, 1854 ZGB[491].[492]

Abgesehen von der *'posesia utilă'* muß der Erwerber zum Zeitpunkt der Besitzerlangung[493] auch guten Glaubens sein. Hinsichtlich dieses Tatbestandsmerkmals ist die Literatur zum französischen Recht in ihren Aussagen klarer, als es die rumänische ist. Nach französischer Auffassung bezieht sich der gute Glaube darauf, daß der Erwerber der Ansicht sein mußte Eigentümer zu werden.[494] Dies hat eine doppelte Bedeutung.

Zum einen muß der Erwerber der Ansicht sein, daß der Rechtsgrund seines Eigentumserwerbs, also der Kaufvertrag, wirksam entstanden ist. Nach *Chabas* genügt es für die Bösgläubigkeit, daß der Erwerber von der Unwirksamkeit[495] seines

---

[486] *Pop*, Dreptul de proprietate, S. 287, lit. d; *Popa*, S. 130; *Filipescu* S. 281, 3 lit. a; Mazeaud / Chabas II.2 (*Chabas*) Tz. 1529.

[487] *Pop*, Dreptul de proprietate, S. 287, lit. d; *Filipescu* S. 281, 3 lit. a. Mazeaud / Chabas II.2 (*Chabas*) Tz. 1529 und 1623.

[488] *Pop*, Dreptul de proprietate, S. 287, lit. b u. c; *Adam*, S. 420; *Cosmovici* S. 55; Mazeaud/ Chabas II.2 (*Chabas*) Tz. 1525.

[489] *Filipescu* S. 281, 3 lit. a, 231; Mazeaud / Chabas II.2 (*Chabas*) Tz. 1530.

[490] *Popa*, S. 131; *Filipescu* S. 281, 3 lit. b; *Ferid/ Sonnenberger* 3 B 17.

[491] Entsprechend: Art. 2230, 2234 C. civ.

[492] *Filipescu* S. 281, 3 lit. b, *Cosmovici* S. 55; Mazeaud / Chabas II.2 (*Chabas*) Tz. 1531.

[493] *Popa*, S. 136; *Ghestin/ Jamin/ Billiau*, Tz. 779.

[494] Mazeaud / Chabas II.2 (*Chabas*) Tz. 1533; *Ferid/ Sonnenberger* 3 B 20.

[495] Dabei muß es sich um das Wissen vom Vorliegen eines absoluten Nichtigkeitsgrund handeln.

Erwerbstitels wußte.[496] Nicht erforderlich ist es dagegen, daß der Rechtsgrund, ein sog. '*juste titre*' tatsächlich wirksam vorliegt. Denn nach herrschender Ansicht stellt sich die Frage nach dem '*juste titre*' nur im Rahmen des guten Glaubens.[497] Zum anderen muß er aber auch der Ansicht sein, mit dem Eigentümer zu kontrahieren. Dabei soll der gute Glaube an die Vertretungsmacht des Veräußerers ebenso genügen, wie der gute Glaube an dessen Verfügungsbefugnis.[498]

Mit anderen Worten, guter Glaube liegt vor, wenn der Erwerber zumindest glaubt, dass er im Sinne des einheitlichen Tatbestandes von Kaufvertrag und Perfektheit Eigentümer geworden ist. Wenn er hinsichtlich dieses Tatbestandes von einem Fehler, gleich welcher Art, Kenntnis hat, so ist er bösgläubig.

Die rumänische Literatur ist weitestgehend auch in diesem Sinne zu verstehen, auch wenn sie in mancher Hinsicht sehr unklar und vor allem unsystematisch arbeitet. So steht zunächst außer Frage, daß sich der gute Glaube auf die Eigentümerstellung des Veräußerers beziehen müsse.[499] Eine explizite Auseinandersetzung mit der Frage, ob sich der gute Glaube auch auf die Verfügungsbefugnis des Veräußerers beziehen kann, ist nicht ersichtlich. Zwischen den Zeilen läßt sich *Cosmovici*[500] dahingehend verstehen, daß dies ausgeschlossen ist, wenn er sagt, der Erwerber dürfe nicht wissen, daß er die Sache von einem '*detentorul precar*', einem Besitzmittler erhalte. Da im Übrigen auch in Rumänien der gute Glaube an die Existenz eines Rechtsgrundes[501] für den Eigentumserwerb Voraussetzung für

---

[496] Mazeaud / Chabas II.2 (*Chabas*) Tz. 1533, mwN. *Jeroscheg*, S. 210, 217 f.; *Ferid/ Sonnenberger* 3 B 20 mit dem selben Ergebnis, wenngleich mit anderer, weniger überzeugenden Begründung.

[497] Mazeaud / Chabas II.2 (*Chabas*) Tz. 1536; Cour de Cassation, 1ère chambre civile vom 16.06.1971, Receuil Dalloz 1971, S. 566.

[498] So *Ferid/ Sonnenberger* 3 B 22 f.; *Minuth*, S. 41.

[499] *Filipescu* S. 281 f.; *Popa*, S. 136; *Adam*, S. 421; *Pop*, Dreptul de proprietate, S. 287, lit. c.

[500] *Cosmovici* S. 55.

[501] *Filipescu* S. 281 f.; *Cosmovici* S. 55; *Popa*, S. 136; *Adam*, S. 421; *Popescu* Teil 1, Cap. X, Abschn. a II-a, 2., S. 104 f. Bei *Pop*, Dreptul de proprietate, S. 287, lit. b, c, wird dies bestenfalls zwischen den Zeilen deutlich, wenn er sagt, es müsse eine Veräußerung vorliegen (b) und der Erwerber die Sache gutgläubig erwerben (c). - Es stellt sich an dieser Stelle jedoch eine Frage, der hier nicht weiter nachgegangen werden kann. In Rumänien wie in Frankreich ist es praktisch unbestritten, daß der rechtfertigende Erwerbsgrund nicht tatsächlich existieren muß. Vielmehr soll es genügen, daß der Erwerber insofern guten Glaubens ist. Dies widerspricht jedoch der grundlegenden Vorstellung der Gutglaubensvorschriften insofern, als diese nur das Fehlen der Verfügungsberechtigung, nicht aber sonstige Mängel 'heilen' soll (*Filipescu*, S. 285; *Cosmovici*, S. 57; ebenso Mazeaud / Chabas II.2 (*Chabas*) Tz. 1525, der darauf hinweist, daß alle Unwirksamkeitsvorschriften des öffentlichen Interesses andernfalls '*lettre morte*' wären.) Aus diesem Grund ist es auch für die kurzfristige Immobiliarersitzung gem. Art. 1895 ZGB bzw. Art. 2265 C. civ. anerkannt, daß die '*justa cauza*' eine vom guten

den Erwerb vom Nichtberechtigten ist, kann letztlich davon ausgegangen werden, daß sich der gute Glaube auf das korrekte Vorliegen des gesamten Erwerbstatbestandes beziehen muß.

Der Erwerbszeitpunkt hängt davon ab, ob der ursprüngliche Eigentümer freiwillig aus der Hand gegeben hat. In diesem Fall tritt der Erwerb vom Nichtberechtigten sofort mit Besitzerlangung ein, Art. 1909 Abs. 1 ZGB. Ist die Sache jedoch dem Eigentümer gestohlen worden oder hat er sie verloren, so tritt der sofortige Eigentumserwerb erst nach dem Ablauf einer Dreijahresfrist ein, die mit dem Tag des Diebstahls bzw. Verlust beginnt, Art. 1909 Abs. 2 ZGB.[502]

Dieselben Anforderungen stellt auch Art. 972 ZGB an den gutgläubigen Erwerb des Zweiterwerbers. Auch hier muß der Zweitkäufer einen zum Gutglaubenserwerb geeigneten Besitz (‘*posesia utilă*’)[503] an der Sache haben. Auch hinsichtlich der Anforderungen an den guten Glauben bestehen keine Unterschiede zu Art. 1909 ZGB. Der Erwerber muß zumindest der Ansicht sein, er habe mit seinem Kauf einen wirksamen Rechtsgrund zum Eigentumserwerb und zwar hinsichtlich aller Anforderungen des einheitlichen Erwerbstatbestandes. Allerdings kommt im Fall des Art. 972 ZGB nur der sofort mit dem Besitzerwerb eintretende Eigentumsübergang in Frage, da andere Erwerber dem Verkäufer die Kaufsache ja freiwillig überlassen hatte.[504]

Die vorstehenden Ausführungen weisen somit nach, daß es sich bei Art. 1141 C. civ. und Art. 972 ZGB um Spezialnormen des gutgläubigen Mobiliarerwerbs handelt.

Glauben unabhängige Tatbestandsvoraussetzung ist. Dies hat zur Folge, daß die ‘*justa cauza*’ in diesen Fällen objektiv vorliegen muß und der gute Glaube des Erwerbers an deren Existenz nicht hinreichend ist. Die Begründung für die unterschiedliche Handhabung der ‘*justa cauza*’ in beiden Fällen ist jedoch nicht nachvollziehbar. Beim gutgläubigen Mobiliarerwerb soll der gute Glaube an den Rechtsgrund deshalb genügen, weil es sich hierbei nicht um eine Ersitzung handelt. Dies ist zwar richtig, aber es bei der Immobiliarersitzung wird die reguläre Ersitzungsfrist von 30 Jahren gerade wegen des guten Glaubens des Erwerbers auf 10 Jahre verkürzt.

[502] Eine entsprechende Regelung enthält auch Art. 2279 Abs. 1 u. 2 C. civ.

[503] Mazeaud / Chabas II.2 (*Chabas*) Tz. 1622; *Minuth* S. 26.

[504] Zum Ganzen: *Popa*, S. 135; *Adam*, S. 423; *Cosmovici* S. 55 f.; ebenso für Art. 1141 C. civ.: Mazeaud / Chabas II.2 (*Chabas*) Tz. 1622 - 1624; *Minuth* S. 25 f.; *Ferid/ Sonnenberger* 3 B 16, 26.

2.2.2. Sicherung des Vollrechtserwerbs durch Besitzerlangung

Im nun folgenden funktionalen Vergleich[505] des gutgläubigen Mobiliarerwerbs nach rumänischem Recht mit den §§ 932 BGB ff. soll nun gezeigt werden, daß beider Regelungen rechtlich gleichwertig hinsichtlich der Verschaffung von (absolutem) Eigentum sind. Grundlage der Betrachtung soll dabei eine Untersuchung der Publizitätsfunktion und der Rechtsscheinsfunktion des Besitzes sein.

Das allgemeine sachenrechtliche Publizitätsprinzip besagt, daß die absolute Wirkung dinglicher Rechte gegenüber jedermann durch ihre Erkennbarkeit bedingt ist.[506] Denn die Publizitätsfunktion als Zeichenfunktion hat die Aufgabe die tatsächlichen Verhältnisse an einer Sache offen zu legen.[507] Auf den Besitz von Mobilien übertragen bedeutet dies, daß der Besitz das sichtbare Kennzeichen dinglicher Rechte an beweglichen Sachen ist.[508] Die Publizitätsfunktion hat zur Folge, daß der Besitz (des Nichtberechtigten) jeden Dritten zu der Vermutung berechtigt, der Besitzer sei auch Eigentümer der Sache. Im deutschen Recht ergibt sich dies aus § 1006 BGB, für das rumänische bzw. französische Recht aus der Beweisfunktion der Art. 1909 ZGB, 2279 C. civ.

Nun verhält es sich so, daß der rechtsgeschäftliche Eigentumserwerb sowohl in tatsächlicher Hinsicht, wie auch aufgrund der Regelungen des Eigentumserwerbs eine Dynamik entwickelt, die die auf den jeweiligen *status quo* gerichtete Publizitätsfunktion aufhebt. In tatsächlicher Hinsicht wechselt das Eigentum von einer Person zur anderen und mit ihr - im Idealfall - der Besitz. Aber der Wechsel der Eigentums und der Wechsel des Besitzes können auseinanderfallen. Und gerade im Wechsel und der damit verbundenen Unsicherheit liegt die Schwäche der Publizität des Besitzes. Sie gibt nur im Idealfall die tatsächliche Rechtslage wieder. Ebenso verhält es sich auch auf der rechtlichen Ebene. Solange der Wechsel von Eigentum und Besitz zwingend miteinander verbunden sind, gibt es zu Zweifeln an der Publizität keinen Anlaß. Sobald und soweit diese Verbindung aufgelöst wird, muß die Publizitätsfunktion durch eine andere, die Rechtsscheinsfunktion ergänzt werden.[509]

[505] Angesichts der thematischen Ausrichtung und des engen Rahmens dieser Arbeit kann dieser Vergleich nur in Grundzügen durchgeführt werden. Insofern muß auf die grundlegende Arbeit von *Minuth* verwiesen werden, die sehr detailliert und kenntnisreich zu den Besitzfunktionen Stellung nimmt, wenngleich sie in der Beurteilung des französichen Rechts nicht in jeder Hinsicht zutreffend ist.

[506] *Minuth* S. 70.

[507] Westermann/ *Grunsky* § 8, 3 b.

[508] So auch in Rumänien und Frankreich: *Filipescu* S. 48; *Pop*, Dreptul de proprietate, S. 230 f.; *Adam*, S. 302; *Cosmovici* S. 67; *Minuth* S. 69.

[509] Insoweit ist *Minuth* S. 71 zuzustimmen, wenn der Rechtsscheinsfunktion als Teil der Publizitätsfunktion betrachtet.

Die deutsche Regelung des *rechtsgeschäftlichen* Eigentumserwerbs[510] hat die Publizität des Besitzes weitgehend aufgelöst. Auf Veräußererseite ist zulässig, daß die unmittelbare Sachherrschaft vom Eigentümer unmittelbar oder durch seinen Besitzdiener ausgeübt wird. Weiterhin gilt der Eigentümer aber auch dann als Besitzer und damit als derjenige, der die Sachherrschaft ausübt, wenn die Sachherrschaft unmittelbar bei einem Besitzmittler liegt, § 868 BGB. Obendrein übt er auch dann noch die Sachherrschaft aus, wenn eine Besitzmittlungskette vorliegt. Gleiches gilt für die Erwerberseite. Auch der Erwerber hat nach deutschem Verständnis die Sachherrschaft inne, wenn diese tatsächlich unmittelbar von einem Besitzdiener oder einem Besitzmittler ausgeübt wird. Zuletzt ist die Publizität auch im Erwerbsvorgang stark eingeschränkt. Zwar gilt gemäß § 929 S. 1 BGB grundsätzlich, daß das Eigentum nur übergeht, wenn auch der Besitz gewechselt hat. Allerdings ist schon hier eine Lockerung festzustellen, wenn man bedenkt, daß der Besitzwechsel im Sinne des § 929 S. 1 BGB auch in Verbindung mit § 854 Abs. 2 BGB möglich ist. Für den so herbeigeführten Besitzerwerb muß der Erwerber nur in der Lage sein, die tatsächliche Sachherrschaft auszuüben. Unter diesen Umständen genügt bereits die Einigung über den Besitzwechsel.[511] Dieser Grundsatz der tatsächlichen Besitzverschaffung wird jedoch bereits durch § 929 S. 2 BGB aufgelöst, weil hier eine mit Händen nicht greifbare Einigung genügen soll, wenn der Besitz nur zuvor schon gewechselt hat. Der Übergabeersatz nach § 931 BGB begnügt sich sogar mit einer für Dritte weder sichtbaren noch handgreiflichen Einigung[512], obwohl der Erwerber die Sache nicht einmal im Vorfeld erhalten hat. Und § 930 BGB läßt eine Einigung[513] sogar dann genügen, wenn der Veräußerer die unmittelbare Sachherrschaft über die Sache behält. Ob und inwieweit innerhalb der durch das BGB zur Verfügung gestellten Möglichkeiten der 'Übergabe' tatsächlich unmittelbare Sachherrschaft übertragen wird, ist damit letztlich der Parteivereinbarung überlassen. Mit einem Wort - zum Zweck der Freiheit und Leichtigkeit des Rechtsverkehrs kann das Eigentum an einer Sache zu einem Zeitpunkt verschafft werden, in dem der Erwerber die unmittelbare Sachherrschaft (noch) nicht erhalten hat.

Damit durchaus vergleichbar verhält es sich auch im rumänischen Recht. Hier wird für den Erwerbsvorgang von vorne herein auf das Erfordernis der Übergabe und damit auf Publizität verzichtet. Den Parteien ist es aber freigestellt, den Eigentumsübergang durch die Verschaffung der tatsächlichen Sachherrschaft zu bedingen. Auch hier kann auf Veräußererseite durch den Besitz[514] nicht zwingend

[510] Dazu sollen in diesem Zusammenhang auch die besitzrechtlichen Vorschriften gezählt werden.

[511] Palandt/*Bassenge*, § 854 Rn. 8, 9; *Müller* Rn. 110 ff.

[512] Über die Abtretung des Herausgabeanspruchs.

[513] Über die Begründung eines Besitzmittlungsverhältnisses.

[514] Der Besitz als Institution und die Anforderungen daran sind im ZGB / C. civ. abgesehen von einer rudimentären Definition in Art. 1846 ZGB / Art. 2228 C. civ. nicht geregelt. Die Aufgabe, diese Lücke zu füllen wurde sowohl in Rumänien wie in Frankreich von der Lehre übernommen. *Pop*, Dreptul de proprietate, S. 221; *Adam*, S. 301 ff.; *Filipescu*

der Eigentümer bestimmt werden. Denn das rumänische Recht unterscheidet sich in der Beurteilung der Besitzmittlung nur in einem Punkt vom deutschen Recht. Dort wird der Eigentümer und Besitzherr wie hier als Besitzer angesehen. Nur der Besitzmittler ist nach dortigem Verständnis nicht *ebenfalls* Besitzer, sondern nur Gewahrsamsinhaber, '*detentorul precar*'.[515] Demnach können aber auch dort, wenn auch bei weitem nicht in gleichem Maße wie nach deutschem Recht, tatsächliche Sachherrschaft und die Rechtsposition 'Besitz' auseinanderfallen.[516] Mit dem so gefaßten Besitzbegriff und dem Verzicht auf das Übergabeerfordernis zum Eigentumserwerb ist aber zugleich klar, daß auch auf Erwerberseite die Publizitätsfunktion des Besitzes stark in Frage gestellt ist.

Zusammenfassend ist also festzustellen, daß in den hier untersuchten Rechtordnungen in weitgehend übereinstimmender Weise das der Rechtssicherheit dienende Publizitätsprinzip zu Gunsten der Freiheit und Leichtigkeit des Verkehrs stark ausgehöhlt ist.

Es wurde eben schon darauf hingewiesen, daß die Publizität aus Gründen der Sicherheit des Rechtsverkehrs durch ein geeignetes Mittel ersetzt werden muß. Dieses Mittel ist in beiden Rechtsordnungen der Vertrauensschutz durch das Rechtsscheinsprinzip. Zivilrechtlicher Vertrauensschutz besteht darin, einen Vertragspartner in seinem Vertrauen auf bestimmte, tatsächlich aber nur scheinbar vorliegende Rechtspositionen, sog. Rechtsscheinspositionen[517], seines Vertragspartners zu schützen.[518] Dafür müssen bestimmte Indizien vorliegen, die geeignet sind, beim Vertragspartner entsprechende Vorstellungen zu wecken.[519] Diese Vorstellungen werden vom Gesetz grundsätzlich nur in bestimmten, genau festgelegten Fällen geschützt.[520] Das Rechtsscheinsprinzip braucht dazu mehr als eine gewisse indizielle Wirkung. Diese indizielle Wirkung muß vielmehr konkrete Auswirkungen auf den Tatbestand, hier des Erwerbs vom Nichtberechtigten haben, um als Rechtsscheinsprinzip nachgewiesen werden zu können.[521]

Dies vorausgesetzt, stellt sich dann die Frage, worin die Grundlage des Rechtsscheins[522] im Fall des redlichen Erwerbs zu sehen ist. Im deutschen Recht ist diese

S. 48 f.; *Cosmovici* S. 59; Mazeaud / Chabas II.2 - (*Chabas*) Tz. 1418 ff.; *Ferid/ Sonnenberger* 3 A 101; *Minuth* S. 46.

[515] Zum Besitzmittlungsverhältnis nach rumänischem / französischen Verständnis: *Pop*, Dreptul de proprietate, S. 223 f.; *Filipescu* S. 53; *Adam*, S. 304 ff.; *Cosmovici* S. 61 f.; Mazeaud / Chabas II.2 (*Chabas*) Tz. 1410, 1426; *Ferid/ Sonnenberger* 3 A 116.

[516] *Filipescu* S. 55; *Adam*, S. 302 f.; Mazeaud / Chabas II.2 (*Chabas*) Tz. 1420.

[517] *Westermann*, Gutglaubensschutz, S. 1, 3.

[518] Mazeaud / Chabas II.2 (*Chabas*) Tz. 1411 - 1414; *Minuth* S. 68.

[519] *Canaris*, S. 491; *Westermann*, Gutglaubensschutz, S. 1, 3.

[520] *Minuth* S. 68 f.

[521] *Canaris*, S. 491, 493 f.; *Minuth* S. 111.

[522] Der Erwerb vom Nichtberechtigten ist als Rechtsscheinstatbestand ausgestaltet, so schon *Westermann*, Gutglaubensschutz, S. 1, 3; ebenso *Hager*, S. 1.

konkret im Tatbestand der § 932 BGB ff. verankerte Rechtsscheinsgrundlage nur anhand einer Einzelfalluntersuchung zu entnehmen. Dies liegt an der differenzierten, auf die einzelnen Möglichkeiten der Besitzverschaffung hin ausgerichteten Ausgestaltung der Regelung.[523] Dabei kommt es für die hier zur Diskussion gestellte Frage allein auf die rechtfertigende Besitzlage an, denn diese trägt den Rechtsschein.[524] Die rechtfertigende Besitzlage muß sich aus einer Betrachtung des Besitzwechselvorgangs vom Veräußerer hin zum Erwerber ergeben.[525] [526] Wie auch für den Gesetzgeber in § 932 I, 2 BGB, ist somit hier die Veräußererseite der Ausgangspunkt der Überlegung. Der Veräußerer muß die Besitzerlangung des Erwerbers bewirken, wobei sich aus § 933 BGB ergibt, daß der Veräußerer in keiner Weise Besitz behalten darf.[527] Der nächste Entwicklungsschritt ist in § 934, 2. Alt. BGB angelegt. Danach macht es keinen Unterschied, ob die - körperlich in der Regel nicht wahrnehmbare - Besitzmittlung durch den Veräußerer als mittelbaren Besitzer (Alt. 1) Grundlage des Rechtsscheins ist, oder aber die ebenfalls nicht wahrnehmbare Weisung an einen Dritten, der dann aber den unmittelbaren Besitz dem Erwerber verschafft.[528] Dieser Gesichtspunkt der Dispositionsmacht wird ergänzt durch den Gedanken des Übereignungsvollzugs.[529] Aus dem Gesamtbild des redlichen Erwerbs gemäß § 932 BGB ff. ergibt sich also, daß ein Erwerb kraft guten Glaubens in jedem Fall nur dann stattfinden kann, wenn der *Rechtsscheinstatbestand*, bestehend aus der sich im *Vollzug der Übereignung manifestierenden Dispositionsmacht des Veräußerers*, erfüllt ist. Kurz gesagt gründet also das rechtlich geschützte Vertrauen in der durch die Verfügungsmacht symbolisierten Verfügungsbefugnis des Eigentümers.[530]

---

[523] Dies für das deutsche Recht im einzelnen nachzuvollziehen ist an dieser Stelle weder möglich, noch erforderlich. Es genügt der Hinweis auf *Hager*, insb. S. 245 ff. Aber auch *Minuth* insb. S. 77 ff.

[524] Baur/ *Stürner* § 52 A I, a.

[525] In diesem Sinne *Minuth* S. 75.

[526] Allein der gesicherte Besitz auf der Erwerberseite kann außer Betracht bleiben. Insofern kann sich der Erwerber nur auf die Publizitätsfunktion des Besitzes berufen. Diese sagt jedoch nichts über die Berechtigung des Vertrauens beim Erwerb aus.

[527] Baur/ *Stürner* § 52 B III, 2. Anders sieht das *Wieling*, Abstraktionsprinzip, S. 301, 305, der auf die Erkennbarkeit der dinglichen Rechtslage durch den Besitz abstellen möchte; in diesem Sinne auch *Wacke*, S. 254, 261.

[528] *Hager*, S. 249; Baur/ *Stürner* § 52 B IV, 2; Westermann/ *Gursky* § 48 II; *Minuth* S. 78 f. - MaW., dem Publizitätsmittel 'Besitz' als Symbol des Eigentums kommt in seiner Bewegung auf den Erwerber hin durch das Vertrauendürfen auf die Dispositionsmacht die Rechtsscheinsfunktion zu.

[529] Das alleinige Abstellen auf die Dispositionsmacht des Veräußerers hat sich als zu weit gefaßt erwiesen. Deshalb ist darüber hinaus erforderlich, daß die Disposition in Vollzug der Übereignung geschieht, so etwa *BGHZ* 67, 207, 209 f.; in diesem Sinne auch Palandt/ *Bassenge*, § 933 Rn. 4; *Minuth* S. 80; kritisch Baur/ *Stürner* § 52 B III, 2; Westermann/ *Gursky* § 48 I 2.

[530] Das leuchtet unmittelbar ein, schließlich ist es die fehlende Verfügungsbefugnis, die ersetzt werden soll.

Eine entsprechende Ausprägung des Rechtsscheinsprinzips ist nach der hier vertretenen Ansicht im Tatbestand von Art. 1909, 972 ZGB bzw. Art. 2279, 1141 C. civ. - entgegen der von *Minuth*[531] aufgestellten These - ebenfalls finden. Zwar geht die Lehre in Rumänien wie in Frankreich nicht in dem Maß auf diese Problematik ein, wie dies hierzulande geschehen ist. Auch setzt sie die Akzente - wie *Minuth* nachweist[532] - falsch. Dies bedeutet aber nicht, daß die Kriterien im Tatbestand nicht zum Ausdruck kommen. So meint *Minuth*[533] die Regel des Art. 2279 C. civ. / 1909 ZGB stelle einseitig auf den Erwerberbesitz ab und ignoriere die Frage des Veräußererbesitzes mit Ausnahme einer indiziellen Wirkung des '*juste titre*' völlig.

Ganz offensichtlich ist der Tatbestand des redlichen Erwerbs nicht so breit gefächert geregelt, wie dies in § 932 BGB ff. angelegt ist. Die ist auch nicht erforderlich. Der rumänische / französische Gesetzgeber hat ja darauf verzichtet, die Übergabe zur Voraussetzung des rechtsgeschäftlichen Eigentumserwerbs zu machen. Er war also nicht gezwungen das Übergabeerfordernis den vielfältigen Anforderungen des Warenverkehrs anzupassen, wie das bei den § 929 BGB ff. der Fall war. Demzufolge mußte er auch keinen in diesem Umfang nach konkret erforderlicher Ausprägung des Rechtsscheinstatbestandes und Zeitpunkt des Vorliegens der Gutgläubigkeit ausdifferenzierten Erwerb vom Nichtberechtigten regeln. Darüber hinaus ist der Besitzbegriff in der rumänischen und französischen Rechtsordnung, durch den Verzicht auch den Besitzmittler zum Besitzer zu erklären, enger gefaßt.

Das bedeutet allerdings nicht, daß dem Besitz im Wandel keine Rechtsscheinsfunktion zukäme. Der wesentliche Schritt dazu liegt in der Ausformung der '*posesia reală*'. So ist auch nach rumänischer Vorstellung der *vollständige Besitzverlust des Veräußerers* erforderlich. In Rumänien wird dies dadurch gewährleistet, daß Art. 1909 ZGB bzw. 972 ZGB nur zur Anwendung kommen, wenn der Erwerber die tatsächliche Sachherrschaft innehat.[534] Der Erwerber muß zudem den *Besitz vom nichtberechtigten Veräußerer* erhalten.[535]

---

[531] *Minuth* S. 110 f.

[532] *Minuth* S. 107 - 122.

[533] *Minuth* S. 67, 111.

[534] *Filipescu* S. 281, Ziff. 3, lit. a.; *Popa*, S. 130; *Adam*, S. 420; *Pop*, Dreptul de proprietate, S. 287, lit. d. Ebenso für das französische Recht, zu Art. 1141 C.civ.: *Ghestin/ Jamin/ Billiau*, Tz. 778; Mazeaud / Chabas II.2 (*Chabas*) Tz. 1622; zu Art. 2279 C.civ.: Mazeaud / Chabas II.2 (*Chabas*) Tz. 1529.

[535] So ausdrücklich *Pop*, Dreptul de proprietate, S. 287, lit. c.; *Popa*, S. 126 f., 134; *Adam*, S. 419; *Filipescu* S. 280, Ziff. 2 sowie *Cosmovici* S. 55. Zu Art. 1141 C.civ.: *Ghestin/ Jamin/ Billiau*, Tz. 778; Mazeaud / Chabas II.2 (*Chabas*) Tz. 1623; zu Art. 2279 C.civ.: Mazeaud / Chabas II.2 (*Chabas*) Tz. 1525.

> *Damit stellt sich der Vorgang für den Erwerber als Ergebnis der Dispositionsmacht des Veräußerers über die Sache dar.*

Und zuletzt ist es in Rumänien ebenfalls erforderlich, daß sich der *Erwerb* dem Käufer *als Vollzug der Übereignung* darstellt. Denn immerhin muß sich (zumindest) sein guter Glaube dahin richten, daß das Geschäft mit dem Veräußerer vollwirksam ist.[536]

2.2.3. Schlussfolgerungen

Die bisherigen Überlegungen zur Frage des absoluten rechtsgeschäftlichen Eigentumserwerbs angesichts der Wirkung der Art. 1141 C. civ. bzw. 972 ZGB führen zu drei zentralen Feststel-lungen:

> Die Art. 972 ZGB und 1141 C. civ. regeln den Erwerb vom Nichtberechtigten. Insofern ist ein Vergleich dieser Vorschriften mit den § 932 BGB ff. zulässig.

> Der redliche Erwerb ist in den Rechtsordnungen Rumäniens und Frankreich unter funktionalen Gesichtspunkten in einer den § 932 BGB vergleichbaren Weise ausgeprägt.

> Deshalb läßt sich sagen, daß die Absolutheit des rechtsgeschäftlich erworbenen Eigentums nach rumänischem und französischem Recht durch die Art. 972 ZGB bzw. Art. 1141 C. civ. in genau dem gleichen Maße beeinträchtigt wird, wie der redliche Erwerb deutschen Rechts die Absolutheit des nach § 929 BGB erworbenen Eigentums relativiert.

In der deutschen Rechtswissenschaft käme niemand auf die Idee zu sagen, daß ein Erwerber nach §§ 929, 930 BGB nur deshalb kein absolutes Eigentum erlangt, weil die Gefahr besteht, daß der Veräußerer die Sache noch einmal an einen anderen übereignen könnte. Zu diesem Ergebnis gelangt man aber auch mithilfe einer Betrachtung der Möglichkeiten des Umgangs mit der Kaufsache, die ein Erwerber nach rumänischem Recht besitzt. Er hat sämtliche Befugnisse mit der Sache zu verfahren, die jedem Eigentümer zustehen. Er hat die Möglichkeit der Nutzung (*usus*), der Zerstörung (*abusus*), der Fruchtziehung (*fructus*) und ihm steht die Herausgabeklage gegen den Veräußerer zur Verfügung, solange die Wirkung des Art. 972 ZGB bzw. 1141 C. civ. nicht eingetreten ist. Er kann die Sache sogar dem Verkäufer belassen.

Damit muß letztendlich festgestellt werden:

Trotz fehlendem Übergabeerfordernis beim rechtsgeschäftlichen Eigentumserwerb

---

[536] *Filipescu*, S. 281; *Adam*, S. 421; *Popa*, S. 134, 136; *Ghestin/ Jamin/ Billiau*, Tz. 778; Mazeaud / Chabas II.2 (*Chabas*) Tz. 1525, 1622.

und trotz Art. 972 ZGB ist das nach rumänischem Recht *käuflich erworbene Eigentum* in *jeder Hinsicht ein absolutes Recht.*
Lediglich die *Beständigkeit des Eigentums* ist bis zur Erlangung der unmittelbaren Sachherrschaft wegen Art. 972 ZGB *nicht gesichert.* Dies ist aber immer so, wenn der Eigentümer nicht zugleich auch unmittelbarer Besitzer ist - und zwar in allen hier untersuchten Rechtsordnungen.

Um auf die Ausgangsfrage zurückzukommen: Die Lieferung, die zB. in der Besitzverschaffung bestehen kann, spielt für den Eigentumsübergang von Mobilien demnach insoweit eine Rolle, als der Erwerber einer Sache erst in diesem Moment der Gefahr enthoben ist, daß ein Dritter durch den Verkäufer *kraft Gesetzes* erwirbt. Die Besitzverschaffung wirkt für den rechtsgeschäftlichen Mobiliarerwerb also nicht konstitutiv, sondern lediglich *eigentumssichernd.* Auf der Grundlage des rumänischen, wie auch des französischen Rechts wird demzufolge auch ohne das Erfordernis der Übergabe uneingeschränktes, absolutes Eigentum verschafft.

4. Abschnitt Gesamtschau des rechtsgeschäftlichen Eigentumserwerbs

Das Ende der Untersuchung des rumänischen Rechts gebietet eine Zusammenfassung der wesentlichen Grundzüge des rechtsgeschäftlichen Eigentumserwerbs bevor sich der darauf aufbauende rechtsvergleichende, zweite Teil der Arbeit anschließt.

Nach der Regelung des ZGB erfolgt der rechtsgeschäftliche Erwerb des Eigentums vom Berechtigten immer dann, wenn neben dem Kaufvertrag auch dessen Perfektheit vorliegt.

Der Kaufvertrag setzt neben dem Vertragsschluß an sich voraus, daß er von der Rechtsordnung auch als wirksam anerkannt wird

Der Vertragsschluß entfällt nur, wenn auch die Minimalanforderungen, die an ein rechtsgeschäftliches Handeln der Parteien gestellt werden, nicht erfüllt sind; er ist für die besonderen Probleme, die mit der eigentumsverschaffenden Wirkung des Kaufs verbunden sind, von untergeordneter Bedeutung.

Eine wesentliche Rolle spielt dagegen die Wirksamkeit des Vertragsschlusses. Die Wirksamkeit des Vertrages kann durch einen Gesetzesverstoß oder einen Irrtum, etwa über die Berechtigung des Verkäufer zur Verfügung über die Kaufsache, in Frage stehen. Sie kann auch deshalb fraglich sein, weil einer der Vertragsschließenden minderjährig war und durch das Geschäft möglicherweise geschädigt wurde. Beim Vorliegen eines Unwirksamkeitsgrundes ist der Vertrag

rechtswidrig aufhebbar. Wird ein Vertrag tatsächlich durch Richterspruch aufgehoben, hat zunächst zur Folge, daß er ggfs. als nie vorhanden zu behandeln ist. Ein Käufer wird also so gestellt, als hätte er zu keiner Zeit Eigentum an der Kaufsache erlangt. Darüber hinaus ist der Käufer auch zur Wiederherstellung des alten Zustands verpflichtet. Er muß die Sache also dem Eigentümer zurückgeben.
Die Feststellung der Unwirksamkeit hat aber auch Folgen, die grundsätzlich weit über den begrenzten Bereich des einen nichtigen Rechtsgeschäfts hinausreichen. Hatte nämlich der Käufer, dessen Erwerbsgrund sich als nichtig herausgestellt hat, seinerseits die Sache bereits an einen Dritten weiterveräußert, so ist auch dieses Geschäft von Nichtigkeit bedroht. Der Dritte hat nämlich von einem Nichtberechtigten erworben. Damit ist er ggfs. seinerseits zur Wiederherstellung des alten Zustands verpflichtet.

Ist der Kaufvertrag wirksam zustande gekommen, so stellt sich die Frage, ob er auch perfekt ist.

Perfektheit setzt zunächst die Existenz der Kaufsache voraus. Zwar stellt sich die Frage nach der die Existenz der Kaufsache bereits im Rahmen des Vertragsschlußes wenn es darum geht, ob die Leistung des Vertragsgegenstandes objektiv möglich ist. Doch dort kommt es nur darauf an, ob der Vertragsgegenstand bei Vertragsschluß bereits existiert, oder die Vertragsleistung doch zumindest als realisierbar erscheint, Art. 965 ZGB.

Perfekt für den Eintritt der eigentumsverschaffenden Wirkung ist die der Vertrag über eine künftige Sache jedoch erst, wenn die zu erstellende Sache auch tatsächlich hergestellt worden ist[537]. Denn der Kauf künftiger Sachen ist zwar vom Gesetzgeber ausdrücklich als zulässig erklärt worden, Art. 965 ZGB. Aber selbstverständlich kann das Eigentum, selbst wenn es sich beim Vertragsobjekt um eine Stücksache handelt, erst übergehen, wenn die Sache nach Vertragsschluß hergestellt worden ist.

Zur Perfektheit des Kaufvertrages gehört es auch, daß die Kaufsache hinlänglich bestimmt ist. Während die Bestimmtheit beim Gattungskauf durch Individualisierung herbeigeführt werden muß, ist sie beim Stückkauf ohnehin gegeben.

Eine Frage der Perfektheit des Vertrages für den Eintritt der eigentumsverschaffenden Wirkung ist es ebenfalls, daß ein Ereignis, von dem der Eigentumsübergang abhängig gemacht wurde (Bedingung), eintritt. Dies gilt unabhängig davon, ob es sich bei der Tatsache um die Zahlung der letzten Kaufpreisrate, einen vertraglich bis zu einem festen Termin oder etwa die Lieferung der Sache zum Gläubiger handelt. Für die Perfektheit relevant sind Bedingungen allerdings nur

[537] Im Ergebnis ebenso *Filipescu*, S. 265; *Deak/Cărpenaru* Teil I, Cap. I, Abschn. I, § 1, 2, 2.5., lit. c, S. 17; *Popescu* Teil 1, Cap. VIII, Abschn. a III-a, 1, Unterabschnitt 1, lit. a,, S. 86.

dann, wenn allein der Eigentumsübergang, nicht aber der Vertrag insgesamt davon abhängig gemacht worden sind.[538]

Für die Perfektheit des Kaufvertrages muß auch die Verfügungsberechtigung des Vertragsschließenden vorliegen. Diese kann sich aus eigenem oder aus abgeleitetem Recht ergeben. Fehlt sie beim Vertragsschluß, so hat das auf die Gültigkeit des Vertrages keine Auswirkung. Allerdings ist der Vertrag erst perfekt, wenn auch diese, ggfs. nachträglich, herbeigeführt wurde.

Letztendlich sind alle Voraussetzungen des Eigentumsübergangs, die bei Vertragschluß vom Eintritt künftiger Ereignissen abhängig sind, Fragen der Perfektion. Dies gilt unabhängig davon, ob es sich dabei um die erst noch herbeizuführende Herstellung des Vertragsgegenstandes, seine Individualisierung oder der Eintritt einer auf den Eigentumsübergang unmittelbar bezogenen Bedingung handelt. Entsprechend gilt dies auch für die Frage der Verfügungsbefugnis, die ggfs. erst noch herbeigeführt werden muß.

Das wesentliche Ergebnis dieser Untersuchung ist, daß das Bild von der Funktionsweise des Eigentumsübergangs kraft Konsenses in Rumänien *neu geordnet* werden muß.[539] Alle angeblichen Problemfälle und Widersprüche des rechtsgeschäftlichen Eigentumsübertragung sind mit der so strukturierten Gesetzessystematik zwanglos und in Einklang mit den materiellen Lösungen der rumänischen Rechtswissenschaft aufklärbar. Das gilt insbesondere für die sog. 'Ausnahmefälle' des Eigentumsübergangs '*solo consensu*', die nicht nur von *Drobnig*[540] als eines der zentralen Probleme des französisch geprägten Kaufrechts gekennzeichnet worden sind. Ebenso hervorzuheben ist an dieser Stelle, daß auch das andere zentrale Problem[541], die Frage nach dem Erwerb nur relativen Eigentums hiermit eine schlüssige Klärung in dem Sinne erfahren hat, daß auch im rumänischen Zivilrecht durch Kaufvertrag in jedem Fall das vollwertige Eigentumsrecht übertragen wird.

Die Folgen des so verstandenen Kaufrechts sind von einer Tragweite, die das Potential haben, weit über das rumänische Recht hinauszuweisen. Sie reichen bis in die Diskussion einer europäischen Rechtsvereinheitlichung im Zivilrecht. Denn sie machen ersichtlich, daß der rechtsgeschäftliche Eigentumserwerb auch unter

---

[538] *Filipescu*, S. 265; *Deak/Cărpenaru* Teil I, Cap. I, Abschn. I, § 1, 2, 2.5., lit. d, S. 17 f.

[539] Ob diese Aussage auch für den Eigentumserwerb nach dem französischen Code civil gilt, muß an dieser Stelle offen bleiben. Eine solche Feststellung bedürfte einer noch eingehenderen Untersuchung französischer Rechtsquellen. Die aufgezeigten Parallelitäten in Gesetzgebung und Literatur begründen jedoch eine starke Vermutung für eine grundsätzliche Übertragbarkeit des Ergebnisses.

[540] *Drobnig*, Transfer of Property, in: Hartkamp/ Hesselink/ Hondius/ Joustra/ du Perron (Hrsg.), Towards a European Civil Code, S. 495, 503.

[541] *Drobnig*, Transfer of Property, in: Hartkamp/ Hesselink/ Hondius/ Joustra/ du Perron (Hrsg.), Towards a European Civil Code, S. 495, 499 f., 504.

dem Einheitsprinzip alle Erscheinungsformen des Kauf abdecken und zufriedenstellend lösen kann. Dies beweisen bereits die bisherigen Ergebnisse der Untersuchung. Im Hinblick auf die weitreichenden Verzahnungen des Kaufrechts erscheint es aber wichtig, die hier gefundenen Ergebnissen durch einen eingehenden Rechtsvergleich zu überprüfen, bevor sie etwa im Rahmen der europäischen Rechtsangleichung nutzbar gemacht werden können.

Teil 2 Rechtsvergleich

Auf der Grundlage der Untersuchung des rechtsgeschäftlichen Eigentumserwerbs in Rumänien sich auch Fortschritte für die Problemstellungen der Rechtsangleichung auf der systemischen Ebene zu erwarten. Denn das bislang 'eindimensional' aufgefasste sog. 'reine' Konsensualprinzip entpuppt sich als ein System rechtgeschäftlicher Eigentumsverschaffung, das ebenso 'dreidimensional' aufgebaut ist, wie das deutsche. Und nicht nur das. Das rumänische System der rechtsgeschäftlichen Übereignung erweist sich aus genau antipodisch zum deutschen Recht ausgerichtet. Während hierzulande das Trennungs- und das Abstraktionsprinzip zusammen mit dem Traditionsprinzip zur Anwendung kommt, gilt im rumänischen Recht das Einheits- mit dem Kausalitätsprinzip, das vom Konsensualprinzip begleitet wird. Gegenstand des zweiten Teil wird es mithin sein, durch Vergleich zu untersuchen, wie die unterschiedlich strukturierten Rechtordnungen mit der Problematik des Eigentumserwerbs umgehen.

Die wesentliche Funktion dinglicher Rechte ist die durch sie bewirkte Zuordnung der Güter.[542] Die Verfügung über diese Rechte bedeutet also eine Änderung der Güterzuordnung.[543] Regelt ein Gesetzgeber die Voraussetzungen der Änderung derselben durch Rechtsgeschäft, so muss er einerseits darauf achten, dass die materiellen Anforderungen an eine Zuordnungsänderung abgedeckt sind. Andererseits muss er eine Entscheidung darüber treffen, welche der schützenswerten Interessen ihm besonders am Herzen liegen. Der rechtsgeschäftliche Erwerb vom Berechtigten nach rumänischem und deutschen Recht soll nun hinsichtlich beider Regelungsprärogativen (2. und 3. Kapitel) verglichen werden. Das dient dazu, Rückschlüsse aus die Wirkungsweise in der jeweiligen nationalen Regelung des Eigentumserwerbs zu ziehen. Als viertes Kapitel wird sich ein auf die systematischen Unterschiede bezogener Rechtsvergleich anschließen, in dem die wesentlichen inhaltlichen Konsequenzen dieser Untersuchung zum rechtsgeschäftlichen Mobiliarerwerb deutlich zu Tage treten werden. Zuvor wird jedoch in einem knapp gehaltenem 1. Kapitel ein kurzer Überblick über die deutsche Regelung des Eigentumserwerbs vom Berechtigten gegeben, um hier die notwendige Vergleichsgrundlage herzustellen.

---

[542] Westermann/*Westermann*, § 2 I, II,1, IV.

[543] Westermann/*Westermann*, § 2, II.

1. Kapitel Der rechtsgeschäftliche Erwerb vom Berechtigten nach deutschem Recht

Hierzulande bedarf es zur rechtsgeschäftlichen Verschaffung des Eigentums gem. § 929 Satz 1 BGB einer Einigung, einer Übergabe der Kaufsache, des 'Einigseins' zur Zeit der Übergabe, sowie der zur Übertragung erforderlichen Rechtsmacht auf Veräußerer- wie auf Erwerberseite. Dabei ist die Einigung im Sinne des § 929 Satz 1 BGB ein Vertrag mit dem Inhalt, daß das Eigentum an einer bestimmten Sache von dem Veräußerer auf den Erwerber übergehen solle.[544] Dieser Vertrag muß allen Wirksamkeitserfordernissen entsprechen. Die Übergabe im Sinne von § 929 Satz 1 BGB (Besitzwechsel) setzt die vollständige Besitzentäußerung auf Veräußererseite sowie die Besitzerlangung des Erwerbers zum Vollzug der Einigung voraus.[545] Besitzerlangung liegt vor, wenn der Erwerber entweder selbst unmittelbarer Besitzer wird (§ 854 Abs. 1 BGB) oder aber den Besitz von einem anderen unmittelbaren Besitzer im Sinne von § 868 BGB vermittelt bekommt. Besitz kann der Erwerber ausnahmsweise auch unter den Voraussetzungen des § 854 Abs. 2 BGB durch Einigung ('*longa manu traditio*') erhalten.[546] Weiterhin gestattet § 929 Satz 2 BGB auch die sog. '*brevi manu traditio*'. Ein Eigentumsübergang kann also auch stattfinden, wenn eine Übergabe im Sinne von Art. 929 S. 1 BGB bereits vor der 'dinglichen' Einigung stattgefunden hat.[547] Nicht zuletzt ist es sogar zulässig, die Übergabe durch ein Besitzmittlungskonstitut mit dem Veräußerer oder aber die Abtretung des Herausgabeanspruchs gegen den unmittelbaren Besitzer durch den Veräußerer zu ersetzen.[548] Hinsichtlich der zur Verfügung erforderlichen Rechtsmacht setzt der rechtsgeschäftliche Eigentumserwerb gem. § 929 BGB ff. auf Veräußererseite die uneingeschränkte Verfügungsbefugnis und auf Erwerberseite eine entsprechende Erwerbsbefugnis voraus. Zur Verfügungsbefugnis ist festzuhalten, daß sie sich aus eigenem aber auch aus abgeleitetem Recht ergeben kann. Im ersten Fall ist der Verfügende Eigentümer oder der für ihn Verfügungszuständige, im zweiten Fall ist der Veräußerer Nichteigentümer, hat jedoch eine Einwil-

---

[544] Westermann/*Westermann*, § 38, I, 3; Baur/*Stürner* § 51 B I; *Wieling*, § 9, I, 1.; *Müller*, Rn. 2371 ff.

[545] Palandt/*Bassenge* § 929, Rn. 9 - 11.

[546] Westermann/*Westermann*, § 40 III; Baur/*Stürner* § 51 C; *Wieling*, § 9, I, 2.; *Müller*, Rn. 2351 - 2356c.

[547] Westermann/*Westermann*, § 40 IV; Baur/*Stürner* § 51 D; *Wieling*, § 9, II.; *Müller*, Rn. 2357 - 2360.

[548] Besitzmittlungskonstitut: Westermann/*Westermann*, § 41; Baur/*Stürner* § 51, E; *Wieling*, § 9, III.; *Müller*, Rn. 2361- 2367; Abtretung des Herausgabeanspruchs; Westermann/*Westermann*, § 42; Baur/*Stürner* § 51, F; *Wieling*, § 9, IV.; *Müller*, Rn. 2368 - 2370a.

ligung des Rechtsinhabers entweder vor der Vornahme der Verfügung (§ 185 Abs. 1 BGB) oder aber danach (§ 185 Abs. 2 BGB) erhalten.[549]

[549] *Wieling*, § 9, VI.

2. Kapitel Funktionaler Vergleich - die materiellen Voraussetzungen der Zuordnungsänderung

Die Regelung der rechtsgeschäftlichen Zuordnungsänderung setzt in jeder Rechtsordnung Aussagen bezüglich der Existenz und Bestimmtheit des Zuordnungsobjektes sowie der Zuordnungssubjekte (1. Abschnitt), bezüglich des Änderungswillen (2. Abschnitt), der Änderungsmacht, sowie bezüglich des zur Änderung maßgeblichen Zeitpunktes (3. Abschnitt) voraus. Somit stellt sich die Frage, mit welchen Regelungselementen der rumänische und der deutsche Gesetzgeber diesen Anforderungen entsprochen haben.

1. Abschnitt Objekt und Subjekt der Zuordnung

Zuordnungsänderung erfordert die Zuordnungsfähigkeit einer Sache sowie die der Subjekte der Zuordnung.[550] Die Zuordnungsfähigkeit beider hängt von deren Existenz und deren zum Zweck der Zuordnung hinreichenden Bestimmtheit ab. Diese Anforderungen finden Ihren Ausdruck im Spezialitätsprinzip.[551]

Soweit es das rumänische Recht betrifft, werden diese Anforderungen, soweit sie den Vertragsgegenstand betreffen, dem Tatbestandsmerkmal der Perfektion zu- und untergeordnet. Es wird speziell nach der Existenz und dann nach der Bestimmtheit der Sache gefragt. Es bestehen keine anderen Elemente des Übertragungstatbestandes, die ebenfalls die Wahrung des Spezialitätsprinzips zur Aufgabe haben.

Es zeigt sich bereits hier, im folgenden dann aber auch am Beispiel der weiteren Zuordnungsvoraussetzungen, daß der Tatbestand der Eigentumsverschaffung im rumänischen Recht stark an den funktionalen Anforderungen der Zuordnungsänderung ausgerichtet ist. Das ist im fragmentarischen Charakter der Regelung des dortigen rechtsgeschäftlichen Eigentumserwerbs begründet. Der rumänische Gesetzgeber hat lediglich zum Ausdruck gebracht, daß der Kaufvertrag perfekt sein muß. Er hat damit zum festgelegt, daß Eigentum nur übergeht, wenn alle sich aus funktionalen Gründen ergebenden Anforderungen erfüllt sind. Für den einzigen, ihm konkret vor Augen schwebenden Fall einer funktionalen Anforderung, den der

[550] Westermann/ *Westermann*, § 3 II., 1.

[551] Baur/ *Stürner* § 4, III; *Wieling*, § 1, III, 3a; *Müller*, Rn. 12, 2371.

Bestimmtheit, hat er eine Spezialregelung getroffen. Alle anderen funktionalen Anforderungen sind im Perfektionsbegriff des ZGB als ungeschriebene Tatbestandsmerkmale enthalten, ihr Vorhandensein und die Tatsache, daß sie zu berücksichtigen sind, ist zum Teil mittelbar durch andere Vorschriften zum Ausdruck gekommen, ergibt sich aber teilweise auch nur aus allgemeinen Grundsätzen. Das Merkmal der Perfektheit ist also nichts anderes als eine Generalklausel. Unter diesen Umständen kann der Tatbestand des rechtsgeschäftlichen Eigentumserwerbs nur eng an den funktionalen Anforderungen der Zuordnungsänderung ausgerichtet sein.

Auch im deutschen Recht sind die genannten Anforderungen aus dem Spezialitätsprinzip verankert. Anders aber als in Rumänien ist dies hier sogar in zweifacher Weise geschehen. So muß die 'dingliche' Einigung den Eigentumsübergang an einer bestimmten, konkreten Sache beinhalten.[552] Konkret kann eine Sache nur sein, wenn sie existiert. Allerdings ist dabei zu berücksichtigen, daß die Einigung beide Merkmale zwar voraussetzt, aber in manchen Fällen nicht in der Lage ist, die Bestimmtheit tatsächlich herbeizuführen. Die Bestimmtheit der Sache wird in manchen Fällen maßgeblich durch das Erfordernis der Übergabe präzisiert.

Bei einer nicht mehr überschaubaren Vielzahl von Vertragsgegenständen, wie dies etwa bei einem Warenlager der Fall ist, entsteht das Problem, daß mithilfe der Einigung bestenfalls noch eine Bestimmtheit der Sachgesamtheit erreicht werden kann. Hinsichtlich der einzelnen zu übereignenden Stücke erzielt die Einigung in diesen Fällen bestenfalls noch eine Bestimmbarkeit, nicht aber Bestimmtheit. Hier zeigt sich die Abhängigkeit der Einigung vom Besitz. Zwar ist in diesen Fällen auch der Besitzwille nicht auf ganz spezielle Sachen konzentriert. Ausgeglichen wird die fehlende Bestimmtheit des Willens jedoch über die tatsächliche Sachherrschaft, die sich ja auf ganz bestimmte Sachen erstreckt. Die tatsächliche Sachherrschaft ist es dann auch, die in Fällen der Übertragung größerer Sachgesamtheiten die der Einigung lediglich zu entnehmende Bestimmbarkeit zur Bestimmtheit konkretisiert. Deshalb ist es hinreichend, wenn die Vertragsgegenstände mithilfe der dinglichen Einigung lediglich bestimmbar sind[553], sofern sich der Vollzug der Einigung durch Übergabe auf bestimmte Gegenstände bezieht.[554] Die Grenzlinie zieht das *Reichsgericht*. Will ein Veräußerer aufgrund seiner dinglichen Einigung hundert Säcke Mehl aus einem größeren Lager übereignen, so bedarf es dafür, daß diese Einigung hinreichend bestimmt ist, der Aussonderung der dem Erwerber zugedachten Säcke durch den Veräußerer.[555]

[552] Palandt/ *Bassenge* § 929 Rn. 4; *Müller*, Rn. 2371.

[553] Voraussetzung dafür ist jedoch, daß im konkreten Fall die tatsächliche Sachherrschaft ohne einen auf ganz spezielle Sachen konkretisierten Besitzwille denkbar ist, Westermann/ *Westermann*, § 38, 1.

[554] Baur/ *Stürner* § 57, III, 2b; Westermann/ *Westermann*, § 38, 1 und § 41, II., 2b; jeweils mwN.

[555] *RGZ* 113, 57, 59 u. 62.

Somit bleibt festzuhalten, daß die Einigung nur in den Fällen aus eigener Kraft die Bestimmtheit des Vertragsgegenstandes bewirkt, in denen sie sich auf einzelne, genau benennbare Gegenstände bezieht.

Wenn man aber jetzt nochmals einen vergleichenden Blick auf das rumänische Recht wirft, stellt man fest, daß hier nichts anderes passiert, wie dort auch. Ist dort eine (Gattungs-)Sache durch den (Kauf-)Vertrag nicht hinreichend bestimmt, so muß die Bestimmtheit herbeigeführt werden, indem der Veräußerer sie individualisiert!

Aus den vorstehenden Überlegungen zur Einigung nach deutschem Recht ist deutlich geworden, woraus die *Übergabe* ihre Aufgabe als den Anforderungen der Bestimmtheit dienendes Tatbestandsmerkmal erhält. Oft genug ist die Einigung zur Bestimmung des Gegenstands der Zuordnungsänderung nicht hinreichend und geeignet. Übergabe setzt Besitz und damit tatsächliche Sachherrschaft voraus. In den Zweifelsfällen ist zwar auch der Besitzwille nicht bestimmt genug für eine Änderung der Zuordnung an einer Vielzahl von Vertragsgegenständen. Jedoch ist die Sachherrschaft auch in Fällen einer langen Besitzmittlungskette letztenendes immer tatsächlich. Vor allem aber ist sie konkret auf bestimmte Dinge ausgerichtet.

Und dennoch - auch die tatsächliche Sachherrschaft ist nicht in allen Fällen ausreichend um die Bestimmtheit der zu übereignenden Sachen herbeizuführen. Wird in den Fällen der Übergabe nach §§ 929 Satz 1 iVm. 868 BGB, § 930 BGB und § 931 BGB nicht ein Warenlager insgesamt, sondern nur ein verbal nicht hinreichend bestimmbarer Teil davon[556] übereignet, so genügt auch die tatsächliche Sachherrschaft über das gesamte Warenlager nicht zur Bestimmung. Denn wie in den sonstigen Fällen dieser Art kann die Änderung der Richtung des Besitzwillens nur diejenige Bestimmtheit verschaffen, die der Besitzmittler bereits innehat. Damit aber ist die Änderung des Besitzwillens und die Innehabung der Sachherrschaft bei Sachverhalten, in denen ein äußerlich nur schwer abgrenzbarer Teil einer Gesamtheit übertragen werden soll, als Mittel zur Herstellung der Bestimmtheit untauglich. In diesen Fällen bedarf es zudem einer Individualisierung durch einen entsprechenden Realakt des unmittelbaren Besitzers um die Bestimmtheit herbeizuführen. Die zu weit gefaßte unmittelbare Sachherrschaft muß durch diesen Realakt auf das von der Übertragung erfaßte Maß konkretisiert werden.[557] Auch aus den Anforderungen an die 'Übergabe' gemäß §§ 929 Satz 1 iVm. 854 Abs. 2 BGB

[556] Man denke nur, vergleichbar dem Fall von *RGZ* 113, 57, an die Sicherungsübereignung von hundert Mehlsäcken aus einem Haufen von hundertdreißig Säcken.

[557] Beispiele für einen solchen Akt nennen *Baur/ Stürner* § 57 III, 2b: Waren, die mit einem Hinweisschild auf die Sicherungsübereignung versehen sind; Waren, die in einem gesonderten Raum aufbewahrt sind. Im Hinblick auf die hier besprochene Sachverhaltsgestaltung besteht der Individualisierungsvorgang im ersten Beispielsfall in der Ausschilderung und im zweiten in der Aussonderung durch Verbringung in einen getrennten Lagerraum. In diesem Sinne ja auch *RGZ* 113, 57, 62.

ergibt sich, daß dem Gesetzgeber für die Bestimmtheit der Sache im Grunde genommen die Individualisierung als solche genügt. Wenn der offen zugängliche 'Holzstoß im Wald' an der bezeichneten Stelle der einzige ist, so liegt das an der vorangegangenen Individualisierung, auf die im Rahmen der Einigung nach § 854 Abs. 2 BGB[558] Bezug genommen wird.

Aus diesen Ausführungen folgt, daß das Wesen der Herbeiführung der Bestimmtheit in der Individualisierung liegt und diesem auch die deutsche Regelung entspricht.

Daran ändert sich auch nichts dadurch, daß die Individualisierung in manchen Fällen durch andere Umstände überdeckt ist, weil in ihnen enthalten. So kann eine Einigung über eine Stücksache bestimmt sein, weil die Individualisierung in der Natur der Stücksache liegt. Bei der Sicherungsübereignung eines gesamten Warenlagers scheint die tatsächliche Sachherrschaft die Bestimmtheit zu vermitteln. Diese hat aber als Voraustatbestand die Einfügung konkreter, individuell bestimmter Sachen in den Bestand. Erst dadurch kann sich die tatsächliche Sachherrschaft auch auf genau jeden individuellen und ggfs. auch neu in die Gesamtheit eingefügten Gegenstand beziehen.

Es gibt also Fälle, in denen die Einigung die Bestimmtheit bereits hinreichend beinhaltet. Und es gibt Fälle, in denen diese Bestimmtheit durch die tatsächliche Sachherrschaft vermittelt wird. In beiden Fällen hat die Individualisierung vorweg stattgefunden. Zuletzt gibt es die Fälle, in denen weder Einigung, noch tatsächliche Sachherrschaft für sich allein genügen, sondern es vielmehr zusätzlich einer Individualisierung bedarf, um die Bestimmtheit herbeizuführen. Dies hat jedoch zugleich zur Konsequenz, dass

> die *Funktion* der Herbeiführung der Bestimmtheit nicht durch die Übergabe, sondern durch den Realakt der Individualisierung erfüllt wird. Die Bedeutung der Übergabe in diesem Zusammenhang besteht bestenfalls darin, daß sie den Tatbestand der Individualisierung auf alle Fälle auch enthält.

Mit anderen Worten, wenn der Realakt der Individualisierung - für den Erwerber in Fällen der teilweisen Übereignung von Sachgesamtheiten gem. §§ 929 Satz 1 iVm. 868 oder 930 oder 931 BGB oft nicht feststellbar - vorgenommen wurde, ist der Gegenstand der Übereignung bestimmt. Möglicherweise, aber nicht zwingend, liegt auch eine Übergabe vor. Umgekehrt -liegt eine Individualisierung nicht vor, so kann auch eine Übergabe und damit eine Übereignung nicht stattgefunden ha-

---

[558] Darauf wird auch in der Einigung nach § 929 Satz 1 BGB Bezug genommen, doch dies ist im Rahmen der Überlegung inwieweit durch Übergabe Bestimmtheit hergestellt wird irrelevant. Außerdem kann die Einigung nur deshalb hinreichend bestimmt sein, weil eine Individualisierung im Vorhinein stattgefunden hat.

ben. Für die Frage der Bestimmtheit kommt es allein auf die Individualisierung, nicht aber auf die Übergabe an.

Ein tiefergehender Vergleich hinsichtlich der Zuorndnungssubjekte ist wenig ertragreich. Ihre Existenz steht aufgrund ihres vertraglichen Handelns außer Frage, die genaue Bestimmung der Vertragsparteien ist *essentialium negotii* beim Abschluß des Kaufvertrages. Dabei ergeben sich in beiden Rechtsordnungen nur geringe, für die vorliegende Untersuchung unmaßgebliche Unterschiede in der Frage der Rechts- und Geschäftsfähigkeit.

Das führt zu folgendem Ergebnis:

1. Die Funktion, der exakten Bestimmung der Gegenstandes der Zuordnungsänderung wird von der Individualisierung wahrgenommen.

2. Es hat sich für das deutsche Recht gezeigt, daß zwar versucht wird, die zur Zuordnungsänderung erforderliche Bestimmtheit mithilfe der dinglichen Einigung nach § 929 S. 1 BGB und mithilfe der Übergabe herbeizuführen. Allerdings ist die Einigung zu diesem Zweck im Zweifelsfall nicht geeignet. Nur weil das Erfordernis der Übergabe eine vorangehende Individualisierung zwingend voraussetzt kann sie den Anforderungen der Zuordnungsänderung gerecht werden.

3. Das rumänische Recht stellt unmittelbar auf die Individualisierung ab und kann deshalb auf zusätzliche Erfordernisse, die zwar zusätzliche dogmatische wie tatsächliche Probleme schaffen, aber letztlich nicht sachdienlich sind, verzichten.

2. Abschnitt Änderungswille

Gemäß dem hier gewählten Untersuchungsansatz stellt sich im Zusammenhang mit dem Änderungswillen nicht die Frage, welche funktionalen Anforderungen die Einigung in den jeweiligen Rechtsordnungen erfüllt. Vielmehr geht es hier umgekehrt darum, mit welchem Regelungselementen jede Rechtsordnung den für eine rechtsgeschäftliche Zuordnungsänderung erforderlichen Willen der daran beteiligten Parteien erfasst. Nun hat der Änderungswille eine doppelte Gestalt. Er begründet die Verpflichtung zur Änderung und außerdem ist er auch erforderlich, um die Zuordnungsänderung - und darauf kommt es hier letztlich an - auch tatsächlich zu bewirken. Somit ist an dieser Stelle zu klären, wie die jeweilige Rechtsordnung technisch mit dieser Ambivalenz des Willen umgeht, aber auch, welche Anforderungen sie an seinen Ausdruck stellt. Dies scheint in beiden Rechtsordnungen unterschiedlich gestaltet.

Der deutsche Gesetzgeber hat sich dafür entschieden, Verpflichtung zur Übertragung des Eigentums und die tatsächliche Zuordnungsänderung voneinander zu trennen. Dies ermöglicht es, die Verpflichtung als ein Geschäft der Planung zu konzipieren, das die planungsbedingte Ungenauigkeit und Unvollkommenheit toleriert. Eigentumsverschaffende Wirkung hat die dingliche Einigung, die inhaltlich allein auf die Rechtsübertragung und die damit verbundenen Bestimmtheitsanforderungen hinsichtlich der Zuordnungssubjekte und des Zuordnungsobjektes ausgerichtet ist. Aus diesem ausschließlich auf die Rechtsübertragung fixierten Vertragsinhalt rührt zu einem wesentlichen Teil die Abstraktheit und Wertneutralität des dinglichen Vertrages her. Außerdem gestattet es dieser Umgang mit der (dinglichen) Einigung auch, die Frage nach der aufschiebenden Bedingung des Eigentumsübergangs in diesem Zusammenhang zu behandeln.

Allerdings erwartet der Gesetzgeber nicht, dass die Parteien beide Rechtsgeschäfte in der Tat ausdrücklich nachvollziehen. Vielmehr genügt ihm, wenn die Parteien sich darüber einigen, dass Partei A der Partei B das Eigentum an einer Sache verschafft, während im Gegenzug Partei B der Partei A das Eigentum an einer bestimmten Geldwertsumme überträgt. Dieser einen Einigung wird dann mithilfe der Auslegung nach §§ 133, 157 BGB[559] der rechtliche Gehalt beigemessen, dass sich die Parteien einerseits zur Übereignung gegenseitig *verpflichten*, andererseits aber auch (dinglich) über die konkrete Durchführung der jeweiligen *Verfügung* einig sind. [560] Die Tatsache, dass die Parteien ihren Willen mit einer einzigen

[559] Rechtstechnisch lässt sich eine zweite Einigung, insbesondere bei zeitlichem Auseinanderfallen von Vertragsschluss und Übergabe, auch über die Annahme einer entsprechenden konkludenten Einigung im Rahmen der Übergabe begründen. Mithilfe einer juristischen Deduktion vom tatsächlichen Handeln auf den damit verbundenen Willen, wird in das Handeln ein Vertragsschluss juristisch hineininterpretiert. Das hat den Vorteil, dass eine solche Einigung automatisch hinreichend bestimmt ist. Die Bestimmtheit lässt sich in diesem Fall aus der in der Übergabe enthaltenen Individualisierung ableiten.

Mit Blick auf die hier angestellten Überlegungen zum Änderungswillen ist festzuhalten, dass auch dies nur eine Hilfskonstruktion ist und letztlich auch hier ausdrückliche Vereinbarung zwar vorliegen kann aber nicht muss.

[560] *Larenz*, § 39 II, a, S.12. Dabei geht *Larenz* davon aus, dass der Wille, der sich auf den Abschluss des Kaufvertrags richtet, derjenige ist, der von der Rechtsordnung ergänzt wird. Aus der Perspektive des Laien erscheint dies unwahrscheinlich. Diese Auffassung bedeutet nämlich, dass der Laie seinen Wille auf die Übereignung a) der Kaufsache und b) des Kaufpreises richtet. Dies hieße zugleich, dass in der Laienwelt das Bewusstsein herrsche, beim Kauf würden zwei (dingliche) Verträge geschlossen. Naheliegend erscheint vielmehr, dass der Wille eines Laien bestenfalls auf Abschluss eines Kaufvertrags in juristischen Sinne gerichtet ist, verbunden mit der Zielvorstellung, die erworbene Sache gehöre dann dem Erwerber. Zutreffendenweise muss dann vielmehr davon ausgegangen werden, dass ein Laie einen Vertrag schließt, in dessen Ergebnis die eine der beiden Parteien das Eigentum an der Kaufsache, die andere das Eigentum am Kaufpreis erhält.

Erklärung zum Ausdruck bringen können zeigt, dass die Trennung von Verpflichtung und Verfügung lediglich eine technische[561] ist und grundsätzlich nicht zu zusätzlichen, nach Verpflichtung und Verfügung unterschiedlichen Anforderungen an den tatsächlich ausgedrückten Änderungswillen der Parteien führt. Dies gilt mit Blick auf die vorangehenden Ausführungen zur Bestimmtheit der Kaufsache trotz der Tatsache, dass die dingliche Einigung nach deutschem Recht hinreichend bestimmt[562] sein muss, da die Einigung in dieser Hinsicht durch die Übergabe ergänzt wird.

Für das deutsche Recht ergibt die funktionale Betrachtung des Änderungswillens somit zweierlei.

> In tatsächlicher Hinsicht ist es hinreichend, wenn die Parteien den Änderungswillen einmal zum Ausdruck bringen.
>
> Aus rechtstechnischer Sicht wird diese eine Willensäußerung als ein zweifacher - zum einen gerichtet auf Verpflichtung, zum anderen gerichtet auf Verfügung - behandelt. Dies geschieht jedenfalls dann, wenn dies mit Blick auf die Bestimmtheit des Sache möglich ist.

Nach rumänischem Verständnis enthält die Einigung über den Kauf diejenige über die Verpflichtung und auch diejenige über den Eigentumsübergang. Diese Rechtsordnung entspricht also mehr einer natürlichen Betrachtungsweise und *bündelt die Ambivalenz des Änderungswillens in einem Rechtsgeschäft, dem Kauf.* Deshalb ist es für die Untersuchung erforderlich, zwischen beiden Rechtsfolgen des Kaufs zu differenzieren und ihnen den jeweils maßgeblichen Tatbestand zuzuordnen.

Dadurch wird hier nicht - quasi durch die Hintertür - das Trennungsprinzip eingeführt. Vielmehr wird der Tatsache, dass der Gesetzgeber manchen Elementen des Tatbestandes eine doppelte Funktion zugewiesen hat, insofern Rechnung getragen, als erst die eine Aufgabe und dann die andere untersucht wird.

Zum einen beinhaltet der Kauf die Verpflichtung zur Eigentumsübertragung, die allein durch den Abschluss des Kaufvertrags herbeigeführt wird. Der zum Ausdruck zu bringende Wille steht insofern auf der selben Ebene wie der, der dem deutschen Kaufvertrag zu Grunde liegt. Dies spiegelt sich auch in der Gesetzeslage wieder. Die Einigung darf auch nach rumänischem Recht in den Grenzen der Art.

---

[561] Mit dieser Beurteilung auch *Stadler*, S. 7, mwN.
[562] Auch *Stadler*, S. 114 hebt dies besonders hervor.

964, 965 ZGB[563] unbestimmt sein. Wichtig ist nur, dass sich die Parteien über den Austausch des Eigentums an Kaufsache und Geldwertsumme einig sind. Insofern besteht sowohl hinsichtlich des durch die Rechtsordnung zugerechneten Willens als auch hinsichtlich der Grenzbedingungen seines Ausdrucks Übereinstimmung zwischen beiden Rechtsordnungen.

Zum anderen wird dem beim Kauf zum Ausdruck gebrachten Willen aber auch die im Zentrum der Betrachtung stehende eigentumsverschaffende Wirkung beigemessen. Insofern steht er der dinglichen Einigung gleich. Aus dieser Doppelfunktion werden jedoch keine zusätzlichen Anforderungen an das Willenselement abgeleitet.

Auf den ersten Blick irritiert zwar, dass diese nach rumänischem Recht *eine* geschlossene Einigung sowohl bei tatsächlicher, wie bei rechtstechnischer Betrachtungsweise nicht in allen Fällen hinreichend bestimmt für den Eigentumsübergang ist. Dieser Eindruck legt sich, wenn man auf den zweiten Blick feststellt, dass dies nicht erforderlich ist, weil sich die angestrebte Verfügung automatisch bei Eintreten der Perfektheit vollzieht und das rumänische Recht den Anforderungen an die Bestimmtheit des Änderungswillens mithilfe dieses zur Einigung hinzutretenden Tatbestandsmerkmals entspricht, denn Perfektheit setzt Individualisierung und damit Bestimmtheit voraus. Das rumänischen Recht arbeitet also regelmäßig so, wie es das deutsche Recht in Grenzfällen auch macht. Die für den Eigentumsübergang erforderliche Bestimmtheit wird durch den Realakt der Individualisierung herbeigeführt.

Das führt zu folgendem Schluss:

> Es besteht in Rumänien sowohl bei tatsächlicher, wie bei rechtstechnischer Betrachtung kein Unterschied zwischen dem bei Verpflichtung und Übertragung erforderlichen Änderungswillen.
>
> Damit hat aber die für die Verpflichtung getroffene Feststellung, dass die Anforderungen an den zum Ausdruck zu bringenden Änderungswillen in beiden Rechtsordnungen gleich sind, für den gesamten Vorgang der Eigentumsübertragung Bestand.

Legt man nun im Rahmen der vergleichenden Betrachtung das in beiden Rechtsordnungen grundsätzlich gleichgeartete tatsächliche Verhalten der Vertragsparteien zu Grunde, so stellt man fest, dass

---

[563] Art. 964 ZGB regelt die Mindestanforderungen an die Bestimmtheit einer Gattungssache, die wie im deutschen Recht bereits gegeben sind, wenn die Sache bestimmbar ist. Art. 965 ZGB lässt den Kauf einer künftigen Sache zu.

hinsichtlich des Willenselements die Unterschiede zwischen beiden Rechtsordnungen ausschließlich technisch, nicht aber inhaltlich bedingt sind.

Regelmäßig wird *eine* Einigung der Parteien über das von ihnen als einheitliches betrachtete Rechtsgeschäft 'Kauf' vorliegen. *Das rumänischen Recht* behandelt diese Einigung auch technisch wie eine einzige. Dies ist trotz der Ambivalenz des Änderungswillens unbedenklich, weil für die Zuordnungsänderung nur maßgeblich ist, dass ein solcher Wille überhaupt zum Ausdruck kommt und alle anderen Voraussetzungen der Zuordnungsänderung ebenfalls erfüllt sind. Diese müssen aber aus funktionaler Sicht weder ganz noch teilweise in die eigentumsverschaffende Einigung eingebettet sein. *Die deutsche Rechtsordnung* behandelt diese eine Einigung technisch wie zwei. Der maßgebliche Beweggrund für diese Trennung liegt in der Annahme, dass dies im Verhältnis zur rechtsgeschäftlichen Übertragung auf der Basis des Einheitsprinzips zu mehr Klarheit in der rechtlichen Beurteilung führt.

3. Abschnitt Änderungsmacht und Zeitpunkt der Änderung

Zuletzt soll nun noch gezeigt werden, wie die Regelungselemente der Änderungsmacht und des maßgeblichen Zeitpunktes der Änderung in den Rechtordnungen verankert sind. Dabei werden die Regelungstechniken beider Rechtsordnungen hinsichtlich ihrer Wirkung miteinander verglichen.

1. Änderungsmacht

Gegenstand der Übereignung ist die Zuordnungsänderung des Eigentumsrechts an bestimmten Sachen. Dabei ist zu Grunde zu legen, dass das Eigentum als absolutes Recht konzipiert ist. Es berechtigt grundsätzlich nur den Eigentümer und das mit einer alle anderen ausschließenden Wirkung. Wenn die Zuordnung änderbar sein soll, ist durch den Gesetzgeber auch die Frage zu beantworten, wer zu einer solchen Änderung berechtigt ist.

Beide Rechtordnungen setzen für den rechtsgeschäftlichen Erwerb das Vorliegen der Rechtsmacht zur Veränderung der Zuordnung voraus. Dabei ist in § 929 Satz 1 BGB die Frage nach der Verfügungsmacht wenigstens dadurch angesprochen, dass der 'Eigentümer' Übergabe und Einigung vorzunehmen hat. Im rumänischen ZGB ist dies ein in den Art. 1294 ZGB ff. zwar ungenanntes aber dennoch allgemein anerkanntes Merkmal des Erwerbstatbestandes, das - wie gezeigt - zur Perfektheit beiträgt. In beiden Rechtsordnungen kann sich die Rechtsmacht zur Verfügung aus eigenem, wie aus abgeleitetem Recht ergeben. Außerdem kennen beide Rechtsordnungen Erwerbsverbote für den Käufer.

Den Konflikt zwischen Absolutheit des Rechts und Rechtssicherheit einerseits sowie Freiheit und Leichtigkeit des Rechtsverkehrs andererseits lösen beide Rechtsordnung also in übereinstimmender Weise.

2. Änderungszeitpunkt

Es ist selbstverständlich, dass beide Rechtsordnungen den Eigentumsübergang erst ab dem Zeitpunkt des Vorliegens aller Voraussetzungen eine Zuordnungsänderung zulassen. Wie sich gezeigt hat sind auch alle funktionalen Probleme der Zuordnungsänderung in beiden Rechtsordnungen erfasst. Dennoch lohnt es sich, einen genaueren Blick auf besondere Aspekte der Zeitpunktproblematik zu werfen. Denn gerade an dieser Stelle werden Systemunterschiede deutlich.

So muss etwa in beiden Rechtsordnungen für den Übergang des Eigentums die diesen aufschiebende Bedingung weggefallen sein. Bemerkenswert daran ist der Unterschied in der 'Konstruktion', mit dem beide Rechtsordnungen das Problem lösen. Die Frage nach der Bedingung ist im deutschen Recht im Rahmen des dinglichen Vertrags zu klären, wogegen dies in Rumänien Gegenstand der Perfektion ist. Dieser technische Unterschied beruht auf der Geltung des Einheitsprinzips im rumänischen Recht, das auf eine zweite, dingliche Einigung verzichtet. Aus diesem Grund ist es auch gezwungen, Funktionen, die im deutschen Recht durch die dingliche Einigung wahrgenommen werden, innerhalb der Perfektion und isoliert zu behandeln. Unterschiede in der Beurteilung der materiellen Rechtslage ergeben sich dadurch nicht.

Die Unterschiede zwischen den Rechtssystemen hinsichtlich der Zeitpunktproblematik entstehen an anderer Stelle. Nach dem in Rumänien geltenden Einheitsprinzip muss die Einigung *über den Kauf* mit den anderen Voraussetzungen für den Eigentumsübergang zusammentreffen, während dafür im deutschen Recht die vom Kauf zu unterscheidende Einigung *über den Eigentumsübergang* maßgeblich ist. Lässt man aber - wie in Deutschland - eine gedankliche Trennung zwischen Kauf- und 'Übereignungs'vertrag zu, eröffnet man zugleich einen Spielraum für die Vereinbarung abweichender Modalitäten. Die Problematik des Scheitern des Eigentumsübergangs bzw. der nicht pflichtgemäßen Verfügung aufgrund eines nachgeschobenen, einseitigen Eigentumsvorbehalts[564] ist in Rumänien so nicht denkbar. Es kann zwar auch dort eine gewisse Zeitspanne zwischen

[564] *Westermann/ Westermann*, § 39 II, 2b, *Baur/ Stürner*, § 59 II, 1a, b.

Abschluss des obligatorischen Vertrages und Eintritt seiner eigentumsverschaffenden Wirkung liegen. Ein nachtäglicher Eigentumsvorbehalt wäre dort aber ausschließlich auf der Grundlage einer Novation des Kaufvertrags möglich.

Unterschiede gibt es auch aufgrund des Merkmals 'einig sein' von § 929 Satz 1 BGB. Zwar ist es in beiden Rechtsordnungen so, dass das Eigentum - abgesehen vom aufschiebenden Bedingungen und fehlender Verfügungsmacht - erst übergeht, wenn Einigung und Individualisierung[565] zusammentreffen. Die Auffassungen über die Bindungswirkung der Einigung und über die Folgen des späteren Wegfalls der Einigung sind jedoch verschieden.

Was die Bindungswirkung der Einigung anbelangt, ist die Auffassung in Rumänien eindeutig. Sobald der Kaufvertrag wirksam geschlossen ist, ist dieser bindend und kann grundsätzlich nur noch aufgrund von Mängeln, die im Vertragsschluss selbst begründet sind, wie etwa die Minderjährigkeit oder der Irrtum beseitigt werden. Nach deutscher Auffassung ist dies nicht in dieser Eindeutigkeit feststellbar. Aufgrund der Tatsache, dass § 929 Satz 1 BGB vom "einig sein" spricht und aufgrund einer entsprechenden Anwendung von § 873 Abs. 2 BGB gelangt die wohl herrschende Meinung in Literatur und Rechtsprechung[566] zu der Auffassung, dass die dingliche Einigung, die von ihrer eigentumsverschaffenden Wirkung her auf gleicher Ebene wie der Kaufvertrag rumänischen Rechts steht, bis zur Übergabe frei widerrufbar ist. Auf die Spitze getrieben führt diese Auffassung dazu, dass eine zwischen Einigung und Übergabe erfolgte, aber nicht erklärte Willensänderung des Veräußerers den Eigentumsübergang hindert.[567] Inzwischen hilft sich diese Ansicht auf der Grundlage von § 130 Abs. 1 Satz 2 BGB über dieses Problem dadurch hinweg, dass sie den Fortbestand des ursprünglich erklärten Willens bis zum Zugang des Widerrufs *fingiert.*[568] Der Auffassungs- und Wirkungsunterschied zwischen deutschem und rumänischem Recht wird dadurch nicht geringer. Denn in der Schwebezeit zwischen Einigung und Eigentumsübergang ist es dort für die Vertragsparteien unmöglich, einseitig die gemeinsame Rechtsgrundlage zu verändern.

Im Vergleich zum rumänischen Recht ergibt sich ein deutlich spürbarer Unsicherheitsfaktor daraus, dass die für den Eigentumstransfer maßgebliche Einigung bis zum Eintritt der eigentumsverschaffenden Wirkung durch Übergabe frei widerrufbar ist.

---

[565] Vgl. nochmals Teil 1, 2. Kapitel, 2. Abschnitt, 2.

[566] Vgl. *Baur/ Stürner* § 5 III 2 b, mwN.

[567] So in *RGZ* 83, 223, 230. In dem dort entschiedenen Fall verstarb der Veräußerer zwischen Einigung und Übergabe. Der Erbe konnte unter Berufung auf seinen nicht erklärten, entgegenstehenden Willen den Eigentumsübergang verhindern.

[568] Vgl. *BGH*, NJW 1979, 213, 214, der bei der Prüfung des nachträglichen vertragswidrigen Eigentumsvorbehalts auf die Zugangsfrage abstellt. Mit überzeugenden Argumenten gegen diese Auffassung Westermann/*Westermann* § 38, 4, mwN.

Aber auch im rumänischen Recht gibt es Fälle, in denen die (dort obligatorische) Einigung mit Auswirkung für den Eigentumsübergang wieder wegfällt. Wird der Kaufvertrag nachträglich durch Nichtigkeitsklage[569] beseitigt, entfällt das Eigentum aufgrund des Kausalitätsprinzips rückwirkend. Dies ist insofern mit dem deutschen Recht vergleichbar, als grundsätzlich auch hier die (dingliche) Einigung[570] wegen Unwirksamkeit nachträglich mit *ex tunc* - Wirkung für den Eigentumsübergang entfallen kann. Der Unterschied zwischen beiden Rechtsordnungen liegt aber dort, wo aufgrund des Abstraktionsprinzips in aller Regel nur der Kaufvertrag, nicht aber die Verfügung durch Unwirksamkeitsgründe wie Sittenwidrigkeit oder Irrtum berührt ist. Solange aber der translative Vertrag (§ 929 BGB) als wertneutrales Übertragungsgeschäft[571] unberührt von den Fehlern des Grundgeschäfts bestehen bleibt, ist es für die Frage des Eigentumsübergangs unerheblich, ob der Kaufvertrag vor oder nach Eigentumsübergang unwirksam wird. Damit kann jedoch keine abschließende Aussage über die Stabilität und Sicherheit des nach rumänischem Recht geschlossenen Geschäfts im Verhältnis zum deutschen Recht getroffen werden. Diese ist von der materiellen Ausgestaltung dieser technischen Aspekte abhängig. Eine Untersuchung dieser Aspekte ist jedoch Aufgabe der folgenden Kapitel.

Die rein auf funktionale Aspekte beschränkte Betrachtung ergibt, dass

> weder hinsichtlich der Frage der Änderungsbefugnis noch hinsichtlich des Zeitpunkts der Zuordnungsänderung im Verhältnis zu seinen Voraussetzungen wesentliche Unterschiede zwischen beiden Rechtsordnungen feststellbar sind.

4. Abschnitt Gesamtwürdigung des funktionalen Rechtsvergleichs

Die in diesem Kapitel angestellte funktionale Betrachtung beider Rechtsordnungen und deren Vergleich führt zu einem a priori erstaunlichen Ergebnis. Zwar bestehen erhebliche Unterschiede zwischen beiden Rechtsordnungen. So wurde die technische Ausgestaltung bereits als diametral entgegengesetzt bezeichnet, aber auch der Tatbestand des rechtsgeschäftlichen Eigentumserwerbs weist auf den ersten Blick so gut wie keine Gemeinsamkeiten auf. Dennoch gelingt es beiden Rechtsordnungen in gleicher Weise, sämtliche Fragen, die mit einer Zuordnungsänderung verbunden sind, durch den Tatbestand des Eigentumserwerbs aufzugreifen und zu

---

[569] Die Nichtigkeitsklage kann auf das Vorliegen absoluter Nichtigkeitsgründe wie z.B.. Sitten- bzw. Gesetzwidrigkeit oder auf das Vorliegen relativer Nichtigkeitsgründe wie Minderjährigkeit oder Irrtum gestützt werden.

[570] Kern der Überlegung ist hier die Beseitigung der eigentumsverschaffenden Wirkung des Vertrages etwa wegen Anfechtung. Insofern muss sich der Vergleich zum deutschen Recht richtigerweise auf die dingliche Einigung beziehen.

[571] S. nur *Stadler*, S. 13.

beantworten. Das besondere daran ist, dass ein wesentlicher Unterschied in funktionaler Hinsicht nicht feststellbar ist. Allein hinsichtlich der Herbeiführung der für den Eigentumsübergang erforderlichen Bestimmtheit erweist sich das rumänische Recht als präziser.

Das bedeutet aber zugleich, dass sich die Unterschiede im Rechtssystem aus der Perspektive der funktionalen Betrachtung rein technischer Natur sind.

3. Kapitel Interessenschutz im Rechtsverkehr und System des rechtsgeschäftlichen Eigentumsübergangs

Bei der Regelung des rechtsgeschäftlichen Eigentumserwerbs steht jeder Gesetzgeber in zweifacher Hinsicht vor einem Dilemma. Auf der einen Seite möchte er die Sicherheit des Rechtsverkehrs, insbesondere also die von Eigentümer und Erwerber, aber auch die von Dritten gewährleisten, auf der anderen Seite muss ihm aber auch an der Leichtigkeit des Rechtsverkehrs gelegen sein. So sind bereits die Sicherheitsinteressen des Eigentümers und des Erwerbers diametral entgegengesetzt, die Zielvorgabe von Sicherheit des Rechtsverkehrs und seiner Leichtigkeit ist dies ebenfalls. In diesem Spannungsfeld trifft jeder Gesetzgeber seine eigenen Wertentscheidungen. Diese in den Zugeständnissen an die Leichtigkeit des Verkehrs liegenden Wertentscheidungen begründen Umfang und Grenzen des Schutzes der jeweiligen Sicherheitsinteressen. Umgekehrt lassen sich auch Rückschlüsse von der Bewertung der Interessen und deren Umsetzung auf die Wirkungen der Regelungstechnik treffen. Ziel dieses Abschnitts ist es, auf diesem letztgenannten Wege ein tieferes Verständnis für die Funktionsweise des rechtsgeschäftlichen Eigentumserwerbs in beiden Rechtsordnungen zu gewinnen.

Dieser Frage wird im Folgenden in zwei Schritten nachgegangen. So sollen im ersten Abschnitt dieses Kapitels die Individualinteressen im Mittelpunkt der Betrachtung stehen. Es wird darum gehen, festzustellen, wessen Interessen in welcher Phase des Erwerbsvorgangs geschützt werden sollen und in welchem Umfang dies mit welchen Mitteln gelingt. Gerade die zur Zielverwirklichung eingesetzten Mittel werden Rückschlüsse auf die Arbeitsweise einer Rechtsordnung zulassen. Derselbe gedankliche Ansatz wird dann auch im 2. Abschnitt nutzbar gemacht, wenn diese Perspektive auf den rechtlichen Schutz einzelner durch einen Blick auf den Schutz der Interessen des Rechtsverkehrs als Ganzes, in Gestalt von Rechtssicherheit einerseits und Freiheit und Leichtigkeit des Warenverkehrs andererseits ergänzt werden soll.

1. Abschnitt Schutz von Individualinteressen und Wirkungsweise der Systematik des Gesetzgebers

Der Schutz von Individualinteressen kann - soweit es um den rechtsgeschäftlichen Eigentumserwerb geht - den Eigentümer, den Erwerber aber auch Dritte, z.B..

Gläubiger oder andere in der Erwerbskette stehende Personen berücksichtigen. Je nach Bewertung der Interessenlage ist dieser Schutz dann unterschiedlich ausgestaltet. Und es scheint beinahe zwangsläufig, dass der geschützte Personenkreis und die Intensität des Schutzes von Rechtsordnung zu Rechtsordnung verschieden ist. Will eine rechtsvergleichende Arbeit jedoch tatsächlich über die Vergleichung hinaus einen Beitrag zur Angleichung leisten, muss sie etwa bestehende Unterschiede feststellen und ggfs. bewerten. Zu diesem Zweck wird hier in einem ersten Schritt der 'statische' Interessenschutz aufgezeigt (1.). Vor dem Hintergrund, dass der Erwerbsvorgang der Wechsel von einer gesicherten Eigentumslage zu einer anderen ist, geht es damit zunächst um den Schutz der gesicherten Rechtslage. Daran schließt im zweiten Schritt die Untersuchung des Interessenschutzes während des Erwerbsvorgangs an (2.), wobei die einzelnen Risikofaktoren zum Gegenstand des Vergleichs gemacht werden sollen. Dabei soll auf die Darstellung gleichermaßen ausgeprägten Schutzes für bestimmte Interessenlagen (2.1.) eine eingehende Untersuchung der Schutzsituation in Fällen von Sittenwidrigkeit und Irrtümern über verkehrswesentliche Eigenschaften folgen (2.2.).

1. Statischer Interessenschutz

Auch innerhalb dieser Frage bietet sich eine Differenzierung nach dem Ziel des Interessenschutzes an. Deshalb wird zunächst untersucht (1.1.), ob und wie der Eigentümer einer Sache durch das Recht geschützt wird, bevor sich eine Untersuchung anschließt (1.2.), die den Schutz des Erwerbers betrachtet.

1.1. Schutz der Eigentümerinteressen

Der Eigentümer hat ein Interesse daran, dass ihn die Rechtsordnung vor unbefugten Zugriffen Dritter schützt.

Soweit es sich dabei um den *Schutz vor dem Zugriff in Gestalt eines Realaktes*, etwa einer Wegnahme handelt, stellt das Zivilrecht dem Eigentümer u.a. die possessorischen und petitorischen Besitzschutzansprüche[572], sowie den Herausgabeanspruch des Eigentümers nach § 985 BGB zur Verfügung.

Dies ist grundsätzlich auch in Rumänien nicht anders.[573] Diese Aussage muss auch vor dem Hintergrund nicht eingeschränkt werden, dass nach herrschender

---

[572] Westermann/*Gursky*, § 21, 2., § 24; *Wieling*, § 3 I., a; *Müller*, Rn. 155 ff., 167 ff.

[573] Neben der '*rei vindicatio*' stellen Art. 674 - 676 C. pr. civ. dem Besitzer auch zwei besondere Besitzschutzklagen zur Verfügung, die '*actiunea posesorie generale*' (auch '*actiunea în complîngere*' genannt) sowie die '*actiunea in reîntegrare*'. Insbesondere

Auffassung die Besitzschutzklagen nur zum Schutz von Immobilien anwendbar sind. Diese Auffassung beruht auf der Überzeugung, dass ein Rechtsschutzbedürfnis bei Mobilien ohnehin nicht besteht.[574] Die Vertreter dieser Ansicht verkennen jedoch, dass sehr wohl ein Interesse besteht, weil der Rechtsschutz des Eigentümers andernfalls ungewollte Lücken aufwiese. Diese lassen sich aber bereits dann vermeiden, wenn man dem Eigentümer die Besitzschutzklagen auch für Mobilien nicht verschließt. Der Gesetzeswortlaut steht dem nicht entgegen.

Damit der *Zugriff* Dritter auf das Eigentum *durch rechtsgeschäftliche Übertragung* ausgeschlossen wird, macht die Rechtsordnung den Erfolg des Eigentumsübergangs vor allem von der Rechtsmacht abhängig. Das Eigentum kann nur übergehen, wenn es durch den Eigentümer übertragen wird, wie § 929 Satz 1 BGB ausdrücklich festhält. Dies gilt - wenngleich ohne ausdrückliche Gesetzesanordnung[575] - auch in Rumänien.

---

ergibt sich aus Art. 676 C. pr. civ., dass die '*actiunea in reîntegrare*' auch dem Inhaber der Sachgewalt, dem '*detentorul*' zur Verfügung steht.

[574] Nochmals: Das Fehlen eines Rechtsschutzbedürfnisses wird hier ausdrücklich bestritten. Das Fehlen des Rechtsschutzbedürfnisses wird allgemein damit begründet, daß im Mobiliarsachenrecht der Besitz den sofortigen Eigentumsverlust zur Folge habe (vgl. etwa *Cosmovici* S. 68; *Pop*, Dreptul de proprietate, S. 234; *Ciobanu* S. 534; idS. auch *Leonhardt*, Eigentumsrecht, S. 194 f.). Vorsichtiger äußert sich dagegen *Filipescu* S. 65 f., der Besitzschutzklagen nicht generell ausschließt, sich aber eine Situation, in der eine solche zulässig wäre, nicht vorstellen kann. Dabei ist zuzugeben, daß bei Mobilien ein Besitzverlust wegen Art. 1909 Abs. 1 ZGB in der Regel zum sofortigen Eigentumsverlust führt. Eine Besitzschutzklage ist hier ausgeschlossen. Bei unfreiwilligem Besitzverlust ist der gutgläubige Erwerb jedoch für Dritte zunächst aufgeschoben, der ursprüngliche Besitzer bleibt in diesen Fällen Eigentümer. Hier stehen dem ursprünglichen Besitzer beide Rechtsbehelfe, possessorische oder petitorische Klage zur Verfügung. In Fällen, in denen ein Besitzmittler, der nach rumänischer Vorstellung nicht Besitzer sondern nur Inhaber der Sachgewalt - '*detentorul*' - ist, die Herausgabe der Sache verweigert, stehen dem Eigentümer sogar drei Rechtsbehelfe zur Auswahl, da ihm neben den beiden erstgenannten auch noch der 'vertragliche' Herausgabeanspruch zusteht. *Filipescu*, S. 67, ist der Ansicht, daß ein possessorischer Schutz hier sehr wohl nützlich sei, dieser letztlich aber durch den petitorischen Eigentumsschutz "absorbiert" werde. Wenn man aber den Eigentümer in diesen beiden letztgenannten Fällen allein auf die *rei vindicatio* verweisen wollte, so hätte dies eine enorme und durch nichts begründete Schlechterstellung desselben zur Folge. Dies liegt daran, daß der Eigentumsbeweis nach rumänischem Recht außerordentlich schwer zu führen ist. Gerade aus diesem Grund erfreut sich der possessorische Rechtsschutz in Frankreich - bei ansonsten gleicher Rechtslage - großer Beliebtheit (Mazeaud/Chabas II.2 (*Chabas*), Tz. 1629, s.a. Tz. 1460.). Ein Rechtsschutzbedürfnis ist also sehr wohl festzustellen. Da der Wortlaut der Art. 674 C. pr. civ. ff. unstreitig keine Grundlage für eine Beschränkung des Besitzschutzes auf Immobilien bietet, gibt es keinen Grund, dem hier aufgezeigten Bedürfnis den Schutz zu versagen.

[575] Wie bereits ausgeführt, hat der rumänische Gesetzgeber auf die Übernahme des Art. 1599 C. civ. in das ZGB verzichtet. Die Verfügungsberechtigung wird deshalb in Rumänien

Dabei beinhaltet das Erfordernis der Verfügungsmacht in beiden Rechtsordnungen insofern ein Zugeständnis an die Leichtigkeit des Rechtsverkehrs, als auch eine Verfügung aufgrund vom Eigentümer vorher oder nachher übertragener Rechtsmacht möglich ist. Dementsprechend sieht die Anforderung an das ebenfalls dem Schutz des Eigentümers dienende Willenselement aus. Grundsätzlich muss er als Rechtsinhaber selbst Vertragspartei des eigentumsverschaffenden Rechtsgeschäfts sein. Dabei ist sekundär, ob er das Rechtsgeschäft persönlich abschließt oder vertreten durch einen Dritten. Ausnahmsweise in den Fällen übertragener Rechtsmacht kann auch ein Dritter auf eigenen Namen und eigene Rechnung den eigentumsverschaffenden Vertrag schließen. In den Fällen, in denen die Rechtsmacht nicht vor Abschluss des Vertrages zwischen Dritten und Erwerber übertragen worden ist, kann Eigentum durch den Dritten nur und erst dann verschafft werden, wenn der Eigentümer die Verfügung genehmigt. Insofern decken sich die Wertentscheidungen beider Gesetzgeber.

1.2. Schutz der Erwerberinteressen

Auch der Erwerber hat im Zusammenhang mit der rechtsgeschäftlichen Übertragung des Eigentums Schutzinteressen. Deshalb schützt ihn das Gesetz in Deutschland und in Rumänien wie seinen Vorgänger im Eigentum vor widerrechtlichen Zugriffen Dritter durch Realakt oder Rechtsgeschäft. Doch dieser Schutz wird ihm erst ab dem Rechtsübergang gewährt, soweit im deutschen Recht nicht schon vorher Besitzschutz erlangt werden kann.

Für den 'statischen 'Schutz von veräußerndem Eigentümer, Erwerber und Dritten lässt sich also sagen,

> dass die Interessenlage der Beteiligten in beiden Rechtsordnungen gleichermaßen bewertet wird.
>
> Der aus der Bewertung resultierende Schutz ist nicht nur dem Ergebnis sondern auch in der Art und Weise der Regelung gleich ausgestaltet.

2. Schutz im Erwerbsvorgang

Die Frage ist nur, ob und inwieweit der ansonsten nur durch etwaige obligatorische Ansprüche geschützte Erwerber im Erwerbsvorgang selbst, also bis zur Gewinnung dieser durch den vorgenannten Schutz vorausgesetzten stabilen und gesi-

---

auf der Grundlage des Grundsatzes '*nemo plus iuris transferre potest quam ipse habet*' behandelt. Mittelbar ergibt sich diese Einteilung auch aus der Existenz der Vorschrift des Art. 1909 ZGB.

cherten Rechtsposition eine zusätzlichen Schutz erhält. Die Risiken in diesem Vorgang liegen für den Erwerber sowohl beim Veräußerer wie auch in dessen Verhältnis zum Vertragsgegenstand begründet. Der Veräußerer kann sich irren, in seiner Geschäftsfähigkeit beschränkt sein oder nicht die Verfügungsbefugnis über die Sache innehaben. Diese Risiken liegen jedoch alle in dem Bereich der tatsächlich geprägten Vorfragen des Erwerbsvorganges, die insofern vorhandenen Schutzmechanismen des Rechts wirken alle zu Lasten des Erwerbers. Sicherheit erlangt er nur insoweit, als er gewillt und in der Lage ist, Vertrauen durch Gewissheit zu ersetzen. Mit anderen Worten, je mehr es dem Erwerber auf Sicherheit ankommt, desto mehr ist er darauf angewiesen, die Sachverhaltslage aufzuklären, denn das Recht vermag das für ihn nicht zu leisten. Damit steht auch die *grundsätzliche* und in beiden Rechtsordnungen geltende Antwort auf die Ausgangsfrage fest. Im Erwerbsvorgang erhält der Erwerber keinen rechtlichen Schutz.

2.1. Der Schutz im Erwerbsvorgang durch das deutsche Recht

Möglicherweise hat der deutsche Gesetzgeber aber mit seiner systematischen Grundentscheidung zu Gunsten der Kombination von Trennungs- und Abstraktionsprinzip einen besonderen Schutz des Erwerbers im Erwerbsvorgang geschaffen. Durch ihren ausschließlich auf die Rechtsübertragung fixierten, abstrakten Erklärungsinhalt erweist sich die dingliche Einigung als weitgehend unabhängig von den Mängeln, die zur Unwirksamkeit führen. Diese bleiben im Wesentlichen auf das Grundgeschäft beschränkt:

- Eine Beseitigung der dinglichen Einigung wegen eines Inhalts- bzw. Erklärungsirrtums gem. §§ 142 Abs. 1, 119 Abs. 1 BGB lässt sich regelmäßig nur durch in der Verfügung unmittelbar enthaltene Fehlvorstellungen begründen. Eine Erstreckung der Irrtümer vom Grundgeschäft auf die Verfügung kommt grundsätzlich nicht in Betracht, da die Verfügung abstraktionsbedingt einen anderen Inhalt hat als die Verpflichtung hat. Nur dort, wo sich der Erklärungsinhalt beider Rechtsgeschäfte auf dasselbe bezieht, nämlich bei Person und Gegenstand der Verträge, kann dies ausnahmsweise einmal anders sein.[576]

- Ebenso wenig kann ein Irrtum nach § 119 Abs. 2 BGB die Anfechtung der Verfügung begründen. Zwar ist ein solcher Irrtum, wenn er denn vorliegt[577] durchaus kausal für die Abgabe auch der dinglichen Erklärung, aber die Vorstellung einer verkehrswesentlichen Eigenschaft ergibt Motiv und Zweck des

---

[576] Vgl. *Stadler*, S, 176 f.

[577] Dabei kommt es - selbst wenn man entgegen der hier vertretenen Auffassung von der Anfechtbarkeit der Verfügung ausgeht - nicht darauf an, dass beide Erklärungen zeitgleich abgegeben werden. Dies kann lediglich ein Indiz für den Irrtum auch bei der Verfügung sein. Darauf weisen *Stadler*, S. 178 und *Grundmann*, S. 80 zu Recht hin.

Geschäfts. Das Abstraktionsprinzip erfordert aber gerade eine zweckfreie, abstrakte Beurteilung der Verfügung.[578]

- Soweit nicht die Verfügung aus ihrem eigenen Gehalt heraus sittenwidrig ist, kann auch ein Verstoß des Grundgeschäfts gegen § 138 BGB nicht zur Unwirksamkeit der wertneutralen Eigentumsübertragung führen. Denn das Abstraktionsprinzip gebietet eine Betrachtung der dinglichen Einigung, die sich allein auf den Konsens über die Eigentumsübertragung, die Vertragsparteien und den Vertragsgegenstand bezieht. Eine Berücksichtigung von Inhalt, Zweck und Motiven des Verpflichtungsgeschäfts, der *causa*, darf gerade nicht stattfinden.[579]

---

[578] Str., wie hier *Stadler*, S. 141 und 179, mwN.; ebenso *Grigoleit*, S. 379, 397 ff., 403. Dabei darf nicht außer Acht gelassen werden, dass es sich bei der dinglichen Einigung um ein rechtstechnisches Konstrukt handelt, das durch die Parteien in aller Regel nicht ausdrücklich formuliert, sondern erst im Wege der Auslegung gewonnen wird. Dabei ist das Ergebnis der Auslegung auf der einen Seite durch den Parteiwillen, auf der anderen durch den systematischen und materiell-rechtlichen Rahmen vorgegeben. Und letztgenannter gebietet die Loslösung der Verfügung von Motiv und Zweck. Aus diesem Grund kommen wegen des Abstraktionsprinzips Inhalt, Zweck und Motive des Verpflichtungsgeschäfts in den *essentialia negotii* der dinglichen Einigung nicht zum Ausdruck. *Beispiel*: A hält ein Gemälde von '*Braque*' irrtümlich für einen '*Picasso*'. Will er es von B käuflich erwerben, so erklärt er beim Kaufvertrag: "Ich kaufe das Bild für den Preis X." Er sagt damit eigentlich: "Ich kaufe das Bild, das ich für einen '*Picasso*' halte." Kommt der Vertrag zustande, ist er wegen eines ausnahmsweise beachtlichen Motivirrtums anfechtbar. Die Einigung nach § 929 BGB ist dagegen nur auf den Rechtsübergang an dieser konkreten Sache gerichtet. Die Motivation "ich glaube, dass es ein '*Picasso*' ist" wird nicht miterklärt, weil es bei dieser Einigung nur um die Zuordnung dieser individuell und absolut eindeutig bestimmten Sache geht. Würde die Motivation miterklärt, könnte die für den Rechtsübergang erforderliche Eindeutigkeit verloren gehen: War jetzt '*dieses Bild*' oder '*der Picasso*' Vertragsgegenstand? Eine Erklärung aber, die - nicht zuletzt aufgrund der äußeren, rechtstechnischen Vorgaben - eine wie auch immer geartete Motivation nicht beinhalten kann, kann auch nicht wegen einer Fehlvorstellung bezüglich dieser Motivation angefochten werden. Nicht zuletzt bestätigt sich diese Überlegung auch von der rechtstechnischen Seite. Was für einen Sinn hätte die Konstruktion eines zweiten, abstrakten Rechtsgeschäfts, wenn anschließend in die *per definitionem* abstrahierende Auslegung des Parteiwillens doch wieder eine Motivation hineininterpretiert würde. Dies gliche dann in fataler Weise der Bad Echternacher Springprozession: Zwei Schritte vor und einer zurück. - Die wohl herrschende Meinung in Lehre und Rechtsprechung erkennt im Fall von § 119 Abs. 2 BGB dennoch eine Durchbrechung des Abstraktionsprinzips an, vgl. nur *RGZ* 66, 385, 389 f.; vgl. auch *BGHZ* 31, 321, 323 ff.; Palandt/*Heinrichs* Überbl v § 104, Rn. 23; wenn auch ohne Begründung *Wieling*, § 1, III, 3 aa; idS. auch *Grundmann*, S. 80, 81 f., 84. Wohl ebenfalls in diesem Sinne Westermann/*Westermann* § 4 IV, 1.

[579] Str., so aber jedenfalls *de lege lata* zutreffend und mit ausführlicher Darstellung des Diskussionsstandes *Stadler*, S. 136 ff., 141 f. für die Fälle, in denen der mögliche Mangel des dinglichen Geschäfts in unmittelbarem Zusammenhang mit dem des Grundgeschäfts

- Allein der Anfechtungsgrund des § 123 Abs. 1 BGB kann eine gleichzeitige Beseitigung von Verpflichtung und Verfügung und damit eine Durchbrechung des Abstraktionsprinzips begründen, weil in diesem Fall der Irrtum durch einen Verstoß gegen die Rechtsordnung verursacht wurde, der oftmals auch strafbar ist.[580]

Das hat zur Folge, daß das Abstraktionsprinzip nach der hier vertretenen Ansicht in den Fällen, in denen das Grundgeschäft einen Erklärungs-, Übermittlungs- oder Inhaltsirrtum aufweist, oder aber mit einem Irrtum über eine verkehrswesentliche Eigenschaft behaftet bzw. sittenwidrig ist, den Erwerber zunächst in seinem Vertrauen auf den Bestand der Verfügung schützt. Allein wenn der Erwerber den Veräußerer arglistig getäuscht hat, kann der sich nicht auf den Schutz des Abstraktionsprinzips berufen. In diesem Fall durfte er ja auch auf den Bestand der Verfügung nicht vertrauen.

Dieser umfassende Schutz durch das Abstraktionsprinzip steht in den Fällen von §§ 119 Abs. 2 und 138 BGB in Frage. Die herrschende Meinung[581] nimmt dort Korrekturen des Abstraktionsprinzips vor, mit der Folge, daß die Verfügung in diesen Fällen dennoch keinen Bestand hat, sich der Erwerber sowie seine Gläubiger und ihm im Eigentum nachfolgende Erwerber zumindest nicht auf den Eigentumsübergang verlassen können. Dies wird im Rahmen des anstehenden Vergleichs[582] noch genauer zu untersuchen sein.

Nur eines muß ebenfalls klar sein. Der durch das Abstraktionsprinzip gewährte Schutz ist grundsätzlich nur vorläufig. Denn auch hier ist der Erwerber dem Veräußerer zur Rückübereignung verpflichtet, § 812 Abs. 1, Satz 1, 1. Alt. iVm. §818 Abs. 1 BGB. Damit reduziert sich der durch die Abstraktion gewährte Schutz darauf, daß der Erwerber die Sache zwischenzeitlich als Eigentümer besitzt. Aber auch das bedarf noch einer genaueren Betrachtung.

Allerdings muß bei der Frage, inwieweit das Abstraktionsprinzip dem Erwerber Schutz und Sicherheit gewährt, beachtet werden, daß es Teil des dispositiven

steht. A.A., mit ihm die wohl herrschende Meinung in Literatur und Rechtsprechung, etwa Westermann/*Westermann* § 4 IV, 1, mwN., demzufolge die Sittenwidrigkeit der Verfügung durch die dingliche Verfestigung sittenwidriger schuldrechtlicher Ansprüche begründet werden kann. Damit stellt er sich aber gegen die gesetzgeberische Grundentscheidung für einen abstrakten, bewusst von der *causa* losgelösten Vertrag.

[580] Ausführlich *Stadler*, S. 182. IE. ebenso Westermann/*Westermann* § 4 IV, 1 und Baur/*Stürner*, § 5 II, 1a; beide gehen aber nur am Rande auf die Problematik ein.

[581] Staudinger/ *Wiegand* § 929 Rn. 19 f., 22 - 24 mwN.

[582] Teil 2, 3.Kapitel, 1. Abschnitt, 2.2.

Rechts ist.[583] Seine Geltung kann daher durch Parteivereinbarung ausgeschlossen werden. Zudem ist die Einigung darüber, Verpflichtung und Verfügung rechtlich gleichermaßen zu behandeln, konkludent möglich.[584] Es kann daher sein, daß die Parteien eine Nebenbestimmung zur dinglichen Einigung[585] in dem Sinne ausdrücklich oder eben durch schlüssiges Handeln vereinbart haben, daß entweder der Bestand der Verfügung durch den Bestand der Verpflichtung auflösend bedingt ist (§ 158 Abs. 2 BGB)[586], oder aber beide Rechtsgeschäfte als ein im Sinne von § 139 BGB einheitliches behandelt werden[587] sollen. Eine Auslegung der Einigung nach §§ 133, 157 BGB kann dies bei Vorliegen entsprechend konkreter Anhaltspunkte ergeben.[588] Im Rahmen dieser Auslegung sind dann Inhalt, Zweck und Motive des Verpflichtungsgeschäfts zu berücksichtigen. Hierdurch wird der von der Rechtsordnung gewährte Schutz für den Erwerber nicht beeinträchtigt, da er freiwillig darauf verzichtet. Auch seine Rechtssicherheit ist dadurch nicht berührt. Anders kann sich dies aber für Gläubiger und Nachfolgeerwerber des Käufers darstellen.

Als Zwischenergebnis zur Frage des Individualschutzes im Erwerbsvorgang bleibt festzuhalten, daß

> das deutsche BGB den Erwerber vor manchen Mängeln, die aus dem Erwerbsgeschäft selbst resultieren, durch das Abstraktionsprinzip schützt. Das Erwerbsgeschäft ist durch die Abstraktion bei weitem weniger anfällig für Fehler, die im Vertragsschluß selbst begründet sind, als es das bei Geltung des Trennungsprinzips wäre.

Allerdings ist dieser Schutz nur vorläufiger Natur.

---

[583] *BGH*, NJW 1967, 1128,1130; *Tiedtke*, S. 1709, 1710; *Ferrari*, S. 52, 69. Bestritten ist dies für die Vereinbarung, Verpflichtung und Verfügung iSv. § 139 BGB als einheitliches Rechtsgeschäft zu betrachten.

[584] *Tiedtke*, S. 1709, 1711.

[585] *Stadler*, S. 208.

[586] *Ferrari*, S. 52, 69; *Tiedtke*, S. 1709, 1711 f.

[587] *Tiedtke*, S. 1709, 1710 f.; *Ferrari*, S. 52, 71.

[588] *BGH*, NJW 1967, 1128,1130; *Tiedtke*, S. 1709, 1711; *Ferrari*, S. 52, 71. Die aus dieser Anforderung entstehende Situation entbehrt allerdings nicht einer gewissen Absurdität. Auf der einen Seite konstruiert das deutsche Recht zu der einen - tatsächlichen - Einigung der Parteien ein zweites Rechtsgeschäft hinzu, das von dem eigentlich geschlossenen rechtlich unabhängig sein soll und von dem diese in aller Regel keine Ahnung haben. Auf der anderen Seite verlangt es dann zur Überwindung des Trennungs- und Abstraktionsprinzips und damit zur Wiederherstellung der Situation, die sich die Parteien eigentlich vorstellen, daß diese den Willen zur kausalen Verknüpfung beider Geschäfte positiv zum Ausdruck bringen. Man verlangt also von einer Partei allen Ernstes, daß sie ein Rechtsgeschäft, von dessen Existenz sie keine Ahnung hat, kausal mit einem anderen verknüpft.

2.2. Der Schutz im Erwerbsvorgang durch das rumänische Recht im Vergleich

Das rumänische Recht kommt trotz der entgegengesetzten Systementscheidung für das Kausalitäts- und Einheitsprinzip zu einem zumindest in Teilen ergebnisgleichen Schutz des Erwerbers. Aufgrund der Tatsache, dass die Verfügung dort jedoch mit nur einem Rechtsgeschäft herbeigeführt wird, kann das rumänische Recht dies nicht durch die Unabhängigkeit der Verfügung von den Mängel des Rechtsgeschäfts leisten. Es stellt den Schutz jedoch mit anderen Mitteln her.

Um diese Behauptung zu belegen, und um die Überlegungen zur Rechtssicherheit von den damit verbundenen strukturellen Fragen zu entlasten, muss deshalb zunächst ein Blick auf die Struktur des rumänischen Rechts geworfen werden. Dabei sollen zunächst die Fälle aufgezeigt werden, in denen der Schutz in beiden Rechtsordnungen gleichgelagert ist (2.2.1.). Daran schließt sich eine Untersuchung über den Schutz des Erwerbers bei sittenwidrigem Handeln und in Fällen eines Irrtums über verkehrswesentliche Eigenschaften an (2.2.2.). Vor einem Vergleich der Folgen der unterschiedlichen Rechtstechnik (2.2.4.) ist auch ein Blick auf die wesentlichen Unterschiede von Vindikation und Kondiktion (2.2.3.) erforderlich.

2.2.1. Gleichgelagerter Interessenschutz

Auf der Grundlage der Vorüberlegungen zum deutschen Recht lässt sich nun auch die vergleichende Frage nach dem Schutz des Erwerbers in Rumänien beantworten. Zumindest teilweise kommen die Rechtsordnungen zu übereinstimmenden Ergebnissen.

Zwar bewirkt die erfolgreiche Irrtumsanfechtung des (Kauf-)Vertrags auf der einen Seite immer kausal das Scheitern des Eigentumsübergangs. Dennoch gibt es eine Reihe von Fällen, in denen die rumänische Rechtsordnung von der selben Bewertung der Interessenlage durch den Gesetzgeber geprägt ist wie hierzulande. Aufgrund des in systematischer Hinsicht im Vergleich zum deutschen Recht anderen Ausgangspunktes ist der Weg zu diesem Ergebnis ein anderer als der in Deutschland. Während hierzulande die meisten der Anfechtungsgründe nur das schuldrechtliche Grundgeschäft nicht aber die Verfügung betreffen, lässt der rumänische Gesetzgeber eine Anfechtung in manchen Fällen gar nicht erst zu. Er verzichtet also zum Teil auf in Deutschland anerkannte Anfechtungsgründe. Damit ist - bezogen auf die Fälle der gleichgelagerten Bewertung des Schutzinteressen - die eine Hälfte des Weges getan. Die andere Hälfte des Weges macht in gewisser Weise das deutsche Recht auf ihn zu. Dies gilt jedenfalls für alle diejenigen Fälle, in denen sich der Mangel des Rechtsgeschäftes auf Verpflichtung und Verfügung auswirkt.

- Im Fall des Erklärungs- und Übermittlungsirrtums im Sinne von §§ 119 Abs. 1, 2. Alt. und 120 BGB, stellt sich - soweit nicht ein Fall des Art. 954 ZGB[589] vorliegt - schon gar nicht die Frage, ob man die Verfügung aufrecht erhalten will.[590] Denn diese Irrtümer berechtigen gar nicht erst zur Anfechtung. Dadurch ist das Geschäft insofern in seinem Bestand nicht gefährdet, der Erwerber in seinem Vertrauen auf den Bestand der Verfügung geschützt.

- Im Fall des Inhaltsirrtums im Sinne von § 119 Abs.1, 1. Alt. BGB ist zu unterscheiden. Soweit sich dieser auf die Art des Geschäftes[591] oder aber die Identität des Vertragsgegenstandes[592] bezieht, liegt ein sog. einigungshindernder Irrtum vor, der nach rumänischer Vorstellung bereits den Vertragsschluss ausschließt.[593] Nach deutschem Recht käme man in diesen Fällen zu der Auffassung, dass obligatorischer und dinglicher Vertrag anfechtbar sind. Damit führt wegen der Wirkung des § 142 Abs. 1 BGB dazu, dass der Veräußerer in diesen Fällen Eigentümer geblieben ist. Sodann gibt es einige Fälle, in denen ein nach deutschen Recht als Inhaltsirrtum im Sinne von § 119 Abs. 1, 1. Alt. BGB im rumänischen Recht als Irrtum über eine verkehrswesentliche Eigenschaft behandelt wird.[594] Soweit der Inhaltsirrtum nach rumänischem Verständnis rechtlich irrelevant ist, ist der Schutz des Erwerbers durch das rumänische Recht kaum anders, als durch das deutsche. Der Erwerber kann seinen Anspruch auf Übereignung bzw. sein Eigentum im Wege der Anfechtung nicht mehr verlieren. In Rumänien ist eine Anfechtung in diesen Fällen gar nicht möglich, in Deutschland erfasst sie zwar das Grundgeschäft, nicht aber die Übereignung.

- Gleichermaßen behandeln die Rechtsordnungen den Erwerber auch im Fall der arglistigen Täuschung und der Drohung. Wenn es in seinem Interesse steht, kann der Getäuschte durch Anfechtung die eigentumsverschaffende Wirkung in beiden Rechtordnungen[595] beseitigen.[596]

---

[589] Also eine Anfechtbarkeit wegen eines Irrtums über eine verkehrswesentliche Eigenschaft. Zur Vergleichbarkeit dieses Irrtums s.u. (2.2.2.).

[590] Vgl. Teil 1, 1. Kapitel, 1. Abschnitt, 4.2.

[591] Die Parteien schließen nach objektivem Erscheinungsbild einen Kaufvertrag, der Verkäufer glaubt jedoch einen Mietvertrag abzuschließen.

[592] Der Kunde hält die Hose 1 für den Gegenstand der Eigentumsverschaffung, während der Verkäufer denkt, es sei die Hose 2.

[593] Vgl. Teil 1, 1. Kapitel, 1. Abschnitt, 3.2.

[594] Ob und inwieweit in diesen Fällen die Vergleichbarkeit zum deutschen Recht gegeben ist, wird in der Folge (2.2.2.) noch genauer zu untersuchen sein.

[595] Zum rumänischen Recht s. nochmals Teil 1, 1. Kapitel, 1. Abschnitt, 4.2.

[596] Soweit *Stadler* meint, das Trennungsprinzip sei in diesem Fall insofern von Vorteil, als es eine separate Anfechtung der Verpflichtung und - damit verbunden - Schadensersatzansprüche zulasse, ist dies unzutreffend. Richtig daran ist, dass nach rumänischem und französischem Recht mit der Anfechtung ohne Differenzierungsmöglichkeit die gesamte vertragliche Grundlage entfällt. Der Getäuschte ist jedoch zur Anfechtung nicht gezwungen und kann so sein Eigentum an der Sache

2.2.2. Schutz bei Irrtum über verkehrswesentliche Eigenschaften sowie bei Sittenwidrigkeit

Größere systembedingte Unterschiede im Schutz des Erwerbers scheinen aber bei der Behandlung verkehrswesentlicher Eigenschaften und sittenwidriger Geschäfte zu Tage zu treten.

a) Irrtümer über verkehrswesentliche Eigenschaften von Personen oder Sachen (vgl. § 119 Abs. 2 BGB) werden nach rumänischem Verständnis von Art. 954 ZGB grundsätzlich[597] anerkannt, mit der Folge, dass in diesen Fällen der Eigentumserwerb scheitert. Im Gegensatz dazu führt das deutsche Recht von Gesetzes wegen zum Erhalt der dinglichen Einigung.

Damit scheint das hierzulande geltende Abstraktionsprinzip den Erwerber, das in Rumänien angeordnete Kausalitätsprinzip den Veräußerer zu schützen. Möglicherweise hat also der deutsche Gesetzgeber durch das Abstraktionsprinzip tatsächlich eine Wertentscheidung getroffen, die im Schutz des Erwerbsvorgangs besteht und damit - anders als in Rumänien - zu Gunsten des Erwerbers ausgefallen ist. Aber schon auf den zweiten Blick wird deutlich, dass das Abstraktionsprinzip jedenfalls nicht den Schutz des Erwerbers selbst bezweckt. Denn dieser ist wegen §§ 812, 818 Abs. 1 BGB grundsätzlich zur Rückübereignung verpflichtet. Soweit ihm die Rückübertragung des Eigentums nicht mehr möglich ist, schuldet er Wertersatz nach §§ 812, 818 Abs.2 BGB. Und soweit ihm eine Berufung auf § 818 Abs. 3 BGB wegen §§ 818 Abs. 4, 819 BGB überhaupt möglich ist, soll der Ausgleich zu Gunsten des vormaligen Eigentümers mithilfe der Saldotheorie hergestellt werden. Dies zeigt, dass dem Erwerber bei wirtschaftlicher Betrachtung kein Vorteil gegenüber dem Veräußerer eingeräumt werden soll. Aber dennoch - der ursprüngliche Eigentümer trägt das Insolvenzrisiko[598].

Unter diesem Aspekt bleibt es zwar dabei, dass der Erwerber keinen Schutz erhält. Allerdings scheint es so zu sein, dass nicht der Eigentümer und seine Gläubiger, sondern vielmehr die Gläubiger und Folgeerwerber auf der Erwerberseite geschützt werden. Denn zu Gunsten der letztgenannten entfällt der Rückübereignungsanspruch aus § 812 Abs. 1, 818 I BGB des ursprünglichen Eigentümers. In bis zum 31.12.1998 eingetretenen Konkursfällen wird aufgrund des Durchgangserwerbs aus dem Rückübereignungsanspruch des ursprünglichen Eigentümers nach § 69 KO[599] in der Regel[600] eine praktisch wertlose, weil nach § 61 Ziff. 6 KO

---

behalten. Dies bedeutet nicht, dass er nicht auch Schadensersatzansprüche, etwa nach Art. 998 ZGB geltend machen kann.

[597] Vgl. Teil 1, 1. Kapitel, 1. Abschnitt, 4.2.

[598] Diese Kritik führt auch *Drobnig*, Transfer of Property, in: Hartkamp/ Hesselink/ Hondius/ Joustra/ du Perron (Hrsg.), Towards a European Civil Code, S. 495, 508 an. Ebenso: *Wacke*, S. 254, 256 f.

[599] Die Umwandlung der Forderung von einer gem. §§ 812 Abs. 1, S. 1, 1. Alt. , 818 Abs. 1 BGB auf Rückübereignung gerichteten in eine Wertersatzforderung gem. §§ 812 Abs. 1,

letztrangige Konkursforderung auf den Wert der Sache[601]. Diese Lage hat sich auch durch die zum 01.01.1999 in Kraft getretene Insolvenzordnung nicht geändert. Hier ergibt sich aus den §§ 45 Satz 1, 38 InsO, dass die Forderung zur Insolvenzmasse gehört. Die weitgehende Abschaffung eines Rangverhältnisses unter den Forderungen, vgl. § 39 InsO und § 61 KO führt zwar *prima facie* zu einer Aufwertung der Forderung im Rang, bewirkt aber letztendlich, dass grundsätzlich alle Insolvenzforderungen quasi letztrangig werden und bis auf eine geringe Konkursquote ausfallen.[602] Die Kaufsache dagegen kommt der Konkurs- bzw. Insolvenzmasse und damit der Gesamtheit der Gläubiger zu Gute, § 1 KO, § 35 InsO. - Auch außerhalb der Zahlungsunfähigkeit profitieren die Gläubiger des Erwerbers aber auch dritte Erwerber von der durch das Abstraktionsprinzip geschaffenen Rechtslage. Denn dieser kann jenen die Sache als Berechtigter zur Sicherheit übereignen kann. Dies alles -wie gesagt - vor dem Hintergrund, dass der Veräußerer das Risiko der §§ 812, 818 Abs. 2 und 3 BGB, vor allem aber das Insolvenzrisiko des Erwerbers tragen muss.

Es ist diese Rechtslage, die die herrschende Meinung dazu veranlasst[603], von der gesetzgeberischen Anordnung des Abstraktionsprinzips abzuweichen und in diesen Fällen § 119 Abs. 2 BGB auch auf die Verfügung anzuwenden. Gerade am Beispiel des Erwerberkonkurses wird deutlich, wie drastisch die Rechtsstellung des Veräußerers durch die Durchbrechung des Abstraktionsprinzips geändert wird. Denn nichts anderes, als die systemwidrige Einbindung von Zweck und Motiven in die dingliche Erklärung verbirgt sich hinter dieser Handhabe.[604] In dem Moment, in dem eine Anfechtung der Verfügung wegen eines Irrtums nach § 119 Abs. 2 BGB zugelassen wird, fällt nämlich auch im deutschen Recht das Eigentum mit *ex-tunc*-Wirkung an den Veräußerer zurück. Da dann der Erwerber so steht, als hätte er nie Eigentum erlangt, trägt der Veräußerer in diesen Fällen nicht das Risiko der Insolvenz seines Vertragspartners. Er kann auch in dessen Konkurs Aussonderung nach § 43 KO bzw. 47 InsO verlangen, anstatt sich einer (letztrangigen) Forderung auf die Auszahlung der Konkurs- bzw. Insolvenzquote begnügen zu müssen.

In Literatur und Rechtsprechung ist allgemein anerkannt, daß der Erwerber, vor allem aber auch seine Gläubiger weniger schutzwürdig sind, als der Veräußerer und dessen Gläubiger.

S. 1, 1. Alt., 818 Abs. 2 BGB ergibt sich mit der Eintragung der bewerteten Forderung in die Konkurstabelle.

[600] Dh., soweit kein Fall von § 59 Abs. 1 Ziff. 4 KO vorliegt. Das wäre aber nur dann der Fall, wenn sich die Anfechtung als Verwaltungs- oder Verwertungshandlung des Konkursverwalters darstellt.

[601] Vgl. *Grundmann*, JA 1985, 80, 84.

[602] In diesem Sinne auch *Smid*, BB 1999, 1, 5; *Grunsky*, Rn. 249 f.

[603] Ausgehend von RGZ 66, 385, 389 f.; *Stadler* S. 178 mwN.; *Grundmann*, JA 1985, 80, 84.

[604] In diesem Sinne auch *Stadler* S. 179.

Mit der Durchbrechung des Abstraktionsprinzips im Fall des § 119 Abs. 2 BGB wird *de facto* die gleiche Schutz- und Risikoverteilung hergestellt, wie in Rumänien.

Der Preis dafür ist jedoch, daß man den Boden des Abstraktionsprinzips verläßt und - bewußt oder nicht - partiell zur Technik des Kausalitätsprinzips übergeht[605].

Jedoch: Geht man bei der Untersuchung der Erwerberinsolvenz noch einen Schritt weiter, so zeigt sich, daß die herrschende Meinung in Deutschland die Interessenlage der Beteiligten ebenso bewertet, wie der deutsche (und der rumänische) Gesetzgeber[606]. Denn der Veräußerer hat auch im Konkurs bzw. Insolvenz die Möglichkeit aufzurechnen, §§ 389, 387 BGB, 53 KO bzw. 94 InsO. Die fehlende Gleichartigkeit der Forderungen stellt § 54 Abs. 1 KO her. Durch § 95 Abs. 1 InsO ist die Lage des Veräußerers dahingehend verändert worden, daß die Gleichartigkeit erst mit Eintragung in das Gläubigerverzeichnis und nicht mehr schon im Vorfeld hergestellt wird. Das ändert aber nur etwas am Zeitpunkt der Aufrechnungsbefugnis. Weder das Aufrechnungsverbot des § 55 Abs. Ziff. 1 KO, noch das des § 96 Ziff. 1 InsO erfaßt den Fall der Anfechtung[607], weil die Rückforderung durch den von Anfang an existierenden Anfechtungsgrund dem Grunde nach vor der Konkursöffnung begründet war. Das wiederum hat zur Folge, daß der Veräußerer im Erwerberkonkurs in Höhe des erhaltenen Kaufpreises[608] Kompensation für den Rechtsverlust erlangt.[609] Das aber bedeutet letztlich nichts anderes, als dass der Gesetzgeber die durch das Trennungs- und Abstraktionsprinzip geschaffene Lage erkannt hat und er den Veräußerer ebenfalls für unsachgemäß benachteiligt hielt. Sein Problem bestand jedoch darin, daß er die zwischenzeitliche technische *Schlechterstellung innerhalb des von ihm gesetzten systematischen Rahmens nicht vermeiden konnte.* Allerdings wollte er das System auch nicht zur Herstellung der interessengerechten Rechtslage aufgeben. Deshalb hat er hat immerhin für wirtschaftlichen Ausgleich gesorgt.

---

[605] Vgl. *Jauernig*, S. 721, 722, 726; in diesem Sinne *auch v. Caemmerer*, S. 675, 697.

[606] Im Grunde genommen ist die Wertentscheidung des Gesetzgebers auch ohne diese ergänzende Betrachtung klar. Es liegt in der Konzeption des BGB- Gesetzgebers, die Institute des Sachenrechts abstrakt zu halten und die Entscheidung über Recht und Unrecht ihres Gebrauchs allein auf der Ebene der Kausalbeziehungen zu treffen, vgl. Staudinger/ *Wolfensteiner*, Vorbemerkung zu § 1191 Rn. 3.

[607] Dazu *Stadler* S. 443; *Grunsky*, Rn. 249 f.

[608] Von der hier angesprochenen Situation ist grundsätzlich die Behandlung der Sicherungsrechte zu unterscheiden. Diese wird hier - da nicht zum Gegenstand der Untersuchung gehörig - nicht weiter untersucht.

[609] Natürlich reicht die Kompensation nur so weit, wie der Veräußerer die Ware Zug um Zug gegen Zahlung des Kaufpreises übereignet hat. Für den Fall, daß er - auf die Solvenz des Käufers vertrauend - die Kaufsache als Vorleistung übereignet hat, fällt er natürlich auch im Fall der Anfechtung aus. Das liegt aber nicht in der Systematik oder dem materiellen Gehalt des Gesetzes, sondern allein im Vertrauen des Verkäufers begründet. Darin äußert sich jedoch nur das mit der Vertragsfreiheit einhergehende allgemeine Lebensrisiko.

Das führt in Bezug auf die Anfechtung wegen Irrtums über eine verkehrswesentliche Eigenschaft zu folgendem Bild:

Hinsichtlich der Bewertung der in den Erwerbsvorgang verwickelten Interessen von Veräußerer, Erwerber und Dritten in Deutschland stimmen die Gesetzgeber in Rumänien und Deutschland überein. Auch die vom Abstraktionsprinzip abweichende Literatur und Rechtsprechung hierzulande hat den Schutz des Veräußerers im Auge.

Der einhellig gewollte Veräußererschutz ist in Rumänien durch das Einheitsprinzip gewährleistet.

Die nach Ansicht des deutschen Gesetzgebers sachgerechte Risikoverteilung zu Lasten des Erwerbers sollen die §§ 812, 818 BGB herstellen.

Aufgrund des Abstraktionsprinzips im deutschen Recht kommt es im Erwerbsvorgang zunächst zu einer Risikoverlagerung vom Erwerber auf den veräußernden Eigentümer, die sich in Insolvenzfällen und beim Erwerb vom Berechtigten realisieren kann

Um den Schutz des Veräußerers dennoch zu gewährleisten, gibt eine stark vertretene Ansicht in Deutschland das Abstraktionsprinzip partiell auf und wendet § 119 Abs. 2 BGB auch auf die Verfügung an.

Der Gesetzgeber dagegen bleibt systematisch konsequent und stellt den Schutz des Veräußerers durch Kompensation wirtschaftlich her.

Herauszustellen bleibt jedoch, daß die Systementscheidung für das Abstraktionsprinzip *zunächst* zu einem Ergebnis führt, das der Bewertung der Interessenlage durch den Gesetzgeber diametral entgegengesetzt ist. Das als sachgerecht erachtete Ergebnis kann dann nur entweder durch Verstoß gegen die Systemgrundsätze oder aber durch Kompensation erzielt werden.

b) Ein sittenwidriges Geschäft kann unter rumänischem Recht wegen Art. 966 bzw. Art. 5 ZGB zu keiner Zeit eigentumsverschaffende Wirkung erlangen, während das deutsche Abstraktionsprinzip die Übertragung des Sittenwidrigkeitsurteils von der Verpflichtung auf die Verfügung grundsätzlich nicht zuläßt.

Aber auch in dieser Frage gibt es zwischen der deutschen und rumänischen Rechtsordnung keine Unterschiede. Was das rumänische Recht, anbelangt ist unzweifelhaft, dass sittenwidrige oder in sonstiger Weise gegen den *ordre public* verstoßende Geschäfte unwirksam sind und keine Wirkung haben dürfen. Das ergibt sich aus der Funktion der '*cauza*' als Rechtswidrigkeitskorrektiv. Aus der

Aufgabe der '*cauza*', die Ursächlichkeit der Verfügung zu wahren, ergibt sich, dass in solchen Fällen nicht nur der Vertrag selbst, sondern auch seine eigentumsverschaffende Wirkung entfällt.

Ganz in diesem Sinne will die herrschende Meinung in Rechtsprechung und Literatur in Deutschland deshalb auch § 138 BGB auf die Verfügung anwenden. Dies soll jedenfalls dann gelten, wenn gerade durch die Verfügung der rechtlich mißbilligte Zustand hergestellt wird.[610] Diese Argumentation führt jedoch letztendlich dazu, daß jede von einer sittenwidrigen Verpflichtung abhängige Verfügung von § 138 BGB erfaßt werden muß. Denn der rechtlich mißbilligte Zustand manifestiert sich immer erst im Vollzug der Verpflichtung.[611] Zumindest in den Fällen, in denen in der deutschen Literatur und Rechtsprechung § 138 BGB auf die Verfügung angewandt wird, verläßt sie den Boden des Abstraktionsprinzips. Denn dieses stellt ja das Postulat der zweck- und wertfreien Verfügung auf. Wer aber das Urteil der Sittenwidrigkeit auf die Verfügung überträgt, kann dies nur mit ihrem Zweck begründen. Indem er das tut, stellt er außerdem die Kausalität zwischen Verpflichtung und Verfügung her.

Auch der deutsche Gesetzgeber möchte sittenwidrigem Handeln keinen Erfolg zugestehen. Da er aber zugleich auch das System des rechtsgeschäftlichen Eigentumserwerbs nicht in Frage stellen will, ist er wiederum darauf verwiesen, den unerwünschten Erfolg mithilfe von Rückgewähransprüchen zu vereiteln.[612] So ist zunächst auf § 812 Abs. 1, Satz 1, 1. Alt. iVm. 818 Abs. 1 BGB zu verweisen, dem im Normalfall auch § 817 Satz 2 BGB nicht entgegenstehen dürfte. Darüber hinaus

---

[610] IdS. *RGZ* 145, 152, 154; *BGHZ* 7, 111, 114; *BGH* NJW 1973, 613, 615; Westermann/ *Westermann* § 4 IV 1; Staudinger/ *Wiegand* § 929 Rn. 28 möchte sogar generell Fehler aus den Grundgeschäft auf die Verfügung übergreifen lassen; kritisch zum Ganzen Baur/ *Stürner* § 5 IV, 3a; *Stadler* S. 143 ff.

[611] So zutreffend *Stadler* S. 145.

[612] Das ist die Folge der konzeptionellen Vorgaben, Staudinger/ *Wolfensteiner*, Vorbemerkung zu § 1191 Rn. 3. *Wieling*, Abstraktionsprinzip, S. 301, 305, hält die durch das Abstraktionsprinzip herbeigeführte Begünstigung des Insolvenzgläubigers bzw. Folgeerwerbers für einerseits sachlich gerechtfertigt und andererseits für durch den Willen des Gesetzgebers gedeckt. Das trifft nicht zu. Zunächst ist zwar einzuräumen, daß die Frage der sachliche Rechtfertigung dieser Begünstigung eine normative ist. Die Antwort darauf hängt somit im Wesentlichen davon ab, ob man die dabei auf den Standpunkt des Veräußerers oder des Dritten stellt. Soweit man sich jedoch auf den Standpunkt des dritten Erwerbers stellt, muß man den Schutz durch die Regelung des Erwerbs vom Nichtberehtigten und die dort durch den Gesetzgeber selbst vorgegebenen Grenzen für den Vertrauensschutz in Rechnung stellen. Über den dort definierten Rahmen sollte der Dritte nicht geschützt werden. Damit und erst Recht mit der durch das Schuldrecht und den allgemeinen Teil des BGB vorgegebenen Wertung steht außerdem fest, daß der Wille des Gesetzgebers auf den Schutz des Veräußerers gerichtet war.

kann der Veräußerer je nach Sachverhaltslage auch § 826 BGB zurückgreifen.[613] In Verbindung mit § 249 Satz 1 BGB ist dieser Anspruch ebenfalls auf Rückübereignung gerichtet, jedenfalls aber erhält der Veräußerer in diesem Fall auch vollständige Kompensation. Für den Fall Gläubigerbenachteiligung in der Insolvenz hat der Gesetzgeber sogar einen Rückübertragungsanspruch aufgrund einer Absichtsanfechtung geregelt, §§ 143 Abs. 1, Satz 1 iVm. 133 InsO.[614] Gleiches ermöglichen auch die §§ 10, 3 AnfG.[615]

Dies führt aber auch für die Fälle der Sittenwidrigkeit zu der Feststellung, dass

> die Bewertung der Interessen- und Sachlage in beiden Rechtsordnungen gleich,
>
> und der rechtliche Schutz zumindest gleichwertig ist.
>
> Allenfalls in der technischen Durchführung ergeben sich Unterschiede.

2.2.3. Vindikation und Kondiktion

Oben wurde die Feststellung getroffenen, dass die Lösung des deutschen Gesetzgebers zumindest wirtschaftlich gleichwertig ist mit der derjenigen, die die hierzulande herrschende Meinung unter Durchbrechung des Abstraktionsprinzips erzielt. Es wird jedoch vereinzelt ins Feld geführt[616], das Abstraktionsprinzip bewirke eine Schlechterstellung des Gläubigers alleine schon aus dem Grunde, weil er dann, wenn nur das Grundgeschäft, nicht aber die Verfügung unwirksam ist, auf die Kondiktion statt auf die Vindikation verwiesen ist. Dies hier vorgenommene Gleichstellung von Kondiktion und Vindikation bedarf demzufolge einer Rechtfertigung.[617]

Dazu sollen hier die Fälle des Doppelmangels untersucht werden, die etwa bei einer Anfechtung des Geschäfts nach §§ 119 Abs. 2, 123 und 138 BGB angenommen werden. Hier ist der Veräußerer wegen § 142 Abs. 1 BGB Eigentümer und kann gem. § 985 BGB die Sache herausverlangen. Daneben kann er auch nach §§ 812 Abs. 1 Satz 1, 818 Abs. 1 BGB die Herausgabe des erlangten Besitzes geltend machen. Ist dies wegen des Untergangs der Sache nicht mehr möglich, tritt an die

---

[613] Allerdings ist der Tatbestand des § 826 BGB nicht mit dem des § 138 BGB deckungsgleich. Vgl. dazu *Stadler* S. 149.

[614] Die gleiche Möglichkeit bestand bereits nach § 31 KO, vgl. *Grunsky*, Rn. 140, 143. Zur Insolvenzanfechtung s. ebenfalls *Grunsky* Rn. 145.

[615] *Grunsky* Rn. 147.

[616] Vgl. etwa *Wieling*, Abstraktionsprinzip, S. 301, 305; *Ferrari*, S. 52, 58.

[617] Diese Diskussion ist eine, die sich allein innerhalb des deutschen Zivilrechts abspielt, da dem Gläubiger in Rumänien in jedem Fall eine Vindikation zur Verfügung steht.

Stelle des Herausgabeanspruchs ggfs. ein Schadensersatzanspruch nach §§ 989, 990 oder gar § 992 BGB, der gem. § 251 Abs. 1 BGB auf Entschädigung in Geld gerichtet ist. Das Bereicherungsrecht gewährt in diesen Fällen, aber auch verschuldensunabhängig einen Anspruch auf Wertersatz, §§ 812 Abs. 1 Satz 1, 818 Abs. 2 BGB. Liegt die Unmöglichkeit der Herausgabe in der Verfügung durch den Nichtberechtigten begründet, so schützt etwa § 816 BGB den Eigentümer.

Führt dagegen eine Anfechtung nur zur Nichtigkeit des Grundgeschäfts liegt das Eigentum beim Erwerber mit der Folge, dass der Veräußerer sich nicht auf die Ansprüche aus § 985 BGB, §§ 989, 990 BGB, § 992 BGB und auch nicht auf § 816 BGB stützen kann. Die Vindikation ist ihm verwehrt, er ist auf das Bereicherungsrecht verwiesen. Damit ist er auch - und hierin wird ein entscheidender Nachteil der Kondiktion gesehen - der sog. 'Schwäche des Bereicherungsrechts' ausgesetzt, sein Schuldner kann sich also auf Entreicherung berufen. Nach § 818 Abs. 3 BGB kann sich der Schuldner immer dann auf Entreicherung berufen, wenn die Sache ersatzlos aus seinem Vermögen weggefallen ist, wie das etwa bei Zerstörung, Verlust oder auch bei Verschenken der Sache der Fall wäre.[618] Jedenfalls bei Verlust und Zerstörung scheint der Veräußerer im Vergleich zur Situation des Doppelmangels benachteiligt. Dem Einwand der Entreicherung stehen aber nicht nur § 818 Abs. 4 und § 819 BGB entgegen. Auf der Grundlage der Herstellung eines sog. 'faktischen Synallagmas' wird dem Veräußerer allerdings die Möglichkeit eröffnet, den Wert der verlorenen oder zerstörten Sache gegen den Kaufpreisrückzahlungsanspruch des Erwerbers zu verrechnen.[619] Damit ist nicht nur ein wirtschaftlicher Ausgleich für den Untergang der Kaufsache gefunden, es wird damit zugleich demjenigen die Sachgefahr zugewiesen, der sie von Gesetzes wegen auch zu tragen hat (§ 446 BGB).[620] In Fällen vorsätzlicher oder fahrlässiger Herbeiführung der Entreicherung hat der Veräußerer zudem auch Schadensersatzansprüche. Auch das von *Ferrari*[621] angeführte Argument der unterschiedlichen Verjährung von Kondiktion und Vindikation trifft für das deutsche Recht nicht zu. Es gilt für beide Ansprüche die allgemeine Verjährung von 30 Jahren, § 195 BGB. Vergleicht man dies alles nochmals mit der Situation des Doppelmangels kann man feststellen, daß die Kondiktion der Vindikation - wirtschaftlich betrachtet[622] - gleichwertig ist.[623]

---

[618] In der letztgenannten Konstellation kann man je nach Sachverhaltslage darüber diskutieren, ob mit dem Geschenk nicht ersparte Aufwendungen verbunden sind. Diese Diskussion ist aber vor dem Hintergrund des § 822 BGB für das hier zur Frage stehende Problem nicht weiterführend.

[619] Ständige Rspr. seit *RGZ* 54, 137, 141 ff.

[620] *Stadler* S. 327.

[621] *Ferrari*, S. 52, 58.

[622] Es kann hier nur auf die wirtschaftliche Gleichwertigkeit ankommen, da dem Gesetzgeber aus systematischen Gründen die faktisch gleiche Stellung des Veräußerers unmöglich ist.

[623] Dies räumt zwischen den Zeilen auch *Ferrari*, S. 52, 58 ein.

2.2.4. Abschließende Bewertung: Gleiche Ziele – unterschiedliche Wege – unterschiedlicher Erfolg

Eine zusammenfassende Betrachtung ergibt, dass die Bewertung der Schutzinteressen im Erwerbsvorgang durch beide Rechtsordnungen zu Gunsten des Veräußerers ausfällt. Dies ist allerdings eine weitgehend abstrahierte Aussage. Zunächst ist festzustellen, daß die Bewertung der schützenswerten Interessen in beiden Rechtsordnungen gleich ausfällt. Differenzen ergeben sich aber schon dort, wo die Frage nach dem Inhalt des Schutzversprechens gestellt wird. Zwar liegt diesem in jedem Fall die gleiche Zielvorstellung zu Grunde. Die Unterschiede zwischen dem deutschen und dem rumänischen Weg, das Problem der eigentumsverschaffenden Wirkung des Kaufvertrags zu lösen, sind also rechtstechnisch bedingt. Es zeigt sich, daß die rechtstechnischen Unterschiede einen entscheidenden Einfluß jedenfalls auf den Lösungsweg, zum Teil auch auf das Ergebnis haben.

(1) Im *rumänischen Recht* sind auf der rechtstechnischen Ebene in zweierlei Hinsicht Abweichungen zur Rechtslage in Deutschland feststellbar:

Das rumänische Recht schränkt das Spektrum möglicher Anfechtungsgründe im Vergleich zum deutschen Recht ein.

- Soweit sich ein Erklärungsirrtum etwa auf die vertraglich vereinbarte Menge des Vertragsgegenstandes bezieht, ist eine Anfechtung, wie sie § 119 Abs. 1, Satz 1, 2. Alt. BGB eröffnet, ausgeschlossen.

- Ausgeschlossen ist für manche Sachverhaltslagen auch die Anfechtung wegen eines Inhaltsirrtums.

- Die Anfechtbarkeit wegen Fehlens einer verkehrswesentlichen Eigenschaft ist begrenzt auf die Fälle, in denen dem Anfechtungsgegner die Wesentlichkeit der Eigenschaft bekannt war.

Es findet aber zugleich auch eine strukturelle Verlagerung der Probleme statt.

- Manche Sachverhalte, die im deutschen Recht als Erklärungsirrtümer behandelt werden, stellen nach rumänischem Verständnis Irrtümer über verkehrswesentliche Eigenschaften dar. Hierzu zählen die irrtümliche Falschbezeichnung des Vertragsgegenstandes sowie die Falschangabe des Preises[624].

---

[624] Damit sind die Fälle des Versprechens oder Vertippens etwa gemeint. Auch nach rumänischem Recht kein Irrtum über eine verkehrswesentliche Eigenschaft sind Fehlvorstellungen über den Wert oder Kalkulationsirrtümer (Vgl. dazu etwa *Beleiu* S. 136.).

- Ausserdem führen Sachverhalte, die nach deutscher Vorstellung als Inhaltsirrtümer zu bezeichnen sind, nicht immer zum Vertragsschluß, mit der Folge, daß es einer Anfechtungsmöglichkeit gar nicht erst bedarf. Denn Inhaltsirrtümer sind in besonders schwerwiegenden Fällen nach rumänischer Auffassung bereits einigungshindernd, führen also dort zum Dissens.

- Weiterhin gibt es hierzulande unter § 119 Abs. 1, 1. Alt. BGB gefaßte Irrtümer, die nach rumänischer Vorstellung als Irrtum über eine verkehrswesentliche Eigenschaft erfaßt werden.

Weder die im Verhältnis zum deutschen Recht abweichende Strukturierung der Irrtümer, noch die teilweise Einschränkung der Anfechtungsmöglichkeiten beruhen - anders, als gelegentlich behauptet wird[625] - auf dem systemisch bedingten Zwang, die Verfügungen stabilisieren zu müssen. beruht auf einer unterschiedlichen inhaltlichen Bewertung von Sachfragen. Soweit tatsächlich Abweichungen in der rechtlichen Behandlung gleicher Sachverhalte und in deren Ergebnissen nachweisbar sind, lassen sich diese vielmehr auf unterschiedliche Interessenbewertungen durch die beiden Gesetzgeber zurückführen. Dabei ist zunächst festzustellen, daß im rumänischen Recht die hierzulande anerkannten Irrtumsfälle weitgehend ebenfalls Berücksichtigung finden. Dies gilt insbesondere vor dem Hintergrund, daß sowohl der Irrtum über verkehrswesentliche Eigenschaften, wie auch der Irrtum wegen arglistiger Täuschung bzw. Drohung in beiden Rechtsordnungen grundsätzlich in gleicher Weise anerkannt ist. Vor diesem Hintergrund soll ein Blick auf die Argumente untersucht werden, die herangezogen werden, um die eingangs angeführte These zu stützen:

(a) Soweit in diesem Zusammenhang von der Begrenzung der Anfechtung auf Eigenschaften die Rede ist, deren Verkehrswesentlichkeit dem Anfechtungsgegner bekannt ist, kann dies nicht als systembedingte und deshalb zumindest fragwürdige Entscheidung hingestellt werden. Denn die Systembedingtheit hätte die grundsätzliche sachliche Anerkennung des Anfechtungsgrundes generell ausgeschlossen und nicht die Anfechtbarkeit vom Überschreiten einer normativ angelegten Warnschwelle für den Anfechtungsgegner - dem Kennen oder Kennen-müssen der Verkehrswesentlichkeit - abhängig gemacht. Damit ist diese Einschränkung der Anfechtungsmöglichkeit letztlich nichts anderes, als der Ausdruck einer wertenden Differenzierung hinsichtlich der Interessenlage von Anfechtungsgegner und -berechtigtem durch den Gesetzgeber. Und diese Wertentscheidung ist anders ausgefallen, als in Deutschland.

(b) Soweit in diesem Zusammenhang auf die fehlende Anfechtbarkeit der Inhaltsirrtümer abgestellt wird[626], ist dies ebenfalls unzutreffend. Zunächst ist festzu-

[625] *Stadler* S. 203.
[626] *Stadler* S. 188, 203.

stellen, daß die meisten hierzulande als Inhaltsirrtümer erfaßten Fallgestaltungen in Rumänien entweder als einigungshindernde Irrtümer aufgefaßt werden, oder als Irrtümer über verkehrswesentliche Eigenschaften. Im erstgenannten Fall bedarf es keiner Anfechtung, um dasselbe Ergebnis zu erlangen, zu dem auch die deutsche Rechtsordnung kommt. Im zweiten Fall wird die Anfechtbarkeit überdeckt, weil sie - indem man diese Fälle Art. 954 ZGB zuordnete - in einer anderen als der hierzulande gebräuchlichen Kategorie erfaßt wurden. Nur soweit Inhaltsirrtümer nicht als schwerwiegend und deshalb einigungshindernd aufgefaßt werden, bzw. nur soweit manche Erklärungsirrtümer nicht von der Anfechtungsmöglichkeit nach Art. 954 ZGB wegen Irrtums über eine verkehrswesentliche Eigenschaft erfaßt sind, werden die Parteien im rumänischen Recht tatsächlich über das im deutschen Recht geltende Maß an ihren Erklärungen festgehalten. Aber auch hierin liegt nichts anderes, als die Entscheidung des Gesetzgebers, daß die Parteien für ihre Willenserklärungen grundsätzlich einzustehen haben. Die Verantwortlichkeit für eigenes Handeln ist der Preis der Vertragsfreiheit. Wollte man aber tatsächlich diese Wertentscheidung revidieren, so hinge auch davon nicht die Stabilität des Einheitsprinzips rumänischer / französischer Prägung ab. Dafür ist die Bedeutung der nicht von der Anfechtung erfaßten Fälle zu marginal.

Damit läßt sich die hier getroffene Aussage dahingehend bestätigten, daß der - im Sinne des deutschen Rechts - Anfechtungsberechtigte grundsätzlich nicht in größerem Maße als hierzulande an seiner irrigen Willenserklärung festgehalten wird. Bestehende, geringfügige Unterschiede sind nicht struktureller sondern lediglich normativer Natur.

(2) Anders stellt sich dies für das *deutsche Recht* dar. Hier erzwingt gerade das System des Eigentumserwerbs, also die Regelungstechnik ergänzende Maßnahmen des Gesetzgebers bzw. korrigierende Eingriffe. Aufgrund der Abstraktheit der Verfügung führt die Anfechtbarkeit im BGB grundsätzlich nur zur Unwirksamkeit des Grundgeschäfts. In diesen Fällen bleibt der Erwerber zumindest vorläufig Eigentümer der Kaufsache. Und dies ist mit Blick auf das Schutzziel eigentlich nicht gewollt.

Nochmals zum Vergleich: Das rumänische Zivilrecht läßt demgegenüber bei gleicher Sachverhaltslage einen Eigentumsübergang gar nicht erst zu oder beseitigt ihn aber rückwirkend und kann so in jedem Fall unmittelbar den Schutz des Eigentümers verwirklichen.

Dieses Ergebnis des Abstraktionsprinzip macht also Korrekturen erforderlich, weil auch hierzulande der Veräußerer und nicht der Erwerber geschützt werden soll. Das Abstraktionsprinzip ist aus eigener Kraft nicht in der Lage dem Veräußerer den gewünschten Schutz zu gewähren. Diese Korrekturen können aber nicht zugleich zum gewünschten, identischen Ergebnis wie in Rumänien führen und auch noch systemgerecht sein.

a) Will man den systematischen Rahmen nicht verlassen, so muß man in Kauf nehmen, daß Trennung und Abstraktion zunächst einmal zwangsläufig zu einem unterschiedlichen von Verpflichtung und Verfügung führen. Dafür hat sich der Gesetzgeber entschieden. Er hat versucht, dies mit schuldrechtlichen Rückübereignungsansprüchen abzusichern. Da ihm aber bewußt war, daß dies den Veräußerer nicht vor Verfügungen bewahrt, die der Erwerber als Berechtigter trifft, hat er dem Veräußerer darüber hinaus auf Kompensation gerichtete Ansprüche zur Verfügung gestellt. Das bedeutet zum einen, daß der gewährte Schutz zwar gleichwertig, nicht aber gleich ist. In aller Regel, aber nicht zwangsläufig in jedem Fall[627], wird der Veräußerer immerhin im wirtschaftlichen Ergebnis so gestellt. Zum anderen bedeutet es aber einen zusätzlichen gesetzgeberischen Aufwand. Nun mag man einwenden, Kompensationsansprüche müsse es auch in einer dem Einheits- und Kausaltitätsprinzip folgenden Rechtsordnung geben. Das ist aber nur bedingt richtig. Denn bei Geltung des Einheitsprinzips bedürfte es im deutschen Recht etwa keiner gesonderten Rechtsfolgeregelung für die Insolvenzanfechtung durch § 143 InsO.

b) Der andere Weg, mit der durch das Abstraktionsprinzip hervorgerufenen Situation umzugehen ist es, die Wirkung des Mangels auf die Verfügung auszuweiten. Diesen Weg bevorzugt die herrschende Meinung in Literatur und Rechtsprechung. Er bietet den Vorteil einer im Verhältnis zum rumänischen Recht nicht nur gleichwertigen sondern auch gleichen Lösung. Der Nachteil der Lösung liegt auf der Hand. Die an sich wertneutrale und zweckfreie, weil abstrakte Verfügung wird zu einer kausalen[628], weil das Werturteil der Sittenwidrigkeit bzw. die Vorstellung von der verfügungsgegenständlichen Sache auf sie übertragen wird.

Dieser Abschnitt führt also zu folgenden Feststellungen:

- Die Bewertung der in den rechtsgeschäftlichen Eigentumserwerb verwickelten Interessen und die daraus abgeleiteten Ziele sind in beiden Rechtsordnungen gleich.

[627] Man stelle sich vor, A verkauft dem B ein Gemälde von Schmidt-Rottluff, das beide für eine Kopie halten. Später bemerkt A den Irrtum, allerdings hat B das Gemälde zu diesem Zeitpunkt seinerseits bereits an einen Dritten verkauft. Auf den ersten Blick scheint sich hier ein sehr deutlicher Unterschied zwischen der Lösung des Gesetzgebers und der Lösung im rumänischen Recht aufzutun. Die Diskrepanz verliert an Schärfe, wenn man bedenkt, daß in einem solchen Fall der Dritte in beiden Rechtsordnungen, hätte B das Gemälde - in Deutschland aufgrund eines Doppelmangels - als Nichtberechtigter verkauft, kraft guten Glaubens erwerben konnte.

[628] So auch *Jauernig*, S. 721, 722, 726.

- Das rumänische Recht ist aufgrund des Einheitsprinzips in der Lage, diese Ziele effektiv zu verwirklichen. Unterschiede zum deutschen Recht bestehen allenfalls in der Bewertung der Frage, welche Sachverhalte zur Anfechtung berechtigen sollen.

- Das deutsche Abstraktionsprinzip ist nicht in der Lage, diese Ziele, die durch die Bewertung der jeweiligen Sachverhalte durch den Gesetzgeber vorgegeben sind, unmittelbar zu verwirklichen. Das ist ein unvermeidliches Ergebnis der Regelungstechnik.

- Preis dieser Regelungstechnik ist eine zeitweise und ungewollte Risikoverlagerung zu Lasten des Veräußerers.

- Daher muß das Abstraktionsprinzip durch Kompensationsansprüche ergänzt werden. Dies bedeutet einen gesetzgeberischen 'Umweg'. Darüber hinaus führt dieser im Ergebnis allenfalls zu einer wirtschaftlichen Gleichwertigkeit des Ergebnisses mit dem angestrebten Ziel.

- In dem Maße, in dem man in den genannten Fällen das Schutzziel unmittelbar erreichen möchte, muß man das Abstrakitonsprinzip aufgeben. Dies wird auch von der Literatur gefordert und von der Rechtsprechung praktiziert.

2. Abschnitt Schutz des Rechtsverkehrs und Wirkungsweise der Systematik des Gesetzgebers

Die widerstreitenden Allgemeininteressen von Rechtssicherheit einerseits sowie Freiheit und Leichtigkeit des Rechtsverkehrs bilden in diesem Abschnitt den Gegenstand der Betrachtung. Vor diesem Hintergrund soll untersucht werden, welche Wirkungen die gesetzgeberischen Systementscheidungen auf die Rechtsordnung haben. Aber selbst wenn es auch hier letztlich wieder um einen weiteren Aspekt der Wirkungsweise des Systems rechtsgeschäftlicher Eigentumsübertragung geht, muss an dieser Stelle zunächst der Versuch unternommen werden, den Begriff der 'Rechtssicherheit' näher zu bestimmen. In dem hier maßgeblichen Kontext macht sie es dem Staat zur Aufgabe, überall dort, wo staatliche Maßnahmen die private Gestaltungsfreiheit begrenzen, für das größtmögliche Maß an Vorhersehbarkeit zu sorgen. Die Betroffenen sollen die Möglichkeit haben, sich bereits im Vorfeld auf entsprechende Einwirkungen einzurichten.[629] Damit ist Rechtssicherheit von der Verlässlichkeit einmal geschaffener Lagen ebenso abhängig, wie von der äußerlichen Erkennbarkeit derselben. Es stellt sich dabei insbesondere die Frage, welchen Einfluss die Entscheidungen zu Gunsten des Trennungs- und Abstraktionsprinzips

[629] *BVerfG*E 66, 253, 267 f.; *Tilch*, "Rechtssicherheit".

einerseits oder zu Gunsten des Einheits- und Kausalitätsprinzips andererseits darauf haben. Insofern ist ein Blick auf die Beständigkeit der rechtsgeschäftlichen Eigentumsverschaffung von Interesse (1.). Daran anschließend wird untersucht, inwieweit Sicherheit einerseits sowie Leichtigkeit und Freiheit andererseits durch unterschiedliche Publizitätserfordernisse beeinflusst wird (2.).

1. Trennungs- und Abstraktionsprinzip bzw. Einheits- und Kausalitätsprinzip als bestimmende Faktoren der Rechtssicherheit

Wie sich aus den bisher angestellten Überlegungen zeigt, gibt es durchaus unterschiedliche Gesichtspunkte, unter denen die Frage der Rechtssicherheit zu untersuchen ist. Dabei besteht Rechtssicherheit in dem Maße, in dem sich der Rechtsverkehr auf die Vornahme von Rechtsgeschäften verlassen kann.[630] Dies zu Grunde gelegt ist ein Rechtsgeschäft jedenfalls dann als instabil bzw. unsicher zu bezeichnen, wenn es bei rechtlicher Betrachtungsweise erst besteht und Wirkung entfaltet, später aber wieder beseitigt werden kann. Eine Einbuße an Rechtssicherheit liegt möglicherweise aber auch schon vor, wenn die Beteiligten eine tatsächliche Lage schaffen, die später aus rechtlichen Gründen wieder zurückgeführt werden muss. Nicht zuletzt wird Rechtssicherheit möglicherweise auch von der rechtstechnischen Ausgestaltung der Mittel geprägt, die eine Rechtsordnung den Parteien zur Beseitigung von Rechtsgeschäften an die Hand gibt.

In diesem Abschnitt wird also die Frage gestellt, welche Rechtsordnung den rechtsgeschäftlichen Eigentumsübergang mit Blick auf die Rechtssicherheit besser ausgestaltet. Aber auch hier steht nicht so sehr die Rechtssicherheit im Vordergrund, als vielmehr die Frage, was für Rückschlüsse sich daraus für die Wirkungsweise der Systematik des rechtsgeschäftlichen Eigentumserwerbs ergeben. Die Antwort darauf (1.4.) setzt jedoch voraus, dass zunächst ein dem Vergleich zugänglicher Gegenstand der Betrachtung definiert wird (1.1.). Daran anschließend wird die Frage der Rechtssicherheit zum einen mit Blick auf die Verfügung selbst (1.2.), zum anderen aber auch mit Blick auf das tatsächliche Resultat einer Verfügung hin untersucht (1.3.).

[630] Eine auf das Sachenrecht bezogene Begriffsbestimmung ist nicht ersichtlich. So geht zwar *Müller*, Rn. 49 - 69 immerhin auf die Frage der Rechtssicherheit in einem ganzen Kapitel ein, ohne aber zu konkretisieren was er damit genau meint. Allgemein wird dieser Begriff nur mit blumigen Umschreibungen oder aber der punktuellen Feststellung verwandt, dieser oder jener Umstand trage jetzt aber zu einer besonderen Rechtssicherheit (mehr bzw. weniger) bei (so etwa *Stadler*, S. 728 f.; *Larenz* § 39 II, a, S. 13.

1.1. Gegenstand des Vergleichs

Es wird immer wieder behauptet, die rechtsgeschäftliche Eigentumsübertragung nach französischem / rumänischem Recht sei anfälliger für Mängel des Grundgeschäfts. Das Abstraktionsprinzip biete, aufgrund der Stabilität des Rechtsgeschäfts, die daraus resultiere, dass es nur auf die abstrakte und wertneutrale Verfügung ankomme, den Beteiligten im Erwerbsvorgang mehr Verkehrs-, bzw. Rechtssicherheit. Daher sei, anders als bei Geltung des Kausalitätsprinzips, ein Erwerber grundsätzlich nicht gezwungen, sich Klarheit über die schuldrechtliche Beziehung des Veräußerers zu dessen Vorgänger zu verschaffen.[631]

Die hier angeführte Ansicht illustriert beispielhaft, wie verzerrt das Bild ist, das als Ergebnis eines deutsch - französischen[632] Rechtsvergleichs von der eigentumsverschaffenden Wirkung des Kaufs gezeichnet wird. Die Verzerrungen in der Darstellung beruhen darauf, dass hier versucht wird, Ungleiches zu vergleichen. Zunächst wird hier aufgezeigt, worin die Ungleichheit der Vergleichgegenstände und die Ursache des Scheiterns liegt. Dies ermöglicht in einem weiteren Schritt das tatsächlich Vergleichbare festzustellen.

Ziel der nun folgenden Auseinandersetzung mit der soeben angeführten Ansicht[633] ist es, den richtigen Vergleichsgegenstand herauszuarbeiten. Dabei spielt die Auseinandersetzung mit dieser Ansicht nur eine untergeordnete Rolle. Sie dient der Beweisführung.

Wer - wie oben - behauptet, bei Geltung des Kausalitätsprinzips müsse sich der Erwerber Klarheit über die schuldrechtliche Beziehung des Veräußerers zu dessen Vorgänger verschaffen, sagt zwar - wenn man das rumänische Recht isoliert betrachtet - nichts Falsches. Denn dadurch, dass der Kaufvertrag nach rumänischer bzw. französischer Vorstellung *ein* Rechtsgeschäft mit *zwei* Wirkungen[634] ist, entfällt mit seiner Nichtigkeit nicht nur die Verpflichtung, sondern zwangsläufig auch deren eigentumsverschaffende Wirkung. Es entfällt damit auch die Verfügung. So gesehen ist es zulässig wenn die einhellige Ansicht in der deutschen Rechtsvergleichung darin übereinstimmt, dass der Wegfall der Verpflichtung auch den Wegfall der Verfügung nach sich zieht. Und diese These bildet den ersten Schritt zu der oben dargestellten Ansicht. Wurde jedoch nicht das Rechtsgeschäft zwischen dem Erwerber und dem Veräußerer beseitigt, sondern das vorangehende, so entfällt

---

[631] *Stadler*, S. 180, 729; *Larenz* § 39 II, a, S. 13; *Grigoleit*, S. 379, 384; *Wieling*, Abstraktionsprinzip, S. 301, 304.

[632] Ein Vergleich zum rumänischen Recht ist zu dieser Frage noch nicht angestrengt worden. Das Ergebnis des Vergleichs mit dem französischen Recht ist jedoch wegen der gleichen systemischen Anordnungen grundsätzlich voll übertragbar.

[633] *Stadler*, S. 180, 729; *Larenz* § 39 II, a, S. 13; *Wieling*, Abstraktionsprinzip, S. 301, 304.

[634] Unmittelbar wird durch den Kaufvertrag die Verpflichtung zur Übereignung der Kaufsache begründet. Mittelbar - weil zum Kaufvertrag noch das realvertragliche Element der Perfektheit hinzutreten muss -bewirkt der Vertrag den Eigentumsübergang.

nach rumänischem Recht im Verhältnis zwischen Veräußerer und Erwerber die Verfügungsberechtigung. So gesehen lässt sich im zweiten Schritt mit der dargestellten Ansicht sagen, dort müsse sich der Erwerber Klarheit über die schuldrechtliche Beziehung zwischen dem Veräußerer und dessen Vorgänger verschaffen.

Stellt man diese Aussage jedoch in den Vergleich zum deutschen Recht ein, so wird sie 'schief'. Dies liegt zum einen daran, dass sie mehrere Inhalte zugleich transportiert. Diese will sie dann auch noch im Rahmen des Vergleichs mit dem deutschen Recht auf einmal abhandeln. Zum anderen bleibt sie der Vorstellungswelt des Trennungsprinzips verhaftet, ohne sich dessen bewusst zu werden. Dadurch entstehen dann falsche Bezugsebenen.

1.1.1. Ansatzpunkt der Kritik

Die angeführte Kritik des Kausalitätsprinzips beinhaltet sachlich zunächst einen Vergleich der Wirkung der Nichtigkeit des Kaufs auf den Eigentumsübergang im Verhältnis zwischen Erwerber und Veräußerer.[635] Die damit verbundene Kernaussage lautet etwa so:

> Während sich die Nichtigkeit des verpflichtenden Kaufvertrags im rumänischen Recht unmittelbar auf den Erfolg der dadurch angestrebten Verfügung auswirkt, kann die Nichtigkeit des obligatorischen Kaufs nach deutschem Recht nur diesen berühren. Dagegen ist die Verfügung, die zum Zweck der Erfüllung dieser Verpflichtung getroffen wurde, in ihrem Bestand nur berührt, wenn sie selbst durch einen Nichtigkeitsgrund erfasst ist.

Diese lediglich redaktionell anders gefasste Aussage[636], bezieht sich sachlich nur auf das Abstraktions- und Kausalitätsprinzip. Sie berücksichtigt nicht, dass nach rumänischem / französischem Recht das Einheitsprinzip und nicht das Trennungsprinzip gilt. Das erstere ordnet an, dass eine Trennung des Kaufs in ein verpflichtendes und ein verfügendes Rechtsgeschäft und damit eine Verdoppelung der systematischen Ebenen gerade nicht stattfindet. Verpflichtung und Verfügung sind also unterschiedliche Wirkungen ein- und desselben Rechtsgeschäfts.

Die Reduktion der Betrachtung auf ein einzelnes Systemelement- hier das Abstraktions- und Kausalitätsprinzip - ist methodisch nur für solche Fragen zulässig, bei denen andere Elemente keine oder aber eine in beiden Rechtsordnungen gleichgerichtete Rolle spielen. Könnte man in diesem konkreten Vergleich das

[635] Zwar wird auf dieses Verhältnis in dieser Aussage nicht ausdrücklich Bezug genommen, es ist aber die gedankliche Grundlage für den angeführten Kritikpunkt.

[636] *Stadler*, S. 180, 729; *Larenz* § 39 II, a, S. 13.

deutsche Trennungsprinzip für beide Rechtsordnungen zu Grunde legen, so wäre die Begrenzung der Betrachtung auf das Abstraktions- bzw. Kausalitätsprinzip - *ceteris paribus* - zulässig. Dann wäre auch die Überlegung zutreffend, dass im rumänischen Recht nicht nur die Nichtigkeit der Verfügung, sondern - wegen des Kausalitätsprinzips - zugleich auch die Nichtigkeit der Verpflichtung als kumulative und deshalb die Rechtssicherheit im Vergleich zum deutschen Recht negativ beeinflussende Faktoren zu beachten sind. Es wurde aber inzwischen dargelegt, dass die Abhängigkeit der Verfügung von der Verpflichtung nur mittelbar von der Kausalität, primär aber vom Einheitsprinzip herrührt.

> Denn es ist - wie gesagt - Folge des Einheitsprinzips, dass dem *einen* Rechtsgeschäft *zwei* Wirkungen beigemessen werden.

Und es ist zwangsläufige Folge des Einheitsprinzips, dass mit der Nichtigkeit des *einen* Rechtsgeschäfts auch dessen *zwei* Wirkungen entfallen. Die Feststellung aber, dass in Rumänien das Einheitsprinzip gilt, während hierzulande Verpflichtung und Verfügung zu trennen sind, hat zur Folge, dass der isolierte Vergleich von Abstraktions- und Kausalitätsprinzip unzulässig ist. Denn erlässt die systemimmanenten Auswirkungen der jeweils gegensätzlichen Systemprinzipien außer Acht. Wer aber die gegenseitigen Wechselwirkungen der Rahmenbedingungen eines Systems unberücksichtigt lässt in seinem Vergleich, kann nur ein Zerrbild erhalten.

Aus dem bislang Gesagten lassen sich fünf Punkte ableiten:

- Erstens kann es im rumänischen Recht nicht von einer *zusätzlich* in Betracht zu ziehenden schuldrechtliche Ebene die Rede sein. Es kann folglich auch nicht um die Kumulation von Nichtigkeitsgründen gehen. Dies entsteht nach der hier in Frage gestellten Ansicht dadurch, dass die Verfügung entweder deshalb unwirksam ist, weil sie selbst von einem Nichtigkeitsgrund betroffen ist. Oder aber sie ist es deshalb, weil sie selbst zwar grundsätzlich als wirksam zu betrachten wäre, jedoch aufgrund der Anordnung des Kausalitätsprinzip von einer Unwirksamkeit des Verpflichtungsgeschäftes erfasst wird.[637] Es gibt schlichtweg einen Vertag und nur dieser kann von Nichtigkeit betroffen sein.

- Zweitens wird die Rechtssicherheit nicht durch Abstraktionsprinzip einerseits und Kausalitätsprinzip andererseits bestimmt. Zwar wird das Abstraktionsprinzip im deutschen Recht zutreffenderweise als Faktor der Rechtssicherheit aufgefasst. Es verhindert die durch das Trennungsprinzip erst geschaffene Möglichkeit, dass eine unwirksame Verpflichtung auch zur Unwirksamkeit der an sich einwandfreien Verfügung führt. Aber im rumänischen Recht wird die Rechtssicherheit für den hier in Frage stehenden Themenkreis nicht durch das

[637] Genau diese Behauptung ist aber Inhalt der o.g. These.

Kausalitätsprinzip bestimmt. Maßgeblicher Faktor dort ist das Einheitsprinzip. Auch insofern hinkt der Vergleich von Abstraktions- und Kausalitätsprinzip.

- Drittens folgt aus den vorstehenden Überlegungen, dass die Vergleichsfrage grundliegend anders zu formulieren ist. Das rumänischen Rechtsgeschäft 'Kauf' ist aufgrund seiner Doppelwirkung weder mit dem deutschen, rein obligatorischen Kaufvertrag noch mit dem dinglichen Vertrag deutschen Rechts ohne weiteres vergleichbar. Das Einheitsprinzip im rumänischen Recht zwingt dazu, den Bezugspunkt des Vergleichs genauer zu fassen.

  Verglichen werden muss - im Gegensatz zur Vorgehensweise der angeführten Kritik - auf der Grundlage der jeweils in Frage stehenden *Wirkung* des Lebenssachverhalts 'Kauf'.

- Viertens: Vergleichbar ist somit die verpflichtende Wirkung des 'Kaufs' nach rumänischem Recht mit der des obligatorischen deutschen Kaufvertrags und die eigentumsverschaffende Wirkung des rumänischen Kaufvertrags mit der Wirkung des dinglichen Vertrags nach § 929 BGB. Um das Einheitsprinzip also richtig zu erfassen, muss man *entgegen seiner rechtstechnischen Anordnung* denken. Auf der Grundlage der Wirkungen des Kaufvertrags muss *gedanklich* das nachvollzogen werden, was dem deutschen Rechtssystem immanent ist: Der Betrachter ist zur *Trennung* gezwungen.

- Damit hängt fünftens die Rechtssicherheit in der jeweiligen Rechtsordnung davon ab, inwieweit die eigentumsverschaffende Wirkung und damit der sie begründende eine Vertrag in seinem Bestand gefährdet ist.

Ein Beispiel soll die Bedeutung der Punkte vier und fünf auf einen konkreten Fall bezogen anschaulich machen:

> <u>Beispiel:</u> Erwerber (E) kauft von Veräußerer (V) eine Vase, die er sogleich übereignet bekommt. Der Kaufpreis soll erst später gezahlt werden. Kurz darauf ficht V das Geschäft wegen Irrtums über eine verkehrswesentliche Eigenschaft an.

Das deutsche Recht kennt zwei rechtsgeschäftliche Ebenen, auf denen der vorgenannte Sachverhalt zu untersuchen wäre. Gegenstand der ersten Betrachtung ist das Verpflichtungsgeschäft. Es müsste untersucht werden, ob die Anfechtung den verpflichtenden Kaufvertrag und den daraus resultierenden Anspruch auf Kaufpreiszahlung vernichtet hat. - Im Rahmen einer umfassenden Prüfung der Rechtslage ist - neben der Untersuchung der Verpflichtungsebene - nun auch auf die Wirksamkeit des zweiten, dinglichen Rechtsgeschäfts einzugehen. Auch hier stellt sich wiederum dieselbe Frage nach der Wirkung der Anfechtung. Nur bezieht sie sich auf ein *anderes* Rechtsgeschäft mit einer *anderen* Wirkung.

Nach rumänischem Recht ist auch zunächst ein Blick auf die Verpflichtungsebene zu werfen. Der Kaufvertrag wäre bei erfolgreicher Anfechtung unwirksam. Die Verpflichtung zur Kaufpreiszahlung wäre nichtig. - Anhand der nun folgende Frage wird der maßgebliche Unterschied erkenntlich. Denn nun stellt sich die Frage nach der eigentumsverschaffenden Wirkung des Kaufvertrages. Hierbei geht es - insofern wie im deutschen Recht - um eine *andere Wirkung* als die der Verpflichtung. Aber die Grundlage ist *dasselbe Rechtsgeschäft*, das bereits hinsichtlich der Verpflichtung Prüfungsgegenstand war. Wenn in diesem Rahmen nicht auch die Frage der Perfektheit zu berücksichtigen wäre, so könnte man sagen, dass hier zwei unterschiedliche Rechtsfolgen in Frage stehen, die beide denselben Tatbestand haben. Es wird dabei deutlich: hinsichtlich der Anfechtung handelt es sich ebenso wenig um ein 'Übergreifen' der Nichtigkeit der Verpflichtung auf die Verfügung wie um eine Kumulation von Mängeln aus *zwei* Geschäften.

Der Rechtsvergleich muss noch einen Schritt weiter gehen. Seine Aufgabe ist es, ausgehend von der jeweils maßgeblichen Rechtsfolge der Eigentumsverschaffung, auf der Grundlage eines Vergleichs der ausschließlich dafür maßgeblichen Tatbestandsvoraussetzungen die an ihn gestellten Fragen zu beantworten.

Die diesen Überlegungen vorangestellte Kritik am Kausalitätsprinzip ist also schon deshalb unzutreffend, weil sie im rumänischen Recht das Trennungsprinzip annimmt, ohne sich selbst darüber Rechenschaft abzulegen. Demzufolge macht sie auch die Frage der Rechtssicherheit in Rumänien an den falschen Prinzipien fest. Außerdem vergleicht sie, was durchaus in der logischen Konsequenz ihres Gedankengangs liegt, nicht die Verfügungsebenen miteinander. Die von ihr angesprochene Frage der Rechtssicherheit bei Nichtigkeit von Kaufverträgen müsste also, um einen sachgerechten Vergleich zu ermöglichen, richtigerweise wie folgt formuliert werden:

> *Bietet der Kaufvertrag rumänischen Rechts mit seiner eigentumsverschaffenden Wirkung mehr bzw. weniger Möglichkeiten, den Eigentumsübergang zu beseitigen, als der sog. dingliche Vertrag gem. § 929 BGB? Ist die Beurteilung der diesbezüglichen Rechtslage durch die Rechtsordnung mehr oder weniger verlässlich.*

1.1.2. Einige Kritikpunkte

Es ist bereits angeklungen, dass die aufgezeigte Kritik des Kausalitätsprinzips über den gerade diskutierten Inhalt hinaus, weitere transportiert. So wird behauptet, es bestünde für den Erwerber die faktische Notwendigkeit, sich auch Klarheit über die schuldrechtliche Beziehung der Vormänner untereinander verschaffen zu müssen. Dies beinhaltet *erstens* die Behauptung, es gebe im rumänischen Recht einen schuldrechtlichen Vertrag, dessen Nichtigkeit sich auf den Bestand *späterer* Verfügungen auswirke, was im deutschen Recht nicht passieren könne. *Zweitens* wird damit gesagt, dass sich ein Erwerber in Deutschland im Hinblick auf die Beständigkeit der vorangehenden Veräußerung(en) weniger Sorgfalt an den Tag legen müsse als in Rumänien.

Wenden wir uns der ersten Behauptung zu. Was die vermeintliche Auswirkung eines vorangehenden 'schuldrechtlichen' (Kauf-)Vertrags rumänischen Rechts auf spätere Verfügungen anbelangt, lässt sich das Problem auf bereits Bekanntes reduzieren:

Richtig an der mit der Kritik getroffenen Feststellung ist, dass die (nachträgliche) Unwirksamkeit des Kaufvertrags nach dortiger Vorstellung für alle Folgeverträge den (späteren aber rückwirkenden) Wegfall der *Verfügungsberechtigung* des jeweiligen Veräußerers zur Folge hat. Richtig ist auch, dass der nachträgliche Wegfall der Wirksamkeit von Verfügungen in der rumänischen Lehre nicht nur als ein Phänomen des Wegfalls der Verfügungsberechtigung gesehen, sondern zugleich auch als eine Konsequenz des Kausalitätsprinzips aufgefasst wird.[638] Nach rumänischem Verständnis wirkt dieses also nicht nur in 'vertikaler' Richtung, also - wie dies auch seiner in Deutschland anerkannten Definition entspricht - zwischen Verpflichtung und Verfügung eines Lebenssachverhalts 'Kauf'. Vielmehr soll danach das Kausalitätsprinzip auch in 'horizontaler' Richtung zwischen (zumindest) zwei getrennten Lebenssachverhalten wirken. Mit anderen Worten, das Kausalitätsprinzip bewirkt dann das Übergreifen eines Unwirksamkeitsgrundes von einem 'Kauf' auf die folgenden.

Dieser Auffassung ist dennoch zweierlei entgegenzuhalten:

Zum einen ist es geprägt von einer unvollständigen Vorstellung des rumänischen Systems des rechtsgeschäftlichen Eigentumserwerbs, die - wie gesagt - auf dem sog. 'reinen Konsensprinzip' beruht. In diese Vorstellung ist das Einheitsprinzip als systemprägendes Element nicht einbezogen. Zudem fehlt es an einer dogmatisch ausgereiften Einbeziehung der Verfügungsbefugnis. Wenn man nun versucht, das Funktionieren des rumänischen Systems auf dieser Basis zu erklären, so kommt man kaum umhin, sich auch zur Begründung der horizontalen Wirkung der Nichtigkeit eines Kaufvertrags auf das Kausalitätsprinzip zu berufen. Es steht nämlich weder das Einheitsprinzip als Erklärungsmodell zur Verfügung, noch besteht Klarheit über den Tatbestand der Eigentumsübertragung. Doch allein die Erkenntnis, dass die Verfügungsbefugnis als Voraussetzung der Perfektheit unumgänglicher Teil des Übertragungstatbestandes ist, genügt für die Feststellung, dass das Kausalitätsprinzip als Erklärungsmodell in diesem Zusammenhang überflüssig ist. Dann ist man auch nicht mehr gezwungen, das Kausalitätsprinzip über seine eigentlichen, vertikalen Anwendungsbereich hinaus zu strapazieren. Denn Art. 948 Ziff. 4 ZGB richtet - enger als dies in der Literatur im hier relevanten Kontext

[638] Vgl. nur *Boroi*, S. 252 f.,; *Cojocaru*, S. 289 f.;*Beleiu*, S. 216 f.

wiedergegeben wird - die Wirkung des Kausalitätsprinzips auch nur auf einen einzelnen Kauf.[639]

Doch es kann dahingestellt bleiben, ob man dem Kausalitätsprinzip entgegen Art. 948 Ziff. 4 ZGB auch eine horizontale Wirkung beimessen will. Maßgeblich ist nämlich ein anderer Gesichtspunkt. Die Kritiker des Kausalitätsprinzips stellen auch hier falsche Systembeziehungen her, weil sie nicht beachten, dass das rumänische ZGB nur *einen* und zwar gleichermaßen verpflichtenden wie verfügenden Kaufvertrag kennt.[640] Versteht man jedoch den Kaufvertrag rumänischen Rechts als einen Vertrag mit - nach deutscher Terminologie - 'dinglicher' Wirkung, so zeigt sich,

> *dass insofern ein Unterschied zwischen den beiden Rechtsordnungen aufgrund der gegensätzlichen Entscheidungen für das Abstraktions- bzw. Kausalitätsprinzip im Grunde genommen nicht besteht.*

Denn auch im deutschen Recht hat die (nachträgliche) Nichtigkeit des dinglichen Vertrags den (rückwirkenden) Wegfall der Verfügungsberechtigung des jeweiligen Veräußerers zur Folge. Dies kann auch gar nicht anders sein, weil das Abstraktionsprinzip *per definitionem* nur vertikal, nicht aber horizontal wirkt. Es verhindert nur das Übergreifen gewisser Mängel des obligatorischen Grundgeschäfts auf den dinglichen Vertrag aus ein- und demselben Lebenssachverhalt. Dagegen entfaltet es keine Wirkung gegen das Übergreifen der Unwirksamkeit vorangegangener Verfügungen auf spätere durch den Wegfall der Verfügungsberechtigung:

> Beispiel: Erwerber (E) kauft von Veräußerer (V) eine Vase, die er sogleich übereignet bekommt. V seinerseits hatte die Vase von seinem Vormann (W) erworben. Kurz darauf ficht W das Geschäft wegen Irrtums über eine verkehrswesentliche Eigenschaft an.

Nach rumänischem Recht ist der Kaufvertrag zwischen W und V bei erfolgreicher Anfechtung des W unwirksam. Damit ist auch die Verfügung des W über die Kaufsache unwirksam, W bleibt Eigentümer. Weil die Verfügung unwirksam ist, ist das Geschäft des V aufgrund des Kaufvertrags mit E die Verfügung eines

---

[639] *Stadler* S. 31.

[640] Aus diesem Grund geht auch die Annahme von *Stadler* S. 360 ff.,721 fehl, der Erwerb vom Nichtberechtigten im französischen bzw. rumänischen Recht sei eine echte und insofern dort systemwidrige Abstraktionsform. Dort wo eine von der Verfügung zu trennende Obligation gar nicht erst besteht, kann auch nicht von dieser abstrahiert werden.

Nichtberechtigten. E kann also nicht mehr in Erfüllung dieses Kaufvertrags mit V rechtsgeschäftlich nach Art. 1294 ZGB ff. Eigentum an der Sache erwerben.[641]

Auch im deutschen Recht vernichtet die Anfechtung des W den verpflichtenden Kaufvertrag. Wenn und soweit das Abstraktionsprinzip im deutschen Recht die Vernichtung der Verfügung von W an V unmittelbar durch die Anfechtung zuläßt[642], ist V nie Eigentümer geworden, § 142 Abs. 1 BGB. Dies hat auch hierzulande zur Folge, dass ein Erwerb vom Berechtigten gemäß § 929 BGB ff. durch E zur Erfüllung des Kaufvertrags nicht mehr stattfinden kann.[643]

Es kommt mithin im rumänischen ebenso wie im deutschen Recht auf *die Beständigkeit der vorangehenden Verfügung* an. Inwieweit das obligatorische Geschäft davon berührt ist, ist irrelevant. Somit betrifft der hier diskutierte Aussagegehalt der Kritik im Kern wieder nur die bereits zur Diskussion gestellte Frage[644], in welcher Rechtsordnung sich das *eigentumsverschaffende* Rechtsgeschäft leichter bzw. schwerer beseitigen lässt.

Damit ist zugleich schon die Antwort auf die *zweite* eingangs dieses Unterabschnitts gestellte Frage vorprogrammiert. Die hier wiedergegebene Ansicht[645] meint, *dass ein Erwerber in Deutschland im Hinblick auf die Beständigkeit der vorangehenden Veräußerung weniger Sorgfalt an den Tag legen muss als in Rumänien.* Es gibt weder nach rumänischem noch nach deutschem Recht gesonderte 'schuldrechtliche' Auswirkungen auf den Erfolg einer Verfügung. Dies gilt sowohl für den Vertrag zwischen Erwerber und Veräußerer als auch für vorangehende Verträge. Oder, anders gewendet,

> in beiden Rechtsordnungen kann ein vorangehendes Erwerbsgeschäft nur dann Auswirkungen auf ein späteres haben, wenn seine verfügende Wirkung beeinträchtigt ist.
>
> Will der Erwerber dieses Risiko vermeiden, so muss er sich insofern Klarheit über die aus dem Vorgeschäft resultierende Berechtigung des V

---

[641] Möglicherweise hat er jedoch gesetzlich, gemäß Art. 1909 ZGB kraft seines guten Glaubens Eigentum erworben. Dieser Aspekt des Beispiels ist jedoch für die Frage des richtigen Vergleichsgegenstandes irrelevant.

[642] Und dies entspricht der überwiegenden Ansicht, vgl. *RGZ* 145, 152, 154; *BGHZ* 7, 111, 114; *BGH* NJW 1973, 613, 615; Westermann/ *Westermann* § 4 IV 1; Staudinger/ *Wiegand* § 929 Rn. 28.

[643] Auch hier ist ein Erwerb vom Nichtberechtigten gemäß § 932 BGB möglich.

[644] S. oben Ergebnis des vorangehenden Unterabschnitts, Teil 2, 3. Kapitel, 2. Abschnitt, 1.1.1.

[645] Es geht nach wie vor um eine Auseinandersetzung mit der in *Stadler*, S. 180, 729; *Larenz* § 39 II, a, S. 13 geäußerten Ansicht, die beispielhaft für die in der deutschen Rechtsvergleichung weithin verbreiteten Ansicht steht.

verschaffen. Diese Sorgfalt in eigener Sache verlangt von ihm das rumänischen Recht und - trotz des Abstraktionsprinzips - auch das deutsche.[646]

Insofern zeigt sich auch hier, dass es für etwaige Unterschiede in der Rechtssicherheit nur auf die bereits aufgeworfene Frage ankommt, welche Rechtsordnung die Verfügung verlässlicher und stabiler gestaltet.

1.2. Verlässlichkeit und Stabilität der Verfügung

Es ist also deutlich geworden, dass es für die Frage der Rechtssicherheit nur auf die jeweilige Verfügung ankommt. Es muss also nun untersucht werden, in welchem Maße die Verfügung in Rumänien bzw. in Deutschland beseitigt werden kann. Dabei soll auf die Nichtigkeit des Rechtsgeschäfts wegen Sittenwidrigkeit sowie wegen Irrtumsanfechtung eingegangen werden.[647]

Will man nun zum Vergleich der Rechtssicherheit der Frage nach den Beseitigungsmöglichkeiten der Verfügung nachgehen, so ist die Antwort darauf in eine rein prinzipienorientierte und eine praxisorientierte Betrachtung zu unterteilen. Der erste Teil untersucht die Frage auf der Grundlage der durch das Gesetz angelegten Grundprinzipien des rechtsgeschäftlichen Eigentumstransfers. Er kann Aufschluss darüber geben, in welchem Maße Trennungs- und Abstraktionsprinzip bzw. Einheits- und Kausalitätsprinzip Rechtssicherheit gewährleisten. Der zweite Teil vergleicht die von Durchbrechungen des Abstraktionsprinzips geprägte Rechtspraxis in Deutschland mit der Rechtslage bei Geltung des Kausalitätsprinzips.

1.2.1. Prinzipienorientierte Betrachtung

Wie sich in der Folge erweisen wird, sind die Fragen nach Stabilität einer Verfügung und nach Verlässlichkeit der rechtlichen Entscheidung zu unterscheiden. Deshalb soll zunächst die Frage der Stabilität einer Verfügung im Vordergrund stehen, bevor die Verlässlichkeit ins Zentrum der Betrachtung rückt.

Hinsichtlich der Stabilität der Verfügung weist die prinzipienorientierte Betrachtung eine vergleichbare Rechtssicherheit der Fälle arglistiger Täuschung bzw.

---

[646] Allerdings wird ihm diese Sorgfalt in beiden Rechtsordnungen in dem Maße abgenommen, in dem der Erwerb vom Nichtberechtigten zugelassen wird. Dieses Rechtsinstitut ergänzt die durch die jeweiligen Prinzipien des rechtsgeschäftlichen Eigentumsübergangs bewirkte Rechtssicherheit um eine vertikale, also über eine einzelnen Kauf hinausgreifende Wirkung.

[647] Außer Betracht bleiben kann hier die Behandlung von 'Nicht-Verträgen'. Wo ein Vertrag bereits am fehlenden Konsens oder aber an einem Gesetzesverstoß iSv. § 134 BGB bzw. Art. 5 ZGB scheitert, lassen beide Rechtsordnungen eine später wieder zu beseitigende Verfügung schon gar nicht erst entstehen. Der Veräußerer bleibt in beiden Rechtsordnungen Eigentümer.

Drohung sowie des Irrtums im Sinne von § 119 Abs. 1 und § 120 BGB auf. Arglist und Drohung führen zur Nichtigkeit (auch) der Verfügung gem. Art. 953, 960 ZGB bzw. §§ 142 Abs. 1, 123 Abs. 1 BGB. Erklärungsirrtümer und Übermittlungsfehler berechtigen in Rumänien nicht zur Anfechtung, Inhaltsirrtümer, soweit sie überhaupt rechtlich erheblich sind, schließen den Vertragsschluss und damit auch die Frage der späteren Aufhebung aus. Insofern erweist sich die Verfügung nach rumänischem Recht unberührt von diesen Irrtümern.

Unberührt von Irrtümern im Sinne der §§ 119 Abs. 1 und 120 BGB erweist sich grundsätzlich auch die Verfügung nach § 929 BGB. Zwar ist es denkbar, dass solche Fehler auch bei Abschluss des dinglichen Vertrags auftreten.[648] Aber sie kommen - weniger wegen des Abstraktionsprinzips als vielmehr wegen des für die Verfügung geltenden Bestimmtheitsgebots[649] - so selten vor, dass es sich dabei um eine für den Vergleich der Rechtssicherheit zu vernachlässigenden Größe handelt.[650]

Unterschiede von größerer Bedeutung weist die Behandlung von sittenwidrigen Geschäften und Irrtümer über verkehrswesentliche Eigenschaften durch die beiden Rechtordnungen auf. Während ein sittenwidriges Geschäft unter rumänischem Recht wegen Art. 966 bzw. Art. 5 ZGB zu keiner Zeit eigentumsverschaffende Wirkung erlangen kann, ist dies nach hier vertretener Auffassung im deutschen Recht anders. Die der Abstraktion geschuldete Wertneutralität bewirkt, dass der Grund der Sittenwidrigkeit des Grundgeschäfts nicht auch die Nichtigkeit der Verfügung wegen § 138 BGB zur Folge hat. Die Verfügung hat prinzipiell also trotz der Sittenwidrigkeit Bestand. Die damit verbundene zwischenzeitliche Duldung sittenwidrigen Handelns ist weder eine Frage der (vorläufigen) Stabilität, noch eine Frage unterschiedlicher Wertungen, sondern eine Frage unterschiedlicher Systematik. Der deutsche Gesetzgeber stellt die Übereinstimmung von Bewertung und Rechtslage durch entsprechende Rückübereignungsansprüche sowie durch Kompensationsmöglichkeiten wieder her. Ein Unterschied in der Rechtssicherheit ist zwischen beiden Rechtsordnungen nicht erkennbar, da es für die Rechtssicherheit unter dem hier untersuchten Aspekt nur auf die Beständigkeit des Rechtsgeschäfts, nicht aber darauf ankommt, wem die Sache rechtlich verbleibt. In Rumänien kommt ein Rechtsgeschäft, dessen Bestand fürdahin in Frage stehen könnte, gar nicht erst zustande. In Deutschland wird die Beständigkeit der Verfügung trotz § 138 BGB aufgrund des Abstraktionsprinzips nicht in Frage gestellt.

---

[648] Eine Untersuchung der denkbaren Fallgestaltungen findet sich bei *Stadler*, S. 176 f.

[649] *Stadler*, S. 176 weist zu Recht darauf hin, dass die dingliche Einigung oft im Zusammenhang mit der Übergabe geschieht und sich im Zweifel auf die Sache bezieht, die übergeben wurde. Insofern trifft es nicht ganz zu, wenn sie die geringe Mangelanfälligkeit in dieser Fallgestaltung dem Abstraktionsprinzip zuschreibt (S. 204).

[650] *Stadler*, S. 175, mwN.

Weiterhin führt das Abstraktionsprinzip dazu, dass die Verfügung deutschen Rechts auch nicht wegen eines Irrtums nach § 119 Abs. 2 BGB beseitigt werden kann. Auch hier gibt das rumänische Recht eine grundsätzlich gegenteilige Antwort. Irrtümer über verkehrswesentliche Eigenschaften sind dazu geeignet, die Verfügung zu beseitigen. Unter dem Gesichtspunkt der Beständigkeit des Rechtsgeschäfts ist das Ergebnis in beiden Rechtsordnungen zumindest vorläufig vergleichbar. Denn das deutsche Recht lässt die Verfügung bestehen, während das rumänische Recht sie letztlich beseitigt.

Anzumerken ist in diesem Zusammenhang allerdings, dass der Anwendungsbereich des Art. 954 ZGB und damit die Einbuße an Rechtssicherheit im Vergleich zur Rechtsübertragung nach Abstraktionsprinzip enger gefasst ist. Denn dort berechtigt ein solcher Irrtum nur dann zur Anfechtung, wenn die Wesentlichkeit der Eigenschaft für den Anfechtungsgegner zumindest erkennbar war[651]. Damit ist dem potentiellen Anfechtungsgegner die Möglichkeit eröffnet, sich und die Verfügung vor einer Anfechtung schützen. Indem er über die als wesentliche erkannte Eigenschaft aufklärt, schließt er die spätere Beseitigung der Verfügung sogar vollständig aus oder aber, er ist nicht schutzbedürftig und mag sich auf die mögliche Anfechtung einstellen.[652] Die damit verbundene Klarheit über Risiko bzw. Chancen der Vertragsaufhebung ist ein wesentliches Element, das die Rechtssicherheit zusätzlich erhöht - und zwar für alle Beteiligten.

Als Zwischenergebnis kann also festgehalten werden, dass beide Rechtsordnungen gleichermaßen die Stabilität des Rechtsgeschäfts gewährleisten. Der offenkundig werdende Unterschied zwischen beiden Rechtsordnungen besteht nicht in der Stabilität der Verfügung an sich. Unterschiedlich ist nur die Entscheidung zu Gunsten des Rechtsinhabers bzw. des Erwerbers. Denn das deutsche Erwerbssystem schützt und stabilisiert zwar den Erwerbsvorgang durch seine Abstraktheit und Wertneutralität. Aber auch das Kausalitätssystem erzeugt eine stabile Rechtslage, indem es eine Zuordnungsänderung von Hause aus nicht anerkennt. Und instabil ist zunächst nur ein Rechtsgeschäft, das erst besteht, später aber wieder aber beseitigt werden kann.

Nun mag an dieser Stelle der Einwand aufkommen, dass zumindest im deutschen Recht die Stabilität nur eine vorläufige ist. Denn die Verfügung wird, auch wenn sie zunächst erhalten bleibt, immerhin wegen des Rückübereignungsanspruchs des Veräußerers nach §§ 812 Abs. 1, 818 Abs. 1 BGB rückgängig gemacht. Dieser Einwand lässt sich jedoch erweitern. Zunächst erfasst er alle Anfechtungsfälle.

---

[651] Teil 1, 1. Kapitel, 1. Abschnitt, 4.2.

[652] Natürlich schützt Aufklärung über verkehrswesentliche Eigenschaften auch nach deutschem Recht vor Anfechtung. Sie vermeidet ja den Irrtum. Nur setzt das rumänische Recht mit der 'Aufklärungsobliegenheit' sehr viel früher als das deutsche Recht ein, da die Parteien hier über alles aufklären müssten, was ihnen auch nur verkehrswesentlich erscheinen könnte.

Denn - und das gilt auch im rumänischen Recht - die Anfechtung beseitigt nachträglich eine Rechtslage, die zunächst als wirksam anerkannt war. Aber damit noch nicht genug. Letztlich ist jede Wirksamkeitsfrage auch ein nachträgliches Infragestellen der Stabilität des Rechtsgeschäfts. Denn die Unwirksamkeit wird im Streitfall letztlich immer erst nachträglich durch gerichtliches Urteil festgestellt. Da jedoch die Parteien ursprünglich einmal von der Wirksamkeit des Rechtsgeschäfts ausgegangen sind, wird dadurch ein als gültig betrachtetes Rechtsgeschäft rückabgewickelt. Dies bedeutet jedoch, dass der Gesichtspunkt der Stabilität eines Rechtsgeschäfts für Aussagen über die Rechtssicherheit in dieser Form ungeeignet ist.

Die Stabilität eines Rechtsgeschäft ist jedoch in anderer Hinsicht geeignet, etwas über ein mehr oder weniger an Rechtssicherheit auszusagen. Denn in der Rechtsordnung , in der das Rechtsgeschäft aufgrund tatbestandlich enger gefasster Beseitigungsmöglichkeiten stabiler ist, besteht tatsächlich ein Mehr an Rechtssicherheit. Insofern kann von der rumänischen mit Blick auf die eingeschränkte Anfechtungsmöglichkeit nach Art. 954 ZGB gesagt werden, dass sie stabiler ist und - in einem begrenzten Maße - zusätzliche Rechtssicherheit vermittelt. Aber auch das ist für den hier angestrengten Vergleich nur ein zusätzlicher, weil normativer Aspekt. Damit ist die Untersuchung noch nicht zum Kern der Frage vorgedrungen.

Dafür soll nun ein Blick auf die Verlässlichkeit der rechtlichen Entscheidung geworfen werden. Diese Frage bestätigt zum einen, dass es für die Rechtssicherheit nicht so sehr auf die Frage der nachträglichen Aufhebung eines Rechtsgeschäfts ankommt, als vielmehr auf das Problem, dass ein und dasselbe Problem unterschiedlich beurteilt wird. So führt das Problem 'Irrtum über eine verkehrswesentliche Eigenschaft' im deutschen Recht dazu, dass einerseits der Kaufvertrag beseitigt wird, andererseits die darauf basierende Verfügung zunächst aber nicht. Das mag in vielen Fällen belanglos sein und letztlich doch zu einem einheitlichen Ergebnis führen. Man muss sich aber auch vor Augen halten, was es bedeutet, etwa in der Insolvenz des Käufers wegen eines Irrtum über dessen Kreditwürdigkeit anfechten zu können. Tritt beim Käufer zwischenzeitlich der Insolvenzfall ein, führt unterschiedliche Schicksal von Verpflichtung und Verfügung dazu, dass der Verkäufer, statt Aussonderung gem. § 47 InsO verlangen zu können, auf die Insolvenzquote gem. §§ 45 iVm. 38 und 35 InsO begrenzt ist. Insofern ist die eigentliche Wertentscheidung des Gesetzgebers, die zum einen auf den Schutz des Veräußerers, zum anderen aber auf die Unwirksamkeit des Rechtsgeschäfts im Fall des § 119 Abs. 2 BGB gerichtet ist, nicht mehr verlässlich.
Diese Einschränkung der Verlässlichkeit gilt aber überall dort, wo das Abstraktionsprinzip eine Divergenz zwischen Verpflichtung und Verfügung erzwingt. Erfasst sind also von dieser Problematik insbesondere auch die Anfechtungsgründe nach §§ 119 Abs. 1, 120 BGB, soweit sie nicht ausnahmsweise auch auf die Verfügung wirken.

Die prinzipienorientierte Betrachtung führt also zu folgendem Ergebnis:

Das Abstraktionsprinzip lässt für Verpflichtung und Verfügung ein abweichendes Ergebnis zu, das über entsprechende Ausgleichsmechanismen in der Folge zu einem einheitlichen zusammengeführt werden soll.

Es gibt jedoch Situationen, in denen dies durch hinzutretende Ereignisse verhindert wird. In diesen Fällen bleibt es bei der Divergenz von Verpflichtung und Verfügung. Dies hat zur Folge, dass die rechtliche Grundentscheidung nicht mehr verlässlich ist. Dies geht mit einem entsprechenden Verlust an Rechtssicherheit einher.

1.2.2. Praxisorientierte Betrachtung

Die nachfolgende Untersuchung legt folgende zwei Prämissen zu Grunde:

Abweichungen von der im prinzipienorientierten Vergleich gewonnen Einschätzung der Rechtssicherheit in beiden Rechtssystemen kann es innerhalb der praxisorientierten Untersuchung naturgemäß nur da geben, wo durch Lehre und insbesondere durch die Rechtsprechung von der prinzipiellen Entscheidung des Gesetzgebers abgewichen wird.

Die Frage der Stabilität des Rechtsgeschäfts verspricht keinen Gewinn. Es geht im Folgenden nur um die Frage der Verlässlichkeit.

Die nachfolgende Untersuchung wird demzufolge auf die Frage konzentriert, inwieweit der von der Anordnung des Gesetzgebers abweichende Umgang mit den Fällen von §§ 119 Abs. 2 und 138 BGB durch die überwiegende Rechtsansicht in Deutschland die Verlässlichkeit des Rechts in Frage stellt.

Was die Fälle der sittenwidrigen Rechtsgeschäfte anbelangt, geht die wohl herrschende Meinung in Deutschland von einer Durchbrechung des Abstraktionsprinzips aus, wenn die Unsittlichkeit gerade im Vollzug der Leistung liegt[653]. Vergleichbares gilt für die Anfechtung wegen eines Irrtums über verkehrswesentliche Eigenschaften. Denn in Deutschland ist die Durchbrechung des Abstraktionsprinzips bei einer Anfechtung nach § 119 Abs. 2 BGB ebenfalls weitgehend anerkannt.[654] Soweit es insofern zu Abweichungen von der Gesetzessystematik kommt, führen diese dazu, dass auch die Verfügung zu keiner Zeit als wirksam betrachtet werden kann. Damit besteht auch zu keiner Zeit eine rechtliche Diskrepanz zwischen Verpflichtung und Verfügung. Ein fühl- oder gar messbarer Unter-

[653] Palandt/*Heinrichs*, § 138, Rn. 20; Westermann/ *Westermann* § 4 IV 1; *Baur/ Stürner* § 5 II a, IV 3a, mwN.

[654] Staudinger/Wiegand § 929, Rn. 28; *RGZ* 66, 385, 389 f.; *Grundmann*, JA 1985, 80, 84; *Stadler* S. 178 mwN.; *Grigoleit*, S. 379, 396 f.

schied in der Verlässlichkeit und Rechtssicherheit ist in diesem Bereich auf den ersten Blick nicht mehr feststellbar.

Dennoch bestehen im Vergleich zu Rumänien auch mit Blick auf die deutsche Rechtspraxis spürbare Unterschiede in der Erkennbarkeit und Verlässlichkeit des Rechts.
Dabei ist die Frage der Erkennbarkeit des Irrtums nur ein Aspekt am Rande. Hier geht es vielmehr um die Unsicherheit, die aus der vom Gesetz abweichenden Handhabung des Rechts entstehen. Der zwischen beiden entgegengesetzten Polen schwankende Meinungsstreit im deutschen Recht führt zu einer latenten Ungewissheit über den Ausgang gerichtlicher Verfahren. Selbst wenn der Rechtsstreit dem BGH vorläge, wäre nicht vorhersehbar, ob dieser nun das Abstraktionsprinzip im konkreten Fall für anwendbar hält bzw. eine Durchbrechung desselben annimmt[655] oder aber zu der Auffassung gelangt, die Beteiligten hätten das Abstraktionsprinzip im Wege einer Parteivereinbarung außer Kraft gesetzt. Im Hinblick auf die Rechtssicherheit ist es jedoch nur einer von zwei Aspekten, ob die Entscheidung im Sinne des Abstraktionsprinzips oder aber im Sinne des Einheitsprinzips ausfällt. Rechtsunsicherheit entsteht nämlich auch dort, wo *de lege lata* die Entscheidung X zu treffen wäre, aber in einer beträchtlichen Vielzahl von Fällen praktisch die Entscheidung Y getroffen wird.

1.3. Verlässlichkeit durch Kongruenz von tatsächlicher und rechtlicher Lage

Die Rechtssicherheit steht unter Umständen aber auch dort in Frage, wo eine, durch den Güteraustausch von den Parteien geschaffene, tatsächliche Lage aufgrund der materiellen Rechtslage und ihrer Durchsetzung wieder zurückgeführt werden muß.[656] Denn aus der Perspektive der Betroffenen ist die Beurteilung der Rechtslage auf der Erwerberseite bereits dann nicht mehr zuverlässig gewährleistet, wenn eine tatsächliche Lage besteht, die rechtlich beseitigt werden muß.

a) Die unverfälschte Anwendung des Abstraktionsprinzips *im deutschen Recht* führt dazu, daß der Erwerber in allen untersuchten Fällen[657] mit Ausnahme der

[655] Es hängt von den persönlichen Wertmaßstäben des jeweils betroffenen Entscheidungsträgers ab, ob die Unsittlichkeit einer Verpflichtung gerade in ihrem Vollzug zum Ausdruck kommt. Damit aber steht und fällt die Wirksamkeit der Verfügung.

[656] Die hier angestellten Überlegungen sind von denen zu unterscheiden, die sich zur Frage des Konsens- und Traditionsprinzips anschließen. Dort geht es darum, ob und inwieweit die Rechtsordnung den Beteiligten durch die Übergabe als *Voraussetzung* des Eigentumserwerbs Schutz gewähren kann.

[657] Gemeint sind die Sachverhaltskonstellationen iSd. §§ 119 Abs. 1 und 2, 120, 123 Abs. 1 und 138 BGB.

Arglist und Drohung zumindest vorläufig Eigentümer wird, selbst wenn er aufgrund der Nichtigkeit des Grundgeschäfts schuldrechtlich zur Rückübereignung verpflichtet ist. Soweit Dritte also auf die im Zuge dieses Austauschgeschäftes hergestellte Sachverhaltslage vertrauen, werden sie durch das Abstraktionsprinzip darin insofern geschützt, als sie zB. die Sache vom Berechtigten erwerben können. Allerdings wird ihr Vertrauen, soweit es berechtigt ist, auch durch die Regelung des Erwerbs vom Nichtberechtigten geschützt. Der Erwerb vom Nichtberechtigten nach § 932 BGB ff. schützt darüber hinaus auch insofern, als er auch die Fälle erfaßt, in denen die tatsächliche und rechtliche Lage aufgrund eines Doppelmangels auseinanderfallen. Diese Feststellung gilt auch im Hinblick auf den Einwand[658], daß der Schutz durch das Abstraktionsprinzip in Grenzfällen weiter reicht, als der Schutz der § 932 BGB ff. Es ist zwar richtig, daß die Anforderungen der §§ 933, 934 BGB sowie das Erfordernis des guten Glaubens Einschränkungen mit sich bringen im Verhältnis zum, durch das Abstraktionsprinzip ermöglichten Erwerb vom Berechtigten. Jedoch liegt in den Vorschriften zum Gutglaubenserwerb eine klare und spezialgesetzlich geregelte Entscheidung des Gesetzgebers in dem Sinne, daß ein weitergehender Schutz des Dritten nicht gewollt ist.

Mit anderen Worten, der Schutz des Gutgläubigen ist in zwei Situationen erforderlich. Dies sind zum einen die Fälle, in denen der Mangel eines Rechtsgeschäfts nur auf der obligatorischen Ebene wirkt, weil das Abstraktionsprinzip effektiv zum Tragen kommt. Zum anderen handelt es sich dabei um die Fälle, in denen - etwa durch die Rechtsfigur des Doppelmangels - Verpflichtung und Verfügung unwirksam sind und insofern die Wirkung des Kausalitätsprinzips hergestellt wird. Die Regelungen zum Erwerb vom Nichtberechtigten kraft guten Glaubens schützen den Gutgläubigen in beiden Sachverhaltskonstellationen in hinreichendem Maße. Ein darüber hinausgehender Schutz durch das Abstraktionsprinzip besteht nicht. Insoweit erfüllt es keine eigenstänige Funktion.

b) Nach dem *in Rumänien* zur Anwendung kommenden Einheitsprinzip wird der Erwerber zwar möglicherweise zunächst Eigentümer[659]. Doch selbst wenn das Recht - wie im Fall des Art. 954 ZGB[660] - zunächst entsteht, entfällt es ggfs. später mit *ex -tunc*-Wirkung. Die dazu im Gegensatz stehende, durch die Parteien geschaffene tatsächliche Zuordnung der Sache muß zum Zweck der Herstellung der

---

[658] *Wieling*, Abstraktionsprinzip, S. 301, 304.

[659] Liegt ein Dissens bzw. ein sittenwidriges Rechtsgeschäft vor, scheitert bereits die Eigentumsverschaffung. Für die hier angestellte Überlegung kann es aber dahinstehen, ob das Recht gar nicht erst entsteht oder aber durch Anfechtung *ex tunc* entfällt. Es kommt nur darauf an, daß der Austausch, dh. insb. die Übergabe / Lieferung der Kaufsache bereits stattgefunden hat und diese nun aufgrund der rechtlichen Grundentscheidung durch den Gesetzgeber rückabzuwickeln ist.

[660] Also im Fall des Irrtums über eine verkehrswesentliche Eigenschaft.

Einheit von rechtlicher und tatsächlicher Lage wieder zurückgeführt werden.[661] Dies gilt auch grundsätzlich auch dann, wenn ein Dritter auf diese tatsächliche Zuordnung vertraut hat. Denn mit dem Eigentum entfällt nachträglich natürlich auch die Berechtigung des Erwerbers zur Verfügung über die Sache. Ein Folgeerwerb vom Berechtigten ist damit aufgrund des Einheitsprinzips und im Gegensatz zur Grundsatzentscheidung des deutschen Rechts ausgeschlossen. Gläubiger und Folgeerwerber müssen daher immer damit rechnen, daß sie wegen der Systementscheidung für das Einheitsprinzip auf eine tatsächliche Zuordnung vertrauen, die vom Recht nicht gedeckt ist und deshalb beseitigt wird. Das aufgezeigte Risiko des nachträglichen und nicht beherrschbaren Rechtsverlusts weist hier also über das jeweilige Vertragsverhältnis hinaus und betrifft grundsätzlich auch Folgeerwerber und deren Gläubiger.

Dennoch ist die Verläßlichkeit des Rechts durch diese Situation auch für Dritte nicht beeinträchtigt. Zum einen ist es nach rumänischen Recht aufgrund des Konsensprinzips - also der Tatsache, daß Eigentum durch Vertragsschluß übergeht, ohne daß eine Übergabe erfolgen muß - von Hause aus trügerisch, auf die tatsächliche Sachgewalt als Ausweis des Vollrechts zu vertrauen.[662] Zum anderen aber bietet auch hier der Erwerb vom Nichtberechtigten nach Art. 1909 bzw. 972 ZGB eine verläßliche Grundlage für den berechtigterweise vertrauenden Dritten.

Das bedeutet:

Vertrauensschutz hinsichtlich der tatsächlichen Sachherrschaft oder der Dispositionsmacht darüber gewährleisten beide Rechtsordnungen gleichermaßen.

Das deutsche Recht verfügt jedoch über einen doppelten Schutz durch das Abstraktionsprinzip einerseits und die §§ 932 BGB ff. andererseits.

Ein Vertrauensschutz durch das Abstraktionsprinzip, der nicht auch durch den Erwerb vom Nichtberechtigten abgedeckt ist, ist nicht ersichtlich.

1.4. Wirkungsweise der Systematik des Gesetzgebers

Die vorstehenden Überlegungen lassen folgende Schlüsse auf die Methode des Rechtsvergleichs sowie auf die Systematik des rechtsgeschäftlichen Erwerbs zu:

> Ein verlässlicher Vergleich kann nur dann gelingen, wenn sein Gegenstand in beiden Rechtsordnungen gleichermaßen die Verfügung ist.

---

[661] Dies setzt allerdings voraus, daß die Parteien bereits eine von der materiellen Rechtslage abweichende tatsächliche Lage geschaffen haben, was angesichts des Konsensprinzips nicht immer der Fall ist.

[662] Und dort, wo kein Vertrauen in die tatsächliche Lage entwickelt wird, kann auch keines enttäuscht werden.

Die Rechtssicherheit im rumänischen Recht ist sowohl hinsichtlich der Verlässlichkeit der Verfügung, als auch hinsichtlich der Verlässlichkeit der tatsächlichen Lage gewährleistet.
Im deutschen Recht wird die Rechtssicherheit beeinträchtigt durch das zeitweise unterschiedliche Schicksal von Verpflichtung und Verfügung. Dies um so mehr, als eine verlässliche Aussage über das Ergebnis einer richterlichen Entscheidung in besonderem Maße nicht möglich erscheint.

Der Schutz des Vertrauens in die tatsächliche Rechtslage ist in Deutschland nicht nur hinreichend, sondern auch in gleichem Maße gewährleistet, wie das in Rumänien der Fall ist. Eines zusätzlichen Schutzes durch das Abstraktionsprinzip bedarf es im Grunde nicht.

2. Publizität als bestimmender Faktor der Rechtssicherheit

Was das Erfordernis der Übergabe anbelangt, sticht dem Betrachter auf den ersten Blick der wesentliche Unterschied in der Tatbestandsstruktur beider Rechtsordnungen ins Auge. Der Unterschied könnte kaum deutlicher sein. Während das deutsche Recht eine 'Übergabe' zum Erwerb des Eigentums fordert, verzichtet das rumänische Recht darauf.

2.1. Schutzfunktionen der Übergabe

Zunächst muss geklärt werden, welche Interessen der Gesetzgeber mit dem Erfordernis der Übergabe schützen will. Dies kann nur auf der Grundlage der deutschen Regelung geschehen, weil sie allein die Übergabe voraussetzt.

Ein besonderer Interessenschutz lässt sich aus der *Funktion* des Tatbestandsmerkmals im Rahmen des rechtsgeschäftlichen Erwerbs vom Berechtigten nicht ableiten. Funktional trägt die Übergabe lediglich zur Herbeiführung der Bestimmtheit des Vertragsgegenstandes bei, weil sie die Individualisierung des Vertragsgegenstandes in jedem Fall mit enthält.[663] Damit wird eine genau festgelegte Sache einer Person zugewiesen, mehr nicht. Ein wie auch immer gearteter Interessenschutz der Beteiligten oder Dritter lässt sich aus der Individualisierung nicht ableiten.

Ein besonderer Interessenschutz lässt sich zunächst auch nicht feststellen, wenn man in der Betrachtung über die reine Funktionalität der Übergabe hinausgeht und auf den tatsächlichen Vorgang abstellt. Wovor sollte ein Veräußerer auch dadurch

[663] Teil 2, 2. Kapitel, 1. Abschnitt.

geschützt werden, dass er die Übergabe der Sache vorzunehmen hat? Auch für den Erwerber bietet die Übergabe keinen speziellen Schutz. Welcher Schutz sollte dem Erwerber *im Rahmen des Erwerbs vom Berechtigten* durch die Übergabe vermittelt werden? Keiner, denn der Erwerb scheitert, wenn der Veräußerer in seiner Geschäftsfähigkeit beschränkt ist (§ 108 Abs. 1 BGB) oder diesem die Berechtigung fehlt.

Somit bleibt der Übergabe als mögliche, ihr zugedachte Schutzfunktion die äußere Kundbarmachung des ansonsten abstrakten Erwerbsvorgangs gegenüber jedermann. Diese Publizierung des Vorgangs informiert den ursprünglichen Eigentümer, falls ein Nichtberechtigter tätig war. Sie setzt möglicherweise Dritte über die neue Zuordnung in Kenntnis und schützt damit zugleich den neuen Eigentümer vor einem unzulässigen Zugriff durch diese.

> Die Übergabe transportiert also Publizität und damit *allgemein* Rechtssicherheit im dem Sinne, dass sie einen Erwerbsvorgang jedermann kundgibt.[664]

Ein darüber hinausgehender Interessenschutz durch die Übergabe ist erst wieder für die Frage des Erwerbs vom Nichtberechtigten feststellbar. Dort knüpft der Rechtsscheinstatbestand an die Besitzverschaffung an und liegt in der Dispositionsmacht des Veräußerers über die Sache.[665] Der damit verbundene Vertrauensschutz im Fall des Gutglaubenserwerbs kann jedoch nichts wesentliches über den Interessenschutz beim Erwerb vom Berechtigten besagen. Allerdings, soviel wird deutlich: Selbst für den gutgläubigen Erwerb kommt es nicht auf die Erlangung der unmittelbaren Sachherrschaft an[666]. Wenn es jedoch nicht einmal in diesem Fall des Vertrauensschutzes der Übergabe in Gestalt der Verschaffung des tatsächlichen Besitzes bedarf, warum sollte sie für den regulären rechtsgeschäftlichen Erwerb eine größere Rolle spielen?

2.2. *Die Publizitätsfunktion der Übergabe*

Damit sind die Gegensätzlichkeiten im Übertragungstatbestand auch hinsichtlich ihrer Funktionalität und der mit ihr verbundenen gesetzgeberischen Wertentscheidung benannt. Während das ZGB auf die Freiheit und Leichtigkeit des Warenverkehrs zu setzen und konsequent jede tatsächliche Hürde aus dem Weg zu räumen scheint, entsteht auf der anderen Seite im deutschen Recht der Eindruck der besonderen Rechtssicherheit, wird doch neben der Einigung auch noch die tatsächli-

---

[664] So auch *Süß* S. 141, 144, Fn. 3.

[665] *Hager*, S. 249; Baur/*Stürner* § 52 B IV, 2; Westermann/*Gursky* § 48 II; *Minuth* S. 78 f.

[666] § 930 BGB verlangt lediglich die vollständige Besitzaufgabe durch den Veräußerer, begnügt sich auf Erwerberseite jedoch damit, dass ein Besitzmittler oder eine Geheißperson den Besitz für den Erwerber erlangt. Noch deutlicher: § 931, 1. Alt. BGB.

che und publizitätsorientierte Übergabe zum Eigentumsübergang vorausgesetzt. Diese Eindrücke aber geben die Realitäten beider Rechtsordnungen unzutreffend wieder.

2.2.1. Publizität im rumänischen Recht

Zwar ist es richtig, dass das rumänische Recht auf jegliche Art von Publizität beim *rechtsgeschäftlichen Erwerb vom Berechtigten* verzichtet. Aber auch das rumänische Recht kann nicht alle tatsächlichen, sich aus der Zuordnungsänderung ergebenden Hindernisse für den Eintritt der eigentumsverschaffenden Wirkung des Vertrages aus dem Weg räumen. Denn auch dort ist die Zuordnungsänderung an die tatsächlichen Voraussetzungen gebunden, die eine Sache der Zuordnung überhaupt erst zugänglich machen, ihre Existenz und Bestimmtheit. Aus diesem Grund kann der Kaufvertrag auch erst dann die zum Zweck der Eigentumsübertragung erforderliche 'Perfektheit' erlangt haben, wenn beide Voraussetzungen tatsächlich eingetreten sind. Eine Auflösung aller Hindernisse für die Freiheit und die Leichtigkeit des Warenverkehrs findet also nicht statt. Jedoch kommt das rumänische Recht den Bedürfnissen des Verkehr durch den Verzicht auf das Merkmal der Übergabe in einem hohen Maße entgegen. Es lässt die Parteien selbst entscheiden, in welchem Maße sie die Sicherheit der Leichtigkeit des Verkehrs vorziehen.[667]

2.2.2. Publizität im deutschen Recht

Aber auch die Vermutung, das deutsche Recht sei hinsichtlich der Publizität der Verfügung strenger, weil es die Übergabe der Sache fordere, wäre nur dann richtig, wenn Übergabe hier die Verschaffung des unmittelbaren Besitzes durch den Veräußerer an den Erwerber bedeutete. Betrachtet man jedoch das Merkmal 'Übergabe' etwas genauer, so stellt man fest, dass auch im deutschen Recht weniger Rechtssicherheit als vielmehr der Schein derselben vermittelt wird. Dies beruht auf einem sehr weit gefassten Besitzbegriff. Zwar ist der Besitz definiert als Innehabung der tatsächlichen Gewalt zusammen mit dem entsprechen Besitzwillen. Jedoch lässt das deutsche Recht auf beiden Ebenen des Besitztatbestandes die Einschaltung von Zwischenpersonen zu. So hat eine Person die 'tatsächliche Sachgewalt' inne, wenn sie die Sache höchstpersönlich oder durch ihren Besitzdiener (§ 855 BGB) 'in Händen' hält. Als Innehabung der 'tatsächlichen Sachgewalt' durch diese Person ist jedoch auch anerkannt, dass eine Geheißperson oder ein Besitzmittler für sie 'besitzt' (§ 868 BGB). Das bedeutet jedoch nicht, dass wenigstens der Besitzmittler die unmittelbare Sachgewalt innehat. Denn in einem mehrfach gestuften Besitzmittlungsverhältnis ist der dem Eigentümer unmittelbar

[667] *Pop*, S. 95; *Deak/Cărpenaru* Teil I, Cap. I, Abschn. I, § 1, 2, 2.5, S. 15; *Motica/ Moțiu*, S. 122; *Ghestin/ Jamin/ Billiau*, Tz. 656 ff.

nachgeschaltete Besitzmittler auch nur mittelbarer und eben nicht unmittelbarer Besitzer. Auf der Willensebene gibt es durch die Zulassung von Eigen- und Fremdbesitz ebenfalls eine Vervielfachung der Personen, denen die Besitzereigenschaft zuerkannt wird.[668] Jemand kann eine Sache als ihm selbst gehörend besitzen (§ 872 BGB, Eigenbesitz), die Sache kann aber auch für einen anderen besessen werden, wie dies etwa bei Besitzmittlern der Fall ist. Diese - mit Blick auf die Vielzahl der einschaltbaren Personen - ohnehin schon vielschichtige Besitzregelung wird durch einen großzügigen Umgang des Gesetzgebers mit dem Begriff 'Übergabe' ausgeweitet. So ist bei der Übergabe zu bedenken, dass auf beiden Seite der Übergabe Mittelspersonen eingesetzt werden können, was den Kreis der an der Übergabe und Besitzverschaffung Beteiligten erheblich erweitert. Die Zulassung von Besitzverschaffung durch Einigung (§ 854 Abs. 2 BGB), durch Besitzmittlungskonstitut (§ 930 BGB) und durch Abtretung des Herausgabeanspruch (§ 931 BGB) mit all den dort durch Einschaltung von Zwischenpersonen denkbaren Gestaltungsmöglichkeiten abstrahiert in zusätzlichem Maße den Erwerbsvorgang. In all diesen Fällen findet nicht mehr der Realakt 'Übergabe' statt, der ursprünglich als ein den abstrakten, unsichtbaren Einigungsvorgang ergänzender, von Dritten äußerlich wahrnehmbarer Vorgang konzipiert war. Vielmehr ist dieser mit Unterstützung des Gesetzgebers durch den ebenfalls abstrakten Vorgang einer zweiten, im Grunde genommen sogar dritten Einigung ersetzt worden.[669] Damit nicht genug. Auch die Existenz und rechtliche Zulässigkeit von Fällen der Übereignung ohne Übergabe ist für den Fall sog. 'besitzlosen Eigentums' sowie für den Fall des § 931 BGB anerkannt, dass neben dem Vindikationsanspruch kein anderer Herausgabeanspruch besteht.[670]

In dieser konkreten Ausgestaltung des Besitz- und erst recht des Übergabetatbestandes kann auch vom deutschen Recht nicht mehr behauptet werden, es berücksichtige "die naturgegebene Rolle des Besitzes als äußeres Zeichen der Eigentums."[671] Im Anbetracht der wirtschaftlichen Entwicklung, die offensichtlich bereits zu Zeiten *Trajans* und *Hadrians* die Vorstellung von Besitz grundlegend geändert hat[672] und diesen Einfluss auch in heutigen Zeiten ausübt, etwa durch die Sicherungsmittel des Eigentumsvorbehalts oder der Sicherungsübereignung, muss

[668] Den Gegensatz dazu findet man etwa im rumänischen und französischen Recht, wonach derjenige, der für einen anderen besitzt - nach deutscher Vorstellung also etwa der Besitzmittler - selber nicht mehr Besitzer sondern nur noch '*detentorul*'/'*détenteur*', Innehabender der Sachgewalt ist. Dort ist in diesen Fällen nur noch der - in deutscher Terminologie - mittelbare, nicht aber auch der unmittelbare Besitzer als solcher anerkannt.

[669] Zur Abstraktion der Besitzverschaffung vgl. etwa *Süß*, S. 141, 145 und 149 ff.

[670] Staudinger/Wiegand § 931 Rn. 14 - 18; Westermann/ *Westermann* § 42 II 3, 4 b.

[671] So aber *Larenz*, § 39 II, d, S.19.

[672] Das '*constitutum possessorium*', in Deutschland durch §§ 930 und 868 BGB verwirklicht, sowie die durch § 929 Satz 2 ebenfalls im BGB verankerte '*brevi manu traditio*' sind Erfindungen der zu diesen Zeiten lebenden römischen Juristen *Juventius Celsus*, vgl. *Süß* S. 141, 146; *Kaser* § 20 I, 2.

man sich eher die Frage stellen, ob dem Besitz eine Funktion als 'äußeres Zeichen des Eigentums' und damit als Träger der Publizität desselben tatsächlich 'naturgegeben'[673] anhaftet. Auch wenn diese Fragen hier bewusst offengelassen werden, weil die Antworten darauf zum Fortgang dieser Untersuchung keinen Beitrag zu leisten vermögen, kommt man letztlich nicht umhin festzustellen, dass der Übergabe nach deutschem Recht eine Publizitätsfunktion nicht mehr zugesprochen werden kann. [674] Sie kann diese Funktion nicht mehr erfüllen, weil der mit der Übergabe verbundene Realakt jederzeit durch eine abstrakte Einigung ersetzbar ist.

> Somit hat also auch der deutsche Gesetzgeber *de facto* auf Rechtssicherheit durch Publizität[675] verzichtet und sich zu Gunsten der Freiheit und Leichtigkeit des Rechtsverkehrs entschieden.

---

[673] *Süß* S. 141, 146 weist darauf hin, dass es bereits im Altertum Rechtsordnungen wie die hellenistische oder die babylonische gab, die das Eigentum ohne Besitzverschaffung, allein durch Einigung übertrugen. Auch insofern muss man die Naturgebenheit in Frage stellen.

[674] So schon *Süß* S. 141, 145, 156.

[675] In diesem Sinne auch *Wacke*, S. 254, 259; a.A. *Wieling*, Abstraktionsprinzip, S. 301, 305.

Mit dem Verzicht auf die Publizitätsfunktion hat das Tatbestandsmerkmal der Übergabe auch keine eigenständige Bedeutung mehr.

Durch das Traditionsprinzip wird, in seiner konkreten Ausgestaltung durch das deutsche Recht, nicht mehr Rechtssicherheit gewährleistet, wie durch das Konsensualprinzip im rumänischen Recht. Dies kann auch vor dem Hintergrund einer wirtschaftlich ausgerichteten Gesellschaft kaum anders sein. Sowohl das damit verbundene Bedürfnis eines leichten Warenverkehrs, wie auch das Bedürfnis einer Kreditsicherung bei gleichzeitiger Nutzung des Sicherungsgutes durch den Sicherungsgeber 'zwingen' den Gesetzgeber zur Trennbarkeit von Besitz und Eigentum und damit zu einer Entscheidung zu Gunsten der Freiheit und Leichtigkeit des Verkehrs.

4. Kapitel Systemvergleich und Möglichkeiten der Rechtsangleichung

Vergleichende Rechtsbetrachtungen zum Mobiliarerwerb nach deutschem und französischem Recht, das - wie gesehen - jedenfalls in systematischer Hinsicht dem rumänischen entspricht, gibt es an der Zahl. Jedoch - soweit ersichtlich - kranken alle an falschen und/oder unvollständigen systematischen Zuordnungen. Es werden etwa Wirkungen des Trennungsprinzips im deutschen Recht dem Abstraktionsprinzip[676] zugeordnet, genauso wie Wirkungen des Einheitsprinzips im französischen / rumänischen Recht dem Konsensualprinzip[677] bzw. dem Kausalitätsprinzip[678] zugeschrieben werden. In der rumänischen Literatur werden die Wirkungen der einzelnen Systemprinzipien ohnehin lediglich der sog. 'reinen Konsensprinzip' zugerechnet, ohne dass insofern eine differenziertere Zuweisung vorgenommen wird.

Es sei an dieser Stelle eingeräumt, dass manche Wirkungen nur äußerst schwer der einen oder anderen Systemvoraussetzung zuzuordnen sind. Manche Wirkungen werden auch durch mehrere Systemprinzipien gleichermaßen oder gar erst durch deren Kombination hervorgerufen. Aber auch diese Feststellung wird mangels entsprechender Fragestellung nicht getroffen. Dadurch vergleicht manche Darstellung, was nicht vergleichbar ist, weil sich die Vergleichsgegenstände auf verschiedenen Ebenen bewegen. Eine vergleichende Darstellung kann aber dann nicht gelingen, wenn sie die unterschiedlichen Systembedingungen nicht vollstän-

[676] Darauf weist auch *Ferrari*, S. 52, 63 f. hin.
[677] ZB. *Larenz*, § 39 II, c, S. 17.
[678] S. oben, Teil 2, 3. Kapitel, 2. Abschnitt, 1.1.

dig und im Verhältnis zueinander nicht hinsichtlich der jeweiligen Entsprechungen betrachtet.[679] Der Anspruch, einen Beitrag zur Rechtsvereinheitlichung des europäischen Mobiliarsachenrechts zu leisten, oder auch nur der Anspruch eines zuverlässigen Systemvergleichs erfordert zumindest die Einbeziehung des Gesamtsystems unter Vergleich der jeweils gegensätzlichen Systembedingungen.

1. Abschnitt Die Bedeutung von Zuordnungsfragen

Diese vor allem auch in ihren Konsequenzen sehr weitreichende Feststellung, erfordert eine Konkretisierung. Dies soll beispielhaft anhand der Behauptung geschehen, dass

> *Traditions- und Konsensprinzip technisch gesehen kein Gegensatzpaar darstellten. Es sei mithin falsch, dass der Verzicht auf das Übergabeprinzip im deutschen Recht bereits zur Geltung des Konsensualprinzips führe.*[680]

Die nun folgende Auseinandersetzung konzentriert sich ausschließlich auf diese These und deren Begründung. Der Grund dafür ist darin zu sehen, dass keine andere Arbeit ersichtlich ist, die sich in dieser Ausführlichkeit und Genauigkeit in der Begründung rechtsvergleichend mit den systematischen Rahmenbedingungen der Eigentumsverschaffung auseinandersetzt. In aller Regel werden die hier zum Ausdruck gebrachten Grundannahmen von anderen Autoren nur unterstellt, ohne ihnen im Einzelnen nachzugehen.

Die nachfolgenden Punkte (1) - (4) geben, im Zusammenhang gelesen, die wesentlichen Thesen und Argumentationslinien der Ausführungen von *Stadler* zu dieser Frage wieder. Zum besseren Verständnis sei angemerkt, dass die hier ange-

---

[679] Hierunter leiden die Überlegungen von *Ferrari*, die in ihrem systematischen Ansatz im Grunde genommen in die richtige Richtung gehen. Zwar sind seine Systemzuweisungen im Wesentlichen richtig. Auch sieht er die Systemkomponenten der Einheit bzw. Trennung sowie der Kausalität, berücksichtigt sie aber nicht weiter. Dadurch, dass er sie jedoch nicht intensiv in die Überlegungen mit einbezieht, verzerrt sich das Bild zu einem, das durch Konsensual- Traditions- und Abstraktionsprinzip beherrscht wird. Der daraus resultierende Vergleich von Übergabesystem im Verhältnis zu Konsensual- und Abstraktionssystem scheitert, weil die Vergleichspunkte auf unterschiedlichen Systemebenen liegen und deshalb auf unterschiedliche Koordinaten bezogen sind. Dies mag auch die Ursache dafür sein, dass der Bezugspunkt des Vergleichs, das Traditionsprinzip in seiner Ausprägung durch die Rechtswirklichkeit nicht hinterfragt wird, was ebenfalls zur Unvollständigkeit und Verzerrtheit des Bildes beiträgt.

[680] So *Stadler*, S. 128.

führte Kernaussage und die sich daran anschließende, hier nachgezeichnete Diskussion vor dem *Hintergrund* der Frage stattfindet, ob und inwieweit Trennungs- und Abstraktionsprinzip eine eigenständige Bedeutung haben können, wenn auf die Übergabe als Publizitätsakt und damit auf das Traditionsprinzip verzichtet wird.

> (1) Ein Gegensatzpaar könnten Traditions- und Konsensualprinzip schon alleine deshalb nicht sein, weil nach französischer und damit im internationalen Vergleich maßgeblicher Lesart, das Eigentum in der Regel schon allein aufgrund des schuldrechtlichen Konsenses übergehe. Selbst wenn man also im deutschen Recht auf die '*traditio*' verzichte, gelte *de lege lata* immer noch das Trennungs- und das Abstraktionsprinzip mit der Folge, dass der schuldrechtliche Vertrag allein den Eigentumsübergang nicht bewirken könne.[681]

Bereits die bisher in der vorliegenden Darstellung angestellten Überlegungen haben gezeigt[682], daß es das sog. 'reine Konsensprinzip' entgegen aller Behauptungen nicht gibt. Soweit man unterstellt, daß der obligatorische Vertrag nach rumänischem/ französischem Recht bereits aus sich selbst heraus den Eigentumsübergang bewirken kann, spricht man von einem besonderen Einzelfall und nicht über das *Prinzip* des Eigentumsübergangs im französischen (bzw. rumänischen) Recht[683]. Hier wird der Verzicht auf Systematik, zu dem sich - wenn auch nicht ausdrücklich in diesem Zusammenhang - französische Autoren mehr noch als rumänische bekennen, kritiklos übernommen mit der Folge, dass die Dreidimensionalität des rumänischen bzw. französischen Rechts beim rechtsgeschäftlichen Eigentumserwerb, bestehend aus Einheits-, Kausaltitäts- und Konsensprinzip, auf eine Dimension reduziert wird. Weiter hat dies natürlich zur Folge, dass die Anforderungen und Wirkungen jedes einzelnen Prinzips zu einem kaum mehr unterscheidbaren Sammelsurium verwachsen. Auf dieser Basis läßt sich dann auch keine klare Zuordnung der Argumente mehr verwirklichen. Die 'Übersetzung' der Argumentation zu (1) führt dies vor Augen. So sagt *Stadler*, dass nach deutschem Recht selbst ein Verzicht auf die Übergabe noch nicht zur Geltung des Konsensualprinzips führe, weil dem das Trennungs- und Abstraktionsprinzip entgegenstünden. Sie sagt damit auch, daß nach ihrem Vorverständnis unter das Konsensprinzip zusätzlich auch das Einheits- und das Kausalitätsprinzip einbezogen wird. Mit dieser Behauptung[684] setzt sie sich damit zugleich in Widerspruch zur allgemein anerkann-

---

[681] *Stadler*, S. 128.

[682] Siehe Teil 1, 2. Kapitel, 1. Abschnitt, 2.

[683] Abgesehen davon muß auch in diesem Fall neben dem Vertrag die Perfektheit vorliegen. Diese ist jedoch aufgrund der besonderen Sachverhaltskonstellation in diesen Fällen *a priori* gegeben..

[684] Und diese Behauptung wird nicht alleine von *Stadler* erhoben.

ten, aber auch - in diesem konkreten Fall - zu der von ihr selbst aufgestellten Definition des Konsensprinzips[685].[686]

Richtig ist es vielmehr, die Systembestimmung aus den Gegensatzpaaren Einheit / Trennung, Kausalität / Abstraktion und Übergabe / Konsens[687] zu treffen. Dem Begriffspaar von Einheit und Trennung ist dabei gemeinsam, daß sie eine Antwort auf den technischen Umgang mit dem Änderungswillen geben. Der begriffliche Gegensatz besteht darin, daß dieser Wille bei Geltung des Trennungsprinzips zweimal anstatt nur einmal zum Gegenstand - unterschiedlicher - rechtlicher Überlegungen gemacht wird. Während im einen Fall der Eigentumsübergang rechtstechnisch mit *einer* Einigung bewältigt wird, geschieht dies im anderen Fall auf der Basis zweier Verträge. Der gemeinsame Bezugspunkt des Gegensatzpaares von Kausalität und Abstraktion ist die Frage nach dem unterschiedlichen Schicksal von Obligation und Eigentumsverschaffung. Das Kausalitätsprinzip verknüpft die Existenz des einen untrennbar mit der des anderen. Das Abstraktionsprinzip ermöglicht das Gegenteil davon. Sowohl Übergabe- wie auch Konsensprinzip beantworten die Frage, ob neben der - technisch wie auch immer ausgestalteten Einigung - noch ein tatsächlicher, publizitätsorientierter Vollzugsakt zur Rechtübertragung erforderlich ist. Während das eine Prinzip die Frage bejaht, verzichtet das andere auf die Übergabe und begnügt sich mit der Existenz der Einigung. Interessanterweise vollzieht sich die nach funktionalen Kriterien allein maßgebliche Individualisierung außerhalb dieses Systempaars.

(2) Vor diesem Hintergrund erweist sich die Argumentation zu (1) als unzutreffend. Trennungs- und Abstraktionsprinzip schließen zu keiner Zeit den Verzicht auf die Übergabe aus. Beide Prinzipien beziehen sich auf jeweils andere Fragen. Ein von der Verpflichtung getrennter und in seinem rechtlichen Schicksal von diesem unabhängiger dinglicher Vertrag ist sehr wohl auch ohne Übergabe denkbar.[688] Als Gegensatzpaar im Sinne eines 'entweder / oder' stünden deshalb nicht Traditions- und Konsensprinzip, sondern vielmehr Trennungs- und Abstraktionsprinzip einerseits und Konsensprinzip andererseits gegenüber.[689] Eine vermittelnde Position zwischen beiden Antipoden habe das Kausalitätsprinzip, das zwar ein dingliches Rechtsgeschäft

[685] *Stadler*, S. 31. Im Sinne dieser Definition etwa auch *v. Caemmerer*, S. 675, 676 oder *Habermeier*, S. 283, 284.

[686] Die diesbezügliche Darstellung von *Stadler*, S. 128 wurde insofern verkürzt wiedergegeben, als sie sich selber nicht ganz schlüssig in ihrer Bewertung ist. Einerseits lehnt sie mit dem wiedergegebenen Teil ihrer Darstellung die Gegensätzlichkeit des Begriffspaares ab, andererseits äußert sie aber auch, daß die Begrifflichkeit (nur) unglücklich gewählt sei.

[687] So bereits *v. Caemmerer*, S. 675, 676.

[688] Das räumt *Stadler* auf S. 130 entgegen der ursprünglich ablehnenden Ausführungen auch selbst ein.

[689] *Stadler*, S. 129.

> kenne, sich aber vom Abstraktionsprinzip dadurch unterscheide, dass es das rechtliche Schicksal von Verpflichtung und Verfügung miteinander verknüpfe.[690]

Auch diese Aussage ist ein Beispiel für die Vermischung von Bezugsebenen. Es wurde gerade schon gezeigt, daß Traditions- und Konsensprinzip ein im Sinne von 'entweder / oder' gegensätzliches auf den gleichen Bezugspunkt gerichtetes Begriffspaar sind. Maßgeblich dafür, diesen Teil der Argumentation hier wiederzugeben, ist aber die Rolle, die dem Kausalitätsprinzip zugedacht wird. So, wie das Kausalitätsprinzip hier aufgrund der ihm zugewiesenen 'Vermittlerrolle' zwischen "Trennungs- bzw. Abstraktionsprinzip einerseits und Konsensprinzip andererseits" dargestellt wird, könnte es nur in Verbindung mit dem Trennungsprinzip existieren. Dem ist nicht so. Zwar wenden die Rechtsordnungen Österreichs und der Schweiz, die beide auf dem Trennungsprinzip und dem Übergabeprinzip beruhen, das Kausalitätsprinzip an.[691] Aber auch auf der Basis von Einheits- und Konsensprinzip kommt das Kausalitätsprinzip zur Anwendung, wie die Rechtsordnungen Frankreichs und Rumäniens zeigen.

Jedoch selbst dann, wenn man sich darauf beschränkt, dem Kausalitätsprinzip lediglich in manchen Ausprägungen eine Vermittlerrolle zuzuweisen, ist das nicht überzeugend. Zunächst sprechen die inzwischen hier - zuletzt am Beispiel der Kausalität - aufgezeigten Möglichkeiten der systematischen Kombination gegen die Grundannahmen von *Stadler*. Wesentlich ist aber der weitere Aspekt. Die vermittlende Position zwischen dem deutschen und französischen System der rechtsgeschäftlichen Eigentumsverschaffung - denn das meint *Stadler* mit "Trennungs- bzw. Abstraktionsprinzip einerseits und Konsensprinzip andererseits" eigentlich - gibt es nicht:

Man stelle sich die Summe aller im Mobiliarerwerb denkbaren regelungstechnischen Möglichkeiten als einen dreidimensionales, kartesisches Koordinatensystem vor. Dabei sollen die Pole der „x-Achse" durch das Prinzip der Einheit einerseits und das der Trennung andererseits bestimmt sein. Die Pole der „y-Achse" sollen auf der einen Seite durch das Kausalitäts-, auf der anderen Seite durch das Abstraktionsprinzip definiert sein. Ergänzt wird dieses System durch die „z-Achse", die einerseits geprägt ist von der Tradition sowie andererseits vom Verzicht darauf, also dem alleinigen Konsens. Dieser gedachte Raum gibt die möglichen systemische Rahmen an, in die ein Gesetzgeber seine Regelungen zum Mobiliarerwerb 'einpassen' kann. Bezieht man nun beide Systeme, nämlich das durch Trennung / Abstraktion / Übergabe bestimmte deutsche einerseits und das durch Einheit / Kausalität / Konsens geprägte französische bzw. rumänische andererseits, auf dieses so definierte Koordinatensystem, so stehen sich in diesem drei-

[690] *Stadler*, S. 129.

[691] Vgl. nur *Jeroscheg*, S. 301 ff., (Schweiz) und S. 310 ff. (Österreich); Sovilla, S. 25; *Ferrari*, S. 52, 56.

dimensional gedachten Raum diametral gegenüber. Der einzige sie verbindende Punkt, quasi der 'Nullpunkt', das Zentrum dieses dreidimensionalen Koordinatensystems ist ihre eigentumsverschaffende Wirkung. Ein Rechtssystem wie das österreichische oder schweizerische ist bestenfalls insofern vermittelnd, als es mit dem deutschen Trennung und Übergabe sowie mit dem französischen und rumänischen die Kausalität gemein und deshalb nach beiden 'Richtungen' Berührungspunkte hat, die über die eigentumsverschaffende Wirkung hinausreichen. 'Vermittelnd' würde dann bedeuten, daß es von den beiden gegensätzlichen Lösungsmodellen abweichende gibt, auf die man sich etwa im Rahmen einer Rechtsvereinheitlichung in Europa im Wege eines Kompromisses zubewegen kann.

> (3) Außerdem bezeichne das Traditionsprinzip alleine den Grundsatz der Kundbarmachung der Rechtsänderung und dieser lasse sich grundsätzlich sowohl mit dem Abstraktions- wie mit dem Kausalitäts- und, wie das Beispiel Spaniens und seiner lateinamerikanischen Tochterrechte zeige, auch mit dem Konsensualprinzip kombinieren.[692]

Soweit festgestellt wird, daß das Traditionsprinzip alleine den Grundsatz der Kundbarmachung der Rechtsänderung, also den Gegensatz zur abstrakten, für Unbeteiligte nicht wahrnehmbaren Eigentumsverschaffung durch Einigung[693] erfaßt, bestätigt *Stadler* die hier angestellten Überlegungen. Die Bezugnahme auf das spanische und lateinamerikanische Recht ist wiederum vom grundlegenden Mißverständnis des Konsensualprinzips im Sinne des sog. 'reinen Konsensualprinzips' geprägt. Bei genauer Betrachtungsweise erweist sich nämlich, daß in Spanien das Einheits- und Kausalitäts- mit dem Übergabeprinzip[694] verbunden wird.

> (4) Umgekehrt stelle sich die Frage, ob bei Wegfall einer Übergabeverpflichtung nicht auch die Trennung zwischen obligatorischem und

[692] *Stadler*, S. 129.

[693] Zunächst ist an dieser Stelle festzuhalten, daß dies für die Einigung sowohl im Trennungs- wie im Einheitsprinzip gilt. Sodann ist nochmals darauf hinzuweisen, daß die Gegensätzlichkeit von Traditions- und Konsensprinzip sowohl in systematischer (vgl. nochmals *Creifelds*, 'Traditionsprinzip'.) als auch die tatsächlicher Hinsicht (Konkretheit und Öffentlichkeit der Übergabe im Gegensatz zu Abstraktheit und Nichtöffentlichkeit einer bloßen Einigung, so *Süß*, S. 141, 149 ff.) anerkannt sind.

[694] Vgl. *Wacke*, S. 254, 255; *Röthlisberger*, S. 62 ff., der sich allerdings auf den Vergleich von Traditions- und Konsensprinzip beschränkt. So auch schon *Rabel*, Band I, § 3, 2 a, S. 28, der darauf hinweist, daß das spanische Recht, genauso wie viele lateinamerikanische Rechtsordnungen, zwar grundsätzlich dem französischen Recht folgen (deshalb Einheits- und Kausalitätsprinzip), aber den Eigentumsübergang von einer Übergabe (Traditionsprinzip) abhängig machen.

dinglichen Vertrag entfallen müsse.[695] Die Wahl zwischen Abstraktions- oder Konsensprinzip habe aber nichts mit der Frage der Publizität gemein, sondern sei das Ergebnis der Abwägung öffentlicher Interessen. Dabei bedeute die Entscheidung für das Abstraktionsprinzip eine Entscheidung für die getrennte Betrachtung von Verpflichtung und Verfügung. Folge man dem Konsensprinzip und der damit verbundenen Theorie des dinglichen Vertrages, so stehe und falle die sachenrechtliche Wirkung mit dem obligatorischen Geschäft. Wolle man aber, wie dies im letztgenannten Fall geschehe, schuldrechtliche Einigung *und* dingliche Erklärung in das Rechtsgeschäft hineinlegen, am Trennungsprinzip also prinzipiell festhalten, so bedürfe es einer Begründung, warum die sachenrechtlichen Erklärungen bereits zu einem so frühen Zeitpunkt erfolgen sollen und nicht etwa erst bei Besitzübergabe.[696] Jedenfalls sei die materiell-rechtliche Unabhängigkeit von Verpflichtung und Verfügung auch dann denkbar, wenn auf einen Publizitätsakt verzichtet werde.

Zuzustimmen ist *Stadler*, wenn die Existenz des Trennungsprinzips als vom Traditionsprinzip unabhängig darstellt. Dies gilt jedoch schon nicht mehr, soweit sie feststellt, daß die Wahl zwischen den Systemprinzipien in erster Linie eine Frage der Abwägung von Interessen sei.[697] Es wurde hier bereits gezeigt, daß der Gesetzgeber in den Fällen, in denen die rechtliche Folge von Systemprinzipien im Widerspruch zu seiner Wertung steht, für Ausgleich mittels entsprechender Ansprüche, zumindest aber für Kompensation sorgt.

Auch zeigen die Ausführungen zum Konsensprinzip - gemeint ist das sog. 'reine Konsensprinzip' französischer Prägung - wie tiefgreifend das Mißverständnis der dortigen Regelung zur eigentumsverschaffenden Wirkung des Kaufs ist.[698] Dieses Mißverständnis hat seinen Ursprung in der Ansicht, im Rechtsgeschäft 'Kauf' seien schuldrechtliche und dingliche Einigung gleichermaßen und vor allem prinzipiell trennbar vereint. Das trifft nicht zu. Es gibt im französischen und

---

[695] *Stadler*, S. 129 f., was sie aber für nicht zwingend hält, ohne dies - abgesehen von dem wiedergegeben letzten Satz - weiter schlüssig zu begründen.

[696] *Stadler*, S. 130.

[697] Die mit den Systemprinzipien verbundenen Wertentscheidungen des Gesetzgebers werden auch nicht weiter substantiiert.

[698] Dieses Mißverständnis ist in der einschlägigen rechtsvergleichenden Literatur öfter aufzufinden. Es wird nur selten in dieser Deutlichkeit formuliert, vgl. etwa nochmals *Wacke*, S. 254, 257, 260 f.; *Minuth* S. 25; *Ferrari*, S. 52, 73 ff.; *Jeroscheg*, S. 229; *Ferid/Sonnenberger* 2 G 201 ff., *Drobnig*, Transfer of Property, in: Hartkamp/ Hesselink/ Hondius/ Joustra/ du Perron (Hrsg.), Towards a European Civil Code, S. 495, 500 f.(zB.) die zwar auch die Verankerung des Einheitsprinzips erkennen (etwa wiederum *Drobnig*, Transfer of Property, in: Hartkamp/ Hesselink/ Hondius/ Joustra/ du Perron (Hrsg.), Towards a European Civil Code, S. 495, 496 und 504, 506.); *Rabel*, Band I, § 3, 2 b, S. 29.

rumänischen Recht keine zwei voneinander zu trennenden Einigungen, auch nicht prinzipiell. Aufgrund des Einheitsprinzips gibt es nur eine einzige Einigung und diese ist obligatorischer Natur. Nur unter ganz bestimmten Voraussetzungen entfaltet sie über die Verpflichtung hinaus eine dingliche Wirkung. Und damit ist beinahe auch schon die Kritik an dem vermeintlich zu frühen Zeitpunkt der dinglichen Einigung beantwortet. Alle sich im deutschen Recht im Zusammenhang mit der dinglichen Einigung stellenden Fragen tatsächlicher Art, können nach rumänischem und französischem Recht genauso früh oder spät beantwortet werden, wie hier auch. Nur daß sich der rechtstechnische Umgang in beiden Rechtsordnungen mit der jeweiligen Sachverhaltsgestaltung dadurch unterscheidet, daß das deutsche Recht über die Fragen der Perfektion hinaus auch noch eine zweite Einigung verlangt, die in aller Regel gedanklich hinzukonstruiert wird.

Aus der hier geführten Auseinandersetzung wird nicht nur die Dreidimensionalität des systematischen Raums, in dem sich die rechtsgeschäftliche Eigentumsübertragung bewegt, deutlich. Vor allem wird deutlich, daß es drei Systemorientierungen gibt, die durch antipodische Begriffspaare bestimmt und voneinander unterscheidbar sind. Dies hat zur Folge, dass

> ein Systemvergleich zwingend auf die unterschiedlichen und gemeinsamen Wirkungen eines jeden Begriffspaares abzustellen hat.

Da diese Betrachtungsweise jedoch nicht in der Lage ist, die Wechelwirkungen der einzelnen Systemkomponenten innerhalb der jeweiligen Rechtsordnung zu erfassen, muß sich an die Betrachtung der einzelnen Systemelemente (2. Abschnitt) ein Vergleich des Gesamtsystems anschließen (3. Abschnitt). Diese Betrachtung ermöglicht dann konkrete Aussagen zu den Möglichkeiten einer Rechtsangleichung (4. Abschnitt).

2. Abschnitt Die Systemelemente im Vergleich

Nach Maßgabe der voranstehenden Überlegungen schließt sich hier eine Untersuchung darüber an, welche Wirkung von der gesetzlichen Anordnung einzelner Systemelemente ausgehen. Dafür werden zunächst Einheits- und Trennungsprinzip (1.) sowie anschließend Kausalitäts- und Abstraktionsprinzip (2.) verglichen, bevor abschließend auch ein Vergleich von Traditions- und Konsensprinzip (3.) stattfindet.

1. Die Wirkung von Einheits- und Trennungsprinzip

Will der Gesetzgeber mehr ermöglichen als den unbedingten Kauf bereits existierender, konkret bestimmter Stücksachen, will er vorausschauendes, planvolles Handeln in juristischen Kategorien erfassbar machen, so muss er Plan und Durchführung gesetzlich regeln. Eine gesetzliche Regelung beider Aspekte muss jedoch deren gegensätzlicher Natur gerecht werden. Denn planendes, zukunftsorientiertes Handeln, auch wenn es auf die Übertragung des Eigentums gerichtet ist, arbeitet mit Zielen, wobei die Voraussetzungen für deren Erreichung oft erst noch geschaffen werden müssen. Die Durchführung einer Zuordnungsänderung aber, dies ergibt sich aus der Natur der Sache, erfordert konkrete Festlegungen in jeder Hinsicht. Daher können nicht beide durch eine einzige Regelung erfasst werden.

1.1. Die Wirkungsweise beider Prinzipien

Dem Dualismus von Planung und Durchführung entspricht das *deutsche Recht* mithilfe des Trennungsprinzips. Gerade dieses macht es möglich, sich zum Verkauf einer bestimmbaren Sache zu verpflichten und in Ausführung dieser Verpflichtung die Übereignung einer bestimmten Sache dann auch zu vollziehen. Dabei behilft es sich mit einer Verdoppelung des vertraglichen Elements durch Aufspaltung des durch die Parteien in der Regel als einheitlich gedachtes Rechtsgeschäftes in zwei. Eines davon, die Verpflichtung, gewährt den Beteiligten die innerhalb der Planung erforderliche Freiheit zur späteren Konkretisierung der Überlegungen und zur Herbeiführung der für die Durchführung notwendigen Umstände. Sind diese Vorbereitungen weit genug gediehen, können im Rahmen des zweiten Geschäfts, der Verfügung, alle für die Zuordnungsänderung unabweislichen Bedingungen erfüllt werden. Der für das zweite Geschäft dann fehlende Wille wird den Parteien durch die Rechtsordnung zugerechnet.[699]

Das Trennungsprinzip bewirkt also, dass der Änderungswille - aus technischer Sicht - in zweifacher Weise seinen Ausdruck finden muss. Es macht auf diese Weise den Unterschied von Verpflichtung und Verfügung sichtbar. Die auf Verpflichtung gerichtete Willensäußerung darf dabei hinsichtlich der Bestimmtheit des Gegenstands der Zuordnung noch Ungenauigkeiten enthalten. Jedoch muss zumindest die auf Eigentumsübergang gerichtete Willensäußerung alle zwingenden Erfordernisse der Zuordnungsänderung, also auch die hinreichende Bestimmtheit der neu zuzuordnenden Sache enthalten. Sind die Voraussetzungen der Zuordnungsänderung bereits mit einer tatsächlichen Erklärung erfüllt, so bedarf es jedoch nicht noch eines zweiten tatsächlich durchgeführten Rechtsgeschäfts. Es

[699] *Larenz*, § 39 II, a, S. 12. Eine Definition des Trennungsprinzips geben etwa *Grigoleit*, S. 379, 380; *v. Caemmerer*, S. 675, 676.

zeigt sich, dass mit dem Trennungsprinzip sachliche Wertungen nicht verbunden sind. Vielmehr ist es allein auf Technizität gerichtet.

Die Kritik an dieser systematischen Ausrichtung des deutschen Zivilrechts richtet sich insbesondere gegen die Tatsache, dass diese Systematik in keiner Weise die Vorstellung eines Laien von Kauf und Eigentumsübergang wiedergibt. Allerdings ist die genaue Vorstellung des Laien nicht zuletzt mit Blick auf §§ 133, 157 BGB irrelevant. Sein Ziel ist es, Eigentümer einer bestimmten Sache zu werden. Er will und kann dies nur erreichen, indem er seinem Vertragspartner im Gegenzug das Eigentum am Kaufpreis verschafft. Ihm ist aber nur das Ergebnis wichtig, nicht die juristische Konstruktion. Deshalb muss eine Rechtsordnung auch den Gehalt des rechtlichen Willens einer Partei sachgerecht widerspiegeln und nicht dessen Vorstellung von der dazu führenden juristischen Konstruktion. In diesem Sinne ist es bedeutungslos, welche der Willenserklärungen von der Rechtsordnung zugerechnet oder gar fingiert werden, solange dies dem zum Ausdruck gebrachten Willen entspricht[700].
Dennoch hat sich im Laufe der Untersuchung gezeigt, dass das Trennungsprinzip auch zu geringfügiger, aber berechtigter Kritik Anlass gibt. Seine Technik der Verdoppelung bewirkt nicht nur ein an sich überflüssiges rechtsgeschäftliches Moment. Denn, wie sich gezeigt hat, ist das Problem des rechtsgeschäftlichen Eigentumserwerb auch auf der Basis nur eines einzigen Rechtsgeschäfts lösbar. Die Verdopplung hat vor allem zur Folge, dass sie dem Veräußerer vertragswidriges Verhalten ermöglicht. Es ist in seiner Hand das Eigentum vertragswidrig unter Eigentumsvorbehalt zu übereignen. Das ist weder notwendig noch wünschenswert. Der Veräußerer mag seine Sicherungsinteressen bei Abschluss des verpflichtenden Vertrages bedenken, dann sind nachfolgende Prozesse, gerichtet auf vertragsgemäße Erfüllung überflüssig.[701]

Das im rumänischen Recht geltende Einheitsprinzip kommt dagegen mit einem einzigen Rechtsgeschäft aus, um sämtliche Erscheinungsformen des rechtsgeschäftlichen Eigentumsübergangs zu bewältigen. Dabei ist der Verzicht auf die Verdoppelung der rechtsgeschäftlichen Ebene nicht gleichbedeutend mit einem Verzicht auf die juristische Erfassung von Planung einerseits und Durchführung andererseits. Dies beweist die Regelung der Art. 948 ZGB ff., insbesondere Art. 964 und 965 ZGB[702].

Vielmehr hat sich gezeigt, dass der rumänische Gesetzgeber dem ZGB *nur eine andere Umsetzungstechnik* zu Grunde gelegt hat.

---

[700] In diesem Sinne auch *Wieling*, Abstraktionsprinzip, S. 301, 303 f.

[701] Vgl. dazu nochmals 2. Teil, 2. Kapitel, 3. Abschnitt, 2.

[702] Wie gesagt, wird in Art. 964 ZGB der Gattungskauf und in Art. 965 ZGB die Zulassung des Kaufs einer künftigen Sache geregelt.

Die Fragen der Planung kommen im Gesetz ausdrücklich und weitgehend vollständig zum Ausdruck und müssen zum Gegenstand einer vertraglichen Übereinkunft gemacht werden. Dagegen fehlt eine in sich geschlossene Regelung der Voraussetzungen, unter denen die eigentumsverschaffende Wirkung des Vertrages eintreten soll. Hier ist der Gesetzgeber eher exemplarisch vorgegangen, indem er ihm bekannte Spezialfälle[703] hinsichtlich des Zeitpunkt des Eigentumsübergangs sowie hinsichtlich des Gefahrübergangs definiert hat.

Der Gesetzgeber ging dabei von der Vorstellung aus, dass zwar ein einzelner Vertrag nicht immer hinreichend perfekt ist, um auch den Eigentumsübergang zu bewirken. Aber er meinte in rechtstechnischer Hinsicht mit einem einzigen Rechtsgeschäft auskommen zu können. Damit hat er Recht behalten, weil er sich der 'Generalklausel' der Perfektheit[704] und damit der Rechtstechnik des Realvertrags[705] bedient hat. Dies war möglich, weil die Perfektion des Kaufvertrags nur von tatsächlichen Gegebenheiten abhängig ist. Abgesehen vom Vertragsschluss stellen sich dann eben nurmehr die rein tatsächlichen Fragen, ob die Kaufsache existiert, sie hinreichend bestimmt ist, eine Bedingung ggfs. noch nicht eingetreten ist und ob der Veräußerer zu der Verfügung auch tatsächlich dazu berechtigt ist.

In diesem Sinne hat der rumänische Gesetzgeber mithilfe des Einheitsprinzips im Rahmen des einen Rechtgeschäfts alles das geregelt, was einer ausdrücklichen Regelung bedurfte und dafür die Fragen, die sich aus der Natur der Sache ergeben und rein tatsächlich entschieden werden, offengelassen. Darin besteht die Wirkung des Einheitsprinzips. Auch hier ist festzustellen, dass es sich lediglich durch seine technischen Vorgaben äußert. Es erzwingt den Realvertrag und ermöglicht damit die rechtlich - technische Untersuchung eines Sachverhalts anhand eines Rechtsgeschäfts. Inhaltliche Wertungen des Gesetzgebers kommen durch das Einheitsprinzip nicht zum Ausdruck.[706]

Dies bedeutet nicht, dass daher in der rumänischen Regelung eine perfekte Abbildung des Eigentumsübergangs vorliegt. Dafür ist sie zu fragmentarisch. Eine perfekte Abbildung des rechtsgeschäftlichen Eigentumsübergangs wäre nicht über so lange Zeit allgemein missverstanden worden. So wird denn auch das auf dem Trennungsprinzip beruhende Regelungssystem des deutschen Rechts für vorzugswürdig, weil systematisch einfacher und damit klarer gehalten.[707]

---

[703] Man darf nicht vergessen, dass zur Zeit der Schaffung des französischen Code Civils und auch des rumänischen Zivilgesetzbuchs vor fast 200 bzw. 150 Jahren die Anforderungen des Industriezeitalters an Warenverkehr und Sicherung noch nicht bekannt waren.

[704] Im einzelnen dazu: Teil 1, 2. Kapitel, 2. Abschnitt.

[705] Vgl. dazu nochmals 1. Teil, 2. Kapitel, 3. Abschnitt, 1.1., insb. 1.1.2.

[706] Es hat sich allerdings gezeigt, dass die auf der Grundlage des Einheitsprinzips erzielten rechtlichen Ergebnisse mit den Wertungen des Gesetzgebers übereinstimmen, Teil 2, 3. Kapitel, 1. Abschnitt 2.2.

[707] Vgl. etwa *Stadler*, S. 735; *Larenz*, § 39 II, a, S. 13.

1.2. Vergleich beider Prinzipien

Die These, dass das Trennungsprinzip systematisch einfacher sei, lässt sich jedoch in dieser Form nicht halten. Sie wird begründet mit der Überlegung, dass es besondere Voraussetzungen für die Wirksamkeit von Verfügungen gebe. Deshalb sei es eine systematische Vereinfachung die schuldrechtlichen Wirksamkeitsvoraussetzungen allein im Kaufvertrag zu beurteilen und die dingliche Einigung allein nach den Regeln für Verfügungsgeschäfte.[708] Ein Kaufvertrag sei dann eben auch bei fehlender Verfügungsmacht wirksam, nur das Eigentum sei noch nicht übergegangen.

Bereits an dieser Überlegung wird deutlich, dass die Vorstellung einer größeren Einfachheit des Trennungsprinzips auf einer Fehlvorstellung über das Einheitsprinzip beruht. In diesem Sinne gibt es eine größere Einfachheit jedenfalls nicht, denn auch bei Geltung des Einheitsprinzips ist das Ergebnis bei einem Kaufvertrag und fehlender Verfügungsmacht des Veräußerers kein anderes. Die Differenzierung wird in genau derselben Weise vorgenommen.[709] Es liegt auch keine besondere Erleichterung der Betrachtung in dem Umstand, dass der Kaufvertrag nur im Verhältnis zwischen Käufer und Verkäufer von Bedeutung ist, der dingliche Vertrag aber für Dritte, das heißt in der Eigentumsfrage. Ist es denn nicht mindestens genauso einfach, sich allein um die Wirksamkeit eines Rechtsgeschäfts Gedanken zu machen und aus diesem einen dann die Folgen unter den Parteien einerseits und die Folgen in der Eigentumsfrage andererseits zu beurteilen?

Der Vorteil, den das Trennungsprinzip an Klarheit bringt, liegt an einer anderen Stelle. Er ist erkenntnistheoretischer Natur.

> Es ist das Verdienst des Trennungsprinzips, damit seines Erfinders *Savigny*[710], das Erkennen und Verstehen der Funktionsweise des Eigentumsübergangs und seine systematische Durchdringung[711] zu ermöglichen.

Ohne die gedankliche und rechtliche Trennung von Verpflichtung und Verfügung - dies legt das Beispiel der dem Einheitsprinzip verpflichteten Rechtssysteme nahe - wäre ein Verstehen der Funktionsweise des Eigentumsübergangs aufgrund der Komplexität des Vorgangs nicht oder aber nicht in dem heute erkannten Umfang möglich gewesen. Der dem als 'reinen' Konsensprinzip bezeichneten Einheitsprinzip gemachte Vorwurf der mangelnden Klarheit lässt sich nicht mehr halten. Er beruht letztlich nicht auf dem rumänischen / französischen Regelungssystem, sondern letztlich auf der durch die mangelhafte Systematisierung beruhenden Unkenntnis desselben. Genauso wenig lässt sich noch der Vorwurf halten, das

---

[708] *Stadler*, S. 735; *Larenz*, § 39 II, a, S. 13.

[709] Vgl. nochmals die genau anhand dieser Problematik beispielhaft dargestellte Wirkungsweise des einheitlichen Tatbestandes, Teil 1, 2. Kapitel, 2. Abschnitt, 6.

[710] *Savigny*, System des heutigen römischen Rechts, S. 312 ff, 356 .

[711] *Stadler*, S. 735.

System leide unter der Vielzahl wirtschaftlich bedeutender Durchbrechungen.[712] Hat man aber diese Funktionsweise erst einmal erkannt, so lässt sich das Einheitsprinzip mit genau derselben Klarheit handhaben, wie das Trennungsprinzip. Dies ist dann nur noch eine Frage der Denkgewohnheit und hat zur Folge, dass dann eine größere Klarheit des Trennungsprinzips auch insofern nicht mehr zu konstatieren ist. Denn die Trennung ist nur gedanklich, nicht aber tatsächlich erforderlich. Es genügt zwei Unterschiede zu verinnerlichen. Zum einen sind im rumänischen bzw. französischen Kaufvertrag die Wirkungen beider deutschen Rechtsgeschäfte - des Kaufvertrags und der dinglichen Einigung - zwar voneinander unterscheidbar, aber in einem Rechtsgeschäft vereint. Zum anderen finden auf der Tatbestandsseite die Voraussetzungen des deutschen Kaufvertrags ihr rumänisches Gegenstück im dortigen Kaufvertrag, die Voraussetzungen des dinglichen Vertrags ihr Pendant in der Perfektheit des Kaufvertrags rumänischen Rechts.

Bedenkt man dann, dass im deutschen Recht Verpflichtung und Verfügung in der Praxis durch eine einzige Einigung der Parteien - nach hiesigem Verständnis wird die Übereignung in diesen Fällen ja oft konkludent, manchmal zudem antizipiert miterklärt - bewirkt werden, so wird offenkundig, dass der angeblich so *profunde Unterschied zwischen Einheits- und Trennungsprinzip nur ein technischer* ist. Tatsächlich, dh. in der Lösung der Sachfragen durch den jeweiligen Gesetzgeber, geht er aber eher gegen Null. Nur - aufgrund der fehlenden zweiten Einigung mag man zu der Auffassung gelangen, dass bei Geltung des Einheitsprinzip einiges unkomplizierter geregelt ist.

Aus alledem folgt:

> Die Trennung von Verpflichtung und Verfügung ist aus funktionalen Gründen zwingend. Das Trennungsprinzip ist wesentliche Grundlage dieser Erkenntnis.
>
> Das Trennungsprinzip vollzieht seine Erkenntnis, indem es sich des rechtstechnischen Mittels einer zweiten, eigenständigen rechtsgeschäftlichen Ebene bedient. Die konkrete rechtliche Ausgestaltung dieser Ebene führt allerdings zu dem Nachteil, dass eine verpflichtungswidrige dingliche Einigung möglich ist.
>
> Das Einheitsprinzip vollzieht die Trennung von Verpflichtung und Verfügung ebenfalls. Dies wird durch die Unterscheidung von verpflichtender und verfügender Wirkung der Vertrages deutlich. Da beide Wirkungen jedoch denselben Vertrag zur rechtlichen Grundlage haben, vollzieht sich die Trennung im Wesentlichen gedanklich. Allein das reale Element der Perfektheit dient dieser Trennung inhaltlich.

---

[712] Vgl. nur *Drobnig*, Transfer of Property, in: Hartkamp/ Hesselink/ Hondius/ Joustra/ du Perron (Hrsg.), Towards a European Civil Code, S. 495, 498 f. 503.

Es hat sich gezeigt, dass der Unterschied zwischen beiden Prinzipien lediglich technischer Natur ist und in keiner Weise auf unterschiedlichen Wertungen beruht.

2. Die Wirkung von Kausalitäts- und Abstraktionsprinzip

Wie schon im vorangehenden Unterabschnitt ist es auch hier geboten, zunächst die jeweilige spezifische Wirkung der beiden in Frage stehenden Systemprinzipien herauszuarbeiten (2.1.), bevor sich dann (2.2.) ein Vergleich anschließt.

2.1. Die Wirkungsweise beider Prinzipien

Die Aufgabe des deutschen Abstraktionsprinzips erschließt sich erst, wenn man es in Verbindung mit dem Trennungsprinzip betrachtet. Dieses möchte Klarheit durch die Trennung von Verpflichtung und Verfügung schaffen. Da diese Trennung jedoch nicht nur gedanklich, sondern auch rechtstechnisch vollzogen wird, schieße das Trennungsprinzip - so meint man - über sein Ziel hinaus. Die Verdoppelung der rechtsgeschäftlichen Ebenen führe nämlich zwangsläufig zu einer Verdoppelung der möglichen Fehler, also der Gründe, die den angestrebten Erfolg in Frage stellen können.[713] Gesteigert werde dies in einer Rechtsordnung, die ohnehin aufgrund der vergleichsweise großzügigen Anerkennung von Anfechtungsgründen spürbar mehr Fehlerquellen aufweise, als etwa die rumänische oder französische.[714] Hinzu trete, dass der Erwerber durch die im Trennungsprinzip angelegte Verdoppelung der Rechtsgeschäfte gezwungen scheint, sich nicht nur Klarheit über die Verfügung zwischen Veräußerer und dessen Vormann zu verschaffen sondern auch über das zwischen diesen erfolgte Verpflichtungsgeschäft. Es könnten ja grundsätzlich Fehler aus beiden vorangehenden Geschäften den eigenen Erwerb in Frage stellen. Vor diesem Hintergrund sei es u.a. die Aufgabe des Abstraktionsprinzips, die im Sinne der Rechtssicherheit verheerenden Folgen eines kausalen Trennungsprinzips zu vermeiden. Dies geschehe, in dem das Abstraktionsprinzip die Wertneutralität der Verfügung und deren einer rechtliche Unabhängigkeit von

---

[713] *Stadler*, S. 99.

[714] *Stadler*, S. 188.

der ihr zu Grunde liegenden Verpflichtung anordne.[715] Damit ermögliche es trotz aller Risiken eine klare Feststellung des jeweiligen Eigentümers.[716]

Das Abstraktionsprinzip bewirkt zunächst, dass sich das rechtliche Schicksal von verpflichtendem Kaufvertrag und verfügender dinglicher Einigung unterschiedlich entwickeln kann. Durch seine Wertneutralität und seine Zweckfreiheit ist die Verfügung der Wirkung von Mängeln des Kaufs nicht in gleichem Maße ausgesetzt wie das obligatorische Grundgeschäft. Damit bewirkt das Abstraktionsprinzip eine größere Stabilität der Verfügung. Allerdings führt dies dann wiederum dazu, dass die rechtliche Beurteilung der Verfügung zumindest vorläufig im Widerspruch zu der rechtlichen Bewertung des zu Grunde liegenden Sachverhalts durch den Gesetzgeber steht. Zwar wollte der Gesetzgeber durch schuldrechtliche Rückübertragungsansprüche beides in Einklang bringen. Dies ist ihm aber nur insoweit gelungen, als nicht Dritte zwischenzeitlich Rechte an der Sache erworben haben.[717] Damit ist die eingeschränkte Verlässlichkeit des Einklangs von gesetzgeberischen Wertung und rechtlichem Ergebnis ebenfalls eine Folge der Grundentscheidung[718], die Wirksamkeit der Verfügung zunächst von der Wirksamkeit des Grundgeschäfts abzukoppeln. Gerade aufgrund dieser Wirkungen lässt sich auch vom Abstraktionsprinzip sagen, dass es nur technische, nicht aber normative Entscheidungen des Gesetzgebers beinhaltet.

Das Kausalitätsprinzip im rumänischen Recht führt ein Schattendasein, soweit es um die von ihm wahrgenommenen Funktionen im rechtsgeschäftlichen Eigentumserwerb geht. Dies liegt an der dominanten Rolle des Einheitsprinzips, das bewirkt, dass alle Aufgaben des Kausalitätsprinzips von Hause aus erfüllt sind. So hat das Kausalitätsprinzip zunächst die Funktion der Rechtmäßigkeitskontrolle für das Rechtsgeschäft. Insofern nimmt das Kausalitätsprinzip eigens für das translative Geschäft keine spezielle Aufgabe wahr. Diese Aufgabe obliegt ihm vielmehr bei jedem Rechtsgeschäft. Allerdings bekommt auch diese Aufgabe durch die Funktion des Kausalitätsprinzips im eigentumsverschaffenden Vertrag eine zusätzliche Bedeutung. Dort bringt es nämlich die absolute Abhängigkeit der Verfügung von der Verpflichtung zum Ausdruck. Dies bedeutet zunächst, dass eine Verfügung immer durch eine entsprechende Verpflichtung begründet sein muss. Das bewirkt jedoch, dass die Unwirksamkeit des Rechtsgeschäfts wegen sittenwidriger '*cauza*' zwangsläufig zur Folge hat, dass auch die Verfügung keine Wirksamkeit erlangt.

---

[715] Vgl. dazu *Schröder*, 875, 891, der dies als die Beseitigung eines Fehlers durch einen anderen bezeichnet. A. A., *Stadler*, S. 204, die ihre Bewertung der Wirkungsweise allerdings nur mit der Möglichkeit begründet, dass die konsequente Trennung von schuld- und sachenrechtlicher Lage den Interessen einer Vertragspartei und den Interessen der Allgemeinheit gleichzeitig Rechnung tragen könne, ohne dies an dieser Stelle weiter auszuführen.

[716] *Stadler*, S. 181.

[717] Teil 2, 3. Kapitel, 1. Abschnitt, 2.4.

[718] Teil 2, 3. Kapitel, 2. Abschnitt, 1.4.

Aus dieser Funktionsbeschreibung folgt zweierlei. Zum einen bringt auch das Kausalitätsprinzip keine Wertungen des Gesetzgebers zum Ausdruck. Es ist - und das ist bereits teil der zweiten Konsequenz - lediglich das Mittel des Gesetzgebers, seine Wertentscheidungen auch umfassend durchzusetzen. Das Kausalitätsprinzip hat also auch ausschließlich technische Aufgaben zu erfüllen.

2.2. Vergleich beider Prinzipien

Das Problem des Abstraktionsprinzip liegt in der oben wiedergegebenen, falschen Grundannahme. Es ist irrig zu glauben, dass die Verdoppelung von rechtsgeschäftlichen Ebenen bei *einem einheitlichen* Geschäft zu einer Verdoppelung der Fehlerquellen für den angestrebten rechtlichen Erfolg führt. Auf der Grundlage des Trennungsprinzips wirkt der eine Fehler, der im tatsächlichen Lebenssachverhalt angelegt ist, zumindest auf die Verpflichtung. Er bewirkt ihre Unwirksamkeit. Aber selbst wenn dieser Fehler nun zugleich auch auf die Auswirkungen zeitigt, bleibt es doch bei einem Fehler. Denn dieser vermehrt nicht aufgrund der Verdopplung der Geschäfte. Bestenfalls erhält er in dem anderen Zusammenhang ein anderes Gesicht.[719] Die Tatsache, dass es nicht zu einer von Gesetzes wegen zu vermeidenden Vermehrung von Fehlern kommt, wird doch allein dadurch schon deutlich, dass der Gesetzgeber in Fällen, in denen allein das Grundgeschäft nichtig ist, regelmäßig nach §§ 812 Abs. 1, 818 Abs. 1 BGB die Rückübereignung anordnet. Der Gesetzgeber möchte, dass sich dieser eine Fehler auch auf die Verfügung auswirkt.

Eine zusätzliche Fehlerquelle mag sich nur in seltenen Fällen eröffnen. Sie ist dann denkbar, wenn die Parteien rechtlich getrennte Verträge über Verpflichtung zur und Durchführung einer Eigentumsverschaffung schließen. Da im Rahmen eines Kaufs nur rechtlich erfahrenen Parteien eine solche Trennung der Rechtsgeschäfte vornehmen, treten die Fälle der Vermehrung von Fehlern äußerst selten auf.

Der Vergleich des Abstraktionsprinzip muss damit im wesentlichen im Auge haben, dass diese Rechtstechnik zunächst eine Diskrepanz zwischen rechtlichem Ergebnis und rechtlicher Bewertung erzeugt.[720] Die Übereinstimmung von Ergebnis und Bewertung muss erst im Nachhinein herbeigeführt werden. Um dies zu ermöglichen muss der Gesetzgeber ein zusätzliches rechtliches Instrumentarium zur Verfügung stellen. Das Abstraktionsprinzip erzwingt also eine umständlichere Gesetzestechnik.

Eine Diskrepanz zwischen rechtlichem Ergebnis und gesetzgeberischer Wertung lässt sich jedoch nicht immer ausschließen. Damit führt das Abstraktionsprinzip zu einer geringeren Verlässlichkeit der Rechtsordnung.[721] Diese Verlässlichkeit wird

[719] So beim Erklärungsirrtum, vgl. *Stadler* S. 176.

[720] Nochmals: Teil 2, 3. Kapitel, 1. Abschnitt, 2.4.

[721] Nochmals: Teil 2, 3. Kapitel, 2. Abschnitt, 1.4.

darüber hinaus durch den Umgang von Literatur und Rechtsprechung mit diesem Problem zusätzlich eingeschränkt.[722]

Das Kausalitätsprinzip bewirkt dagegen, auch wenn dies aufgrund des Einheitsprinzips nicht unmittelbar wahrzunehmen ist, dass der Gleichklang von rechtlichem Ergebnis und rechtlicher Bewertung immer hergestellt ist. Es vermeidet somit die Probleme des Abstraktionsprinzips.

Soweit man - entgegen der hier vertretenen Auffassung - mit Teilen der rumänischen Literatur von einer horizontalen, über einzelne Erwerbsgeschäfte hinausgreifenden Wirkung des Kausalitätsprinzips ausgeht, ist auch dies einem Vergleich mit dem Abstraktionsprinzip nur insofern zugänglich, als das Abstraktionsprinzip eine solche übergreifende Wirkung nicht besitzt, auch wenn Aussagen in der Literatur dies zu unterstellen scheinen.[723] Zwar verhindert das Abstraktionsprinzip ein Übergreifen der Mängel des vorangehenden Kaufes auf nachfolgende Verfügungen tatsächlich. Aber seine Wirkungsweise ist eine andere, als die des § 932 BGB. § 932 BGB bewirkt, dass der Erwerber Eigentümer werden kann, obwohl eine vorangegangene Verfügung gescheitert ist. Das Abstraktionsprinzip wirkt dagegen auch in vorangegangenen Erwerbsgeschäften definitionsgemäß[724] nur in vertikaler Weise, indem es Mängel vorangehender Kaufverträge nicht auf die jeweiligen Verfügungen 'durchschlagen' lässt und damit die Zahl der Anwendungsfälle des § 932 BGB reduziert.[725]

Damit lässt der Vergleich von Abstraktions- und Kausalitätsprinzip im Ergebnis erstaunliche, weil von der verbreiteten Überzeugung in Deutschland abweichende Schlüsse zu.

Beide Prinzipien sind nur technischer, nicht aber normativer Natur.

Die These, dass das Abstraktionsprinzip im Verhältnis zum Kausalitätsprinzip einen zusätzlichen Verkehrsschutz ermöglicht, ist falsch. Richtig ist vielmehr das Gegenteil. Allerdings beschränken sich die Defizite des Abstraktionsprinzips auf eine zwar deutlich spürbare, aber alles in allem *relativ* geringe Anzahl von Fällen.

---

[722] Teil 2, 3. Kapitel, 2. Abschnitt, 1.4. Vgl. auch *Drobnig*, Transfer of Property, in: Hartkamp/ Hesselink/ Hondius/ Joustra/ du Perron (Hrsg.), Towards a European Civil Code, S. 495, 509 f., der die Skepsis gegenüber einigen Lösungen des Abstraktionsprinzips in der deutschen Rechtswissenschaft zum Ausdruck bringt und für künftige Rechtsgestaltungen in dieser Materie vom Abstraktionsprinzip abrät.

[723] *Peters*, 449, 456; *Stadler*, S. 127.

[724] Zur Definition des Abstraktionsprinzips s. nochmals *Grigoleit*, S. 379, 380; *Stadler*, S. 7.

[725] Und es wurde bereits festgestellt, dass Verpflichtungen für rechtliche Mängel anfälliger sind als Verfügungen.

3. Die Wirkung von Konsensual- und Traditionsprinzip

Auch Konsensual- und Traditionsprinzip sollen jetzt in der Weise auf ihre Wirkung verglichen werden, dass zunächst die Wirkungsweise der einzelnen Prinzipien festgestellt wird (3.1.), um anschließend (3.2.) beide auf dieser Grundlage 'nebeneinander zu halten'.

3.1. Die Wirkungsweise beider Prinzipien

Der rumänische Gesetzgeber betont die Freiheit des Warenverkehrs und überlässt es den Parteien durch Vereinbarung, sich dort größere Rechtssicherheit zu verschaffen, wo es ihnen erforderlich erscheint. Dies gelingt ihm deshalb, weil er die Individualisierung mit der Regelung des Gattungskaufs in Art. 1300 ZGB zu einer eigenständigen Voraussetzung der Perfektheit macht. Damit erreicht er, dass er die Herbeiführung der funktional zur Eigentumsübertragung erforderliche Bestimmtheit der Kaufsache durch die Parteien gewährleistet ist, ohne dass die Sache selbst übergeben werden muss. Gleichzeitig reduziert er damit die diesbezüglichen Anforderungen an den Eigentumsübergang auf das - in funktionaler Sicht - minimal Erforderliche.

Eigentumsübergang findet somit - unter der Voraussetzung, dass ein wirksame und im Übrigen perfekter Vertrag vorliegt - in einer Bandbreite statt, die vom völligen Verzicht auf eine '*traditio*' und die damit verbundene Publizität bis hin zur Übergabe durch vollständige Verschaffung des unmittelbaren Besitzes beim Erwerber reicht. Je nach Parteivereinbarung liegt dann der Zeitpunkt des Eigentumsübergangs früher oder später. Die Wirkung des Konsensualprinzips ist also seine Nicht-Wirkung, oder anders gewendet, die insofern vollständige Vertragsfreiheit.

Dagegen kommt der deutsche Gesetzgeber von der 'entgegengesetzten Seite' des Gestaltungsspektrums und fordert eine Übergabe, damit das Eigentum übergehen kann. Er verfolgt damit den Zweck Rechtssicherheit zu gewährleisten. Grundsätzlich liegt damit der Zeitpunkt des Eigentumsübergangs im Moment der Übergabe. Allerdings gibt er zugleich den Parteien eine solche Vielzahl rechtlicher Gestaltungsmöglichkeiten an die Hand[726], dass diese frei wählen können, auf wie viel Rechtssicherheit sie verzichten und damit auch wie weit sie den Eigentumsübergang zeitlich nach vorne verlagern wollen. Im Ergebnis sind die dem scheinbar strengeren Traditionsprinzip Unterstellten hinsichtlich der Übergabe beinahe genauso frei wie diejenigen, die ihre Verträge nach rumänischem Recht schließen. Sogar ein völliger Übergabeverzicht ist nach deutschem Recht als Gestaltungsmöglichkeit nicht völlig ausgeschlossen. Aber im Hinblick auf die Tatsache, dass

[726] Teil 2, 3. Kapitel, 2. Abschnitt, 2.2.2.

im Fall § 930 BGB der Veräußerer die Sache behalten darf, ist auch dieser Unterschied nur in formeller Hinsicht[727] sowie dem Namen nach einer. Denn in diesem Fall tritt der Eigentumsübergang schon mit Begründung des Besitzmittlungsverhältnisses ein. Und dies geschieht oft genug in einem Akt mit der Vereinbarung des schuldrechtlichen und dinglichen Vertrages. Mit anderen Worten, statt des vom Gesetzgeber prinzipiell vorgesehenen Eigentumsübergang durch abstrakte Einigung in Verbindung mit einem konkreten Realakt, erfolgt der Eigentumsübergang in diesem Fall aufgrund dreier abstrakter Rechtsgeschäfte, die zu allem Überfluss in einem Vorgang zeitlich zusammenfallen. Materiell hat der deutsche Gesetzgeber mit § 930 BGB das Übergabeprinzip für den rechtsgeschäftlichen Mobiliarerwerb aufgegeben und das Konsensualprinzip anerkannt. [728] Nochmals - der Blick auf das deutsche Recht, in dem der Übergabe eine Publizitätsfunktion nicht mehr zugeschrieben werden kann, bestätigt, dass der Gesetzgeber selbst bereits auf Publizität verzichtet.

Damit bewirkt das Traditionsprinzip bestenfalls noch im Grundsatz eine Erhöhung der Rechtssicherheit. *De facto* hat er es aber von Anfang an der Vertragsfreiheit der Parteien anheim gestellt. Dieser Verzicht ist jedoch nicht ausdrücklich. Vielmehr beharrt der Gesetzgeber formal darauf, dass eine Übergabe stattfindet um es dann bei einer Einigung darüber bewenden zu lassen. Damit bewirkt er aber nichts anderes, als dass die Parteien - wie vor zweihundert Jahren in Frankreich - durch leere Floskeln die Übergabe fingieren, um sie dann doch nicht zu vollziehen.

3.2. Vergleich beider Prinzipien

Bevor nun der Vergleich im eigentlichen Sinne angestellt werden soll, muss das Augenmerk auf eine strukturelle Besonderheit von Konsensual- und Traditionsprinzip gerichtet werden. Anders als bei der Untersuchung der beiden anderen systemischen Gegensatzpaare, konnte von dem hier untersuchten nicht gesagt werden, es handle sich um eine reine Frage der Gesetzestechnik. Denn keines der beiden Prinzipien gibt dem Gesetzesanwender im technischen Sinne eine 'Arbeitsanweisung'. Das Trennungs- und Einheitsprinzip besagt, er solle Verpflichtung und Verfügung rechtsgeschäftlich zu trennen bzw. als ein Rechtsgeschäft behandeln. Das Abstraktionsprinzip verlangt von ihm, dass er das rechtliche Schicksal der Verfügung von dem des Grundgeschäfts trennen soll. Konsensual- und Traditionsprinzip sind insofern anders. So ist das Traditionsprinzip das einzige der Systemanordnungen, das im Tatbestand der Verfügung ausdrücklich und außerdem

[727] In den meisten Fällen muss immerhin *abstrakt* die Verschaffung der 'tatsächlichen Sachherrschaft' erfolgen. Dies geschieht in aller Regel mittels entsprechender Formularverträge. *Drobnig*, Transfer of Property, in: Hartkamp/ Hesselink/ Hondius/ Joustra/ du Perron (Hrsg.), Towards a European Civil Code, S. 495, 503, nennt dies dann auch zu Recht eine "leere Formalität"

[728] Vgl. nur *Süß* S. 141, 150 f.

ausführlich geregelt ist. Alle anderen Prinzipien werden vom Tatbestand vorausgesetzt, aber sind nicht Gegenstand der materiellen Regelung. Auch sind Traditions- und Vertragsprinzip die beiden einzigen Systemprinzipien, die unmittelbar eine gesetzgeberische Bewertung der Interessenlage der Beteiligten zum Ausdruck bringen.

Das Traditionsprinzip hat also eine Sonderstellung im systematischen Gefüge. Es erweist sich nicht als technische sondern als materielle Systemanordnung. Gleiches gilt für das Konsensualprinzip. Auch hierbei handelt es sich eindeutig nicht um eine technische Systemanordnung. Es bestimmt die juristische Arbeitsweise in keiner Hinsicht. Tatsächlich ist auch das Konsensualprinzip eine materielle Systemanordnung. Nur hat sie keinen positiven Inhalt, der dem Rechtsunterworfenen zur Herbeiführung eines rechtlichen Erfolgs ein Tun abverlangt. Vielmehr ist das Vertragsprinzip eine materielle Systemanordnung negativer Art. Sie besagt nur, dass vom Rechtsunterworfenen 'nichts' (zusätzliches) verlangt wird. Bei der Frage ob eine '*traditio*' erforderlich ist oder nicht, handelt es sich im Wesentlichen um einen Parameter, der anhand des gesetzgeberischen Umgangs mit der Publizität anzeigt, in welchem Maße einem Gesetzgeber Freiheit und Leichtigkeit des Warenverkehrs einerseits und Rechtssicherheit andererseits von Bedeutung waren. Gerade wenn keines der beiden Prinzipien in seiner Reinform umgesetzt wurde[729], gibt die Systementscheidung des Gesetzgebers nur den Ausgangspunkt an, von dem aus er sein System der Eigentumsverschaffung 'konstruiert' hat.

Bevor nun der inhaltliche Vergleich beider Prinzipien durchgeführt wird, ist auf eine vereinzelt am Konsensualprinzip geäußerte Kritik einzugehen. Möglicherweise führt nämlich das Konsensualprinzip zu untragbaren Ergebnissen. Der Verzicht auf die Übergabe verursache für Fall des zufälligen Untergangs der Kaufsache eine im Grunde genommen untragbare Gefahrtragungsregelung.[730]

Entspräche diese Vorstellung den Tatsachen, so wäre die Einschätzung der Rechtslage möglicherweise zu teilen. Beides, die Grundannahme und die Bewertung, erweist sich als trügerisch.

Die *Grundannahme* basiert auf dem aus Art. 971 ZGB bzw. Art. 1138 Abs. 2 C. civ. resultierenden Irrtum, dass das Konsensualprinzip zwingend die Anwendung des Gefahrtragungsgrundsatzes '*res perit domino*' zur Folge hat. Daran ist richtig, dass die Gesetzgeber Rumäniens und Frankreichs beides grundsätzlich miteinander verknüpft haben. Falsch ist allerdings die Annahme, es ginge nicht auch anders. Welcher Ausfluss der Konsensualprinzips sollte einen anderen Gesetzgeber daran hindern, Eigentumsübergang und Gefahrtragung zu entkoppeln und das Eigentum bei Vertragsschluss, die Gefahrtragung aber an Gefahrbeherrschungs-

---

[729] Beim Konsensualprinzip unterliegt das Erfordernis der Übergabe einer Parteivereinbarung darüber.

[730] Dies jedenfalls vermuten *Larenz*, § 39 II c, S. 17 sowie d, S. 19 und *Ferrari*, S. 52, 72.

kriterien oder tatsächlich an den Zeitpunkt des Eigentumsübergangs zu knüpfen? Aus den bisher angestellten Überlegungen sind solche Gesichtspunkte nicht ersichtlich. Es spricht alles dafür, dass die Entscheidung des Gesetzgebers für das Konsensualprinzip keine präjudizielle Wirkung auf die Regelung der Gefahrtragung hat. Vielmehr handelt es sich bei dieser um eine Wertentscheidung, die aus historischen Gründen[731] so getroffen wurde, aber ebensogut auch anders treffbar ist. Anders wäre es nicht erklärbar, dass die Gefahrtragungsregel des Art. 971 ZGB anerkanntermaßen Bestandteil des dispositiven Rechts ist.[732]

Für den hier anzustellenden Vergleich zwischen Konsensual- und Traditionsprinzip ist es daher zweitrangig, dass auch die *Bewertung* der '*res perit domino*'-Regel nicht zwingend ist. Zwar ist die Kritik insofern zutreffend, als in aller Regel zunächst denjenigen die Gefahrtragung trifft, der unter Gesichtspunkten der Gefahrbeherrschung den geringsten Einfluss hat. Diese Kritik muss jedoch zunächst relativiert werden. Bei Gattungskäufen fallen Eigentumsübergang durch Individualisierung des Vertragsgegenstandes und Übergabe der Sache oft zusammen, zumindest wenn Leistungs- und Erfolgsort identisch sind. Hinzu tritt, ein in der Literatur hierzulande bislang weitgehend unberücksichtigter Aspekt, der sich aus den mit dieser Darstellung verbundenen neuen Perspektiven auf die eigentumsverschaffende Wirkung im rumänischen Kaufrecht ergibt. Es ist weder jeder Stückkauf, noch die Herbeiführung der Individualisierung zwingend mit einem sofortigen Eigentumsübergang verbunden.[733] Allerdings kann die geäußerte Kritik auch in den dann verbleibenden Fällen des ohne Gefahrbeherrschungsmöglichkeit für den Erwerber stattfindenden Eigentumsübergangs so nicht aufrecht erhalten werden. Es darf nicht übersehen werden, dass der rumänische Gesetzgeber seine Gefahrtragungsentscheidung mit einem Pflichtensystem für den Veräußerer verbunden hat, das zwar vielleicht nicht in allen, doch aber in vielen Fällen untragbare Ergebnisse vermeidet. Dennoch gibt es auch in Rumänien Stimmen, die *de lege ferenda* eine Änderung der Gefahrtragung anregen.[734]

---

[731] *Cosmovici* S. 152.

[732] *Deak/Cărpenaru* Teil II, Cap. I, Abschn. I, § 1, 2, 2.5., lit. d, S. 19, Abschn. a IV-a, Unterabschn. I § 2, 42. und 43., S. 284 f.; *Popescu* Teil II, Cap. III, Abschn. a VI-a, 1, Unterabschnitt 1, S. 152.

[733] Dazu, und in welchem Zeitpunkt der Gefahrübergang in den einzelnen Fällen tatsächlich stattfindet gibt es eine Vielzahl ausführlicher Stellungnahmen in der rumänischen Literatur, die allerdings entsprechend den Ausführungen zum Eigentumsübergang einerseits fragmentarisch, andererseits an Einzelfällen orientiert ist, deshalb statt vieler: *Stătescu/ Bîrsan,* 84, S. 88 ff.

[734] *Stătescu/ Bîrsan* 84, S. 89. Allerdings ist auch diese Anregung letztlich wieder ein Beleg dafür, dass es keine zwingende Verbindung zwischen Konsensualprinzip und Gefahrtragungsregelung nach dem Grundsatz '*res perit domino*' gibt.

Vergleicht man nun aber den materiellen Gehalt des rumänischen und deutschen Rechts hinsichtlich der Anordnung des Konsensualprinzip einerseits, sowie des Traditionsprinzip andererseits, so wird man von der Tatsache überrascht, dass dieser Unterschied, in den hier untersuchten Rechtsordnungen der Sache nach bestenfalls marginal ist, obwohl formal betrachtet ein krasser Gegensatz besteht. Das Konsensualprinzip verzichtet zu Gunsten der Freiheit und Leichtigkeit des Warenverkehrs auf Rechtssicherheit durch Publizität und fordert lediglich Bestimmtheit, reduziert auf ihren Wesenskern, die Individualisierung, ein.[735] Das Traditionsprinzip in seiner Reinform zielt durch das Erfordernis der Übergabe auf Publizität ab und erfasst damit zugleich, wenngleich '*en passant*' auch die Bestimmtheit.

Was den Schutz des Rechtsverkehrs anbelangt, bewertet das Traditionsprinzip diesen höher als dessen Freiheit. Allerdings ist auch festzustellen, dass das *Traditionsprinzip damit ein Schutzversprechen gibt, das einzulösen es selbst nicht in der Lage* ist.

Es bleibt somit festzuhalten:

> Traditions- und Konsensualprinzip sind materielle und nicht technische Systemprinzipien. Das unterscheidet sie von den übrigen systemischen Gegensatzpaaren.
>
> Außerdem unterscheiden sich beide Prinzipien bestenfalls formal, aber nicht inhaltlich.

3. Abschnitt Abstraktions- und Einheitsprinzip - die Gegenüberstellung zweier gegensätzlicher Systeme

Die voranstehenden Überlegungen zum Systemvergleich haben gezeigt, dass nicht nur der rechtsgeschäftliche Eigentumsübergang in beiden Rechtsordnungen diametral entgegengesetzt organisiert ist. Die auf die Rechtstechnik bezogenen systemischen Gegensatzpaare verhalten sich in ihrem Verhältnis zueinander entsprechend. Während im rumänischen Recht das Einheitsprinzip dominant ist und dem Kausalitätsprinzip im Rahmen des rechtsgeschäftlichen Eigentumserwerbs eine untergeordnete Rolle zuweist, ist das deutsche Pendant zum Einheitsprinzip, das Trennungsprinzip, der rechtstechnische Ausdruck eines Denkmodells und schafft darüber hinaus vor allem die technische Voraussetzung für das Abstraktionsprinzip. Deshalb ist die unmittelbare Gegenüberstellung der systemischen

[735] Teil 1, 2. Kapitel, 3. Abschnitt, 2.1.; Teil 2, 2. Kapitel, 1. Abschnitt.

Gegensatzpaare in nur begrenztem Umfang nutzbar zu machen. Um einen vollständigen und aussagefähigen Systemvergleich zu ermöglichen, wird daher in einem letzten vergleichenden Schritt das Gesamtsystem beider Rechtsordnungen im Zusammenwirken der jeweils maßgeblichen Systemkomponenten verglichen.

Traditions- bzw. Konsensprinzip brauchen in diesem Zusammenhang nicht mit in den Vergleich eingestellt werden. Denn diese Prinzipien unterscheiden sich in der Art ihrer Verankerung im Recht und damit in ihrer Wirkungsweise von den vergleichsgegenständlichen in einem maßgeblichen Punkt. Das Traditionsprinzip ist, anders als die beiden anderen Systemregeln, im Tatbestand der Übereignung verankert und wirkt insofern, als es den Eigentumsübergang bei Vorliegen eines mehr oder weniger stark ausgeprägten Übergabetatbestandes zuläßt. Vorstehend wurde dies mit einem Parameter des Übertragungstatbestandes verglichen. Die anderen Rechtsprinzipien geben dem Rechtsanwender dagegen abstrakte, vom Tatbestand losgelöste Anweisungen, wie er mit dem Recht zu technisch verfahren hat, wirken sich also nur mittelbar auf den Tatbestand und auch nicht in einem 'mehr oder weniger' hinsichtlich eines bestimmten Tatbestandsmerkmals aus.

Es werden also das Abstraktions- zusammen mit dem Trennungsprinzip auf der einen Seite dem Einheits- in Verbindung mit dem Kausalitätsprinzip auf der anderen gegenübergestellt. Wenn in der Folge nun vom Einheitsprinzip bzw. Abstraktionsprinzip die Rede ist, so steht dies jeweils als *pars pro toto* für die maßgeblichen Systemkomponenten der jeweiligen Rechtsordnung.

Was das Ergebnis dieses Vergleichs anbelangt, entspricht es einer verbreiteten Meinung, dass das Abstraktions- und Trennungsprinzip der Kombination aus Einheits- und Kausalitätsprinzip[736] vorzuziehen ist. Dies läge einmal an den Nachteilen, die das letztere System in sich berge und zum zweiten daran, dass das Abstraktions- und Trennungsprinzip außerdem zusätzliche, eigene Vorteile böte. Beides, Begründung und Ergebnis, sollen hier widerlegt werden.

1. Die sogenannten 'Nachteile' des Einheitsprinzips

Es werden eine Vielzahl von Gründen aufgeführt, die besagen, dass das Einheitsprinzip im Vergleich zum Abstraktionsprinzip mit Nachteilen verbunden ist. An

[736] Soweit hier im weiteren auf die Stellungnahmen in der deutschen Literatur Bezug genommen wird, ist zu beachten, dass diese die Wirkungen des Einheitsprinzips als solche in aller Regel nicht wahrnimmt. Vielmehr werden dessen Wirkungen dem sog. 'reinen Konsensprinzip' oder dem Kausalitätsprinzip zugeordnet. Die folgenden Ausführungen ordnen die geäußerte Kritik dem Systemprinzip zu dem sie tatsächlich gelten, dem Einheitsprinzip. Insofern kann es zu scheinbaren Widersprüchen zwischen den folgenden Ausführungen und den dazu angegebenen Nachweisen kommen.

dieser Stelle soll nun eine Auseinandersetzung mit einigen bedeutsamen Argumenten geführt werden. Damit die Übersicht dabei nicht verloren geht, soll jedes Argument in einem eigenen Unterabschnitt beantwortet werden.

1.1. Das Hauptproblem - keine Lösung für die wesentlichen Erscheinungsformen des Kaufs

Als besonders schwerwiegend wird empfunden, dass das Einheitsprinzip nicht in der Lage sei, die Probleme des Kaufs einheitlich zu lösen. *Drobnig* etwa bezeichnet dies als einen der wesentlichen Nachteile des Einheitsprinzips.[737] Gerade hinsichtlich des Gattungskaufs oder auch hinsichtlich des Kaufs mit aufschiebend bedingtem Eigentumsübergang müsse eine auf dem Einheitsprinzip basierende Rechtsordnung auf Behelfskonstruktionen ausweichen und ihr grundlegendes Systemelement damit immer wieder durchbrechen.[738] Aber gerade was diesen Kritikpunkt anbelangt, haben die voranstehenden Ausführungen gezeigt[739], dass diese Auffassung auf einem Missverständnis der rumänischen / französischen Regelung der rechtsgeschäftlichen Eigentumsübertragung beruht. Die Kombination der im Gesetz angelegten Tatbestandsmerkmale 'wirksamer Kaufvertrag' und 'Perfektheit' ist durchaus in der Lage, alle durch die Kritik aufgezeigten Probleme schlüssig und ohne eine punktuelle Veränderung bzw. ein Außer-Kraft-Setzen der gesetzlichen Systemprinzipien zu bewältigen. Es wurde inzwischen gezeigt[740], dass die zwischen Verpflichtung und Verfügung bestehende Diskrepanz zwischen möglicher und erforderlicher Bestimmtheit auch ohne die Konstruktion einer zweiten Einigung, nämlich mit Hilfe eines Realvertrags juristisch erfassbar ist[741] und tatsächlich auch erfasst wird[742]. Umgekehrt wurde aufgezeigt, dass im deutschen Recht in manchen Fällen auch das zweite Rechtsgeschäft nicht in der Lage ist, die darauf gesetzten Erwartungen zu erfüllen. Die dingliche Einigung reicht

---

[737] *Drobnig*, Transfer of Property, in: Hartkamp/ Hesselink/ Hondius/ Joustra/ du Perron (Hrsg.), Towards a European Civil Code, S. 495, 498 f., 503 f.

[738] *Peters*, S. 449, 453 und S. 454, Fn. 71; *Stadler*, S. 720 f. Auf S. 115 spricht sie von der Durchbrechung des Einheitsprinzips zu Gunsten des Bestimmtheitsgrundsatzes.

[739] S. oben, Teil 1, 2. Kapitel.

[740] Allerdings muss sich die Arbeit auf den gesetzten Rahmen begrenzen, obwohl sie etwa in den Regelungsbereichen des Kreditsicherungs- und Insolvenzrechts einer Fortsetzung bedürfte. Es dürfte aber dennoch deutlich geworden sein, dass mit dieser systematischen Grundlage auch Probleme des Kreditsicherungsrechts, wie die in Frankreich lange umstrittene Anerkennung des Eigentumsvorbehalts lösbar sind. Auch, was den Einwand (*Stadler*, S. 721) anbelangt, der französiche / rumänische Erwerb von Nichtberechtigten nach Art. 2279 Abs. 1 C. civ. bzw. Art. 1909 Abs. 1 ZGB sei eine echte Abstraktionsform, wurde hier bereits - wenngleich im Rahmen einer Fußnote - widerlegt.

[741] Genau das bezweifelt etwa *Peters*, S. 449, 453.

[742] Teil 1, 2. Kapitel, 3. Abschnitt, 1.1.2.

nicht immer aus, die funktional notwendige Bestimmtheit herzustellen.[743]. Eine zweite Einigung ist offensichtlich weder erforderlich noch hinreichend, um den rechtsgeschäftlichen Eigentumsübergang vollständig zu erfassen. Sie ist damit zwar unschädlich, aber überflüssig. Somit bleibt von dem Vorwurf, das Einheitsprinzip weise gegenüber dem Abstraktionsprinzip aufgrund seiner vielfachen Systemdurchbrechungen konstruktive Nachteile auf, nichts übrig, was die Bevorzugung des einen oder anderen Systems begründen könnte.

1.2. Erhöhte Sorgfaltspflicht in eigenen Angelegenheiten

Einer der maßgeblichen Gründe für die Übernahme des Abstraktionsprinzips in das BGB war die Überlegung, dass der Käufer bei Geltung des Einheitsprinzips zu mehr Aufmerksamkeit gezwungen sei.[744] Das Scheitern des vorangehenden (schuldrechtlichen) Kaufvertrags berge - neben der Gefahr der Unwirksamkeit der Verfügung zwischen Verkäufer und Erwerber etwa - das Potential zusätzlicher negativer Auswirkungen für die Verfügung zwischen den Parteien.[745] Das konsequent angewandte Einheitsprinzip[746] führe nämlich dazu, dass sich diese zusätzliche Anfälligkeit über eine Vielzahl von Erwerbsvorgängen auf der Basis des Grundsatzes '*resoluto iure dantis resolvitur ius accipiendis*' hinweg 'fortpflanzen' könne. Dies habe zur Folge, dass ein Jahrzehnte zurückliegender, in einem vorangehenden Erwerbsgeschäft begründeter Fehler auch dem rechtsgeschäftlichen Erwerb des (vermeintlichen) aktuellen Rechtsinhabers die Grundlage entziehe.[747] Es wurde hier aber gezeigt, dass der Käufer bei Geltung des Einheitsprinzips seine Aufmerksamkeit allein auf die Wirksamkeit des einen verfügenden Vertrags zu richten hat. Er steht insofern nicht anders, als der Veräußerer im deutschen Recht. Dies beruht auf folgenden Erwägungen: Da es auf der Grundlage des Einheitsprinzips ohnehin keine zwei Rechtsgeschäfte gibt, kann sich auch nicht das eine auf das andere auswirken. Mithin kann auch der Käufer nicht dazu gezwungen sein, seine Aufmerksamkeit auf zwei Rechtsgeschäfte zu richten. Vergleicht man deshalb die Anfälligkeit der Verfügungen in beiden Rechtsordnungen für Mängel,

[743] Teil 2, 2. Kapitel, 1. Abschnitt.

[744] *Ferrari*, S. 52, 65. Zum deutschen Recht vgl. etwa *Grigoleit*, S. 379, 384.

[745] *Peters*, S. 449, 456; *Stadler*, S. 180, 729; *Larenz* § 39 II, a, S. 13; Wieling, Abstraktionsprinzip, S. 301, 304.

[746] Die Kritik ging von der Vorstellung aus, die beschriebene Wirkung gehe vom Kausalitätsprinzip aus. Außerdem liegt diesem Argument die unausgesprochene Vorstellung zu Grunde, dass Verpflichtung und Verfügung zwei voneinander getrennte Rechtsgeschäfte seien (s.o., Teil 2, 3. Kapitel, 2. Abschnitt, 1.1.2.).

[747] *Ferrari*, S. 52, 65. So auch in Frankreich , vgl. nur Mazeaud / Chabas II.2 - (*Gianviti*), Tz. 1619, der einen deutlichen Nachteil in der Situation sieht, dass der Erwerber von einem Vorveräußerer im Rahmen einer '*rei vindicatio*' unter Anwendung von '*resolvitur iure dantis resolvitur ius accipiendis*' zur Herausgabe verpflichtet werden kann. Siehe auch *Witz*, S. 533, 533 f.

stellt man fest, dass diese nach rumänischem Recht nicht größer ist, als in der deutschen Rechtspraxis. Und die Unwirksamkeit vorangehender Verfügungen wirkt sich auch im deutschen Recht nachteilig auf spätere Erwerbsvorgänge aus, soweit der Erwerb vom Berechtigten in Frage steht. Schon aus diesem Grunde kann eine Benachteiligung des Käufers durch das Einheitsprinzip nicht festgestellt werden. Zudem ist in beiden Rechtsordnungen ein späterer Käufer dadurch geschützt, dass der Erwerb vom Nichtberechtigten die eigentumsverschaffende Wirkung des Kaufes ausnahmsweise fortsetzt. Mithin kann auch in dieser Hinsicht ein Nachteil des Einheitsprinzips gegenüber dem Abstraktionsprinzip nicht festgestellt werden.

1.3. Unangemessene Bevorzugung des Veräußerers

Im Einheitsprinzip wird auch eine unangemessene Bevorzugung des Veräußerers gesehen.[748]

Soweit damit die Frage der Verbindung von Gefahr- und Eigentumsübergang angesprochen ist[749], wurde bereits festgestellt, dass diese Verbindung zum einen nicht zwingend[750] und zum anderen nicht Ausprägung des Einheits- und Kausalitätsprinzips, sondern - wenn man sie denn überhaupt zuordnen will und kann[751] - Ausprägung des Konsensualprinzips ist.

Allerdings wird auch in dem Umstand eine Bevorzugung des Veräußerers vermutet, dass dieser zwar hinsichtlich der Kaufsache vindizieren, der Erwerber hinsichtlich des Kaufpreises wegen Eigentumserwerb durch Vermischung allerdings nur kondizieren könne.[752] Diesem Einwand ist zweierlei zu entgegnen.

- Zum einen liegt dieser Nachteil nicht in der Gesetzessystematik begründet, sondern in der Natur des Vertragsgegenstandes. Mit diesem Risiko ist auch derjenige Verkäufer belastet, der Rohstoffe liefert, die alsbald verarbeitet, untrennbar mit anderen vermischt oder zum wesentlichen Bestandteil einer anderen Sache werden. Wer also in der Vermischung von Geld eine Benachteiligung zu erkennen meint, vergleicht mit Geld und Stücksache Vertragsgegenstände, die aufgrund ihrer Art nicht vergleichbar sind.

---

[748] *Larenz* § 39 II, c, S. 17; *Ferrari*, S. 52, 72; *Peters*, S. 449, 455; auch *Schröder* S. 875, 887 weist darauf mwN. hin.

[749] So *Larenz* § 39 II, c, S. 17; *Ferrari*, S. 52, 72; *Peters*, S. 449, 455.

[750] *Deak/Cărpenaru* Teil II, Cap. I, Abschn. I, § 1, 2, 2.5., lit. d, S. 19, Abschn. a IV-a, Unterabschn. I § 2, 42. und 43., S. 284 f.; *Popescu* Teil II, Cap. III, Abschn. a VI-a, 1, Unterabschnitt 1, S. 152. Vgl. auch oben Teil 1, 2. Kapitel, 2. Abschnitt, 3.2.2.

[751] Ich halte bereits die Möglichkeit einer unmittelbaren Zuordnung für ausgeschlossen. Die Gefahrtragung ist vielmehr eine gesetzgeberische Wertentscheidung, die er unabhängig von Systemerwägungen in Art. 971 ZGB festgelegt hat.

[752] So wiedergegeben bei *Schröder* S. 875, 887. In diesem Sinne auch *Hager* S. 215 f.

- Zum anderen kann auch in dieser Situation nicht von einer rechtlichen Schlechterstellung des Erwerbers gesprochen werden. Während Erwerber und Veräußerer von Sachen, an denen Verbindung, Vermischung oder Verarbeitung eintritt, im Konkurs bzw. Insolvenz gleichermaßen schlecht gestellt sind (§ 61 Abs. 1 Ziff. 6 KO / § 38 InsO), steht der Veräußerer in der Kondiktion in gewisser Weise schlechter als der Erwerber. Denn der Erwerber gibt Geld hin und kann Geld kondizieren. Dagegen trägt der Veräußerer immer das Risiko, dass er zwar eine Sache hingibt, aber wegen § 818 Abs. 2 BGB 'nur' Geld herausverlangen kann. Auch dieser vermeintliche 'Nachteil' liegt in der Natur der Sache begründet.

Dies hat zur Folge, dass aus dem durch die Kritik angesprochenem Aspekt weder für das Abstraktionsprinzip noch für das Einheitsprinzip ein Argument gewonnen werden kann.

1.4. Beschränkung des rechtlichen Gestaltungsspielraums

Weiterhin soll das Einheitsprinzip auch Nachteile aufweisen, weil eine Differenzierung zwischen schuld- und sachenrechtlicher Ebene nicht möglich ist. Dies habe eine deutliche Einschränkung des individuellen Gestaltungsspielraums der Parteien und damit einen Verlust an rechtlicher Flexibilität und innovationsförderndem Kreativitätspotential zur Folge.[753] Diese Kritik beruht auf der falschen Wahrnehmung der bei Einheitsprinzip geltenden Rechtslage. Gerade die Geltung der allgemeinen Vorschriften der Art. 948 ZGB ff. bzw. 1108 C. civ. ff., insbesondere die Regelungen zum Vertragsobjekt Art. 964 ZGB ff. bzw. Art. 1126 C.civ. ff. lassen auch im rumänischen und französischen Zivilrecht jeden für die Parteien notwendigen vertraglichen Gestaltungsspielraum zu. Die Privatautonomie der Parteien wird weder durch einen 'numerus clausus' in den Gestaltungsformen noch durch besondere Zuordnungsvoraussetzungen in einer über das im deutschen Recht hinausgehende Maß eingeschränkt. Auch wird durch das Einheitsprinzip die Innovationsfähigkeit des Rechts, etwa im Bereich der Kreditsicherheiten[754], nicht eingeschränkt. Während der Eigentumsvorbehalt problemlos möglich ist, scheitert die Vereinbarung einer Sicherungsübereignung nicht am Einheitsprinzip sondern am Verbot eines besitzlosen Pfandrechts, das sich aus Art. 1685 ZGB[755] bzw. 2071

[753] *Stadler*, S. 731 und 733.

[754] Genau hier verortet *Stadler*, S. 735, jedoch die durch das Einheitsprinzip angeblich hervorgerufenen Innovationsdefizite.

[755] Anders als im französischen Recht gibt es im ZGB nur eine Regelung des Pfandrechts an Mobilien. Die Verpfändung von Immobilien wurde 1931 durch Art. 4 des Gesetzes gegen den Wucher außer Kraft gesetzt. Zum Pfandrecht im rumänischen Recht: *Cosmovici*, S. 283 f., *Pătulea / Turianu*, S. 18; *Gureşoae*, S. 5; *Petrescu*, Principalele Contracte, S. 91. Die allgemeinen Regeln des ZGB werden im Handelsrecht sowie in einigen Spezialmaterien durch Sonderegeln ergänzt (zur handelsrechtlichen Regelung des

C. civ.[756] ergibt. Dieses Verbot wiederum ist nicht systembedingt, sondern findet seine Ursache in einer wertenden Überlegung des Gesetzgebers. Dies bestätigt Art. 480 Abs. 4 HandelsG, der einen gesetzlich anerkannten Fall eines besitzlosen Pfandrechts regelt.[757] Diese Regelung ebenso, wie das neue rumänische besitzlose Registerpfandrechts[758] beweisen weiterhin, daß die, solchen Wertungen zu Grunde liegende Einschätzung sich ändern kann. Auch läßt sich die, in der Einführung eines Registers liegende Innovationsfähigkeit, zur Umgehung der Gefahren des Art. 1909 ZGB, nicht leugnen.[759] Wenn aber das besitzlose Pfandrecht durch den Gesetzgeber anerkannt ist, dann besteht auch kein grundsätzliches Bedenken gegen die Anerkennung der Sicherungsübereignung. Allerdings gibt es dafür dann keinen Bedarf.

Um auf den eingangs angeführten Einwand zurückzukommen:

Angesichts des besitzlose Registerpfandrechts in Rumänien kann man von einem Verlust innovationsfördernden Kreativitätspotentials aufgrund der Entscheidung für das Einheitsprinzip nicht wirklich sprechen.

Es stellt sich in diesem Zusammenhang dennoch auch die Frage, ob der Rahmen, den das Einheitsprinzip vorgibt, auch die Kreditsicherung durch ein der Grundschuld vergleichbares, nicht-akzessorisches Sicherungsmittel zuließe. Da diese Überlegung den hier vorgegeben Rahmen in zweifacher Hinsicht[760] überschreitet, kann an dieser Stelle nur auf die theoretische Möglichkeit eine Grundschuld eingegangen werden.

Aber diese Möglichkeit steht nach hier vertretener Auffassung außer Frage. Denn auch die Hypothek ist unter dem Einheitsprinzip als kausaler und zugleich akzessorischer Vertrag anerkannt.[761] Die Zulässigkeit einer Grundschuld muß in zweierlei Hinsicht untersucht werden. Zum einen muß sich die Zulässigkeit mit Blick auf das Einheitsprinzip, zum anderen aber auch mit Blick auf die nicht vorhandene Akzessorietät ergeben:

Pfandrechts auch: *Cărpenaru*, 818 - 821, S. 440 f. und *Deak/Cărpenaru* Teil II, Cap. VII, S. 363 ff.).

[756] Vgl. dazu auch *Ferid/Sonnenberger* 3 D 104 ff., insb. 3 D 111.

[757] Siehe dazu *Pătulea / Turianu*, S. 23; *Cărpenaru*, 822, S. 441; *Petrescu*, Principalele Contracte, S. 91.

[758] Legea Nr. 99/ 1999, M. Of. I, Nr. 236 vom 27.5.1999. Einführend dazu *Teves*, WiRO 1999, 441 – 448.

[759] Es ist auch kein vernünftiger Grund ersichtlich, der einer vergleichbaren Regelung im französischen Recht entgegen stünde.

[760] Die Arbeit beschränkt sich bewußt auf a) den Erwerb b) beweglicher Sachen. Insofern wird auf die hier angesprochene Diskussion nur eingegangen, um die Einwände gegen das Einheitsprinzip aufzulösen und um zu zeigen, daß das hier aufgezeigte System des Gesetzgebers grundsätzlich auch im Hinblick auf Sicherungsrechte funktioniert.

[761] Zur Hypothek : *Pătulea / Turianu*, S. 28 f.; *Gureşoae*, S. 30 f., 33; *Cosmovici*, S. 290 f.

- Mit Blick auf das Einheitsprinzip unterscheiden sich beide Grundpfandrechte nicht.

- Mit Blick auf die Akzessorietät besteht kein grundlegendes systematisches Problem. Auch hier handelt es sich um eine normative Frage. Der rumänische Gesetzgeber muß sich entscheiden, ob er die mit Akzessorietät entstehende Bindung an die Forderung und damit Sicherheit einerseits gewähren will oder aber die Verkehrsfähigkeit, die natürlich mit größeren Risiken verbunden ist. Vielleicht will er auch - wie der deutsche - beide Möglichkeiten anbieten. Kritisch erscheint die Zulassung der Grundschuld allein im Hinblick auf die nach Art. 948 Ziff. 4 ZGB erforderliche '*cauza*'. Wenn Gesetzgeber aber ein Sicherungsrecht schaffen wollte, das als 'Rechtsgrund' eine Sicherungsvereinbarung anstelle einer Forderung zuließe, dann läge darin eine Entsprechung zur deutschen Sicherungsgrundschuld. Die gesetzliche Einführung einer Grundschuld scheitert also weder am Einheits- noch am Kausalitätsprinzip des rumänischen Rechts.[762]

Innerhalb des rechtsgeschäftlichen Tatbestandselements läßt das Einheitsprinzip also grundsätzlich dieselbe Gestaltungsfreiheit zu, wie es im deutschen Recht der Fall ist. Dies ist auch kein Problem, weil der obligatorische Vertrag durch das Merkmal der Perfektheit von den starren Anforderungen der Zuordnungsänderung an den Rechtsübergang befreit ist. Damit ist das Einheitsprinzip auch im Hinblick auf die Anpassungsfähigkeit des Rechts an die Bedürfnisse der Parteien dem Abstraktionsprinzip grundsätzlich gleichwertig.

> Die Regelung der rechtsgeschäftlichen Übereignung nach deutschem Recht wird umgekehrt als vorteilhaft angesehen, weil sie eine Eigentumsübertragung immer nach identischen dinglichen Regeln ermögliche, egal aus welchem, der vielen denkbaren - schuldrechtlichen - Gründe sie nun erfolge.[763] Aber auch hinter dieser Feststellung verbirgt sich dieselbe Überlegung, wie in der vorgenannten Aussage. Beiden ist die Vorstellung gemein, daß nur die tatsächliche, rechtstechnische Trennung von Verpflichtung und Verfügung das Nebeneinander von schuldrechtliche Flexibilität und Bestimmtheit des Sachenrechts innerhalb eines Erwerbsgeschäft ermöglichen könnten. Aber nicht nur auf der Ebene der obligatorischen, sondern auch auf der Ebene der eigentumsverschaffenden Wirkung sind beide Rechtssysteme gleichwertig. Denn durch das Tatbe-

---

[762] Im Ergebnis ebenso: *Drobnig*, Transfer of Property, in: Hartkamp/ Hesselink/ Hondius/ Joustra/ du Perron (Hrsg.), Towards a European Civil Code, S. 495, 509, wenngleich *Drobnig* insofern eher auf Ausnahmen zum Kausalitätsprinzip abzustellen scheint, wie sie im französischen Recht bereits teilweise anerkannt sind: Mazeaud / Chabas II.1 (*Chabas*), Tz. 291.

[763] *Peters*, S. 449, 455.

standsmerkmal der Perfektheit und seine nur gesetzlich nur rudimentär geregelten Voraussetzungen verfügt auch das rumänische Recht über ein System, das für alle Erwerbstatbestände grundsätzlich gleichermaßen anwendbar ist.

1.5. Beschränkung der Anfechtungsmöglichkeiten aus systemischen Gründen

Nicht zuletzt verschließe sich das Einheitsprinzip zum Zweck der Stabilisierung der Verfügung einer Vielzahl an sich gerechtfertigter Anfechtungsgründe.[764] Diese Kritik stellt darauf ab, dass eine Anfechtung im Sinne von § 119 Abs. 1, 2. Alt und § 120 BGB angeblich[765] gar nicht anerkannt wird, eine Anfechtung nach § 119 Abs. 2 BGB nur dann, wenn die Verkehrswesentlichkeit der maßgeblichen Eigenschaft für den Anfechtungsgegner zumindest erkennbar war.[766] Im rumänischen Recht soll also die Schwelle zum Schutz des Irrenden höher angesetzt sein, um das aus systemischen Gründen labilere Rechtsgeschäft mitsamt seinen Wirkungen aufrechtzuerhalten. Doch bei genauer Betrachtung stellt sich heraus, dass der Vorwurf gegen das Einheitsprinzip nicht gerechtfertigt ist. Das rumänische / französische Recht schützt den Irrenden in weitgehend gleichem Maße, nur bedient es sich anderer rechtstechnischer Mittel, als dies im deutschen Recht der Fall ist. Soweit tatsächlich Unterschiede zwischen beiden Rechtsordnungen festzustellen sind, beruhen diese auf wertenden Überlegungen der Gesetzgeber und nicht auf systemischen Zwängen. Dies wurde bereits gezeigt[767] und braucht deshalb hier nicht mehr näher erläutert werden.

Für die hier gestellte Frage ist es daher zweitrangig, dass auch an den Folgen der Anfechtung abzulesen ist, dass systematische Unterschiede nicht bestehen. Vielmehr ergibt sich bei ergebnisorientierter und wirtschaftlicher Betrachtungsweise auch hier, dass die übereinstimmende Bewertung der Interessenslagen von Käufer und Verkäufer zu weitgehend vergleichbaren Ergebnissen unter Anwendung unterschiedlicher Mittel geführt hat.

Irrt der rumänische Käufer, etwa wenn er irrtümlich zuviel[768] bestellt hat, steht dem Verkäufer ein vertraglicher Anspruch auf Kaufpreiszahlung einerseits und auf Abnahme der wirksam in das Eigentum des Käufers übergegangenen Sachen andererseits zu. Ein unmittelbarer Schaden ist dem Käufer wertmäßig nicht entstanden, da er eine vollwertige Gegen-

---

[764] *Stadler*, S. 204.

[765] Vgl. dazu Teil 1, 1. Kapitel, 1. Abschnitt 3.2 und 4.2. sowie Teil 2, 3. Kapitel, 1. Abschnitt, 2.

[766] *Stadler*, S. 188, 204.

[767] Teil 2, 3. Kapitel, 1. Abschnitt, 2.

[768] Er bestellte 1000 Stück, wollte aber nur 100.

leistung erhalten hat. Der Schaden für den Käufer besteht nur mittelbar, im persönlichen Aufwand und im Wertverlust, den er bei einem Rück- bzw. Weiterverkauf ggfs. zu tragen hat. Das ist insofern nicht unbillig, als der Käufer selbst für den Schaden einstehen muss, den er verursacht hat. Der Unterschied zum deutschen Recht besteht in diesem Fall im Wesentlichen darin, dass der Schaden in Rumänien unmittelbar beim Käufer entsteht und nicht - wie in Deutschland - durch Anfechtung zunächst auf den Verkäufer verlagert wird, um ihn dann dort durch einen Schadensersatzanspruch zu kompensieren.

Hat der rumänische Käufer falsch bestellt, so ist zu unterscheiden. In dem Fall, in dem er auf den Bestellschein irrtümlich eine falsche Artikelnummer geschrieben hat[769], liegt schon gar kein Vertragsschluss vor, denn der Besteller irrt über die Identität des Vertragsgegenstandes. Einer Anfechtung - wie im deutschen Recht - bedarf es in diesen Fällen also nicht. Wie in Deutschland nach § 122 Abs. 1 BGB ist der Irrende zum Ersatz des daraus entstandenen Schadens verpflichtet, Art. 998, 999 ZGB. Im anderen Fall der Falschbestellung, in dem nach deutschem Verständnis ein Inhaltsirrtum vorliegt, kann sich der Irrtum wiederum auf die Identität des Vertragsgegenstandes beziehen. Dann ist die Antwort des rumänischen Gesetzgebers und auch die Vergleichbarkeit seiner Wertung mit der des deutschen Rechts klar.[770] Bezieht sich der Inhaltsirrtum jedoch auf eine verkehrswesentliche Eigenschaft, so liegt ein Vertrag vor, der möglicherweise nach Art. 954 ZGB anfechtbar ist. Die Anfechtbarkeit hängt nach Art. 954 ZGB von der Erkennbarkeit der Wesentlichkeit der Eigenschaft für den Verkäufer ab. Lag diese vor, so ist es nur sachgerecht, wenn der Verkäufer mit der Anfechtbarkeit das durch mangelnde Beratung und Information entstandene Risiko trägt. Eine Haftung des Irrenden scheitert in aller Regel mangels Verschuldens des Anfechtungsberechtigten im deutschen Recht ebenso, wie in Rumänien. War die Wesentlichkeit der Eigenschaft für den Verkäufer jedoch nicht erkennbar, so gibt es keinen Grund, den irrenden Käufer anders zu behandeln, als im Fall des Erklärungsirrtums bezüglich der Bestellmenge. Er ist also auf den Rück-, bzw. Weiterverkauf verwiesen und trägt damit das Risiko und den Schaden seiner eigenen Unachtsamkeit.

---

[769] Nach deutscher Auffassung liegt also wiederum ein Erklärungsirrtum vor. Allerdings muss man sich darüber im Klaren sein, dass jemand, der nicht weiß, was er sagt, und sich mithin im Erklärungsirrtum befindet, auch nicht weiß, was er mit seinen Worten zum Ausdruck bringt. Er befindet sich somit zugleich auch immer in einer Situation des Inhaltsirrtums.

[770] Sie wurde im Fall der Falschbestellung in Gestalt des Erklärungsirrtums bereits vorgezeichnet.

Irrt dagegen der Verkäufer über den Kaufpreis[771], so kann er sich nach Art. 954 Abs. 1 ZGB vom Vertrag lösen.[772] Der Verkäufer wird also grundsätzlich nicht an einem für ihn stark nachteiligen Vertrag festgehalten, nur, weil er sich versprochen hat. Die Grenze der Anfechtbarkeit gibt allerdings wieder Art. 954 ZGB vor, der die Erkennbarkeit der Wesentlichkeit des Irrtums zur Voraussetzung einer Anfechtung macht. Man wird also davon ausgehen können, dass sich der Irrtum nur dann zu Lasten des Verkäufers auswirkt, wenn sich der irrig angegebene Preis in einer für den Markt normalen Schwankungsbreite bewegt. Und insofern ist auch in dieser Fallkonstellation ein in erheblichem Maße abweichendes Ergebnis im Vergleich zum deutschen Recht kaum feststellbar, wenn man bedenkt, dass hier der Käufer aus § 122 Abs. 1 BGB einen Anspruch auf Schadensersatz in dem Maße hätte, wie er auf die Erklärung des Verkäufers auch vertrauen durfte.

Es kann also in keiner Hinsicht eine ungerechtfertigte Benachteiligung des Irrenden erkannt werden. Die Verantwortung für eigene rechtsgeschäftliche Erklärungen übernehmen zu müssen, ist nur das konsequente Gegenstück zur Vertragsfreiheit, die den Parteien überlassen wird. Die Behauptung *Schröders*[773], das BGB gleiche mit dem einen rechtspolitischen Fehler, der Anordnung des Abstraktionsprinzips, den anderen, nämlich die großzügige Anerkennung von Anfechtungsgründen wieder aus, kann an dieser Stelle nicht nachvollzogen werden. Denn selbst wenn man die Zulassung von Anfechtungsgründen vor dem Hintergrund von Privatautonomie anders bewertet, als der BGB-Gesetzgeber dies getan hat, lässt sich auch eine ungerechtfertigte Besserbehandlung des Irrenden im deutschen Recht nicht feststellen. Denn einerseits verliert der Anfechtungsgegner durch die Anfechtung etwa erlangte Rechtspositionen. Aber der Anfechtende ist durch § 121 Abs. 1 BGB gehalten, in dem Maße Kompensation zu leisten, in dem der Vertragspartner auf den Vertrag vertraut hat. Und wenn es denn an einer ungerechtfertigten Schlechterstellung einer Partei fehlt, kann von einem Fehler nicht mehr gesprochen werden. Vielmehr liegt bestenfalls noch eine Sachverhaltsbewertung durch den Gesetzgeber vor, die von der *Schröders* abweicht. Daher muss man *Stadler*[774] wohl zustimmen, wenn sie dem deutschen Recht attestiert, an dieser Stelle differenziertere Lösungen zuzulassen, die dennoch weder den Anfechtungsgegner übermäßig belasten noch die Verfügung als solche unmittelbar in Frage stellen. Jedoch muss auch für ihre Ansicht gelten, was eben bereits *Schröder* ent-

---

[771] ZB., er nennt irrtümlich DM 100,- statt DM 1000,- als Kaufpreis.

[772] Insoweit, als Stadler von einer fehlenden Anfechtungsmöglichkeit in diesem Fall ausgeht, ist dies sowohl für das französische Recht (vgl. nur *Ferid/Sonnenberger* 1 F 424 mwN.), als auch für das rumänische Recht (vgl. *Beleiu* S. 136) unzutreffend. Ausgeschlossen ist die Anfechtung nur für den Fall, dass sich eine Partei über die Bewertung der Leistung irrt (*Ferid/Sonnenberger* 1 F 424 mwN.; *Beleiu* S. 137).

[773] *Schröder*, S. 875, 891, der dies aber mit keinem Argument unterlegt.

[774] *Stadler*, S. 204, 730 f.

gegengehalten wurde: Eine Falschbehandlung der Sachverhaltslage liegt auch im rumänischen Recht nicht vor, lediglich eine andere Bewertung. Und aus einer unterschiedlichen Bewertung durch unterschiedliche Gesetzgeber

Nochmals: Das rumänische Recht lässt die Berufung der Parteien auf Willensmängel in einem Maße zu, das der Regelung im deutschen Recht vergleichbar ist. Abweichungen zwischen beiden Rechtsordnungen sind auf unterschiedliche Wertentscheidungen der Gesetzgeber, nicht auf systematische Zwänge zurückzuführen.

1.6. Fazit

Von der Vielzahl der Nachteile, die dem Einheitsprinzip zugeschrieben werden, ist mithin nicht einer verblieben. Bereits dies spricht eine überzeugende Sprache.

2. Die sogenannten 'Vorteile' des Abstraktionsprinzips

So ist an dieser Stelle nochmals auf die anerkannten Vorteile des Abstraktionsprinzips einzugehen. Auch hier soll jedes Argument einzeln untersucht werden.

2.1. Verkehrsschutz

An erster Stelle der Argumente zu Gunsten des Abstraktionsprinzips steht der 'Verkehrsschutz'. Dieser hat mehrere Aspekte.

Wie soeben aufgezeigt wurde, besteht er *zum einen* darin, dass der Erwerber nicht gezwungen ist, sich Gedanken über die schuldrechtliche Beziehung zwischen seinem Vertragspartner und dessen Vordermann zu machen. Allerdings wurde soeben auch aufgezeigt, dass dies sowohl für das Einheits- wie für das Abstraktionsprinzip gültig ist, weil es in beiden Fällen nur auf die Wirksamkeit der Verfügung ankommt. Außerdem wurde gezeigt, dass die Auswirkungen vorangehender unwirksamer Verfügungen in beiden Rechtsordnungen durch die Zulassung des Erwerbs vom Nichtberechtigten erfasst wird.

Zum anderen besteht der Verkehrsschutz des Abstraktionsprinzips - soweit dies konsequent durchgehalten wird ! - darin, dass der Veräußerer grundsätzlich zunächst Eigentümer wird und ggfs. nur einem schuldrechtlichen Rückübertragungsanspruch des Veräußerers ausgesetzt ist. Dies ist insofern verkehrsschützend, als zwar weniger der Veräußerer selbst, aber vielmehr dessen Gläubiger und Nachfolgeerwerber von dieser Situation profitieren. Denn die Gläubiger haben die Möglichkeit auf die Kaufsache zum Zweck der Sicherung und Realisierung ihrer

Forderungen zuzugreifen. Weiterhin können Dritte in dieser Situation vom Berechtigten erwerben. Beide Gruppen dürfen also auf die mit dem Besitz verbundenen Rechtsschein *aufgrund des Abstraktionsprinzips* vertrauen.

Das ist zunächst widersinnig und überflüssig zugleich. Es ist widersinnig, weil das Abstraktionsprinzip *per se* keinen Vertrauenstatbestand darstellt, der den Erwerb vom Nichtberechtigten rechtfertigen könnte. Als sog. "künstlicher äußerer Tatbestand"[775] könnte es nur dann ein Vertrauenstatbestand sein, wenn nicht nur eine bestimmte Rechtslage daraus hervorgeht, sondern zusätzlich das Gesetz gerade diese zu einem Vertrauenstatbestand erhoben hat.[776] Das Gegenteil ist der Fall. Das Gesetz hat mit §§ 812 Abs. 1, 818 Abs. 1 BGB die Rückübereignung angeordnet.
Es ist aber auch überflüssig, weil der redliche Erwerber durch die §§ 932 BGB ff. hinreichend geschützt ist.[777] Da im Übrigen auch das rumänische Recht den gutgläubigen Erwerber schützt, könnte insofern von einem Vorteil des Abstraktionsprinzips ohnehin nicht gesprochen werden.

2.2. Rechtssicherheit

Was die Rechtssicherheit als Vorteil des Abstraktionsprinzips anbelangt, so ist zu differenzieren.

Das Abstraktionsprinzip gewährleistet Rechtssicherheit indem es für die Stabilität der Verfügungen sorgt. Die Wirkung der Anfechtung richtet sich grundsätzlich gegen das obligatorische Grundgeschäft und lässt die Verfügung - so sie zustande gekommen ist - unberührt. Diese Form der Rechtssicherheit wird jedoch auch vom rumänischen Zivilrecht geleistet. Soweit eine Verfügung wirksam zustande gekommen ist, wird sie auch in ihrer Stabilität nicht angetastet.[778] Insoweit ist ein Vorteil des Abstraktionsprinzips auch hier nicht feststellbar.

Der andere Aspekt ist die Verlässlichkeit des Abstraktionsprinzips. Es wurde bereits gezeigt, dass die vom Abstraktionsprinzip getroffene rechtliche Zuordnung in Fällen der Unwirksamkeit des Grundgeschäfts nachträglich in Einklang mit der gesetzgeberischen Bewertung des der Sachverhaltslage gebracht werden muss. Auch wurde gezeigt, dass dies nicht immer möglich ist und dass damit eine Einbuße an Verlässlichkeit der Entscheidung des Gesetzgebers verbunden ist. Diese Einbuße wird durch die von der gesetzgeberischen Linie abweichende Haltung einer verbreiteten Meinung verstärkt, weil die Vorhersehbarkeit von Entscheidungen nicht mehr gewährleistet ist.

---

[775] So die Bezeichnung von *Canaris* S. 492 in Anschluss an Wellspacher.
[776] *Canaris* S. 493.
[777] *Hager* S. 215; *Drobnig*, Transfer of Property, in: Hartkamp/ Hesselink/ Hondius/ Joustra/ du Perron (Hrsg.), Towards a European Civil Code, S. 495, 508.
[778] Vgl. dazu nochmals Teil 2, 3. Kapitel, 1.2.

Aus diesen Ausführungen folgt jedoch, dass die Rechtssicherheit durch das Abstraktionsprinzip nachteilig beeinflusst ist.

3. Die maßgeblichen Aspekte

Aus den Überlegungen dieses Abschnitts geht hervor, dass das Einheitsprinzip in einem Gesamtvergleich keine Nachteile im Verhältnis zum Abstraktionsprinzip aufweist. Umgekehrt hat sich auch erwiesen, dass das Abstraktionsprinzip keine besonderen Vorteile gegenüber dem Einheitsprinzip erkennen lässt.

Allerdings hat die vorliegende Untersuchung ergeben, dass ein vom Abstraktionsprinzip dominiertes System rechtsgeschäftlicher Übereignung in mancher Hinsicht unnötigen Schwierigkeiten führt.
Dies beginnt mit der überflüssigen Verdoppelung der rechtsgeschäftlichen Ebenen. Abgesehen davon, dass die Notwendigkeit dazu objektiv nicht gegeben ist, führt diese Rechtstechnik dazu, dass aus vertragswidrigen Verfügungen zusätzliche Prozesse erwachsen. Darüber hinaus sind die bereits mehrfach genannten Einbußen der Rechtssicherheit zu nennen. Damit ist aus der Sicht dieser Untersuchung festzustellen, dass die Nachteile des Abstraktionsprinzips mit Blick auf sein tägliche Funktionieren zwar verhältnismäßig geringfügig sein mögen. Sie sind jedoch trotzdem deutlich spürbar und überwiegen im Vergleich mit dem Einheitsprinzip.

Das führt zu einer zweifachen Feststellung:

- Das rumänische Recht verfügt, obwohl es den rechtsgeschäftlichen Eigentumsübergang auf der Grundlage des Einheitsprinzips organisiert, über ein vollwertiges und 'fehlerfrei' funktionierendes System der Eigentumsverschaffung.

- Auch das deutsche Abstraktionsprinzip hat sich als praxistauglich erwiesen. Allerdings weist es in Grenzsituationen spürbare Nachteile auf.

4. Abschnitt Die Möglichkeiten der Rechtsangleichung

Eines der Ziele dieser Abhandlung war es, einen Beitrag zu neuen Perspektiven für die europäische Rechtsangleichung im rechtsgeschäftlichen Mobiliarerwerb zu leisten. Worin diese Perspektiven bestehen können, soll in diesem Abschnitt zusammengefasst und begründet werden. Dabei soll zunächst auf die mit dem Traditionsprinzip verbundenen Perspektiven eingegangen werden (1.), bevor abschließend die Schlussfolgerungen zum Abstraktionsprinzip (2.) folgen.

1. Die Aufgabe des Traditionsprinzips

Die bisherigen Untersuchungsergebnisse soweit starke Stimmen in der Literatur legen es nahe, die Aufgabe des Traditionsprinzips für künftige Gesetzesvorhaben ins Auge zu fassen.

Zunächst ist festzustellen, dass beide Rechtsordnungen das praktisch gleiche Spektrum an Möglichkeiten der Übergabe zulassen. Es reicht von der Verschaffung der tatsächlichen Sachherrschaft bis zum Verzicht darauf. Allerdings muss nach deutschem Recht in diesen Fällen noch der Förmlichkeit einer entsprechenden Einigung genüge getan werden. In beiden Rechtsordnungen ist die Übergabe als Publizitätsträger beim Erwerb vom Berechtigten verzichtbar, um nicht zu sagen überflüssig.

Dies bedeutet, dass es - im Rahmen des rechtsgeschäftlichen Erwerbs - möglich sein könnte, im deutschen Recht formal den Schritt nachzuvollziehen, den vor knapp zweihundert Jahren die Verfasser des Code civil[779] vorweggenommen haben. Der weit gefaßte Besitzbegriff in Verbindung mit den vielen Möglichkeiten der Gestaltung einer Übergabe haben dazu geführt, daß von den Funktionen, die eine Übergabe im Rahmen der Eigentumsverschaffung erfüllen kann, im deutschen Recht *de facto* nicht mehr und nicht wirkungsvoller abgedeckt wird, als dies das französische oder rumänische Recht auch bewirkt. Es ist also nur konsequent, darüber nachzudenken, ob auf ein Tatbestandsmerkmal, das in weiten Teilen zum Formalismus[780] verkommen ist, weil es im Belieben der Vertragsparteien steht, das infolgedessen auch kaum mehr eine eigenständige Funktion im Rahmen des Eigentumserwerbs erfüllt, nicht ebensogut verzichtet werden kann. Dies hätte nicht nur den Wegfall einer "Formalie" zur Folge, sondern könnte in diesem Bereich möglicherweise auch zu einer Vereinfachung des Rechts beitragen.

Wenn *Ferrari*[781] meint, mit der Forderung nach Einführung der Eigentumsübergangs auf der Basis von '*titulus*' und '*modus*'[782] zum Zweck einer europäischen

---

[779] Diese waren zu der Erkenntnis gekommen, daß die Übergabe in der Praxis mittels einer Vertragsformulierung, der sog. '*Clause de dessaisine - saissine*' oder auch '*Clause de devest - vest*' , die den Inhalt '*vendidit et tradidit*' ['verkauft und übergeben'] in dieser oder anderen Formulierungen zum Ausdruck brachten, zur Fiktion mutiert war. Auf die Übergabe als Voraussetzung für den Eigentumsübergang haben sie deshalb insgesamt verzichtet. Vgl. dazu Mazeaud / Chabas II.2 (*Chabas*), Tz. 1615.

[780] So auch *Drobnig*, Transfer of Property, in: Hartkamp/ Hesselink/ Hondius/ Joustra/ du Perron (Hrsg.), Towards a European Civil Code, S. 495, 503, der allerdings dennoch zu anderen Schlußfolgerungen gelangt.

[781] *Ferrari*, S. 52, 77 f.; in diesem Sinne letztlich auch *Drobnig*, Transfer of Property, in: Hartkamp/ Hesselink/ Hondius/ Joustra/ du Perron (Hrsg.), Towards a European Civil Code, S. 495, 510

[782] Seine Vorstellung ist auf einen Eigentumsübergang auf der Grundlage eines kausalen Einheitsprinzips durch Einigung und Übergabe gerichtet.

Rechtsangleichung den umgekehrten Schluss ziehen zu können, so muss ihm hier widersprochen werden. Er sieht nämlich die Gemeinsamkeit zwischen Rechtsordnungen, die mit Konsensualprinzip arbeiten und solchen, die mit dem Übergabeprinzip darin, dass in beiden eine Übergabe zulässig ist. Das ist zwar richtig. Aber die Grundlage, auf der er seine Entscheidung trifft, ist unvollständig, da er in seiner Untersuchung die hier aufgezeigten Durchbrechungen des Traditionsprinzips nicht berücksichtigt hat. Deshalb konnte er auch nicht erkennen, dass zumindest in Deutschland nur formal eine Pflicht zur Übergabe besteht, das Recht aber durch das Angebot entsprechender Gestaltungsmöglichkeiten *de facto* darauf verzichtet. Eine Rechtspflicht aber, auf deren Beachtung das Gesetz selbst keinen Wert legt, ist keine Rechtspflicht mehr. Aus dieser Sicht spricht alles für und nichts gegen einen Verzicht auf das Traditionsprinzip.

Auch aus den rechtlichen Funktionen der Übergabe konnte kein Argument für die Beibehaltung der Übergabe als Voraussetzung für den Eigentumsübergang gewonnen werden. Da sie innerhalb des funktionalen Rahmens des rechtsgeschäftlichen Eigentumserwerbs keine eigenständige Funktion wahrnimmt[783], bleibt die Publizitätsfunktion als 'Daseinsberechtigung'.[784] Diese hat sie jedoch durch die weitgehende Auflösung des Übergabeerfordernisses in personeller wie in sachlicher Hinsicht verloren.[785] Was bleibt ist die mit dem Besitz als Rechtsscheinsträger verbundene Aufgabe im Rahmen des Erwerbs vom Nichtberechtigten. Zum einen kommt es aber auch hier nicht auf die mittels 'Übergabe' verschaffte tatsächliche Sachherrschaft, sondern auf die in der Besitzverschaffung liegende Dispositionsmacht des Veräußerers an. Denn auch für den gutgläubigen Erwerb genügt die unmittelbare Sachherrschaft etwa eines Besitzmittlers.[786] Zum anderen aber übernimmt die 'Übergabe' in diesen Fällen schon mehr keine Aufgabe innerhalb des rechtsgeschäftlichen Erwerbs.

In diesem Zusammenhang ist auch die Kritik zurückzuweisen, dass das Konsensualprinzip den Erwerb vom Nichtberechtigten fördere. [787] Bei diesem Argument handelt es sich letztlich um die Kehrseite der Behauptung, dass unter dem Konsensualprinzip erworbenes Eigentum nur relatives Eigentum sein könne.[788] Dabei beziehen sie sich auf die Situation des gutgläubigen Zweiterwerbs, in der der Verkäufer erst einem und dann einem anderen Käufer die Sache verkauft. Art. 972 ZGB besagt in diesen Fällen, dass derjenige Eigentum 'behält', der die tatsächliche Sachherrschaft darüber vom Verkäufer erhalten hat. Zunächst ist festzustellen, dass mit dieser Kritik die Situation des regulären Erwerbs vom Nichtberechtigten angesprochen wird. Es wurde bereits festgestellt, dass die rumä-

[783] Teil 2, 2. Kapitel, 1. Abschnitt.

[784] Teil 2, 3. Kapitel, 2. Abschnitt, 2.1.

[785] Teil 2, 3. Kapitel, 2. Abschnitt, 2.2.2.

[786] Teil 1, 2. Kapitel, 3. Abschnitt, 2.2.1.

[787] *Larenz*, § 39 II b, S. 14, § 39 II d, S. 19 und *Ferrari*, S. 52, 72 f.

[788] Dies zeigt sich deutlich, wenn *Larenz*, § 39 II b, S. 17 genau dieses Argument verwendet, um auch das Problem relativen Eigentumserwerbs zu beschreiben.

nische Regelung dieser Frage als der deutschen gleichwertig zu betrachten ist.[789] Untersucht man die vorgenannte Fallkonstellation nach deutschem Recht, so kommt man zu dem Ergebnis, dass der Ersterwerber, wenn überhaupt, nach § 930 BGB, Eigentum an der Kaufsache erworben hat. In diesem Fall verliert er sein Eigentum jedoch durch rechtsgeschäftlichen Erwerb des Zweitkäufers vom nichtberechtigten Veräußerer gemäß §§ 929 Satz 1, 932 Abs. 1, Satz 1, Abs. 2 BGB. Es ist also nicht ersichtlich, worin die durch das Konsensualprinzip gesteigerte Möglichkeit des Erwerbs vom Nichtberechtigten liegen soll. Diese Steigerung wäre nur bei einem sehr streng gehaltenen Übergabetatbestand denkbar, etwa wenn Übergabe nur in der Verschaffung unmittelbarer Sachherrschaft läge.

Zwar legt der offenkundige Verlust der Publizitätsfunktion nahe, den Verzicht auf das Tatbestandsmerkmal 'Übergabe' zu fordern.[790] Aber an dieser Stelle ist nochmals ein Blick auf den Beginn der rechtsvergleichenden Betrachtung zu werfen. Dort wurde im Hinblick auf die Herstellung der zur Zuordnungsänderung erforderlichen Bestimmtheit zwar festgestellt, dass es im Grunde genommen nicht auf das Tatbestandsmerkmal der Übergabe ankomme. Für die Frage der Bestimmtheit sei auch nach deutschem Recht vielmehr ausschließlich die Individualisierung des Vertragsgegenstandes maßgeblich. Allerdings wurde auch festgestellt, dass die Prüfung, ob Individualisierung überhaupt vorliege, nach derzeitiger Rechtslage ausschließlich im Rahmen der 'Übergabe' zuverlässig und definitiv vorgenommen werden könne. Insofern übernimmt die 'Übergabe' eine Aufgabe, die durch keine andere Anforderung abgedeckt wird. Dies bedeutet, dass

> ***die 'Übergabe', nur dann verzichtbar ist, wenn sie durch das Merkmal der Individualisierung ersetzt wird. Dies würde allerdings immer noch eine deutliche Vereinfachung der Rechtslage zur Folge haben.***

2. *Die Aufgabe des Abstraktionsprinzips*

Wenn es nun darum geht, über Perspektiven bezüglich der technischen Systemperspektiven nachzudenken, steht eine Entscheidung bezüglich zweier Gegensatzpaare zur Diskussion. So sollen zunächst die Perspektiven hinsichtlich Einheits- und Trennungsprinzip untersucht werden (2.1.), bevor dies auch mit Blick auf Kausalitäts- und Abstraktionsprinzip (2.2.) geschieht.

---

789 Teil 1, 2. Kapitel, 3. Abschnitt, 2.2.1.

790 *Süß* S. 141, 164. A.A. *Drobnig*, Transfer of Property, in: Hartkamp/ Hesselink/ Hondius/ Joustra/ du Perron (Hrsg.), Towards a European Civil Code, S. 495, 503 f.

2.1. Einheits- und Trennungsprinzip - Perspektiven der Rechtsangleichung

Einheits- und Trennungsprinzip haben sich im Laufe der Untersuchung als weitgehend unproblematisch erwiesen. Beide geben auf ihre Weise den Dualismus von Verpflichtung und Verfügung zutreffend wieder. Insofern ist die Entscheidung zu Gunsten des einen oder anderen Grundsatzes von untergeordneter Bedeutung für das Gesamtsystem des rechtsgeschäftlichen Eigentumserwerbs.

Will man sich dennoch für das eine oder andere Prinzip entscheiden, so muss man einerseits in Rechnung stellen, dass es das Trennungsprinzip war, auf dessen Grund die wesentlichen Schritte beim Verständnis des rechtsgeschäftlichen Eigentumserwerbs vollzogen wurden. Dies spricht dafür, dass es möglicherweise etwas besser geeignet ist, das Verständnis für diese Materie zu erschließen. Auf der anderen Seite spiegelt das Einheitsprinzip die Vorstellung des Laien von seinem rechtsgeschäftlichen Handeln am ehesten wieder. Außerdem weist das Trennungsprinzip in einem Randbereich doch eine größere Prozessanfälligkeit auf, wenn es durch die zweite rechtsgeschäftliche Ebene die vertragswidrige Verfügung zuläßt.

Vor diesem Hintergrund ist das Einheitsprinzip vorzuziehen. Hat man nämlich erst einmal den im Trennungsprinzip liegenden Erkenntnisschritt vollzogen, kommt es auf die rechtliche Nachbildung dieser Trennung nicht mehr an. Vielmehr überwiegt dann der Gedanke, dass das Einheitsprinzip den Kauf lebensnäher abbildet und zugleich - wenn auch nur marginal - weniger Prozessrisiken birgt.

Angesichts der weitgehenden Gleichwertigkeit beider Prinzipien mag es aber in einem Prozess der europäischen Rechtsangleichung übergeordnete Aspekte zu Gunsten des Trennungsprinzips geben, denen die Eignung dieses Grundsatzes nicht im Weg steht.

2.2. Kausalitäts- und Abstraktionsprinzip - Perspektiven der Rechtsangleichung

Es ist dies die Stelle, nochmals auf eine bereits mehrfach angesprochene Kritik des Abstraktionsprinzips einzugehen. Das Prinzip führe zu lebensfremden Lösungen, weil niemand Eigentum um seiner selbst willen übertrage, sondern um eines bestimmten Zweckes willen, um zu verkaufen, zu vertauschen, zu verschenken.[791] Diesem Einwand wird auch hier entgegengehalten, dass es nicht so sehr darauf ankomme, wie sehr die rechtstechnische Umsetzung des Willens einer Partei mit deren Vorstellung davon übereinstimme. Maßgeblich sei vielmehr, dass die

---

[791] So wörtlich bei *Ferrari*, S. 52, 65; der Sache nach wird diese Kritik ebenfalls wiedergegeben etwa bei *Peters*, S. 449, 457; *Stadler*, S. 77 mwN.; *Larenz* § 39 II, a, S. 12.

rechtstechnische Lösung einer jeden Rechtsordnung geeignet sei, dem Willen der Parteien juristisch zu entsprechen. Die Antwort auf die hier aufgezeigte Kritik wurde bisher allein auf der systemischen Ebene gegeben. Die materielle Frage, ob die Technik des deutschen Rechts auch dem tatsächlichen Willen der Parteien entspricht, ist damit nicht beantwortet. Sie kann hier, da sie eine Einzelfallfrage ist, nicht endgültig beantwortet werden. So viel ist jedoch klar: Die Tatsache, dass Laien in aller Regel eine andere Vorstellung vom Kauf und der damit verbundenen Eigentumsverschaffung haben spricht dagegen, dass das deutsche System den Parteiwille sachgerecht abbildet. In dieselbe Richtung weist auch der Umstand, dass eine Vielzahl von Durchbrechungen des Abstraktionsgrundsatzes anerkannt sind und dass immer wieder versucht wird, das Abstraktionsprinzip mit Hilfe von Gestaltungen auf der Basis der §§ 139 bzw. 158 Abs. 2 BGB zu umgehen. Fast noch schwerer wiegt, dass die beiden letztgenannten Aspekte durch juristische Experten durchgeführt werden. Und wenn diese - trotz aller Sachkenntnis - zu der Auffassung kommen, das Abstraktionsprinzip gebe ihren Willen nicht sachgerecht wieder, so spricht auch dies nicht für die Abstraktion im deutschen Recht.

Doch auch dann, wenn man diesen Aspekt als letztlich nicht nachweisbar unberücksichtigt lässt, muss das Abstraktionsprinzip sehr in Frage gestellt werden.

> *Denn bei der Wahl zwischen zwei* - das sei hier unterstellt - *technisch gleichwertigen Systemen erweist sich das einfachere als besser.*

Nicht nur, dass das einfachere System in seiner Anwendung eine geringere Fehlerhäufigkeit aufweist. Der wesentliche Vorteil eines rechtlich lebensnahen System ist seine Transparenz für den Rechtsunterworfenen. Allein dies müsste für einen demokratisch und rechtsstaatlich verfassten Staat Grund genug sein, sich des einfacheren Rechtssystems zu bedienen.

Hier kommt allerdings erschwerend hinzu, dass Abstraktions- und Kausalitätsprinzip in keiner Weise rechtlich gleichwertig sind. Es hat sich sehr wohl gezeigt, dass das Abstraktionsprinzip in einer Reihe von Fällen spürbare Defizite aufweist. Außerdem hat sich gezeigt, dass das Kausalitätsprinzip - unabhängig davon, ob es mit dem Trennungs- oder dem Einheitsprinzip kombiniert wird - diese Defizite vermeidet, ohne auf der anderen Seite Lücken im System des rechtsgeschäftlichen Eigentumserwerbs oder im Rechtsschutz zu verursachen. Unter Hinweis auf die großen Lücken und Widersprüche des rechtsgeschäftlichen Eigentumserwerbs konnte man bislang sagen, dass das Trennungs- und Abstraktionsprinzip bei weitem besser als das französische bzw. rumänische Recht funktioniere. Deshalb seien seine Defizite vernachlässigbar. Mit dieser Abhandlung wurde jedoch aufgezeigt, dass der Eigentumserwerb unter dem Einheits-, Kausalitäts- und Konsensprinzip widerspruchsfrei alle Erscheinungsformen des rechtsgeschäftlichen Erwerbes vom Berechtigten erfasst. Damit ist dieser Argumentation der Boden entzogen. Es ist nicht mehr möglich, über die Fehler des Abstraktionsprinzips mangels besserer Alternative hinwegzusehen. Aus diesen Gründen sprechen dafür

das Abstraktionsprinzip durch das Kausalitätsprinzip zu ersetzen. [792]

Nun steht das deutsche Zivilrecht nicht am 'Punkte Null' mit der Möglichkeit, sich für eines von zwei Systemen zu entscheiden. Auch das Abstraktionsprinzip ist grundsätzlich in der Lage, den rechtsgeschäftlichen Eigentumserwerb zu bewältigen.[793] Die tägliche Praxis zeigt, dass kein unmittelbarer Handlungsbedarf besteht. Es auch nicht möglich, von einen Tag auf den anderen mit dem berühmten 'Federstrich des Gesetzgebers' das Abstraktionsprinzip durch das Kausalitätsprinzip zu ersetzen. *Peters* weist zu Recht darauf hin, dass es vielfältige Wechselbeziehungen der einzelnen Regelungsbereiche des BGBs mit dem Abstraktionsprinzip gibt. Auch wären bei einer entsprechenden Änderung auf mögliche Konsequenzen für die Vindikation des § 985 BGB und ihr Verhältnis zur Kondiktion nach § 812 Abs. 1 BGB zu achten.[794] Und diese müsste eine Änderung berücksichtigen, wollte sie nicht, wie *Peters* es ausdrückt, 'ein Erdbeben' auslösen. Wenn sich allerdings im Zuge einer Vereinheitlichung des europäischen Zivil- und insbesondere Sachenrechts diese Frage neu stellt, dann jedoch steht der Gesetzgeber wieder vor dem 'Punkt Null'.

---

[792] In diesem Sinne auch *Drobnig*, Transfer of Property, in: Hartkamp/ Hesselink/ Hondius/ Joustra/ du Perron (Hrsg.), Towards a European Civil Code, S. 495, 509; *Ferrari* S. 52, 77 f.

[793] Das hat *Stadler*, etwa S. 136 ff. oder S. 174 ff. nachgewiesen. Und im Rahmen der hier diskutierten Frage der Durchbrechungen, darf die Frage nach der Bewertung der Interessenlage der Beteiligten nicht mit einbezogen werden.

[794] *Drobnig*, Transfer of Property, in: Hartkamp/ Hesselink/ Hondius/ Joustra/ du Perron (Hrsg.), Towards a European Civil Code, S. 495, 510.

Literaturverzeichnis

I. Monographien, Kommentare und Loseblattsammlungen

Adam, Ioan: Drept Civil. Teoria Generală a Drepturilor Reale. [Zivilrecht. / meine Theorie der dinglichen R Editura Europa Nova, Bukarest

Angheni, Smaranda: Drept civil. Teoria generală a obligaţiilor. [Zivilrecht. Allgem Theorie der Obligationen.] über tete u. ergänzte Ausgabe, 1995, Editura Oscar Print, Bukarest.

Baum, A./ *Bucov* M. (Übersetzer): Bürgerliches Gesetzbuch für Rumänien. König Carol Verlag, Bukarest, 1917.

Baumbach, Adolf/ Hopt, Klaus J.: Handelsgesetzbuch: mit GmbH Handelsklauseln, Bank- und Börsenrecht, Transportrecht (ol Seerecht), 29. neubearbeitete ur erweiterte Auflage, 1995, C.H. München.

Baur, Jürgen F. / Stürner, Rolf: Sachenrecht. Begründet von *Ba Fritz*. 17. neubearbeitete Aufl 1999, C. H. Beck, München.

Beitzke, Günther (Hrsg.): Julius von Staudinger's Komme zum Bürgerlichen Gesetzbuch - Buch, Sachenrecht, §§ 925 - 98 *Gursky, Karl-Heinz*. 13. Auflag 1995, de Gruyter, Berlin.

3. Buch, Sachenrecht, §§ 1113 - Red. *Wolfsteiner, Hans*. 13. Au 1996, de Gruyter, Berlin. Zit.: Staudinger/ *Bearbeiter*, §, Rn.

Beleiu, Gheorghe †/ Marian Nicolae/ Truşcă Petrică Drept civil Român. Introducere în dreptul civil. Subiectele drept civil. [Rumänisches Zivilrecht. Einführung in das Zivilrecht. Subjekte des Zivilrechts.]. 6. überarbeitete u. ergänzte Auflage, 2000, Editura Şansa, Bukarest.

Boroi, Gabriel — Drept Civil, Partea Generală. [Zivilrecht. Allgemeiner Teil.] 2. Überarbeitete und ergänzte Auflage, 1999, Ed. ALL Beck, Bukarest.

Breidenbach, Stephan (Hrsg.): — Wirtschaft und Recht in Osteuropa. Loseblattsammlung. Stand 39. Ergänzungslieferung, September 2001, C. H. Beck, München. Zit.: *Bearbeiter*, Titel, in: Breidenbach, RO u. Nr. der Sammlung, Rn.

Brockhuis, Jörn: — Das polnische Kreditsicherungsrecht. Duncker & Humblot, Berlin, 2000.

*Caemmerer, Ernst von (*Hrsg.*):* — Festschrift für Martin Wolff. J. C. B. Mohr, Tübingen, 1952. Zit.: Autor, Titel, in, Anfangsseite, zitierte Seite.

Canaris, Claus-Wilhelm: — Die Vertrauenshaftung im deutschen Privatrecht. C. H. Beck, München, 1971.

Cărpenaru, Stanciu D.: — Drept comercial român. [Rumänisches Handelsrecht.] 1998, Editura All, Bukarest, 2. Auflage. Zit.: *Cărpenaru*, Textnummer, Seite.

Chaput, Yves (Red.): — Code de Commerce. 91. Auflage, 1995, Dalloz, Paris. Zit.: *Chaput*, Anmerkung Nr., zu Art. Nr. C. Comm.

Cîmpeanu, Valeriu (Hrsg.): — Codul Comercial adnotat. Editura Tribuna Craiova, Craiova, 1994. Zit.: *Cîmpeanu*, Artikel, Anmerkung/ Rechtsprechung, Tz.

Ciobanu, Viorel Mihai — Tratat teoretic şi practic de procedură civilă. [Handbuch zu Theorie und Praxis des Zivilprozeß.], Volumul II, Editura National, Bukarest, 1997.

Cojocaru, Aspanazia — Drept Civil, Partea Generală. [Zivilrecht. Allgemeiner Teil.] Lumina Lex, Bukarest, 2000.

Cosmovici, Paul Mircea: — Drept Civil - Drepturi reale, Obligatii, Legislatie. [Zivilrecht – Dingliche Rechte, Schuldverhältnisse, Gesetzgebung.] 2. Auflage, 1996, Editura All, Bukarest. Zit.: *Cosmovici*, Seite.

ders.: — Drept civil - Introducere in dreptul civil. [Zivilrecht – Einführung in das Zivilrecht.] 3. Auflage, 1996, Editura All, Bukarest. Zit.: *Cosmovici*, Introducere, Seite.

Creifelds, Carl †/ *Weber, Klaus* (Hrsg.): — Rechtswörterbuch. 15., neubearbeitete Auflage, 1999, C. H. Beck, München. Zit.: *Creifelds* 'Stichwort'.

Deak, Francisc/ Cărpenaru, Stanciu: — Contracte civile şi comerciale. [Zivil- und Handelsrechtliche Verträge.] Lumina Lex, Bukarest, 1993. Zit.:*Deak/ Cărpenaru,* Teil, Kapitel, Abschnitt, Nummer, Seite.

Dobrin, Ioan: — Note de curs. Pentru pregătirea examenului de licenţă la dreptul civil. [Kurs. Für die Vorbereitung auf das Lizenzexamen im Zivilrecht.]. Editura JUS - R.B.A., Bukarest, 1995.

Drobnig, Ulrich/ Hopt, Klaus J./ Kötz, Hein/ Mestmäcker, Ernst-Joachim (Hrsg.) — Systemtransformation in Mittel- und Osteuropa und ihre Folgen für Banken, Börsen und Kreditsicherheiten. J.C.B. Mohr Siebeck, Tübingen, 1998

Dutilleul, Francois Collart/ Delebeque, Philippe: — Contrats civils et commerciaux. 3. Auflage, 1996, Dalloz, Paris.

Ferid, Murad †/ *Sonnenberger, Hans Jürgen:* Das Französische Zivilrecht. Band 1/ 1, 2., neubearbeitete Auflage, 1994. Band 2, 2., neubearbeitete Auflage, 1986. Verlag Recht und Wirtschaft, Heidelberg. Zit.: *Ferid/ Sonnenberger*, Randnummer.

Filipescu, Ion: Drept civil - Dreptul de proprietate şi alte drepturi reale. [Zivilrecht – Das Recht des Eigentums und andere dingliche Rechte.], 2. überarbeitete und vervollständigte Auflage, 1998, Editura Actami, Bukarest.

Freudenberg, Christian: Die Entwicklung des rechtsgeschäftlichen Eigentumserwerbs in der DDR: Die Verabschiedung des Abstraktionsprinzips, Frankfurt am Main: Lang 1997. Europäische Hochschulschriften: Reihe 2, Rechtswissenschaft; Bd. 2154) Zugl.: Rostock, Univ., Diss., 1997

Georgescu, I. L.: Drept Comercial Român. [Rumänisches Handelsrecht.] Lumina Lex,Bukarest, 1994.

Ghestin, Jacques (Hrsg.): Traité de Droit Civil., Les effets du contrat. Bearbeiter: *Ghestin, Jaques/ Jamin, Christophe/ Billiau, Marc*. 3. Auflage 2001, Librairie générale de droit et de jurisprudence, E.J.A., Paris Zit.: *Ghestin/ Jamin/ Billiau*, Tz.

ders: Traité de Droit Civil, les principaux contrats spéciaux. Bearbeiter: Huet, Jérôme, 2. Auflage 2001, Librairie générale de droit et de jurisprudence, E.J.A., Paris. Zit.: *Huet*, Tz.

Gorla, Gino: Il Contratto – Problemi fondamentali trattati con il metodo comperativo e casistico. Vol. I. /Lineamenti Generali. Editore Dott. Antonino Giuffrè, Milano, 1994

Grundmann, Stefan: Europäisches Schuldvertragsrecht: das europäische Recht der Unternehmensgeschäfte (nebst Texten und Materialien zur Rechtsangleichung) de Gruyter, Berlin, New York, 1999, zugleich: Zeitschrift für Unternehmens- und Gesellschaftsrecht. ZGR-Sonderheft Nr. 15

Grunsky, Wolfgang Grundzüge des Zwangs-vollstreckungs- und Insolvenzrechts. 5., neubearbeitete Auflage, 1996, J. C. B. Mohr, Tübingen.

Gureşoae, Ion Gajul şi Ipotheca. [Pfand und Hypothek.],Gircom Service, Bukarest, 1998.

Habscheid, Walther J./ Gaul, Hans Friedhelm/ Mikat, Paul (Hrsg.) Festschrift für Friedrich Wilhelm Bosch zum 65. Geburtstag 2. Dezember 1976. Verlag Ernst und Werner Gieseking, Bielefeld, 1976. Zit. Autor, Titel, Anfangsseite, ziterte Seite.

Hager, Johannes: Verkehrsschutz durch redlichen Erwerb. C. H. Beck, München, 1990.

Hartkamp, Arthur/ Hesselink, Martijn/ Hondius, Ewoud/ du Perron, Edgar/ Vranken, J.B.M. (Hrsg.): Towards a European Civil Code, Ars Aequi Libri, Nijmegen, 1994. Zit.: *Bearbeiter*, Titel, in Hartkamp, Arthur Hesselink, Martijn/ Hondius, Ewoud/ du Perron, Edgar/ Vranken, J.B.M., Towards a European Civil Code, 1. Auflage, Anfangsseite, zitierte Seite.

Hartkamp, Arthur/ Hesselink, Martijn/ Hondius, Ewoud/Joustra, Carla/ du Perron, Edgar (Hrsg.): Towards a European Civil Code. Second Revised and Expanded Edition, 1998, Ars Aequi Libri, Nijmegen. Zit.: *Bearbeiter*, Titel, in Hartkamp, Arthur/ Hesselink, Martijn/ Hondius, Ewoud/ Joustra, Carla/ du Perron, Edgar, Towards a European civil Code, Anfangsseite, zitierte Seite.

Horn, Norbert/ Pleyer, Klemens: Handelsrecht und Recht der Kreditsicherheiten in Osteuropa. Walter de Gruyter, Berlin, New York, 1997.

Hubrecht, Georges E.: Das französische Zivilrecht. Eine Einführung. Sammlung Göschen Band 8002. Walter de Gruyter, Berlin, New York, 1974

Jeroscheg, Erich Eigentum an beweglichen Sachen: französisches Recht und Rechtsvergleich, Peter Lang, Frankfurt am Main, 2000. (Salzburger Studien zum Europäischen Privatrecht; Band 7.)

Kaser, Max: Römisches Privatrecht. 16., durchgesehene Auflage, 1992, C. H. Beck, München.

Kieninger, Eva-Maria: Mobiliarsicherheiten im Europäischen Binnenmarkt. Nomos, Baden-Baden, 1996.

Kötz, Hein: Europäisches Vertragsrecht. Band I. J. C. B. Mohr, Tübingen, 1996. Zit. *Kötz*, Seite.

Kunkel, Wolfgang/ Honsell, Heinrich/ Mayer-Maly, Theo/ Selb, Walter: Römisches Recht. Aufgrund des Werkes von *Jörs, Paul/ Kunkel, Wolfgang/ Wenger, Leopold.* 4. Auflage, 1987, Springer-Verlag, Berlin, Heidelberg, New York. Zit.: Kunkel/ *Bearbeiter*, §.

Larenz, Karl: Lehrbuch des Schuldrechts. Zweiter Band, Besonderer Teil, 1. Halbband.

13., völlig neubearbeitete Auflage, 1986, C. H. Beck, München.

Larroumet, Christian — Droit Civil, Tome 3. Les Obligations. Le contrat, 3. Auflage, 1996, Economica, Paris

Legeais, Dominique — Droit commercial, 11. Auflage, 1997, Sirey, Paris.

Leonhardt, Peter: — Entstehung und Entwicklung des persönlichen Eigentumsrechts in Rumänien. Horst Erdmann Verlag, Tübingen/ Basel, 1974. zit.: *Leonhardt*, Eigentumsrecht, Seite.

Martinek, Michael/ Schmidt, Jürgen Wadle, Elmar (Hrsg.): — Festschrift für Günther Jahr, J. C. B. Mohr, Tübingen, 1993.

Martiny, Dieter/ Witzleb, Norman (Hrsg.): — Auf dem Wege zu einem Europäischen Zivilgesetzbuch, Springer, Berlin, Heidelberg, New York, 1999. Zit. *Autor*, Titel, in Martiny/ Witzleb, Anfangsseite, zitierte Seite.

Mazeaud, Henri et Leon/ Mazeaud, Jean/ Chabas, François (Hrsg.): — Leçons de Droit Civil - Tome II, 1er volume. Obligations, théorie générale. Bearbeiter: *François Chabas*. 9. Auflage 1998, Ed. Montchrestien, Paris. Zit.: Mazeaud/ Chabas, II.1. (*Chabas*), Textzeichen.

dies.: — Leçons de Droit Civil - Tome II, 2ème volume. Biens: Droit de propriété et ses demembrements. Bearbeiter: *François Gianviti*. 6. Auflage, 1984, Ed. Montchrestien, Paris. Zit.: Mazeaud/ Chabas, II.2. (*Gianviti*), Textzeichen.

dies.: — Leçons de Droit Civil - Tome II, 2ème volume. Biens: Droit de propriété et ses demembrements. Bearbeiter: *François Chabas*. 8. Auflage, 1994, Ed. Montchrestien, Paris. Zit.:

Mazeaud/ Chabas, II.2. (*Chabas*), Textzeichen.

dies.: Leçons de Droit Civil - Tome III, 2ème volume. Principaux contrats: vente et echange. Bearbeiter: *Michel de Jugelart*. 7. Auflage, 1987, Ed. Montchrestien, Paris. Zit.: Mazeaud/ Chabas, III.2.1. (*de Jugelart*), Tz.

Minuth, Holger: Besitzfunktionen beim gutgläubigen Mobiliarerwerb im deutschen und französischen Recht. J. C. B. Mohr, Tübingen, 1990.

Motica, Radu/ Moţiu, Florian Contractul de Vânzare – Cumpărare - Teorie şi Practică Judiciară. [Der Kaufvertrag. Theorie und Rechtsprechung.] Lumina Lex, Bukarest, 1999. Zit.: *Motica/ Moţiu*, Seite.

dies.: Contracte civile. Sinteză teoretică şi practică judiciară. [Zivilrechtliche Verträge. Theoretische Synthese und Rechtsprechung.] Ed. Lumina Lex, Bukarest, 1998. Zit.: *Motica/ Moţiu*, Contracte civile, Seite.

Müller, Klaus: Sachenrecht. 4., neubearbeitete Auflage, 1997, Carl Heymanns Verlag, Köln.

Oeckinghaus, Arne: Kaufvertrag und Übereignung beim Kauf beweglicher Sachen im deutschen und französischen Recht. Schriften zum Bürgerlichen Recht, Band 9. Duncker & Humblot, Berlin, 1973.

Palandt, Otto: Bürgerliches Gesetzbuch. 60., neubearbeitete Auflage, 2001, C. H. Beck, München. Zit.: Palandt/ *Bearbeiter*, §, Rn.

Patulea, Vasile/ Garanţiile De Executare A Obligaţiilor

Turianu Corneliu	Comerciale. Editura Scripta, Bukarest, 1994.
Petrescu, Raul:	Drept Comercial. Oscar Print, Bukarest, 1995. Zit.: *Petrescu*, Seite.
ders.:	Principalele Contracte de drept civil. Editura Oscar Print, Bukarest, 1997. Zit.: *Petrescu*, Principalele Contracte, Seite.
Poenaru, Emil:	Drept civil - Volumul I. Raportul juridic, subiecţii, actele juridice. [Zivilrecht - Band I. Rechtsverhältnis, Subjekte, Rechtsgeschäfte.] Editura Europa Nova, Bukarest, 1994.
Pop, Liviu:	Dreptul de proprietate şi dezmembrămintele sale. Lumina Lex, Bukarest, 1996. Zit.: *Pop*, Dreptul de proprietate, Seite.
Ders.:	Teoria Generală a Obligatiilor. Lumina Lex, Bukarest, 1998. Zit.: *Pop*, Seite.
Popa. Eugenia	Acţiunea in Revendicare. [Die Revendikationsklage.] Lumina Lex, Bukarest, 1998.
Popescu, Tudor R.:	Drept civil I. [Zivilrecht I.] Editura Oscar Print, Bukarest, 1994.
Rabel, Ernst:	Das Recht des Warenkaufs. Eine rechtsvergleichende Darstellung. Band I. Unveränderter Neudruck der Ausgabe von 1936, de Gruyter, Berlin, 1957. Zit.: *Rabel*, Band, §, Seite.
ders.:	Band II. de Gruyter/ J. C. B. Mohr, Berlin, Tübingen, 1958. Zit.: *Rabel*, Band, §, Seite.
Röthlisberger, Andreas:	Traditionsprinzip und Konsensprinzip bei der Mobiliarübereignung. Eine vergleichende Untersuchung zu den

iberischen und lateinamerikanischen Kodifikationen. Schulthess Polygraphischer Verlag AG, Zürich, 1982.

Şaramet – Comşa, Felicia: Einführung in das rumänische Rechtssystem, Arbeitpapier Nr. 58 des Forschungsinstitutes für Mittel- und Osteuropäisches Wirtschaftsrecht, Wien (Hrsg. Doralt, Peter/ Schauer, Martin), 12/98

Savigny, Friedrich Carl von: System des heutigen römischen Rechts. Band III. Veit-Verlag, Berlin, 1840.

Schlegelberger, Franz (Hrsg.): Rechtsvergleichendes Handwörterbuch für das Zivil- und Handelsrecht des In- und Auslandes. Fünfter Band, Kommanditgesellschaft – Rechtsgeschäft. Bearbeiter: *Tietze, Heinrich.* Verlag van Vahlen, Berlin, 1936. Zit. *Tietze*, Anfangsseite, zitierte Seite.

Sonnenberger, Hans Jürgen: Französisches Handels- und Wirtschaftsrecht. 2. Auflage, Verlag Recht und Wirtschaft GmbH, Heidelberg, 1991

Sovilla, Kurt: Eigentumsübergang an beweglichen körperlichen Gegenständen bei internationalen Käufen. Universitätsverlag Freiburg Schweiz, 1954

Stadler, Astrid: Gestaltungsfreiheit und Verkehrsschutz durch Abstraktion. J. C. B. Mohr, Tübingen, 1996.

Stătescu, Constantin †/ Bîrsan, Corneliu: Drept civil. Teoria generală a obligaţiilor. [Zivilrecht. Allgemeine Theorie der Obligationen.] 5. Auflage, 1995, Editura All, Bukarest. Zit.: *Statescu/ Birsan*, (Kapitel-)Nr., Seite.

Streinz, Rudolf Europarecht, 4. völlig überarbeitete Auflage, 1999, C. F. Müller, Heidelberg.

Tilch, Horst: Deutsches Rechtslexikon. Band 3: R - Z. 2. Auflage, 1992, C. H. Beck, München. Zit.: *Tilch*, Stichwort.

Toader, Camelia Manual de contracte civile speciale. [Handbuch der besonderen zivilrechtlichen Verträge.], Band 1, Ed. ALL Beck, 2000.

Turcu, Ion Teoria Şi Practica Drepului Comercial Român. [Theorie und Praxis des rumänischen Handelsrechts]. Band 1, Lumina Lex, Bukarest, 1998.

Waelbrock, Michel: Le transfert de la propriété dans la vente d`objets mobiliers corporels en droit comparé. Établissements Émile Bruylant, Bruxelles, 1961

Westermann, Harry †: Sachenrecht. Fortgeführt von *Westermann, Harm-Peter; Gursky Karl- Heinz; Eickmann, Dieter*. 7., neubearbeitete Auflage, 1998, C. F. Müller, Heidelberg. Zit.: Westermann/ *Bearbeiter*, Band, §.

Wieling, Hans Josef: Sachenrecht. 4., überarbeitete Auflage, 2001, Springer-Verlag, Berlin.

Zweigert, Konrad/ Kötz, Hein: Einführung in die Rechtsvergleichung. 3., neubearbeitete Auflage, 1996, J. C. B. Mohr (Paul Siebeck), Tübingen.

II. Abhandlungen

Caemmerer, Ernst von: Rechtsvergleichung und Reform der Fahrnisübereignung, RabelsZ 1938/39, S. 675 –713.

Chazal, Jean-Pascal/ Vicente, Serge: Le transfert de propriété par l'effet des obligations dans le code civil. Revue trimestrielle de droit civil, 2000, S. 477 – 506.

Codrea, Radu: Consecinţele vânzării lucrului altuia. [Die Folgen des Verkaufs fremder Sachen.] Dreptul 1998, S. 31-32.

Fabre-Magnan, Muriel: Le mythe de l'obligation de donner Revue trimestrielle en droit, 1996, S. 85-107.

Ferrari, Franco: Vom Abstraktionsprinzip und Konsensualprinzip zum Trennungsprinzip. Zu den Möglichkeiten der Rechtsangleichung im Mobiliarsachenrecht. ZEuP 1993, S. 52 - 78.

Grigoleit, Christoph Abstraktion und Willensmängel – Die Anfechtbarkeit des Verfügungsgeschäfts. AcP 199 (1999), S. 379 – 420.

Grundmann, Stefan: Zur Anfechtbarkeit des Grundgeschäfts. JA 1985, S. 80 - 84.

Habermeier, Stefan: Das Trennungsdenken. Ein Beitrag zur europäischen Privatrechtstheorie. AcP 195 (1995), S. 283-294.

Jauerning, Othmar: Trennungsprinzip und Abstraktionsprinzip, JuS 1994, S. 721-727.

Kötz, Hein: Abschied von der Rechtskreislehre? ZEuP 1998, S. 493 - 505. Zit.: *Kötz*, Rechtskreislehre, Seite.

Leonhardt, Peter: Die neuere Entwicklung des individuellen Grundeigentums in Rumänien. ROW 1978, S. 110 - 118. Zit.: *Leonhardt*, Grundeigentum, Seite.

ders.: Nichtigkeit und Anfechtbarkeit von Rechtsgeschäften im rumänischen Zivilrecht. JOR 1991, S. 279 - 301. Zit.: *Leonhardt*, Nichtigkeit, Seite.

ders.: Rumänien. JOR 1996, S. 399 - 433. Zit.: *Leonhardt*, Rumänien, Seite.

Peters, Frank: Kauf und Übereignung - zum sogenannten Abstraktionsprinzip. Jura, 1986, S. 449 – 460.

Stalfort Gisbert/ Blumenthal, German von: Investieren in Rumänien. Immobilien recht in Rumänien. Stand März 1998. Informationsbrochure. Eschborn, Gesellschaft für technische Zusammenarbeit und Bukarest, Integrierter Beratungsdienst für die Wirtschaft in Rumänien.

Teves, Julian: Die Neuregelung der Mobiliarsicherheiten im rumänischen Recht, WiRO 1999, S. 441 – 448.

Tiedtke, Klaus: Sicherungsabtretung beim Fehlen des zu sichernden Anspruchs. DB 1982, S. 1709 - 1712.

Wacke, Andreas: Eigentumserwerb des Käufers durch schlichen Konsensoder erst mit Übergabe? Unterschiede im Rezeptionsprozeß und ihre mögliche Überwindung, ZEuP 2000, S. 254-262.

Westermann, Harry: Die Grundlagen des Gutglaubensschutzes. JuS 1963, S. 1 - 8. Zit.: *Westermann*, Gutglaubensschutz, Seite.

Wieling, Hans Josef: Das Abstraktionsprinzip für Europa! ZEuP 2001, S. 301-306.

Index

Schriftenreihe der Juristischen Fakultät der Europa-Universität Viadrina Frankfurt (Oder)

Heiko Artkämper
Hausbesetzer, Hausbesitzer, Hausfriedensbruch
1995. XXIV, 340 Seiten.
ISBN 3-540-59005-6

Beate Ilona Nettelbeck
Produktsicherheit · Produkthaftung
1995. XXXVI, 170 Seiten.
ISBN 3-540-59242-3

Manfred Mohr (Hrsg.)
Friedenssichernde Aspekte des Minderheitenschutzes in der Ära des Völkerbundes und der Vereinten Nationen
1996. XVI, 362 Seiten.
ISBN 3-540-61366-8

Andreas Damm
Gebührenprivileg und Beihilferecht
1998. XX, 188 Seiten.
ISBN 3-540-63917-9

Marcus Longino
Die Pflegekinderadoption
1998. XIV, 118 Seiten.
ISBN 3-540-64036-3

Sven Theobald
Barrieren im strafrechtlichen Wiederaufnahmeverfahren
1998. XIV, 224 Seiten.
ISBN 3-540-64644-2

Gerhard Wolf (Hrsg.)
Kriminalität im Grenzgebiet
Band 1: Erfahrungen aus der Praxis
1998. XIV, 306 Seiten.
ISBN 3-540-65032-6

Gerhard Wolf (Hrsg.)

Theodor Schweisfurth, Walter Poeggel, Andrzej Sakson (Hrsg.)
Deutschland · Polen · Tschechien – auf dem Weg zur guten Nachbarschaft
1999. XIV, 300 Seiten.
ISBN 3-540-65067-9

Ralf Molzahn
Die normativen Verknüpfungen von Kapitalverkehrsfreiheit und Währungsunion im EG-Vertrag
1999. XXVI, 289 Seiten.
ISBN 3-540-65354-6

Dieter Martiny, Normann Witzleb (Hrsg.)
Auf dem Wege zu einem europäischen Zivilgesetzbuch
1999. VIII, 210 Seiten.
ISBN 3-540-65692-8

Albert Drügemöller
Vergaberecht und Rechtsschutz
1999. XVI, 534 Seiten.
ISBN 3-540-66112-3

Artur Bunk
Die Verpflichtung zur kohärenten Politikgestaltung im Vertrag über die Europäische Union
1999. XIV, 176 Seiten.
ISBN 3-540-66025-9

Carmen Thiele
Selbstbestimmungsrecht und Minderheitenschutz in Estland
1999. XV, 284 Seiten.
ISBN 3-540-66054-2

Tom Oliver Schorling
Das Recht der Kreditsicherheiten in der Tschechischen Republik
2000. XVIII, 219 Seiten.
ISBN 3-540-66257-X

Katlen Blöcker
Die rechtlichen Aspekte der Zusammenarbeit des Internationalen Währungs-

Schriftenreihe der Juristischen Fakultät der Europa-Universität Viadrina Frankfurt (Oder)

Bettina Morhard
Das deutsch-polnische Grenzgebiet als Sonderfall europäischer Regionalpolitik
2000. XV, 321 Seiten.
ISBN 3-540-67918-9

Gerhard Wolf (Hrsg.)
Kriminalität im Grenzgebiet
Band 3: Ausländer vor deutschen Gerichten
2000. XVI, 296 Seiten.
ISBN 3-540-66959-0

Stephan Heidenhain
Das Verbraucherschutzrecht in Polen und in der Europäischen Union
2001. XX, 404 Seiten.
ISBN 3-540-41771-0

Andreas Graeber
Auctoritas patrum
2001. VIII, 311 Seiten.
ISBN 3-540-41698-6

Gerold Rüdiger Gramse
Die Begrenzung des Geschiedenenunterhaltes nach Dauer und Umfang – eine typisierbare Folge der Ausgestaltung der ehelichen Lebensgemeinschaft
2001. XIV, 187 Seiten.
ISBN 3-540-41872-5

Holger Wendtland
Die Verbindung von Haupt- und Hilfsantrag im Zivilprozeß
2001. XIV, 143 Seiten.
ISBN 3-540-42378-8

Gerhard Wolf (Hrsg.)
Kriminalität im Grenzgebiet
Band 4: Strafverfahren gegen Ausländer in der Republik Polen
2002. XVI, 272 Seiten.
ISBN 3-540-42475-X

Gerhard Wolf (Hrsg.)
Kriminalität im Grenzgebiet
Band 5/6: Das neue polnische Strafgesetzbuch
2002. XVIII, 558 Seiten.
ISBN 3-540-42474-1

www.ingramcontent.com/pod-product-compliance
Lightning Source LLC
LaVergne TN
LVHW050642051026
849532LV00002B/487
9783540437321